4차산업 혁명시대의 물류관리론

박 현 성

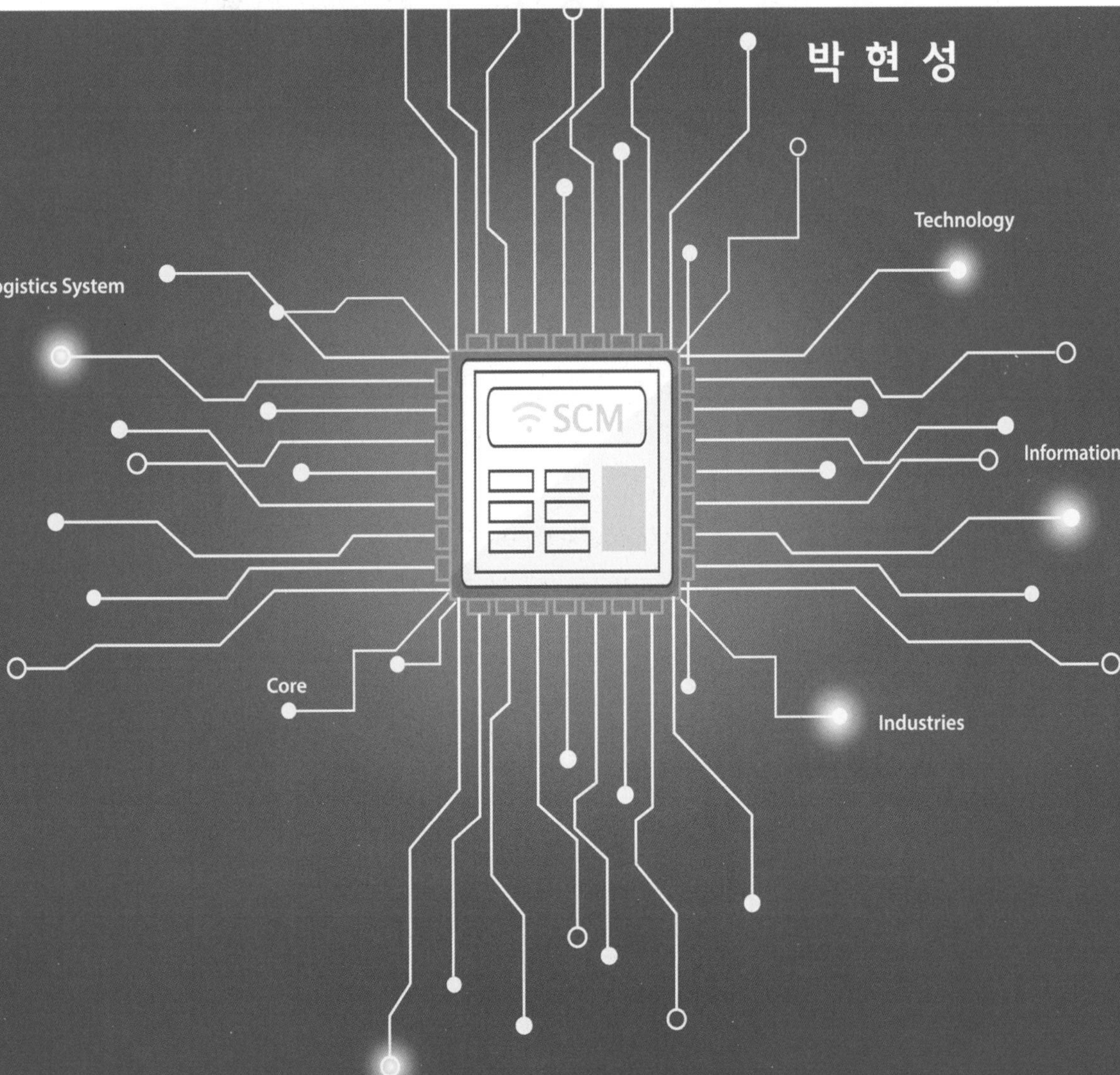

북 넷

들어가는 말

4차 산업혁명의 기술들이 이제는 사회 곳곳에 광범위하게 적용되고 있고, 이로 인한 전방위적인 변화가 가속화되고 있다. 특히 물류현장에서도 새로운 기술들이 적용되면서 물류산업 또한 변화하고 있으며, 물류산업의 중요성 또한 커지고 있다.

이러한 변화 속에서 산업과 기업의 관점에서 변하지 않는 물류의 본질을 이해하고, 끊임없이 변화하는 환경과 기술을 접목시키는 것이 중요하다고 본다.

본서는 물류의 기본개념과 용어를 이해하고 기업의 가치사슬 상에서 생산성을 어떻게 높일 것인지에 대해 생각해 보고 이를 통해 기업의 혁신적인 물류 패러다임에 대해 설명하는 것을 목적으로 한다.

이를 위해 전체 4부 13장으로 구성되어 있다.

1부는 '물류관리의 개요'에 대한 내용으로 기본적인 물류와 물류관리에 대한 개념과 전략에 대해 정리하였다. 전체적인 시각에서 산업 및 기업에서 물류의 포지션을 정의하고, 전략적으로 어떻게 활용할 것인지에 대해 설명하였다.

2부는 '물류관리의 실행'으로 산업현장에서 물류가 어떻게 실행되는지에 대해 정리하였다. 육상, 항공, 해상을 통한 화물운송관리, 화물의 하역과 보관관리, 그리고, 국제물류관리로 구분하여 산업현장에서 물류가 어떻게 실행되는지에 대해 설명하였다.

3부는 '물류관리의 혁신과 지원'으로 전사공급사슬 관점에서 물류관리활동을 평가할 것인지, 물류활동의 혁신을 어떻게 지원할 것인지에 대해 정리하였다. 또한 물류비용관리 등 물류성과를 어떻게 측정, 평가할 것인지에 대해 설명하였다.

4부는 '디지털시대의 물류관리'에서는 물류정보시스템과 관련 인프라에 대해 알아보고, 디지털시대에 물류관리의 변화방향에 대해 설명하였다. 특히 4차 산업혁명기술이 물류에서 어떻게 적용될 수 있는지에 대해 정리함으로써 물류현장의 변화방향에 대해 본서는 대학에서 물류관리에 관한 기초적인 교과서로서, 기본에 충실한 전문서로서 활용되기를 기대한다. 또한 물류관리사를 준비하는 학생들을 위해 영역별 기출문제를 정리하였다. 이를 통해 기본적인 물류이론과 자격시험이라는 현실을 균형잡힌 시각에서 바라보고자 노력하였다.

본서가 발간되기 위해 도움을 주셨던 분들에게 감사의 인사를 드리면서 마무리하고자 한다. 출간되기까지 많은 지도를 해 주신 선배, 동료교수님들께 감사의 마음을 전하고자 한다. 연구와 출판을 핑계로 함께 있어 주지 못한 호, 희, 수 삼남매와 늘 고생하는 아내에게도 사랑과 감사의 마음을 전하고, 부족한 아들을 늘 응원해 주시는 부모님께도 존경과 감사의 마음을 전한다. 그리고 본 책을 출간해주신 도서출판 북넷의 류재식 대표님과 박용범 부장님께 고마움을 전한다. 앞으로 지속적인 개정과 보완을 통해 새로운 이론과 현장의 내용을 충실히 보강해 나갈 것을 본 지면을 통해 약속하고자 한다.

2022년 2월
연구실에서
저자 씀

* 본 연구는 한성대학교 학술연구비 지원과제임

차 례

part 1 물류관리의 개요

Chapter 01 물류의 개념

01 물류의 이해 ······ 6

1.1 물류의 개념 / 6
1.2 물류의 기본기능 / 8
1.3 물류의 영역 / 9
1.4 물류의 주요 활동 / 10
1.5 물류의 중요성 / 11

02 물류산업의 이해 ······ 12

2.1 물류산업의 특징 / 12
2.2 물류산업의 범위 / 14
2.3 한국물류산업의 변화와 발전과정 / 16

■ 기출문제 / 20

Chapter 02 물류전략과 물류관리

01 물류전략의 수립과 운영 ······ 28

1.1 물류전략의 개념 / 28
1.2 물류관리의 주요 원칙 / 30
1.3 물류전략수립절차 / 31
1.4 물류전략과 관리의 순환체계 / 33

02 물류전략 세부수립과정 ······ 34

2.1 물류목표설정 / 34
2.2 외부환경분석 / 35
2.3 내부자원분석 / 37
2.4 전략대안도출 및 선택 / 40
2.5 전략실행 / 43
2.6 실행결과의 평가 / 43

■ 기출문제 / 45

part 2 물류관리의 실행

Chapter 03 운송의 개념과 육상화물운송관리

01 운송의 기본개념 ······ 56

1.1 운송의 개념 / 56
1.2 수배송관리의 개념 / 61

02 화물자동차 운송 ······ 66

2.1 화물자동차 운송의 개요 / 66
2.2 화물자동차 운송의 유형 / 68
2.3 택배서비스와 라스트마일 딜리버리 / 73

03 철도운송 ······ 80

3.1 철도운송의 개념 / 80
3.2 철도운송체계 / 82

- 기출문제 / 90

Chapter 04 항공, 해상화물운송관리

01 해상화물운송관리 ······ 97

1.1 해상운송의 개요 / 97
1.2 해상운송유형 / 98
1.3 선박의 유형과 주요 용어 / 101
1.4 항만시설관리 / 106
1.5 해상운송 관련 주요 용어 / 111

02 항공화물운송관리 ······ 118

2.1 항공운송의 개요 / 118
2.2 항공화물운송관리 / 121
2.3 항공운송 관련 국제기구 / 127

- 기출문제 / 130

Chapter 05 하역관리

01 하역관리 ······ 138

1.1 하역의 개요와 하역관리 / 138

02 하역 및 보관기기 ······ 141

2.1 하역기기 관리 / 141
2.2 보관기기 관리 / 145

2.3 피킹기기 / 147
2.4 분류기기 / 148

03 포장관리 ········ 150

3.1 포장의 개요 / 150

04 파렛트와 컨테이너 ········ 153

4.1 파렛트 / 153
4.2 컨테이너 / 155

■ 기출문제 / 159

Chapter 06 보관관리 · 재고관리

01 보관관리 ········ 168

1.1 보관관리 / 168
1.2 창고관리 / 170
1.3 창고입지관리와 구조관리 / 176
1.4 물류시설과 물류단지 / 179
1.5 다양한 유형의 물류단지, 창고 및 물류시설 / 182

02 재고관리 ········ 189

2.1 재고관리의 개요 / 189
2.2 재고관리기법: 공급사슬계획 관점 / 193
2.3 재고관리기법: 공급사슬실행 관점 / 199
2.4 재고비용과 재고관리지표 / 201

■ 기출문제 / 204

Chapter 07 국제물류관리

01 무역의 이해 ········ 211

1.1 무역의 개요 / 211
1.2 무역거래의 결제방식 / 214
1.3 수출입업무 프로세스와 단계별 활동 / 216

02 국제물류의 이해 ········ 219

2.1 국제물류개요 / 219
2.2 국제복합화물운송체계 / 220

03 국제물류 관련 주요 용어 ······ 224

3.1 INCOTERMS 2020 / 224
3.2 신용장(L/C, Letter of Credit) / 230
3.3 선하증권(B/L, Bill of lading) / 234

■ 기출문제 / 238

part 3 물류관리의 혁신과 지원

Chapter 08 공급사슬관리

01 공급사슬관리의 이해 ······ 250

1.1 공급사슬관리(Supply Chain Management)의 개요 / 250
1.2 SCOR(Supply Chain Operations Reference) 모델을 통한 공급사슬관리 / 254

02 공급사슬관리의 산업별 적용 ······ 256

2.1 패션산업 / 256
2.2 소비재 · 유통산업 / 258
2.3 의료산업 / 265
2.4 산업공통 / 267

■ 기출문제 / 270

Chapter 09 물류혁신관리

01 물류혁신의 개요 ······ 281

1.1 혁신의 개념 / 281
1.2 물류영역별에서의 혁신유형 / 281

02 인프라(Infrastructure)혁신 ······ 282

2.1 물류표준화 / 282
2.2 유닛로드시스템(ULS, Unit Load System) / 286
2.3 일관 파렛트화 / 289
2.4 파렛트풀시스템(PPS, Pallet Pool System) / 291
2.5 물류공동화 / 293

03 조직(Organization)혁신 ······ 300

3.1 3자 물류(3PL, 3rd Party Logistics) / 300

3.2 4자 물류(4PL, 4th Party Logistics) / 303

04 프로세스(Process)혁신 ········ 305

4.1 전사적 품질관리(TQM, Total Quality Management) / 305
4.2 업무프로세스 재설계(BPR, Business Process Reengineering) / 307
4.3 6시그마(6 Sigma) / 308

■ 기출문제 / 312

Chapter 10 물류성과 및 물류비용관리

01 물류비관리 ········ 320

1.1 물류비의 개요 / 320
1.2 일반기준에 의한 물류비의 계산 / 321
1.3 간이기준에 의한 물류비의 분류 / 330
1.4 물류비 계산방법과 절차 / 331
1.5 물류활동기준 경영관리 / 334

02 물류예산관리와 채산성 관리 ········ 337

■ 기출문제 / 341

part 4 디지털시대의 물류관리

Chapter 11 물류정보시스템

01 물류정보와 물류정보시스템의 개념 ········ 351

1.1 물류정보와 물류정보시스템 개요 / 351

02 물류정보시스템의 구성 ········ 356

2.1 공급사슬계획(SCP, Supply Chain Planning)시스템 / 357
2.2 공급사슬실행(SCE, Supply Chain Execution)시스템 / 358

■ 기출문제 / 368

Chapter 12 물류관련 정보인프라

01 물류정보관련 기반기술 ······ 376

1.1 바코드(Bar code)와 GS1 표준코드 / 376
1.2 무선주파수 식별체계(RFID, Radio Frequency Identification) / 382
1.3 전자문서교환(EDI, Electronic Data Interchange) / 383
1.4 부가가치 통신네트워크(VAN, Value Added Network) / 384
1.5 위치파악시스템(GPS, Global Positioning System) / 386

02 물류정보관련 기반 및 네트워크 ······ 387

2.1 지능형 교통시스템(ITS, Intelligent Transportation Systems) / 387
2.2 협력적 지능형 교통시스템
(C-ITS, Cooperative Intelligent Transportation Systems) / 391
2.3 주파수 공용통신(TRS, Trunked Radio System) / 393
2.4 uTradeHub(Ubiquitous Trade Hub) / 394
2.5 PLISM / 396
2.6 기타 물류정보네트워크 / 397

■ 기출문제 / 401

Chapter 13 디지털시대의 물류관리

01 스마트물류(Smart Logistics) ······ 412

1.1 스마트물류의 개요 / 412
1.2 스마트물류를 위한 융·복합기반기술 / 413

02 친환경물류 ······ 420

2.1 친환경물류의 개요 / 420

03 안전 및 보안물류 ······ 426

3.1 안전물류의 개요 / 426
3.2 물류보안의 개요 / 427

■ 기출문제 / 433

국문색인 / 439
영문색인 / 456

P·A·R·T

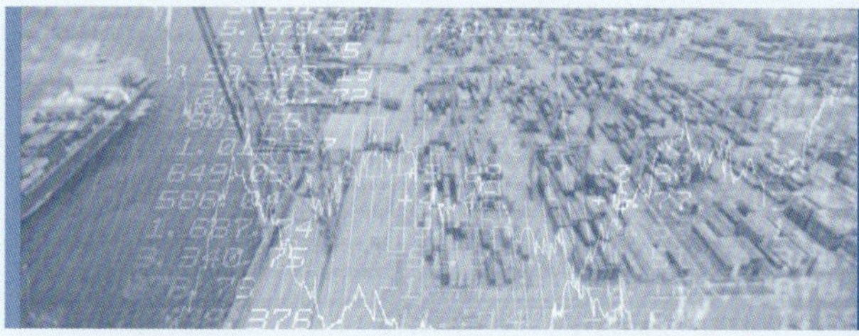

01 물류관리의 개요

제1장 물류의 개념

제2장 물류산업의 개념

제 1 부
물류관리의 개요

제 1 장 물류의 개념
제 2 장 물류전략과 물류관리

제 2 부
물류관리의 실행

제 3 장 운송의 개념과 육상화물운송관리
제 4 장 항공, 해상화물운송관리
제 5 장 하역관리
제 6 장 보관관리 · 재고관리
제 7 장 국제물류관리

제 3 부
물류관리의 혁신과 지원

제 8 장 공급사슬관리
제 9 장 물류혁신관리
제10장 물류성과 및 물류비용관리

제 4 부
디지털시대의 물류관리

제11 장 물류정보시스템
제12 장 물류관련 정보인프라
제13 장 디지털시대의 물류관리

CHAPTER

01

물류의 개념

1. 물류의 이해
2. 물류산업의 이해

유통 기업들의 물류 혁신

"공장에서 안방까지" 사활건 '80조 전쟁'

경기도 김포시 고촌에 있는 이마트몰 물류센터는 연면적이 축구장 6개 크기(4만 3636㎡)다. 온라인 주문을 처리하기 위해 2016년 1월 설립된 이곳에선 하루 2만건의 물품을 배송하고 있다.

신선 · 냉동식품을 포함한 2만 5,000여 개 품목을 자동으로 입 · 출고하는 컨베이어벨트는 '셔틀랙'이라 불린다. 셔틀랙은 물품창고와 연결돼 있다. 주문정보가 입력된 바코드가 붙은 상자가 셔틀랙 위에 도열해 있다. 상자가 셔틀랙을 지나가면 로봇이 창고와 셔틀랙 사이를 오가며 주문된 물품을 집어넣는다.

배송 오류를 줄이기 위해 상자에 담긴 물품의 무게 · 부피와 주문정보를 대조하는 작업은 '체크리스트'로 불리는 곳에서 센서가 자동으로 진행한다. 직원은 물품이 제대로 담겼는지 최종 확인작업만 한다. 이런 방식덕택에 수작업 위주인 일반 물류센터보다 훨씬 많은 업무를 처리할 수 있다.

배송은 수도권 서부와 인천 일부, 경기 북부지역으로 하루 4번씩 하는데, 오후 3시 전에 주문하면 당일에 받을 수 있다. 직접 선택한 시간에 맞춰서도 배송해 준다.

이마트는 현재 경기도 용인보정과 김포에 물류센터를 운영하고 있다. 물류센터 두 개를 만들기 위해 투자한 돈만 2,200억원에 달한다. 이마트는 김포에 제2물류센터를 건립 중이다.

이마트가 온라인전용 물류센터까지 설립하며 배송서비스를 강화하고 있는 것은 스마트폰 보급 확산으로 온라인 주문이 빠르게 늘어나고 있기 때문이다. 통계청에 따르면 2013년 38조 5,000억원이던 온라인쇼핑 시장이 지난해 80조원까지 급증했다.

업계에서는 매년 온라인 쇼핑액이 10~20%가량 성장하는 것으로 파악하고 있다.

오프라인 매장까지만 제품을 갖다 놓으면 됐던 거대 유통기업에 커다란 과제가 생긴 것이다. 매장이 아니라 소비자가 있는 집이나 사무실까지 주문품을 가져다 놓아야 하는데, 이것은 기존 유통기업들이 쌓아놓은 인프라 · 노하우로 해결할 수 없는 새로운 영역이기 때문이다.

더 빠른 온라인배달 서비스에 대한 소비자요구도 강해지고 있다. 컨설팅업체 맥킨지가 4,700명의 중국, 독일, 미국의 소비자를 대상으로 한 조사에 따르면 전체 응답자의 30%가 당일 배송 또는 즉시 배송을 위해 추가비용을 지불하겠다고 답했다. 쇼핑할 때 배달 서비스의 중요성이 커지고, 양질의 배달 서비스를 받기위해 더 많은 돈을 낼 의사가 있는 소비자가 많아지고 있다.

이런 변화에 가장 먼저 대응한 곳은 온라인쇼핑몰 쿠팡이다. 2014년 3월 쿠팡은 주문후 24시간 내 배송을 보장하는 '로켓배송'과 정직원이 직접 배송하는 '쿠팡맨' 서비스를 도입하며 외주중심의 기존 배달체계의 변화를 이끌었다.

당시 김범석 쿠팡창업자 겸 CEO는 '한국판 아마존'이 되겠다는 비전을 제시하며 일본 소프트뱅크에서 10억달러(약 1조 1,000억원)를 투자받기도 했다.

빠른 배송을 무기로 급성장한 쿠팡의 지난해 매출은 30억달러(약 3조 3,000억원), 기업가치는 약 50억달러(약 5조 5,000억원)에 달하는 것으로 분석된다.

쿠팡이 로켓배송을 시작하자 기존 유통업계 강자인 롯데그룹도 2014년 12월부터 서울 강남역 인근 롯데칠성부지에 온라인 배송전용 물류센터인 '롯데슈퍼 프레시센터'를 가동하기 시작했다. 지금은 서울·경기에 9개, 지방에 7개 등 16개 센터가 운영되고 있다. 서울의 경우 전역에서 온라인주문 후 3시간이면 물건을 받을 수 있게 됐다. 이병희 롯데정책본부 상무는 "'우리 경쟁자는 구글과 아마존'이라는 신동빈 회장의 생각을 반영해 만들었다"고 롯데슈퍼 프레시센터 설립취지를 밝혔다. G마켓과 옥션(이베이코리아), GS숍 등도 자체물류센터를 운영하고 있다.

아마존, 배송 위해 비행기 40대 임대

세계 1위 유통기업인 아마존은 빠르게 물류기업으로 진화하고 있다.

아마존이 물류의 중요성을 인식하고 대규모 투자를 하게 된 계기는 2013년 크리스마스 시즌의 배송지연사태다. 당시 나쁜 날씨와 밀려드는 배송품 때문에 아마존과 거래하는 UPS(United Parcel Service)의 배송이 일주일 이상 지연됐다. 아마존은 고객에게 사과해야 했고 물류서비스 통제권을 강화해야 한다는 깨달음을 얻었다.

이후 아마존은 2016년 보잉 767기 40대를 장기임대해 물류센터와 물류센터 간 배송에 사용하기 시작했다.

직접 소비자에게 배송하지는 않지만 물류센터 간의 배송품전달을 원활하게 하기 위한 조치였다.

또 2017년 한 해 동안 미국 내 26개의 추가 물류센터를 신설해 배송 네트워크를 강화했다.

이에 더해 아마존은 올해부터 고객과 만나는 마지막 접점인 택배사업까지 진출하며 라스트마일을 잡기 위한 경쟁에 본격적으로 나섰다.

월스트리트저널(WSJ) 등에 따르면 아마존은 지난 2월 호주 시드니와 미국 로스앤젤레스(LA)에서 택배사업을 시작했다. 아마존은 WSJ에 "앞으로는 아마존 온라인 플랫폼에서 제품을 판매하는 모든 판매자에게 택배 서비스를 제공하도록 할 계획"이라고 했다. 지금까지 아마존에서 판매된 물품은 물류센터까지만 아마존이 배송하고, 소비자에게 전달되는 마지막 단계는 주로 페덱스나 UPS 등 물류기업이 담당했다.

국내 온라인 쇼핑 시장 규모 추이

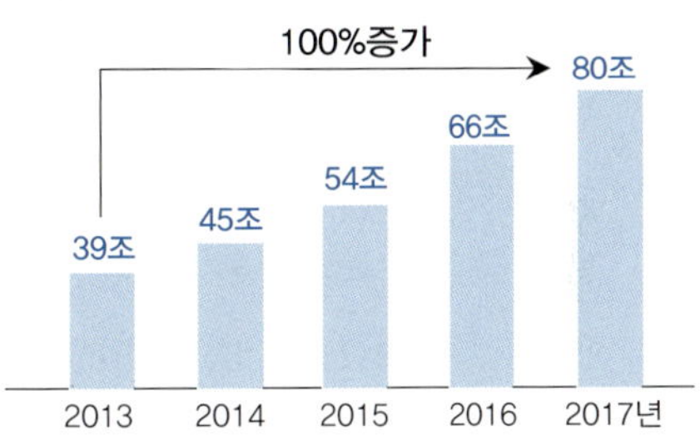

자료 : 통계청

아마존의 자체 분석보고서에 따르면 지난해 아마존은 페덱스 등에 배송비로 200억달러(약 21조원)를 지불했다. 자체 배송이 이뤄지면 이 금액의 10%를 줄일 수 있다는 게 아마존의 분석이다.

아마존의 자체 배송서비스는 1만달러(약 1,100만원)의 초기 자본금을 낸 개인이나 기업에 4대의 아마존 배달용 차량을 임대하는 방식으로 진행된다. 차량에 장착된 아마존의 소프트웨어가 물류창고에서 최종 배달지까지 가장 빠른 길을 결정하고 안내해준다. 미 CNN은 "새 배송정책으로 고객의 집문앞까지 아마존 로고가 새겨진 차량이 배송을 책임지면서 엄청난 광고효과까지 기대할 수 있게 됐다"고 평가했다.

민정웅 인하대 아태물류학부 교수는 "아마존이 자신들의 플랫폼에 물류·제조·금융·IT분야까지 웬만한 산업들을 모두 쌓아 올리고 있다"면서 "이를 통해 제품과 서비스가 소비자에게 전달되는 모든 과정을 통제하기 시작했다"고 설명했다.

이코노미 조선, 275호, 2018년 11월 19일

01 물류의 이해

1.1 물류의 개념

산업혁명 이후 대량생산과 대량소비, 이에 따른 교역이 확대되면서 본격적인 물류활동이 시작되었다. 이러한 물류라는 개념은 여러 기관과 학자들에 의해 다음과 같이 정의되어 왔으며, 산업적으로 발전 및 확장되었다.

(1) 물류의 등장

쇼(Arch. W. Shaw)는 경영활동 내 유통의 한 영역으로 물류(Physical Distribution) 개념을 정의하였다. 유통(Distribution)을 수요창출 활동과 물적공급 활동으로 구분하였는데, 물적공급 활동을 물류로 보았다. 물적공급활동을 고객을 위한 상품준비활동(주문처리, 포장, 유통가공, 보관, 재고관리 등)과 고객에게 전달하는 수송 및 하역활동으로 정의하였다.

클락(Fred E. Clark)은 'Principles of Marketing'에서 재화의 물리적인 이동을 강조하고 물적유통을 독자적인 업무으로 인식함으로써 마케팅관점에서 물류의 중요성을 강조하였다.

물류에 자본을 투자하고, 하드웨어, 소프트웨어의 혁신기술을 도입함으로써 물적유통의 생산성을 증진시켜야 하고, 이를 통해 유통을 근대화시켜야 한다고 보았다.

(2) 물류의 발전

제2차 세계대전 중 전쟁물자의 효율적인 군수활동 측면에서 로지스틱스의 연구가 본격적으로 시작되었으며 1950년대에는 기업업무 영역으로 관심을 가지게 되었다.

미국마케팅협회(AMA, American Marketing Association)는 상품, 자재 등 재화가 생산에서 최종 소비자로의 물적흐름을 종합적으로 계획, 운영 및 통제하는 활동으로써, 물적유통 이외에 정보유통의 개념도 포함하여 정의하였다. 또한 물류는 포장, 수송, 보관, 하역 등의 활동을 포함하고, 유형의 재화뿐만 아니라 무형의 서비스도 포함하여 종합적으로 계획, 통제하는 것을 말한다.

미국 물류관리협의회(NCPCM, National Council of Physical Distribution Management)에서는 완제품을 소비자에게 이동시키는 광의의 물류와 원자재를 생산라인까지 이동시키는 협의의 물류를 정의하였다.

이후 미국 로지스틱스관리협의회(NCLM, National Council of Logistics Management)에서는 구매에서 생산, 그리고, 최종 소비자에게 완제품을 전달하는 원자재, 반제품 및 완제품의 실물흐름을 효율적으로 계획, 실행 및 관리하기 위한 통합된 활동을 물류로 정의하였다. 여기에 포함된 모든 활동은 고객서비스, 수요예측, 정보처리, 재고관리, 운송관리, 수주처리, 부품/서비스지원, 공장과 창고의 입지선정, 원자재조달, 포장, 폐기물처리, 반품, 회수 등을 포함한다.

(3) 물류의 확장

1960년대 본격적으로 기업활동에 등장한 물류(Physical Distribution)는 물적유통으로 제품을 물리적으로 생산자로부터 최종 소비자에게 이전하는 데 필요한 활동에 집중한 개념이었다.

1970년대에는 개별 물류활동에서 발생하는 비용 간의 트레이드 오프가 전체 물류활동의 총비용개념으로 발전하게 되었다. 소비패턴의 변화로 제품이 다양해지고 재고비용이 높아지면서 높은 수준의 재고관리와 신속한 제품공급이 요구되고 물류조직이 신설되는 등 효율적인 물류체계에 대한 기업의 관심이 증대되었다.

1980년대 기업들은 물류관리를 더욱 중요한 기업활동으로 보았으며, 이에 통합적인 관점에서 전사적으로 물류를 관리하기 시작하였다. 이때 등장한 로지스틱스(Logistics)는 수요예측을 통해 원자재구매, 생산, 판매에 이르는 전체 경영 최적화를 달성하는 개념으로 확장되었으며, 기업전체의 물적흐름으로 정의하였다. 또한 기업이 글로벌화 되고, 물류합리화에 대한 수요가 증대되면서 정보기술을 활용한 물류관리가 이루어지고 있다.

1990년대에 들어서는 물류부문에서의 정보기술 도입이 본격적으로 도입되면서 물류정보시스템 구축을 통한 물류비절감 및 서비스제고를 본격적으로 추진하게 되었다.

2000년대 전후 공급사슬관리(SCM, Supply Chain Management)가 등장하면서 기업

내·외부에 걸쳐 수요 및 공급관리를 통합하여 물류를 최적화하는 개념으로 확장되었다. 즉 원자재공급부터 최종 소비자에 이르기까지의 관련기업 간의 네트워크를 구축하여 협업을 통한 물류비절감과 리드타임단축 등의 공동목표를 추구하는 개념으로 확장되었다.

여러 학자와 기관 등의 다양한 시각을 정리하면 물류는 제품 및 서비스를 최상위 생산자에서부터 최종 소비자에 이르는 화물의 흐름과 관련된 활동이며, 소비자가 원하는 시간과 장소에 전달하기 위해 중요한 역할을 수행한다. 그리고 화물과 정보흐름을 효율적으로 계획, 실행, 통제, 모니터링하는 과정이다.

물류정책기본법에 따르면 물류는 재화가 공급자로부터 조달, 생산되어 수요자에게 전달되거나 소비자로부터 회수되어 폐기될 때까지 이루어지는 운송, 보관, 하역 등과 이에 부가되어 가치를 창출하는 가공, 조립, 분류, 수리, 포장, 상표부착, 판매, 정보통신 등을 말한다.

1.2 물류의 기본기능

물류는 생산지와 소비지 간 재화를 적시에 유통시키고, 관련정보를 공유함으로써 다음과 같은 기능을 수행한다.

- 장소적 기능 : 화물의 운송을 통해 생산지와 소비지의 공간적 거리를 조정하는 기능으로써 생산지와 소비지 간 재화의 흐름을 원활하게 한다.
- 시간적 기능 : 창고 등에서 재고를 보관함으로써 생산지와 소비지의 시간적 거리를 조정하는 기능으로써 재고가 필요한 시점에 신속하게 실물재고를 제공하는 기능을 수행한다.
- 수량적 기능 : 생산자의 생산단위 수량과 최종 소비자에게 판매하는 판매단위 수량이 다를 경우, 물류는 중계, 분배, 배송을 통해 수량적 차이를 조정한다.
- 품질적 기능 : 창고 등을 활용하여 가공, 조립, 포장 등을 통해 화물을 유통가공함으로써 소비자 니즈에 적합한 품질의 제품을 공급한다.
- 가격적 기능 : 물류의 장소적, 시간적 기능을 통해 물류비용을 절감하고 수급을 일치시켜 물가를 안정시키고, 가격의 격차를 조정한다.

• 정서적 기능 : 생산지와 소비지를 가깝게 연결하고 이를 통해 고객서비스를 향상하여 거래의 친밀성을 높인다.

1.3 물류의 영역

물류는 생산지에서 소비지로 실물이 이동하는 정물류(Forward Logistics)와 역방향으로 이동하는 역물류(Reverse Logistics)로 크게 나눌 수 있으며, 각 영역은 다음과 같이 세분화하여 구분할 수 있다. 물류영역에 따라서 구매물류, 생산물류, 사내물류, 판매물류, 반품물류, 폐기물류, 회수물류로 구분할 수 있다.

(1) 정물류(Forward Logistics)

생산지에서 소비지까지 실물과 관련정보의 흐름을 효율적으로 관리하는 일반적인 물류를 의미하며, 정상적인 물류흐름을 관리한다.

• 구매물류 : 공급업체로부터 실물이 운송되어 구매자가 입고 및 보관하는, 생산공정투입 전까지의 물류활동을 의미한다. 공급업체 관점에서는 판매물류, 구매자 관점에서는 구매물류가 된다.

• 생산물류 : 생산투입을 위한 자재출고에서부터 생산공정으로의 운반, 하역 및 창고입고 과정을 의미한다. 즉 생산물류 영역에서는 생산공정 상에서 투입되는 원자재, 재공품 및 반제품, 제품을 관리한다.

• 사내물류 : 생산된 제품이 생산출고되어 완제품 저장창고에 이르기까지의 물류활동과 물류센터 내에서의 보관 및 비교적 단거리이동을 의미한다.

• 판매물류 : 완제품판매에 따라 고객인도까지의 물류활동이며, 제품을 소비자에게 전달하는 수·배송활동과정을 의미한다. 완제품창고에서의 출고, 중간 물류거점인 물류센터까지의 운송, 유통가공 및 분류, 매장 및 최종 소비자운송이 포함된다.

(2) 역물류(Reverse Logistics)

미국 물류관리협회(CLM, Council of Logistics Management)는 가치의 재창출 혹은

적절한 폐기를 위해 소비지에서 생산지까지 정상적인 물류흐름의 역방향으로 원자재, 완제품 등의 실물재고, 관련정보를 계획, 실행, 통제하는 과정을 역물류로 정의하였다.

역물류는 순물류의 역순으로 실행되는 물류로써 일반적으로 정방향 물류보다 상대적으로 관리가 어렵고 비용이 높다고 볼 수 있다.

- 반품물류 : 반품물류는 판매후 상품파손, 고객변심 등의 이유로 인해 상품교환이나 반품을 처리하기 위한 물류활동을 의미한다. 온라인쇼핑이 활성화되면서 판매물류 이후의 반품이 증가하고 있으며, 이에 따른 물류비용이 증가하고 있다.
- 폐기물류 : 폐기물류는 파손, 부패 또는 재고이월 등으로 제품 및 자재의 불능이나 폐기가 필요한 경우, 폐기하는 물류활동을 의미한다.
- 회수물류 : 일반적으로 회수물류는 판매물류를 지원하는 파렛트, 컨테이너 등의 포장자재 및 빈용기를 회수하는 물류활동을 의미한다. 또한 제품이나 원자재를 구매한후 제품결함, 소비자 변심, 배송오류, 리콜, 반품 등에 따라 발생하는 물류활동을 포함하며, 수거, 운반, 분류, 정리, 보관, 처리 등 일련의 과정이 포함한다. 특히 회수물류는 처리과정에서 제품의 특성에 따라 재활용, 수리 및 재판매, 재포장, 폐기 등에 따라 다양한 물류흐름이 일어나고, 부가가치를 높일 수 있는 것이 특징이다.

1.4 물류의 주요 활동

물류정책기본법에서는 물류활동의 각 기능 또는 영역에서 나타나는 화물의 운송·보관 · 하역 · 포장 및 이와 관련된 활동을 영위하는 산업을 물류산업으로 정의하고 있으며, 물류산업의 주요 활동을 다음과 같이 정의하였다.

- 운송 : 운송은 육상, 해상, 항공 등의 운송수단을 활용하여 화물의 공간적인 위치를 이동시키는 활동을 말한다. 운송은 목적에 적합한 운송수단을 활용하여 수·배송하는 활동을 의미하며, 장소적 효용을 창출한다.
- 보관 : 보관은 실물재고가 가지고 있는 원래의 기능과 품질을 유지함으로써 물리적으로 재고를 효율적으로 관리하는 활동으로써 시간적 효용을 창출한다. 물류현장에서는 창고와 관련된 각종 설비를 활용하여 직접 보관하는 활동을 말한다.

- 하역 : 하역은 보관과 운송의 각 단계 사이의 화물취급 활동을 의미한다. 하역은 창고 또는 항만 등지에서 하역설비를 활용하여 비교적 단거리에서 물품의 싣고 내리기, 운반 및 적재하는 활동을 말한다.
- 포장 : 포장은 물류활동 중 화물의 가치 및 상태를 보호하기 위해 적절한 재료, 용기 등을 활용하는 활동을 의미한다. 심미적인 목적으로의 포장보다는 화물의 내용물을 보호하고, 파렛트 등 물품 단위화를 통해 물류업무 효율화에 기여한다.
- 정보 : 물류에 따른 정보의 흐름과 관련된 활동을 의미하며, 주요 산업용통신의 기본시설 및 관련된 통신관련 장비, 정보의 시간적, 공간적 전송 및 데이터의 유통가공기능을 담당한다. 산업현장에서 각종 IT 기기를 활용하여 업무처리가 활성화되면서 물류현장에서도 물류정보의 중요성이 더욱 높아지고 있다.
- 유통가공 : 물류과정에서 화물에 부가적인 가치를 더하는 활동으로써 유통가공설비를 이용해 직접 재포장작업, 소비자포장, 라벨부착 등의 유통가공하는 활동을 말한다.
- 물류관리 : 물류업무의 전반적인 활동에 대해 계획, 조정, 통제하는 활동을 의미하며, 계획에 따라 물류활동이 잘 이루어지도록 지원한다.

1.5 물류의 중요성

물류는 기업활동에서 차지하는 비중이 높아지면서 그 중요성이 커지고 있다.

- 물류비용의 증가 : 대량생산과 대량소비에 따라 자연스럽게 물류활동도 활발해지고 있다. 물류활동이 활발해지면서 물류비용도 증가하면서 기업에게는 큰 부담이 되고 있다. 또한 물류 서비스경쟁의 심화, 소량다빈도 운송증대, 교통체증, 인건비 상승 및 높은 지가, 환경개선압박 등은 기업의 물류비용과 부담을 더욱 늘리고 있다. 즉 물류영역에서는 서비스향상뿐만 아니라 비용절감이 기업의 경쟁우위요소로 부각되면서 물류의 중요성이 더욱 증가되고 있다.
- 균형있는 물류서비스와 비용관리 필요 : 물류에 대한 중요성이 커지면서 비용을 절감하면서 서비스를 향상시키는 상반되는 목표를 달성해야 하는 것이 기업의 새로운 숙제가 되었다. 즉 낮은 물류비용으로 높은 수준의 물류서비스를 달성함으

로써 복잡다양한 전문적인 고객요구 사항을 만족시키는 것이 기업의 중요한 과제가 되었다. 일반적인 상황에서는 비용을 절감하면 서비스수준이 낮아지게 되고, 서비스수준을 높이고자하면 비용은 증가하게 된다. 이러한 상황에서 기업은 물류서비스수준의 향상과 물류비용의 절감을 동시에 달성해야 한다. 이를 위해서는 물류시스템의 도입, 프로세스의 개선, 적절한 기술 및 기기의 사용 등의 물류관리 활동이 필요하다. 이러한 균형점을 찾는 과정이 물류관리의 중요한 목표이며, 물류서비스의 개선과 물류비용의 절감은 결국은 기업의 유통경쟁력을 향상시켜 최종적으로 기업의 혁신과 성장을 달성하게 된다.

- 타 업무영역의 개선한계: 기업에서는 매출을 높이고 원가를 절감하는 데에 지속적으로 노력해 오고 있는데, 여기에 어느 정도 한계가 오면서, 물류가 새로운 제3의 이익원으로 각광받고 있다. 기존의 생산관리 관점과 영업관리 관점에서의 기업 수익개선 노력을 넘어서서 물류비용절감 및 물류서비스 개선을 통한 이익창출이 필요한 상황이 되었다.
- 다양한 물류수요와 환경변화: 최근 활발해 지고 있는 온라인커머스 등의 확장 등의 환경변화에 따라 물류관련 수요와 비용이 지속적으로 증가하고 있다. 다품종, 소량, 다빈도의 온라인주문에 따른 물류서비스가 증가하고, 고객요구 또한 더욱 다양해지고 전문화되고 있다. 또한 시스템을 활용한 물류업무의 스마트화와 이를 글로벌환경까지 확대/대응하는 국제물류의 중요성이 확대됨으로써 이제 물류관리는 경영의 핵심으로 자리잡고 있다.

02 물류산업의 이해

2.1 물류산업의 특징

한국물류산업은 시장규제가 타 산업에 비해 비교적 약하고 다국적 기업의 시장진입 장벽이 낮은 산업이다. 1990년 이후 물동량증가 및 부가가치 물류활동의 활성화, 기업들의 물류아웃소싱 증가, 정부의 물류인프라 확충노력 등 하나의 산업으로서 꾸준히 성장하고 있다. 또한 유통, 제조, 물류 간의 경계가 사라지고 있으며, 단순한 기능중심에서 복합적인 부가가치 창출을 위한 서비스개발로 물류산업이 확장되고 있다.

물류산업은 다음의 특징을 가지고 있다.

(1) 유발수요산업

물류서비스는 스스로 수요를 창출하는 활동이 아니라 생산, 유통 등 다른 부가가치 창출활동에서의 요구에 의해 발생하는 유발수요의 특성을 지닌다. 따라서 다른 업무영역과의 연결성, 다른 이해관계자와의 좋은 관계를 유지하는 것이 물류산업에서 중요하며, 특히 안정적인 화주를 확보하는 것은 가장 중요한 사업요인 중의 하나이다. 화주확보를 통한 안정적인 물동량확보는 물류 네트워크 운영의 효율성을 향상시키며 수익의 안정성을 강화하여 투자의 회수가능성도 높이게 된다.

(2) 생산, 유통산업지원 서비스산업

물류산업은 물류기업이 생산업체 및 유통업체에게 경제적인 비용으로 물류서비스를 제공함으로써 기업들이 화물수배송, 하역, 보관 등의 물류활동을 효율적으로 수행할 수 있도록 지원하는 역할을 수행한다. 또한 물류서비스의 품질은 고객과 물류서비스 제공자의 상호작용에 의해 달라질 수 있으나 무형적이고 소멸성을 갖는 서비스의 특성상 차별화가 쉽지 않다. 최근에는 물류가 기업의 이익확대 및 경쟁력 강화에 중요한 요소로 인식되어 물류업체의 서비스 경쟁력 및 효율성이 보다 강조되면서 외형확대를 통한 규모의 경제와 서비스 차별화를 위한 움직임이 커지고 있다.

(3) 대체재가 풍부한 산업

비효율적이거나 비용이 높아서 물류전문기업의 서비스가 만족스럽지 못할 경우, 물류업무를 위탁한 화주기업은 내부자원으로 물류활동의 내부화를 쉽게 진행할 수 있다. 따라서 물류전문기업 및 물류업종 간 경쟁뿐만 아니라 일반기업의 물류관련 부서와도 경쟁을 해야 하는 전방위 경쟁구조의 특징을 보인다.

(4) 노동집약적 영세산업

물류산업은 대표적인 노동집약적인 영세산업의 하나이다. 장치산업처럼 대규모 시설투자가 요구되는 경우도 있지만, 특히 화물자동차 운수업의 경우는 물류산업내 타 업종에 비해 법인화율이 낮고 개인사업자의 비중이 높다. 화물자동차 운송 등의 영역에서는 지입제로 운영되는 경우가 많아서 적은 자본으로 물류서비스를 제공하는 영세한 개인사업자가 많다. 따라서 서비스의 개선이 쉽지 않고 경쟁강도 또한 높고 전반적인 수익성은 낮다. 하지만, 물류산업은 대형자본과 영세자본이 함께 병존할 수 있는 산업이다. 특히 쿠팡의 사례에서 보듯이 대규모 시설투자를 통한 물류인프라의 확보는 유통, 물류산업의 주도권을 바꿀 만큼 큰 파급력을 가질 수 있다.

(5) 경쟁적 산업

최근 물류가 기업의 경쟁우위 요소로 인식되면서 물류업체의 서비스 경쟁력 및 효율성이 보다 강조되고 있고 외형확대를 통한 규모의 경제와 서비스 차별화 경쟁이 심화되고 있다. 따라서 물류비용의 절감과 서비스수준의 관리가 물류관리의 가장 중요한 관리요소 중의 하나이며, 이에 대한 적정수준을 관리하는 것이 업무 효율성과 물류 생산성을 높이는 차원에서 중요하다. 한편, 국내물류기업의 세계물류시장 점유율은 2.1%에 불과하며 한국의 글로벌 물류경쟁력은 취약한 편이다. 하지만 국토교통부와 해양수산부가 공동으로 수립한 제5차 국가물류기본계획(2021~2030년)에 따르면 물류산업 매출액은 2019년 92조원에서 2030년 140조원으로 늘어날 전망이며 국가물류 경쟁력 지수는 세계 25위에서 10위권으로 뛰어오르게 될 것으로 보인다.

2.2 물류산업의 범위

물류정책기본법에서는 물류를 재화가 공급자로부터 조달, 생산되어 수요자에게 전달되거나 소비자로부터 회수되어 폐기될 때까지 이루어지는 운송, 보관, 하역 등과 이에 부가되어 가치를 창출하는 가공, 조립, 분류, 수리, 포장, 상표부착, 판매, 정보통신 등으로 정의하면서 물류산업을 화주의 수요에 따라 유상으로 물류활동을 영위하는 것을 업으로 하는 것으로 정의하고 있다.

물류정책기본법에서 정의하는 물류산업의 범위는 다음과 같다.

- 자동차 · 철도차량 · 선박 · 항공기 또는 파이프라인 등의 운송수단을 통하여 화물을 운송하는 화물운송업
- 물류터미널이나 창고 등의 물류시설을 운영하는 물류시설운영업

표 1-1 물류사업의 범위

대분류	세분류	세세분류
화물 운송업	육상화물운송업	화물자동차운송사업, 화물자동차운송가맹사업, 철도사업
	해상화물운송업	외항정기화물운송사업, 외항부정기화물운송사업, 내항화물운송사업
	항공화물운송업	정기항공운송사업, 부정기항공운송사업, 상업서류송달업
	파이프라인운송업	파이프라인운송업
물류시설 운영업	창고업 (공동집배송센터운영업 포함)	일반창고업, 냉장 및 냉동창고업, 농 · 수산물창고업, 위험물품보관업, 그밖의 창고업
	물류터미널운영업	복합물류터미널, 일반물류터미널, 해상터미널, 공항화물터미널, 화물차전용터미널, 컨테이너화물조작장(CFS), 컨테이너장치장(CY), 물류단지, 집배송단지 등 물류시설의 운영업
물류 서비스업	화물취급업(하역업 포함)	화물의 하역, 포장, 가공, 조립, 상표부착, 프로그램설치, 품질검사 등 부가적인 물류업
	화물주선업	국제물류주선업, 화물자동차운송주선사업
	물류장비임대업	운송장비임대업, 산업용 기계 · 장비임대업, 운반용기임대업, 화물자동차임대업, 화물선박임대업, 화물항공기임대업, 운반 · 적치 · 하역장비임대업, 컨테이너 · 파렛트 등 포장용기임대업, 선박대여업
	물류정보처리업	물류정보 데이터베이스 구축, 물류지원 소프트웨어 개발 · 운영, 물류관련 전자문서처리업
	물류컨설팅업	물류관련 업무프로세스 개선관련 컨설팅, 자동창고, 물류자동화 설비 등 도입관련 컨설팅, 물류관련 정보시스템 도입관련 컨설팅
	해운부대사업	해운대리점업, 해운중개업, 선박관리업
	항만운송관련업	항만용역업, 선용품공급업, 선박연료공급업, 선박수리업, 컨테이너 수리업, 예선업
	항만운송사업	항만하역사업, 검수사업, 감정사업, 검량사업
종합물류 서비스업	종합물류서비스업	종합물류서비스업

자료 : 물류정책기본법 시행령 〈개정 2018. 4. 30.〉

- 화물운송의 주선, 물류장비의 임대, 물류정보의 처리 또는 물류컨설팅 등의 업무를 하는 물류서비스업
- 위의 물류사업을 종합적 · 복합적으로 영위하는 종합물류서비스업

2.3 한국물류산업의 변화와 발전과정

한국물류산업은 과거 유통업, 제조업 등의 지원역할을 수행하는 산업으로 인식되었으나, 최근 기업활동이 글로벌로 확장되고, 물동량 또한 폭발적으로 증가하면서 물류산업의 중요성이 더욱 부각되고 있다.

(1) 물류의 전근대기(1970년 이전)

1970년 이전은 물류의 중요성에 대한 사회적인 인식이 미약했던 시기였고, 국가적 차원의 사회간접자본(SOC, Social Overhead Capital)에 대한 투자도 부족한 시기였다.

1962년 제1 · 2차 경제개발 5개년 계획이 수립 및 시행된 후 고도성장을 이루면서 교역규모의 신장에 따른 물동량이 증대되었다. 단적으로 1968년부터 등장한 현대식 슈퍼마켓 등의 유통산업의 발달과 1969년 경인고속도로 개통부터 시작된 사회간접자본의 투자는 한국물류산업의 기초에 영향을 주었다.

(2) 물류의 태동기(1970년대)

1970년대에는 고도의 경제성장과 사회간접자본 투자증대 및 유통·물류산업에 대한 관심이 높아졌다. 특히 이 기간동안은 물류산업과 관련한 인프라투자가 활발하게 이루어 지면서 장기적인 관점에서의 물류산업성장의 기반이 되었다. 특히 수출중심의 경제개발, 중공업중심의 정부주도형 3 · 4차 경제개발은 본격적인 국내 · 외 물동량의 증가를 가져왔다. 1970년에는 유통근대화 5개년 계획을 수립하였고, 1970년대 초반부터 건설된 농산물집화장, 물류터미널 등의 물류시설과 경부고속도로, 영동고속도로, 호남 · 남해고속도로 등의 사회간접자본은 원활한 물류활동이 이루어지는 기반이 되었다.

또한 해외수출물량이 증가하면서 현대중공업, 대우조선해양 등 조선회사가 등장하

고, 조선산업의 발전 이후 한진해운, 현대상선 등 대규모 해상화물운송업체가 등장하였다.

(3) 물류의 개화기(1980년대)

이전 기간동안 물류산업의 물리적인 인프라가 구축되었다고 한다면, 1980년대에는 물류업무수행에 필요한 소프트웨어(법률 등)적, 하드웨어적인 측면에서의 물류기반이 정비되었다. 특히 우리나라에 물류의 중요성에 대한 인식이 보급되기 시작한 것은 1980년대 초 '유통근대화촉진법'이 제정된 시기부터이며, 유통산업의 근대화라는 차원에서 물류부문이 부상하게 되었다. 이 시기에는 '유통근대화촉진법', '소비자보호법(현, 소비자기본법)', '독점규제 및 공정거래에 관한 법률' 등 유통·물류에 관한 법규가 정비되기 시작했다.

(4) 물류의 성장기(1990년대)

이 시기에는 경제성장과 국가간 물동량의 증대에 따른 국제물류의 필요성도 인식하게 되었다. 또한 물류의 중요성과 함께 전문인력육성에 대한 사회적인 관심이 증대되었다. 정부차원에서는 복합물류터미널 등의 종합물류단지조성과 공동화를 추진하게 되었고, 전자상거래의 급속한 발전, SCM에 대한 기업의 관심과 이에 따른 IT시스템의 도입 등으로 물류의 수준은 더욱 높아지고 획기적으로 발전하게 되었다.

(5) 물류의 고도화(2000년대 이후)

2000년대 이후에는 화물유통촉진법 제3조에 근거하여 체계적인 물류활동을 추진하기 위해 국가물류기본계획을 수립하였다. 국가물류기본계획은 효과적인 국가물류체계의 구축을 위한 20년 단위의 국가계획으로서 우리나라가 지향하는 물류의 미래상을 제시하고, 공동목표설정과 유관기관간 역할분담방안을 종합 조정하기 위한 장기계획을 의미한다. 20년 단위의 장기계획인 국가물류기본계획을 수립하여 물류의 미래상과 정책추진방향을 제시하고, 5년 단위의 '중기국가물류기본계획'을 수립하여 구체적 실천계획을 마련하였다.

- 1차 국가물류기본계획(2001~2020) : 그동안 정책적으로 많은 투자를 하였음에도 부족한 물류관련 사회간접자본시설의 투자와 물류거점연계수송체계를 확장하고, 비효율적인 물류시설의 운영을 효율화함으로써 낙후된 물류산업을 고도화하고자 하였다. 1차 국가물류기본계획에서는 물류강국을 지향하는 물류간선네트워크의 구축, 물류부문의 하드웨어와 소프트웨어의 유기적 조화를 위한 물류기술의 고도화, 물류산업의 체질개선을 통한 국제경쟁력 강화, 안전과 환경을 고려한 환경친화형 물류환경의 조성, 세계를 지향하는 국제물류네트워크의 구축을 폭표로 세부사업을 추진하였다.
- 2차 국가물류기본계획(2016~2025) : 2008년 제정된 '물류정책기본법'에서는 국가물류기본계획의 계획기간을 10년으로 설정하고, 매 5년마다 재계획하도록 규정하였다. 그리고, 2차 국가물류기본계획에서는 정부재정지원에 의존하는 정부주도 물류에서 창의적 서비스의 자발적 창출을 도모하는 민간주도물류로 전환하고, 경제성장을 지원하는 수출입지원물류 중심에서 수출입물류와 국민생활편의를 지향하는 생활밀착물류까지 포함하는 것을 주요 방향으로 설정하였다. 이에 따라 산업트렌드 변화에 대응한 고부가가치 물류산업육성, 세계물류지형변화에 따른 글로벌 물류시장진출확대, 미래대응형 스마트물류기술 개발 및 확산, 지속가능한 물류산업환경조성을 추진과제로 정의하였다.
- 3차 국가물류기본계획(수정계획 2011~2020) : '2020 글로벌 물류강국'을 비전으로 물류를 통한 국부창출과 국가물류체계의 효율성 강화이라는 목표를 통해 물류산업을 제조업 지원기능을 넘어 국부창출이 가능한 성장동력 산업으로 육성하기 위한 의지를 표명하였다.
- 4차 국가물류기본계획(2016~2025) : 제4차 국가물류기본계획에서는 산업트렌드 변화에 대응한 고부가가치 물류산업육성, 세계 물류지형변화에 따른 글로벌 물류시장진출 확대, 미래대응형 스마트물류기술개발 및 확산, 지속가능한 물류산업환경조성 등 크게 네 가지의 전략별 추진과제를 설정했다.
- 5차 국가물류기본계획(2021~2030) : 물류산업 매출액은 2019년 92조원에서 2030년 140조원으로 늘어날 것으로 전망되며 국가물류 경쟁력 지수는 세계 25위에서 10위권으로 오르는 등 경제흐름을 뒷받침하는 핵심 서비스산업으로 성장해 왔다. 코로나19 확산으로 비대면이 일상화됨에 따라 폭발적인 물류수요 증가, 디지털전환요청 등 급변하는 물류환경에 대응하고자 제5차 국가물류기본계획에서는 물류

산업스마트 · 디지털 혁신성장과 상생 생태계조성을 통한 글로벌 물류 선도국가도약을 위한 전략과 세부과제를 제시했다. 로봇 등 첨단스마트 기술기반의 물류시스템, 도심 등 단절없는 물류를 위한 공유/연계형 인프라 및 네트워크, 환경친화적이고 보안/안전걱정없는 물류산업, 상생협력형 물류산업구축을 통해 세계에서 인정받는 글로벌 선진물류국가로 도약하도록 국가차원에서의 물류기본계획을 수립하였다.

토의문제

1. 물류산업에 대해 생각해 봅시다.
   - 물류산업이 제조산업 등 타 산업과 다른 점은 무엇인지 생각해 봅시다.
   - 물류산업이 발전하기 위해서는 어떤 노력이 필요한지에 대해 생각해 봅시다.
2. 물류산업의 발전에 대해 생각해 봅시다.
   - 우리 주위에서 볼 수 있는 물류관련 활동 및 기기가 10년 전에 비해 어떻게 달라졌는지 토의해 봅시다.
   - 시간의 흐름에 따라 물류기능이 발전한 기업사례에는 어떤 것이 있는지 알아봅시다.
   - 앞으로 10년 뒤의 물류는 어떻게 발전되어 있을지 생각해 봅시다.
3. 물류서비스 향상과 물류비용절감을 동시에 만족시키기 위해서는 어떤 활동이 필요할지 토의해 봅시다.

제1장 물류관리사 기출문제

01 물류의 정의로 옳지 않은 것은? (20회, 2016년)

① 물적유통의 약어로 재화의 흐름이다.
② 생산단계에서 소비단계로의 물적흐름으로 조달부문을 제외한 모든 활동이다.
③ 포장, 운송, 보관, 하역 등의 활동을 종합적으로 계획·통제하는 것이다.
④ '병참'이라는 군사용어에서 유래되어 구매, 생산, 판매가 통합된 물류개념을 로지스틱스라고도 한다.
⑤ 공급자로부터 최종고객에게까지 이르는 유통채널의 전체흐름을 통합적으로 관리하는 것이다.

02 최근 물류환경의 여건변화와 전망에 관한 설명으로 옳지 않은 것은? (15회, 2011년)

① 물류센터의 기능은 단순보관시설(Storage)에서 유통창고(Warehouse)로 전환되고 있다.
② 다품종소량화, 전자상거래의 확산으로 유통배송 단계가 점점 늘어나고, 고객맞춤형 물류서비스가 강조되고 있다.
③ 제품기술의 발달, 소비자요구의 다양화로 제품수명주기가 점차 단축되고 있다.
④ 환경규제가 점차 강화됨에 따라 회수물류에 대한 관심이 증대되고 있다.
⑤ 개별기업의 테두리 안에서 물류 효율화를 위한 대응노력에는 한계가 있다.

03 물류활동에 관한 설명으로 옳지 않은 것은? (15회, 2011년)

① 하역은 보관과 수송의 양단에 있는 물품의 취급을 말한다.
② 보관은 생산과 소비의 시간적 효용을 창출한다.
③ 유통가공은 물품자체의 기능을 변화시키고 부가가치를 부여한다.
④ 물류관리는 물류활동에 대한 계획, 조정, 통제활동이다.
⑤ 수송은 국가물류비용 중에서 가장 큰 비중을 차지하는 영역이다.

04 물류의 기본적 기능에 관한 설명으로 가장 거리가 먼 것은? (15회, 2011년)

① 장소적 간격을 극복하여 준다.
② 시간의 불일치를 조절하여 준다.
③ 물류는 운송에서 정보활동에 이르기까지 가격조정기능과 관련되어 있다.

④ 집하, 운송, 보관기능을 통해 재화의 품질을 조정한다.
⑤ 생산과 소비의 수량 불일치를 조정하여 준다.

05 **역물류(Reverse Logistics)에 해당하는 것을 모두 나열한 것은?** (15회, 2011년)

ㄱ. 반품물류	ㄴ. 보관물류	ㄷ. 조달물류	ㄹ. 폐기물류	ㅁ. 회수물류

① ㄱ, ㄷ, ㄹ
② ㄱ, ㄹ, ㅁ
③ ㄴ, ㄷ, ㅁ
④ ㄴ, ㄹ, ㅁ
⑤ ㄷ, ㄹ, ㅁ

06 **역물류(Reverse Logistics)에 관한 설명으로 옳은 것은?** (20회, 2016년)

① 역물류활동이 환경오염을 유발하기도 한다.
② 반품의 발생시기와 상태가 예측가능하다.
③ 발생장소, 수량측면에서 가시성 확보가 가능하다.
④ 컨테이너, 파렛트, 빈용기 등의 재사용을 위한 물류활동을 반품물류라 한다.
⑤ 고객에게 상품을 인도하는 과정에서 발생하는 물류활동을 회수물류라 한다.

07 **물류환경의 변화추세에 관한 설명으로 옳지 않은 것은?** (20회, 2016년)

① 기업의 유연성증가와 고정비용의 감소를 위하여 물류부문을 인소싱하는 추세이다.
② 물류비의 절감과 매출증대의 중요성이 커지고 있다.
③ 도시의 과밀화와 교통사정의 악화 등으로 물류업계의 협업화가 대안으로 제시되고 있다.
④ 물류산업에 국제화가 진행되어 국내시장에서도 세계적인 물류기업과의 경쟁이 심화되고 있다.
⑤ 환경문제가 중시되는 가운데 그린물류에 대한 관심이 높아지고 있다.

08 **물류의 기능을 설명한 것으로 옳지 않은 것은?** (20회, 2016년)

① 고객에게 제품을 공급하여 수요를 충족시킨다.
② 물류서비스의 차별화를 통하여 수요를 증대시킨다.
③ 운송활동으로 제품의 품질을 향상시킨다.
④ 생산과 소비의 수량불일치를 완화시킨다.
⑤ 보관 및 수송비용의 절감 등으로 원가를 낮춘다.

09 **물류의 범위와 영역에 관한 설명으로 옳지 않은 것은?** (20회, 2016년)

① 판매물류는 공장 또는 물류센터에서 출고되어 고객에게 인도될 때까지의 물류활동을 말한다.

② 조달물류는 제조업자가 원재료와 기계, 자재를 조달하기 위한 물류활동이고, 여기에는 도·소매업자가 재판매를 위하여 상품을 구입하는 것도 포함된다.
③ 생산물류란 자재가 생산공정에 투입되는 시점부터 제품이 생산 및 포장되어 나올 때까지의 물류활동을 말한다.
④ 역물류는 폐기물류를 제외한 반품물류와 회수물류를 말한다.
⑤ 사내물류는 생산공장 내에서 이루어지는 물류활동을 말한다.

10 물류의 영역에 관한 설명으로 옳은 것은? (15회, 2011년)

① 폐기물류는 재활용과 더불어 차량과 전자제품 등의 리콜과 관련된다.
② 판매물류는 판매된 제품이나 상품자체의 문제점과 관련된다.
③ 생산물류는 제품의 파손 또는 기능소멸 등과 관련된다.
④ 조달물류는 물류의 시발점과 관련된다.
⑤ 회수물류는 제품이 소비자에게 전달되는 과정과 관련된다.

11 물류활동의 기본 기능에 관한 설명으로 옳지 않은 것은? (23회, 2019년)

① 포장은 생산의 종착점으로서 표준화, 모듈화의 대상이다.
② 보관은 생산과 소비, 공급과 수요의 시점 및 수량적 차이를 조정한다.
③ 유통가공은 고객의 요구에 대응하기 위해 제조업체에서 부품을 가공하는 활동이다.
④ 하역은 운송, 보관 및 포장의 물자취급과 관련된 보조적 활동으로서 기계화, 자동화의 대상이다.
⑤ 운송은 생산과 소비의 장소적 차이에 의한 거리를 조정하는 활동이다.

12 상적유통(Commercial Distribution)과 물적유통(Physical Distribution)에 관한 설명으로 옳은 것은? (23회, 2019년)

① 화물정보의 전달 및 활용은 물적유통에 해당한다.
② 상품의 거래활동은 물적유통에 해당한다.
③ 금융, 보험 등의 보조활동은 물적유통에 해당한다.
④ 판매를 위한 상품의 포장은 상적유통에 해당한다.
⑤ 효율 향상을 위해 상적유통과 물적유통을 통합한다.

13 물류활동에 관한 설명으로 옳은 것은? (24회, 2020년)

① 보관물류는 재화와 용역의 시간적인 간격을 해소하여 생산과 소비를 결합한다.

② 하역물류는 재화와 용역을 효용가치가 낮은 장소로부터 높은 장소로 이동시켜 효용가치를 증대한다.
③ 정보물류는 물자의 수배송, 보관, 거래, 사용 등에 있어 적절한 재료, 용기 등을 이용하여 보호하는 기술이다.
④ 유통가공물류는 물류활동과 관련된 정보내용을 제공하여 물류관리 기능을 연결시켜 물류관리의 효율화를 추구한다.
⑤ 수배송물류는 물자를 취급하고 이동하며, 상 · 하차하는 행위 등 주로 물자의 선적 · 하역 행위이다.

14 역물류비에 관한 설명으로 옳은 것은? (24회, 2020년)

① 반품물류비는 판매된 상품에 대한 환불과 위약금을 포함한 모든 직접 및 간접비용이다.
② 반품물류비에는 운송, 검수, 분류, 보관, 폐기비용이 포함된다.
③ 회수물류비는 판매된 제품과 물류용기의 회수 및 재사용에 들어가는 비용이다.
④ 회수물류비에는 파렛트, 컨테이너, 포장용기의 회수비용이 포함된다.
⑤ 제품이 정상적으로 사용된 후 소멸처리하는 것은 폐기비용으로 간주하지 않는다.

15 공공적, 사회경제적, 개별기업 관점에서 물류의 역할 또는 기능으로 옳지 않은 것은? (25회, 2021년)

① 물류 생산성향상 및 비용절감을 통해서 물가상승을 억제한다.
② 물류 합리화를 통해 유통구조선진화 및 사회간접자본투자에 기여한다.
③ 고객요구에 따라서 생산된 제품을 고객에게 전달하고 수요를 창출한다.
④ 생산자와 소비자 사이의 인격적 유대를 강화하고 고객서비스를 높인다.
⑤ 공급사슬관리를 통해 개별기업의 독자적 경영 최적화를 달성한다.

16 다음 설명에 해당하는 물류 영역은? (25회, 2021년)

- 역물류(Reverse Logistics)의 한 형태이다.
- 고객요구 다양화 및 클레임증가, 유통채널 간 경쟁심화, 전자상거래 확대 등에 따라서 중요성이 커지고 있다.

① 조달물류 ② 생산물류 ③ 판매물류
④ 폐기물류 ⑤ 반품물류

정답
01 ② 02 ② 03 ③ 04 ④ 05 ② 06 ① 07 ① 08 ③ 09 ④ 10 ④ 11 ③ 12 ① 13 ① 14 ④ 15 ⑤ 16 ⑤

CHAPTER

02

물류전략과 물류관리

1. 물류전략의 수립과 운영
2. 물류전략 세부수립과정

네이버vs쿠팡 '속도경쟁', 풀필먼트 서비스 특징은?

쿠팡 '효율성'·네이버 '다양성'…판매자들 선택은

국내 e커머스 업계 1·2위인 네이버와 쿠팡은 각 플랫폼에 입점한 판매자들이 고객들에게 빠른 배송 서비스를 제공할 수 있도록 풀필먼트 서비스를 강화하고 있다. 유통업계 핵심 경쟁력 중 하나로 '빠른 배송'이 자리 잡은 영향이다. 쿠팡이 '효율성'을 앞세운 제트배송을 먼저 시행했고 이달 풀필먼트 플랫폼 NFA를 선보인 네이버는 '다양성'을 강조한다. 26일 네이버와 쿠팡에 따르면 양사는 각각 다른 방식으로 풀필먼트 서비스를 운영한다. 풀필먼트는 쉽게 말해 '물류 일괄 대행서비스'다. 물류전문업체가 상품을 판매하려는 업체들의 위탁을 받아 배송, 보관, 포장, 환불·교환 등 모든 과정을 담당한다. 판매자들은 수수료 등 추가비용을 지불해야 하지만 소비자들이 가장 선호하는 배송방식을 제공할 수 있다.

쿠팡 '로켓배송' 역량으로 입점업체 물류서비스 대행

'로켓배송'으로 급성장한 쿠팡은 지난해 7월 마켓플레이스(오픈마켓) 입점판매자들을 대상으로 한 '제트배송(로켓제휴)' 프로그램을 선보였다. 쿠팡 알고리즘이 필요한 재고를 예측해 판매자에게 데이터를 제공하고 판매자가 로켓물류센터에 상품을 입고하면 이를 쿠팡이 매입한다. 정산을 할 땐 이에 해당하는 수수료를 제외하고 지급한다. 쿠팡이 포장·배송·고객서비스(CS)까지 담당하기 때문에 마켓플레이스 수수료로 알려진 10% 내외보단 비쌀 수밖에 없다. 언뜻 보면 로켓배송과 유사해 보이지만 차이가 있다. 로켓배송에선 쿠팡이 물건을 직매입해 남은 재고까지 떠안는다. 반면 제트배송에선 쿠팡이 매입하긴 하지만 일정 기간 상품이 판매가 안 됐을 때 판매자에게 물건을 반품한다. 대신 로켓배송에선 상품이 오롯이 쿠팡소유인만큼 가격까지도 모두 쿠팡이 결정하지만 제트배송에선 판매자 권한이 있다. 가격과 할인율, 프로모션 진행여부를 자유롭게 기획할 수 있다. 일부 재고부담은 있지만 쿠팡이 직접 포장·배송·CS를 맡기 때문에 판매자 효율성이 높아진다. 쿠팡은 "쿠팡에 입점하는 판매자는 필요에 따라 쿠팡마켓플레이스와 로켓배송, 제트배송 등을 활용할 수 있어 전략적으로 상품판매 포트폴리오 구성이 가능하다"고 전했다.

네이버, '맞춤형' 풀필먼트…다양성으로 차별화

쿠팡이 로켓배송과 제트배송으로 자체 생태계를 확장하려는 움직임에 네이버도 1위 자리를 빼앗기지 않기 위해 발 빠르게 대응하고 있다. '로켓배송=쿠팡'이라는 브랜드 이미지가 공고하게 자리잡은 상황에서 네이버가 차별화전략으로 택한 방법은 다양성이다. 네이버는 지난 13일 소상공인 중심 데이터 풀필먼트 플랫폼 NFA를 선보였다. NFA는 동대문 의류전문부터 냉동/냉장 특화 풀필먼트까지 다양한 스타트업 및 플레이어들과 네이버 스마트스토어 판매자들을 연결하기 위해 네이버가 구축한 기술 플랫폼이다. 네이버는 인공지능(AI) 기반 물류데이터분석, 사업자별 물류 수요예측 등 기능들을 제공할 계획이다. 네이버가 가져가는 중개수수료는 없고 판매자는 각 물류센터업체와 별도 계약을 맺게 된다.

네이버가 주목한 것은 스마트스토어 판매자들이 취급하는 상품에 따라 원하는 배송의 특징도 달라질 수 있다는 점이다. 가령 생필품·신선식품 등은 배송이 빠를수록 좋지만 가전·가구들은 판매자가 원하는 날 배송할 수 있는 '지정일 배송'기능이 더 필요하다. 동대문패션과 관련해선 유행이 빠른 속도로 바뀌는 만큼 신속함에 더해 생태계를 잘 이해하는 업체가 필요하다. NFA에는 현재 7개 풀필먼트 업체(CJ대한통운, 아워박스, 위킵, 파스토, 품고, 딜리버드, 셀피)가 참여하고 있다.

네이버 관계자는 "네이버 NFA 플랫폼 장점은 판매자가 다양한 풀필먼트 서비스를 한눈에 비교해보고 사업에 가장 적합한 방식을 스스로 찾아갈 수 있다는 점"이라며 "정보접근성이 부족했거나 기존 판매단가나 물량 등 이유로 풀필먼트 서비스를 사용하지 못했던 판매자들의 고민일 해소할 수 있다"고 말했다.

양질 판매자 유치경쟁…'온디맨드' 물류승부

네이버와 쿠팡이 각각 제트배송과 NFA를 선보이며 동일하게 언급한 단어는 '온디맨드'다. 고객 수요에 따라 판매자들이 다양한 방법으로 배송시스템을 운영해 매출을 높일 수 있다는 의미다.

통상 판매자들은 여러 e커머스 플랫폼에 동시 입점한 경우가 대다수다. 중소상공인 대상으로 풀필먼트 서비스를 제공하는 업체들이 많아지면서 판매자들의 비교 움직임도 일어나고 있다. 판매자들은 '자금'에 가장 민감한 만큼 서비스비용뿐 아니라 정산기간 등을 종합해 풀필먼트 서비스를 선택할 가능성이 높다. 당장 정산과정에서 유리한 건 네이버다. 네이버는 4일만에 정산해주는 '빠른 정산' 시스템을 도입하는 등 친판매자 정책을 강화하고 있다. 반면 쿠팡은 최대 50일까지 소요된다.

쿠팡의 경우 효율성이 최대 강점이다. 로켓프레시·로켓배송 등 빠른 배송부터 다른 도착일·시간 설정할 수 있는 기능까지 지속해서 추가하고 있다. 여러 풀필먼트업체를 모아 플랫폼 역할을 하는 네이버와 달리 실상 물류기업으로 불리는 쿠팡은 회사가 직접 그 모든 서비스를 제공한다. 판매자들이 적합한 물류방식을 찾기 전에 쿠팡이 먼저 솔루션을 제공할 수도 있는 셈이다.

업계 관계자는 "쿠팡은 효율성, 네이버는 다양성을 추구하는 플랫폼전략이 판매자 페이지구축, 정산, 결제, 풀필먼트 서비스 등 곳곳에서 찾아볼 수 있다"며 "쿠팡은 효율성을 무기로 대량주문이나 사용자들이 자주 찾는 생필품 카테고리에서 강점이 있다면 네이버는 판매자·상품 다양성을 경쟁력으로 맞춤형 물류를 구현할 수 있다는 장점이 있다"고 말했다.

디지털데일리, 2021년 7월 26일, 이안나 기자

01 물류전략의 수립과 운영

1.1 물류전략의 개념

1) 물류전략의 중요성

물류는 원자재구매에서부터 제품 생산, 최종소비자에게 전달하기까지의 프로세스를 시간과 공간적으로 효율화하는 것을 말한다. 물류가 통합적인 개념으로 확장되면서 기업경영전략의 한 요소로서 인식되고 있고, 타 업무영역과 상호 연계된 중요한 전략활동으로 간주되고 있다. 따라서 물류전략은 비용절감, 시공간적 한계를 극복하여 업무효율성을 증대하며 고부가가치 고객서비스를 제공하고, 기업에게는 경쟁력을 제고시킬 수 있는 중요한 경영전략으로 간주되어야 한다. 전략은 기업활동에서 장기적인 성장을 위해 매우 중요한 의미를 가진다. 전략은 기업이 나아가야 할 길과 그 이정표를 제시한다는 측면에서 장기적인 기업방향성 제시에 중요한 역할을 한다.

기업은 살아 있는 유기체와 같고 기업내의 모든 활동은 서로 영향을 주면서 연결되어 움직인다. 물류전략은 물류영역에 국한되어 전략을 수립하는 것이 아니라 경영전략과 함께 맞물려서 수립, 구성 및 운영되어야 한다. 따라서 물류전략이 경영전략과 어떻게 연결되어, 어떤 과정을 통해 수립되어지는가를 이해하는 것은 중요하다.

2) 물류전략의 유형

물류전략은 기업이 보유한 자원, 정보 및 자금을 통합적으로 관리하고 기업 경쟁력의 최전선인 고객접점에서 경쟁기업보다도 고객을 만족시키는 서비스와 상품을 제공하여 매출액과 수익율을 향상시키는 경영을 추구하는 데에 그 목적이 있다.

D. J. Bowersox와 P. J. Daugherty는 물류전략을 프로세스 전략, 시장전략, 정보시스템 전략으로 구분하여 설명하였다.

프로세스 전략은 물류프로세스를 효율화하여 비용을 최적화하여 물류활동을 합리화하는 전략으로 정의하였다. 시장전략은 고객서비스 최적화를 위해 실제 물류실행과 관련한 고객경험을 개선하여 경쟁우위를 확보하는 전략을 의미한다. 정보시스템 전략은 전통적인 물류활동을 조직 간의 통합과 조정을 통해 생산지에서부터 최종 소비자까지의 네트워크를 관리하는 전략으로 정의하였다.

D. F. Lynch 등은 M. Porter의 경쟁우위 모델을 기반으로 물류전략을 제시하였는데 적정 서비스와 프로세스 역량을 동시에 개발할 때 효과가 가장 높다고 제시하였다.

차별화전략은 고객에게 경쟁사와 차별화된 서비스를 제공하는 등 물류 부가가치 서비스수준을 개선함으로써 고객만족을 달성하고 궁극적으로 경쟁우위를 달성할 수 있다. 가격전략은 프로세스 효율화와 규모의 경제를 통해 효과적으로 달성할 수 있는 물류전략이다.

M. Porter는 기업의 경쟁전략은 시장에서 경쟁우위를 확보하는 것이 핵심이라고 주장하였으며, 가격, 차별성의 경쟁적 우위요소와 경쟁력 범위에 따라 저가전략, 차별화전략, 집중화전략의 세 가지 경쟁우위전략을 제시하였다.

- 저가전략(Low-cost strategy) : 저가전략은 다른 경쟁자보다 낮은 가격으로 서비스를 제공하는 전략을 말한다. 시장 점유율의 확대와 규모의 경제에 따른 높은 생산성으로 인해 기업은 가격을 지속적으로 낮추어 경쟁우위를 확보하게 된다. 운송비용 또는 보관비용을 획기적으로 절감하여 시장에 침투하는 전략이 대표적인 저가전략이라고 할 수 있다.
- 차별화 전략(Differentiation strategy) : 차별화 전략은 시장 점유율을 높이기 위해 서비스를 차별화하는 전략으로서 고객이 추가로 지불할 수 있도록 서비스를 독특해야 한다는 것을 말한다. 고객에게 더 가치있게 하는 속성을 제공하는 전략을 의미하며, 고객이 고품질, 긴 제품수명, 나은 서비스 또는 높은 가격의 제품과 관련된 다른 인식된 가치 등으로 인해 가치가 있다고 인식하도록 하는 전략이다. 차별화 전략은 고객에게 고품질의 고객서비스를 제공하기 위해 예약발송, 신속배송 등 우수한 물류서비스를 제공하는 것을 의미한다.
- 집중화 전략(Focus strategy) : 집중화전략은 틈새시장의 특정 영역으로 구분하여 실행하며, 여기서 저가전략이나 차별화 전략을 수행하는 것을 의미한다. 의약품 전문운송을 전담하거나 냉동자동화 창고를 운영하는 등 특정 영역에서 차별화된 서비스를 제공하는 것이 집중화 전략에 해당한다.

1.2 물류관리의 주요 원칙

물류는 제품의 시간적, 공간적 가치를 제공하며, 고객만족 서비스를 제공하는 활동으로 물류비용을 낮추고 판매를 지원하여 기업수익증대에 기여한다. 이를 위해서는 물류활동을 원활하게 수행할 수 있도록 하는 원칙이 필요하다. 또한 물류전략을 수립하기 위해서는 물류관리의 원칙에 입각하는 것이 중요하다. 따라서 다음의 물류관리원칙을 잘 이해하는 것이 물류전략수립에서 중요하다.

1) 3S1L 원칙

기업에서 소비자가 필요로 하는 물품을 필요한 장소에 필요한 시기에, 적정한 가격으로 전달한다는 원칙이 3S1L 원칙이다. '신속하게(Speedy), 확실하게(Surely), 안전하게(Safely), 저렴하게(Low)'라는 원칙을 통해 물류서비스 수준을 향상시키고 고객만족을 가져올 수 있다.

2) 7R 원칙

균형잡힌 관점에서 물류서비스에 영향을 주는 요소들의 적절한 품질수준을 유지하고 관리하는 것이 중요하다. 7R 원칙은 물류서비스에 영향을 주는 7가지 요소를 정의하고, 이에 대해 고객이 요구하는 서비스의 수준을 적절하게 유지한다는 것을 의미한다.

적절한 상품(Right Commodity)을 적절한 품질(Right Quality)로 유지하면서, 고객이 원하는 적절한 양(Right Quantity)만큼 적정한 시간(Right Time)과 원하는 장소(Right Place)에 좋은 인상(Right Impression)을 주면서 최적의 비용(Right Price)으로 전달하는 것이 물류 서비스에서 중요하다고 정의하였다. 물류는 고객과 직접 만나는 최일선의 접점이므로, 좋은 인상(Right Impression)으로 고객에게 기업의 가치와 이미지를 전달해야 한다.

1.3 물류전략수립절차

물류전략의 수립은 경영전략수립과 유사한 절차를 통해 수립된다. 물류전략은 기업의 외부환경과 내부자원을 분석하여 적절하게 세워져야 하고, 선택된 전략이 제대로 실행되도록 조직구조와 관리시스템을 설계해야 한다. 물류전략을 수립하는 절차는 다음과 같다.

1) 물류목표설정

물류전략은 경영전략의 방향과 일관되도록 수립되어야 한다. 이를 위해서는 물류목표를 전략방향에 맞추어 설정해야 한다.

물류목표는 물류부문에서 무엇을 해야 하는지에 대한 방향을 제시하는 것으로, 기업은 이를 근거로 전략을 수립하고 평가한다. 또한 성공적인 전략방향을 설정하기 위해서는 목표수립과정에서 물류담당 임직원뿐만 아니라 내·외부 주요 이해관계자들의 생각과 열망이 반영되고 통합되어야 한다. 특히 전사차원에서 수립한 비전(Vision), 사명(Mission), 가치(Value)를 달성하기 위해서 물류활동이 달성해야 하는 물류목표를 정의해야 한다. 고객서비스와 효율화라고 하는 두 가지 큰 방향중에서 어느 방향으로 어떻게 균형을 잡을 것인가에 대해 잘 정의해야 한다. 세부적으로는 고객서비스의 수준향상, 생산성 향상, 비용절감, 재고감축, 리드타임의 단축 등을 중심으로 물류목표를 설정한다.

2) 외부환경분석

정치, 경제 등 거시환경요인과 산업구조 등을 분석하여 기업의 외부환경과 산업을 분석하고, 전략적 기회와 위협을 도출해야 한다. 외부환경분석을 통해 경쟁하는 시장과 산업의 범위에서 발생하는 기회와 위협을 인식하게 된다. 또한 산업분석을 통해 산업 내에서 입지를 확인하고 경쟁우위를 확보해 나가는 방안에 대해 분석한다. 그리고 수요예측을 통해 시장과 산업이 얼마나 더 성장할 것인지에 대해 이해하는 것 또한 중요하다.

3) 내부자원분석

외부환경분석이 물류관점에서 기업의 외부환경에 대한 분석이었다면 이제는 기업이 가진 물류경쟁력 분석을 통해 자신의 강점과 약점을 파악한다. 기업내부의 양적 및 질적수준을 평가하고 경쟁우위를 가져다 주는 독특한 내부역량을 파악한다. 여기서 기업이 고객수요와 욕구를 충족할 수 있는 능력과 시장에 존재하는 위험을 감수할 수 있는 역량을 발휘할 수 있도록 하는 조직구조와 업무프로세스를 분석하고 설계해야 한다. 물류전략은 외부환경으로부터의 기회와 위험의 평가를 바탕으로 한 내부역량의 수준에 따라 결정된다. 이후 구체적인 전략대안 도출 및 선택의 과정을 거친다.

4) 전략대안 도출 및 선택

여러 위험속에서 주어진 기회와 기업의 능력이 평가되어 나타난 물류전략은 여러 선택 가능한 안으로 나올 수 있다. 이를 종합적으로 고려하여 가장 바람직한 전략을 선택한다. 예를 들어, 어떤 물류영역을 타겟시장으로 할 것인지, 누구와 업무제휴를 맺을 것인지, 사업의 중심이 비용절감인지 고객서비스인지 등을 의사결정한다. 또한 전사관점에서는 기업의 사업포트폴리오와 경영철학에 적합한지를 조정하는 활동에 초점을 둔다.

5) 전략실행

전략은 기본적으로 실행을 전제로 수립되는 것이다. 따라서 물류전략이 수립되면 전략을 실행하기 위해 조직구조, 통제시스템 및 프로세스를 설계하는 등 조직내부를 정비하여, 수립된 전략과제들을 실행하게 된다.

6) 실행결과의 평가

마지막으로 실행결과를 평가하고 미래의 의사결정에 반영하기 위해 수립된 물류전략과 경영전략에 피드백하게 된다. 전략은 기업목표달성을 위해 존재하는 것이며 수립자체가 의미를 지니는 것이 아니다. 따라서 실행결과가 부적절하였거나 환경변화가 있다면 이를 적절히 반영해야만 한다. 더욱이 실제기업의 전략들은 사전에 계획된 그대로 실행되지 않으며, 상당부분 우연적이며 즉흥적인 요소에 의해 변화한다. 한편 피드백의 과정은 그 내용에 따라 환경분석이나 전략대안 도출 및 선택과 같은 전략수립과정 각 단계에 영향을 미칠 수 있다.

1.4 물류전략과 관리의 순환체계

물류관리는 구매, 생산, 판매에 이르는 전체 물류영역을 체계적으로 관리하여 비용절감과 가치창출을 실현하는 활동을 말한다.

수립된 물류전략에 따라 실행하기 위해 물류관리는 구매, 생산, 마케팅 등 기업내

표 2-1 물류전략과 물류관리의 주요 활동

<table>
<tr><th>주요 단계</th><th colspan="2">단계별 주요 활동</th></tr>
<tr><td>전략</td><td colspan="2">내부자원분석: 강·약점 분석, 기업내부의 양적·질적 수준 평가
외부환경분석: 경제환경, 산업구조, 수출입 교역현황, 물류인프라 환경
물류목표설정: 고객서비스 수준, 생산성, 비용, 리드타임 등의 물류목표설정</td></tr>
<tr><td>계획</td><td colspan="2">공급사슬계획: 물류 네트워크 계획
물류센터 운영계획: 물류센터 운영계획
운송계획: 수·배송계획, 운송경로계획, 운송관련 인력계획
하역계획: 하역인력 배치계획, 하역기기 운영계획
포장계획: 포장기기 운영계획
재고계획: 재고운영계획
시스템계획: 물류정보시스템 구축 및 운영계획
인력계획: 물류관련 인력 채용, 배치, 교육계획</td></tr>
<tr><td>실행</td><td colspan="2">운송활동: 수배송실행
하역활동: 상하역실행
포장활동: 소분, 포장실행
재고관리: 재고운영, 재고조사
물류센터운영
인력운영: 물류관련 인력운영
시스템운영 및 지원</td></tr>
<tr><td rowspan="2">분석</td><td>평가</td><td>물류목표/계획평가
물류KPI(물류비용, 서비스수준, 비용, 납기, 효율성 등) 평가</td></tr>
<tr><td>조정</td><td>부문간, 물류기능 간 조정
물류전략 및 계획반영</td></tr>
</table>

다른 활동과 연계하여 물류활동의 '계획-실행-분석'의 과정을 거친다. 물류관리는 수·배송, 하역, 보관, 포장, 유통가공, 물류정보의 유기적 통합과 조정영역에서 이루어지며, 물류전략과 물류관리에서 수행하는 주요 활동은 <표 2-1>과 같다.

02 물류전략 세부수립과정

2.1 물류목표설정

물류관리의 목표를 크게 나누어 보면 기업이윤을 극대화하기 위한 물류비용의 절감과 매출증대를 위한 최대의 고객서비스 제공이라고 할 수 있다.

물류관리활동에서는 기업이윤의 극대화달성을 위한 물류전략수립 시 물류비용과 고객서비스의 관계에서 양립되지 않는 현상이 발생한다. 즉 고객서비스의 질을 개선하기 위해서는 수·배송 빈도를 높여서 고객이 원하는 최대한 빠른 시간 내에 물품을 전달해야 하지만 인건비 및 수·배송 비용의 상승으로 인하여 물류비가 상승하게 된다. 따라서 이러한 물류전략목표의 상충관계 때문에 기업은 고객서비스 수준과 물류비용 사이의 적절한 균형점을 찾아서 효율적인 관리를 해야 한다.

물류목표설정 단계에서는 먼저 전략수립과 분석에 필요한 데이터를 수집하여 물류운영현황과 물류특성을 파악한다. 전반적인 물류업무운영 현황, 물류주요 영역별 운영수준, 물동량수준, 창고운영체계, 주문처리체계, 물류정보시스템 등에 대한 정보를 수집하고 이를 분석한다. 그리고 이해관계자들과의 인터뷰 등을 통해 전략, 구조, 기능, 하부구조 관점에서의 물류전략방향에서 예상되는 이슈에 대해 파악한다.

이러한 과정을 통해 예상 물동량수준, 고객서비스 수준범위, 물류서비스 제공범위, 권역별 물동량 지원수준, 기타 운영수준 등의 성과지표항목을 정의하여 물류활동설계 및 전개방향을 수립하고, 단기, 중장기 목표물동량 및 고객서비스 수준을 결정한다.

2.2 외부환경분석

1) 외부환경분석의 필요성

물류활동은 환경변화에 따라 지속적인 혁신과 함께 선제적으로 대응하기 위한 물류환경의 분석이 필요하다. 최근 유통업체중심의 다품종 소량배송수요 증가, O2O에 따른 물류활동의 중요성 증대 등은 과거의 단순한 중후장대한 인프라와 단순보관업무 중심의 물류에서 고객친화적인 운송중심의 서비스로서의 물류로 변화하고 있다. 이와 같은 물류변화는 대외적인 물류환경분석으로 예측 또는 방향을 설정할 수 있기 때문에 기업내 물류전략수립 시 기본적인 분석이라고 볼 수 있다.

2) 외부환경분석의 요소

물류전략에 영향을 미치는 대표적인 외부환경요소는 다음과 같다.

- 경제환경 : 물류환경을 분석하기 위해서는 먼저 대외경제환경을 분석해야 한다. 경기변동, 물가동향, 환율과 이자율변동 등 경제환경변화는 기업의 장기적인 전략에 큰 영향을 미친다.
- 산업구조 : 산업별로 물류수요와 요구사항이 다르다. 따라서 통계청에서 '산출물의 특성, 투입물의 특성, 생산활동의 일반적인 결합형태'를 기준으로 유사성에 따라 유형화한 산업을 기준으로 각종 통계 등의 데이터를 분석해야 한다.
- 수출입 교역현황 : 수출입 교역현황은 국가간 물류흐름과 규모를 파악하는 데 필요하다. 특히 국제물류활동에서는 국가간 수출입 물동량과 추이를 분석하는 것이 중요하다.
- 물류인프라 환경 : 도로, 철도, 항만 등 물류인프라의 현황을 조사해야하며 지역별 특성을 고려한 물류인프라 환경에 대하여 조사되어야 한다.

3) 중장기 물동량계획을 위한 수요예측기법

물류목표를 달성하기 위해서는 기본적인 물동량과 추세에 대해 어느 정도 이해해야 한다. 이를 위해 다양한 수요예측기법을 활용하여 중장기 물동량계획을 체계적으로 수립해야 한다.

수요예측기법은 정성적 예측기법과 정량적 예측기법이 있으며, 수요예측기법은 기법의 정확성, 수요예측의 간편성, 견실성 등을 기준으로 선택한다.

(1) 정성적 예측기법

예측자의 주관적인 판단에 근거하여 예측하는 분석기법으로 경영진의 판단이나 의견에 기반하여 중장기 물동량을 예측하는 기법이다. 주로 사업계획, 경영 및 물류목표에 맞추어 세부적으로 물동량을 예측할 때 사용한다.

- 델파이기법 : 전문가의 의견에 따라 수요를 예측하는 기법으로 과거자료가 없는 경우 주로 사용하며, 시간과 비용이 많이 든다. 전문가를 대상으로 설문조사를 반복적으로 수행하여 복잡한 상황에서 장기적인 수요예측을 할 때 사용한다.
- 시장조사법 : 인터뷰, 전화 등을 활용한 조사를 통해 다양한 정보원을 활용하여 예측하는 기법을 말한다.
- 유추법 : 과거 유사한 사례의 과거실적자료를 활용하여 예측하는 기법을 말하며, 수명주기 상의 수요변화량을 참고하여 예측한다.

(2) 정량적 예측기법

계량적인 모델과 데이터를 사용하여 수요예측하는 기법으로서 시계열예측법과 인과형예측법으로 크게 나눌 수 있다.

① 시계열예측법(Time Series Analysis)

일정한 시간간격으로 나타난 과거실적을 기반으로 추세를 분석하여 예측하는 기법을 말한다. 시계열(연, 월, 주, 일 등의 시간간격)을 따라 제시된 과거자료(수요량, 매출액 등)로부터 그 추세나 경향을 통해 수요를 예측하는 것으로 과거의 수요량자료를 시계열을 따라 그래프로 나타내면 일정한 패턴이 나온다.

■ 이동평균법(Moving Average)

- 단순이동평균법 : 일정 기간의 과거자료에 동일한 가중치로 평균하여 예측하는 기법을 말한다. 즉 최근 몇 기간 동안의 시계열 관측치의 평균을 계산하여 이 평균값을 다음 기간의 예측치로 사용한다. 주로 단기간의 예측에 사용되며 최신 트렌드 및 계절적인 물동량수요에 대해 정확하게 반영할 수 없다.

- 가중치 이동평균법(Weighted Moving Average) : 과거실적 중 최근의 추세 및 실적에 더 큰 가중치를 부여하여 예측하는 기법을 말한다. 과거값보다 최근값에 가중치를 좀 더 주어 그 값을 예측치로 사용한다.

■ 지수평활법(Exponential Smoothing) : 단기의 수요예측에 매우 유용한 기법으로 가장 최근의 값에 가장 많은 가중치를 두고 자료가 오래될수록 가중치는 지수적으로 감소시키면서 예측하는 방법을 말한다. 전기의 실제 수요량과 전기의 예측량에 가중치를 부여하여 물동량수요를 예측한다.

② 인과형예측법

여러 변수들이 어떻게 서로 관련되어 영향을 주고 있는지를 분석하여 예측하는 기법을 말한다.

■ 회귀분석 : 하나 또는 여러 독립변수와 종속변수의 상관관계를 살펴보고 독립변수의 변화에 따라 물동량 수요를 예측한다. 즉 종속변수의 예측에 관련된 독립변수를 파악하여 종속변수와 독립변수의 관계를 방정식으로 나타낸다.

2.3 내부자원분석

물류영역에서의 경쟁력을 분석하고 이를 뒷받침할 수 있는 조직과 프로세스를 정의해야 한다. 외부환경의 분석을 통해 기업이 당면한 기회와 위협요인들이 파악되었다면 이제 기업의 내부자원과 역량을 평가해야 한다.

1) 물류경쟁력 분석

물류영역의 강 · 약점을 파악하여 강점은 적극 활용하고 약점을 상쇄시키는 전략을 추구해야 한다. 물류핵심 역량을 개발하는 것이 경쟁우위확보에 중요한데 이를 위해 가치사슬분석과 SWOT 분석을 활용할 수 있다.

(1) 가치사슬(Value Chain)분석

가치사슬은 기업이 공급자로부터 받은 투입을 제품, 서비스 등을 만들고 이를 고객에게 판매하면서 가치를 창출하는 과정을 말한다. 가치사슬은 기업이 창조하는 가치가 어디에서 이루어지는지를 나타낸다. 물류가치활동 간 연계를 통한 시너지효과, 핵심역량에 대한 학습효과 등을 분석하여 기업의 역량을 평가한다.

M. Porter는 경쟁우위전략은 기업의 가치사슬에서 본원적 가치를 창출하는 데 집중해야 하며, 이러한 기업의 가치창출활동을 본원적 활동(primary activities)과 지원적 활동(support activities)으로 분류하였다.

본원적 활동은 구매, 재고관리 등의 조달물류(Inbound logistics), 원자재를 완제품으로 전환하는 생산, 마케팅과 영업, 영업에 따른 출하물류(Outbound logistics) 그리고 고객서비스 등의 활동을 포함한다.

지원적 활동은 본원적 활동을 지원하는 기업의 인프라, 인적자원관리 및 기술개발과 조달로 이루어진다.

기업의 가치사슬 연계는 기업 내 가치활동을 연결하는 것 뿐만 아니라 그 기업의 가치사슬과 공급자, 유통업자 등 외부가치사슬과의 연계를 최적화 및 조정하여 경쟁우위를 확보할 수 있다. 가치사슬에서 물류는 본원적 활동 중 조달물류 및 출하물류활동을 수행하고 있으며, 기업의 경쟁우위확보에서 중요한 역할을 한다.

(2) SWOT 분석

SWOT 분석은 기업이 처한 상황을 기업의 강점과 약점, 기회와 위험으로 나누어 평가하는 기법으로 핵심역량을 발견하여 전략수립에 기여한다. 기업은 전략을 정의하기 위해 SWOT 분석을 통해 환경분석결과를 정리한다.

외부환경분석의 결과를 기회와 위협요인(OT, Opportunity, Threat)에, 외부경쟁자 대비 내부자원분석의 결과를 강점과 약점(SW, Strength, Weakness)으로 정리함으로써 기업의 전략적 방향을 도출한다.

2) 물류조직설계

물류에서의 경쟁우위가 잘 발휘되기 위해서는 조직체계를 잘 갖추는 것이 필요하고, 이 조직체계와 시스템을 통해 지속적으로 물류전략을 잘 실행하는 것은 무엇보다 중요하다.

물류조직은 직능형 조직, 라인과 스탭형 조직, 사업부형 조직, 그리드형 조직, 등으로 나눌 수 있으며, 각 조직은 다음과 같은 특징 및 장·단점을 가지고 있다.

(1) 직능형 물류조직

물류조직이 영업 등 다른 관련조직 속에 포함된 조직구조를 말한다. 물류활동이 다른 부문활동 속에 포함되어 물류전문화 및 물류전문가 양성이 어렵고, 기업 전체적인 관점에서 통합적인 물류정책, 물류전략, 물류계획의 수립이 어렵다.

(2) 라인(Line)과 스탭(Staff)형 물류조직

현장과 현장지원조직을 분리한 조직구조를 말한다. 라인부문(현장)의 물류실행기능과 스탭부문(관리)의 물류지원기능을 분리한 조직구조를 말한다. 스탭부문이 라인부문을 지원하는 형태이며 영업계획 등 기업전반의 업무를 관할할 수 있다.

하지만 물류조직에 관련된 사항이 영업부문에 속해 있어 물류부문이 직접 관리하기 어렵다. 또한 현장이 지원부서의 의지에 따라 움직일 수 있어서 현장실무에 대한 명확한 이해없이 계획을 세우기 되기 쉽고, 현장을 지나치게 의식하면 혁신적, 창조적 아이디어나 계획이 어려운 조직구조이다.

(3) 사업부형 물류조직

라인, 스텝형 조직을 확대하여 생긴 조직으로 각 사업단위의 사업성을 극대화하기 위해 생긴 조직구조이다. 사업부는 독립된 조직으로서 하나의 회사처럼 운영결과에 책임을 지고, 독립채산제로 움직이므로 물류전문인재를 육성하기에 좋은 조직구조이다.

하지만, 전사관점에서의 통합성이 결여되어 경영효율이 낮아지며, 사업부 간의 횡적 교류, 수평적 조정 및 협력이 어렵다는 단점이 있다. 또한 사업부 위주의 운영으로 인력 및 조직비용 측면에서의 낭비가 발생할 수 있다.

(4) 그리드형 물류조직

다국적 기업에서 볼 수 있는 조직형태로서 모회사와 자회사의 형태로 구성되며, 기본적으로 모회사의 물류본부로부터 관리를 받는 구조이다. 그리드형 물류조직은 이중적인 관리구조를 가진다. 즉, 자회사의 사장으로부터 통제를 받으면서 동시에 모회사의 물류스탭 조직으로부터 통제를 받게 된다.

(5) 기능 특성별 물류조직

물류조직은 기본적으로 앞서 설명한 네 가지 유형으로 정의되지만 실제기업의 다양한 문제해결을 위해서는 조직특성이 혼합된 형태로 구성되는 경우가 많다. 이를 조직의 주요한 기능 특성에 따라 프로젝트 조직, 프로그램 조직, 네트워크 조직으로 나누어 볼 수 있다.

- 프로젝트(Project) 조직 : 특정 기간, 예산을 가지고 특정한 목적을 달성하기 위해 임시적으로 구성된 조직구조로서 단기적인 공급사슬 상의 이슈나 환경변화에 신속하게 대응하기 위해 운영된다. 물류시스템 구축, 창고 건설 등 특정 목표를 달성해야 하는 경우, 프로젝트 조직이 운영된다.
- 프로그램(Program) 조직 : 물류를 하나의 프로그램으로 보고, 물류활동을 중심으로 구매, 생산 등 다른 전체조직이 참여하는 조직구조를 말한다.
- 네트워크(Network) 조직 : 여러 조직의 참여속에 협업을 위해서 만들어 지는 조직으로서 직능형 조직과 프로그램형 조직의 중간형태를 가진다. 물류관련 이슈해결을 위해 여러 부서에서 온 인재들이 구성되는 조직으로 고난이도의 기술을 적용하거나 물류관련 이슈를 해결하는 구조를 가진다.

3) 물류프로세스 분석

기업의 경쟁우위는 프로세스를 어떻게 구성하느냐에 따라 달라진다. 현재의 거점 운용현황, 물류프로세스 파악, 물류수준분석 등을 분석함으로써 조직의 강점과 함께 프로세스 상의 이슈를 파악할 수 있다. 즉 물류프로세스 분석에서는 원·부자재구매부터 생산, 물류, 고객납품까지의 일련의 과정을 정리함으로써 실물, 재화 및 정보의 흐름을 파악할 수 있으며, 이를 통해 각 단계별로 발생하는 이슈를 파악할 수 있다.

2.4 전략대안도출 및 선택

이 단계에서는 경쟁전략에 부합하는 세부적인 기능별전략으로서 물류전략을 수립한다. 물류는 기업경쟁우위의 중요한 축을 담당하는 요소로서 기업경쟁력을 향상시키는 물류활동을 관리해야 하고, 물류전략대안을 선정해야 한다.

1) 전략대안도출 기준

물류전략대안을 선정할 때는 비용절감, 자본절감, 고객서비스 개선측면에서 대안으로 선택한 전략이 얼마나 효과적인지를 확인해 보는 것이 필요하다.

- 비용절감 : 어떤 운송수단을 적용하여 최적의 경로를 설계하고 물류비용을 절감할 것인지, 경로 및 입지선정 시 어느 입지로 할 것인지, 몇개의 창고를 추가로 건설할 것인지 등을 전략적으로 판단함으로써 이윤을 극대화할 수 있다.
- 자본절감 : 자본집약적인 물류설비, 창고 등에 대한 투자를 절감하는 방식으로 JIT 시스템구축, 제3자 물류활용 등의 전략을 통해 고정비를 변동비로 전환하여 투자수익률 향상시킬 수 있다.
- 고객서비스 개선 : 물류비용은 증가되지만 수익률증가분 또는 추가계약 등으로 만회할 수 있는 방법으로 경쟁기업의 고객서비스 수준을 고려하여 전략적으로 고객서비스 수준을 결정할 수 있다.

2) 전략대안의 예시

전략대안도출 기준에 따라 전략은 다양하게 도출될 수 있으며, 도출된 여러 전략대안 간의 장·단점을 비교하여 기업에 최적이 되는 안을 선택해야 한다.

(1) 총비용(TCO, Total cost of Ownership) 최소화전략

물류활동에서 발생하는 각종 상충되는 비용을 합산하여 총비용이 최소가 되는 지점에서 선택하는 전략을 말한다. 물류활동의 다양한 의사결정에 총비용 최소화전략을 적용할 수 있다.

- 운송비용 최소화 : 운송수단에 따른 서비스 신속성, 주문신뢰성 수준을 결정하기 위해 운송수단 및 빈도에 따른 운송비용과 재고보유비용을 비교하여 총비용이 최소가 되는 대안을 선택한다.
- 창고건설 및 보관비용 최소화 : 창고건설여부에 대해서는 기존 창고 또는 지역별 창고운영에 따른 운송비용과 건설에 따른 건설관련 및 재고보관비용을 비교하여

의사결정한다.

- 재고비용과 기회비용 최적화 : 창고내 안전재고수준을 결정하기 위해서는 안전재고 수준을 높여서 발생할 수 있는 재고보유 비용과 재고수준을 낮추면서 발생할 수 있는 판매기회손실비용을 비교하여 의사결정해야 한다.
- 고객서비스와 비용최적화 : 전체적인 고객서비스 수준은 고객서비스 수준을 높이기 위해 추가로 발생할 수 있는 운송비, 재고비, 주문처리비 등의 비용과 고객서비스 수준을 낮추어서 발생할 수 있는 판매손실비용을 비교하여 의사결정해야 한다.

(2) 물류차별화(Differentiation) 전략

다른 경쟁물류기업과 차별화된 물류서비스를 제공하여 고객에게 차별화된 서비스를 제공하는 전략이다. 이 전략은 모든 제품 또는 모든 고객에 동일한 고객서비스를 제공할 필요는 없다는 것을 가정으로 한다.

물류차별화 전략은 고객별로의 서비스 요구조건, 운송/보관하는 제품의 특성, 판매량과 패턴에 따라 서비스 세그먼트(Segment)를 나누고 이 세그먼트별로 다중 물류전략을 적용한다는 개념이다. 즉, 제품판매량에 따라 일정한 수의 그룹으로 분류하여 직접운송 또는 물류센터경유운송 등의 운송방법을 차별화할 수 있고, 물류센터 입지선정, 재고수준 및 재고위치결정 등에 따른 보관방식을 차별화할 수 있다.

(3) 표준화(Standardization) 전략

많은 기업들은 차별화전략을 사용하고 있는데, 이러한 차별화는 제품의 다양화와 함께 업무의 복잡성을 증가시킨다. 또한 제품이 다양해지면 판매측면에서의 대응을 위해 재고가 증가할 수 있고, 물류비용이 증가할 수 있다. 따라서 취급제품유형을 표준화하거나 파렛트 등 물류취급 단위를 표준화하는 전략이 표준화 전략이며, 총비용 최소화 전략과 비용절감의 측면에서는 유사하다. 고객의 다양한 주문을 맞추면서 비용을 절감하기 위해서는 표준화전략과 지연전략의 적절한 혼합이 필요하다.

(4) 혼합((Mixed)전략

여러 전략을 동시에 채택하여 균형잡힌 시각에서 혼합하여 적용하는 전략으로 단일전략이 규모의 경제나 관리의 단순화 등의 장점을 가져올 수 있으나, 주문규모, 판매량, 고객서비스 요구사항 변화에 대해 비경제적인 단점이 있으므로 이를 극복하는 전략이다.

2.5 전략실행

물류 조직체계를 활용하여 운송, 하역, 보관, 포장 등 각 물류활동을 실행하는 단계로서 물류활동의 실행은 단순히 물류부서에만 국한되지 않는다. 또한 물류부서와 타 부서와의 연계성을 고려하여 전략은 실행되어야 한다. 각 부서와의 협의할 내용에 대해서는 다음과 같은 예시를 통해 확인할 수 있다.

- 영업 · 마케팅부서와 연계성 : 고객서비스 수준과 고객납품 요구조건 등을 고려하여 실행해야 한다.
- 생산부서와 연계성 : 제품디자인 등은 물류포장기능을 고려해서 수립해야 하고, 물류센터의 입지는 공장, 소비지 등의 입지와 연계하여 선정해야 한다.
- 회계부서와 연계성 : 물류기본계획수립 및 물류비 예산은 회계부서와 협의하여 편성해야 하며, 물류원가계산, 물류생산성 등의 파악을 위한 기본자료조사 또한 내부관리부서와의 협의가 필요하다.
- 인사부서와 연계성 : 물류전문인력의 채용과 배치를 위해서는 인사부서와 협의가 필요하다.

2.6 실행결과의 평가

물류전략의 통제와 피드백의 과정은 중요하므로, 물류전략은 전략과 계획에 따라 실행된 물류관리와 운영을 통한 성과를 관리지표에 따라 지속적으로 모니터링해야 한다. 통상적으로 통제는 사전통제와 사후통제로 나뉘어진다.

사전통제는 전략목표달성이나 실행역량에 영향을 미치는 조직의 내부운영과 외부환경의 변화를 인지하도록 설계된 통제유형이다. 이에 비해 사후통제는 실제 성과를 전략방향과 비교하는 통제로써, 내부적으로 정의한 목표 및 관리지표를 기반으로 통제한다.

일반적으로 물류관리지표로서 다음의 지표를 활용하고 있으며, 정보시스템 등을 통해 처리된 결과를 기반으로 성과를 평가할 수 있다.

- 물류생산성 지표 : 물류활동에 투입한 예산, 활동대비 산출량을 비교하여 평가하는 지표로서 '실제 산출/실제 투입'을 통해 계산된다.
- 물류이용지표 : 창고, 물류기기 등 투자한 물류시설을 얼마만큼 활용하여 업무를 개선하고 있는지를 평가하는 지표로서 '실적치/최대 이용가능치'를 계산하여 산출한다.
- 물류실적 지표(물류계획달성지표) : 계획수립 후 이를 어느 정도 달성했는지를 평가하는 지표로서 물류전략수립 시 정의한 계획 대비 실적을 어느 수준으로 달성했는지를 '달성치/계획치'로 계산하여 산출한다.
- 물류서비스 지표 : 고객이 요구하는 운송, 재고 등의 서비스를 어느 수준으로 제공했는지를 나타내는 지표로서 '서비스 충족치/서비스 요구치'를 나타낸다.

토의문제

1. 마이클 포터의 경영전략 중 선택할 수 있는 물류기업의 전략에 대해 생각해 봅시다.
   - 저가전략을 물류영역에 적용한 기업은 어떤 기업이 있는지 알아봅시다.
   - 차별화전략을 물류영역에 적용한 기업은 어떤 기업이 있는지 알아봅시다.
   - 집중화전략을 물류영역에 적용한 기업은 어떤 기업이 있는지 알아봅시다.
2. 물류기업을 운영하는 데에는 어떤 형태의 조직이 적합한지에 대해 생각해 봅시다.
3. 물류기업의 성과를 정확하게 측정하기 위해 어떠한 지표가 필요한지 설명하시오.

제2장 물류관리사 기출문제

01 물류관리의 원칙에 관한 내용이 옳게 짝지어진 것은? (20회, 2016년)

ㄱ. 필요한 수량만큼 필요한 시기에 공급하여 고객만족도를 향상시키고 재고비용을 최소화하는 원칙이다.
ㄴ. 최소의 자원으로 최대의 물자공급효과를 추구하여 물류관리비용을 최소화하는 원칙이다.
ㄷ. 생산, 유통, 소비분야에서 물자가 요구되는 상황에 따라 물량, 장소, 시기 등의 우선 순위별로 집중하여 제공하는 원칙이다.
ㄹ. 생산, 유통, 소비에 필요한 물자의 수요와 공급 및 조달과 분배의 조화를 유지하는 원칙이다.

① ㄱ : 적시성 ㄴ : 경제성 ㄷ : 집중지원 ㄹ : 균형성
② ㄱ : 균형성 ㄴ : 집중지원 ㄷ : 적시성 ㄹ : 경제성
③ ㄱ : 적시성 ㄴ : 경제성 ㄷ : 균형성 ㄹ : 집중지원
④ ㄱ : 경제성 ㄴ : 집중지원 ㄷ : 적시성 ㄹ : 균형성
⑤ ㄱ : 경제성 ㄴ : 적시성 ㄷ : 집중지원 ㄹ : 균형성

02 물류고객 서비스요소에 관한 내용이 옳게 짝지어진 것은? (20회, 2016년)

ㄱ. 고객에게 인도하는데 직접 관련된 서비스요소로 제품 및 배달의 신뢰도 등을 말한다.
ㄴ. 고객서비스에 관한 기업의 정책과 연관되어 있으며, 기업에 대한 고객인식과 고객의 총체적인 만족에 상당한 영향을 미칠 수 있다.
ㄷ. 일반적으로 제품보증, 부품 및 수리서비스, 고객의 불만에 대한 처리절차 및 제품의 교환 등을 말한다.

① ㄱ : 거래전 요소 ㄴ : 거래시 요소 ㄷ : 거래후 요소
② ㄱ : 거래전 요소 ㄴ : 거래후 요소 ㄷ : 거래시 요소
③ ㄱ : 거래시 요소 ㄴ : 거래후 요소 ㄷ : 거래전 요소
④ ㄱ : 거래시 요소 ㄴ : 거래전 요소 ㄷ : 거래후 요소
⑤ ㄱ : 거래후 요소 ㄴ : 거래전 요소 ㄷ : 거래시 요소

03 **물류관리전략의 수립단계를 순서대로 옳게 나열한 것은?** (20회, 2016년)

> ㄱ. 소비자의 니즈(Needs), 필요수량 · 시기, 요구하는 제품디자인 · 품질 · 가격 등을 분석하고 계측한다.
> ㄴ. 관련산업 · 업계 · 경쟁사 · 자사 물류환경, 하드웨어, 소프트웨어, 기술 및 법규 등을 분석한다.
> ㄷ. 물류관리전략에 따른 물류시스템의 운영과 성과측정을 통하여 이를 기업의 경영전략에 다시 반영하도록 한다.
> ㄹ. 제품설계 및 개발, 원자재 및 부품조달, 생산 및 조립, 일정계획, 재고관리, 운송 등 소비자에게 제품이 인도될 때까지의 활동을 계획하고 필요한 여러 자원을 검토한다.

① ㄱ → ㄴ → ㄹ → ㄷ ② ㄱ → ㄹ → ㄴ → ㄷ ③ ㄴ → ㄱ → ㄹ → ㄷ
④ ㄴ → ㄷ → ㄹ → ㄱ ⑤ ㄴ → ㄹ → ㄱ → ㄷ

04 **수요예측방법 중 시계열분석 방법에서의 시계열(Time series)구성 요소에 포함되지 않는 것은?** (20회, 2016년)

① 추세변동 ② 순환변동 ③ 계절변동
④ 불규칙변동 ⑤ 시장변동

05 **수요예측기법 가운데 정성적인 분석방법은?** (20회, 2016년)

① 지수평활법 ② 이동평균법 ③ 회귀분석법
④ 델파이법 ⑤ 시계열분석법

06 **물류관리전략에 관한 설명으로 옳지 않은 것은?** (23회, 2019년)

① 기업은 효율적인 물류관리활동을 통하여 원가를 절감할 수 있고 이를 바탕으로 시장점유율 제고 및 수익률증대를 추구할 수 있다.
② 고객서비스를 평가하는 중요한 척도로는 주문 후 인도시까지의 소요시간, 고객주문에 대한 제품의 가용성, 주문처리의 정확성 등이 있다.
③ 물류관리전략을 설정할 때 우선적으로 고려해야 할 사항은 고객의 니즈(Needs)를 파악하는 것이다.
④ 부품공급에서 소비자에 이르는 공급사슬에서 공급사슬 전체의 이익극대화보다는 경로구성원 각자의 이익극대화를 추구해야 한다.
⑤ 효과적인 물류관리전략은 유연성을 보유하면서 고객의 다양한 요구를 저렴한 비용으로 충족시킬 수 있도록 해야 한다.

07 **물류관리의 의사결정에 관한 설명으로 옳은 것은?** (23회, 2019년)

① 물류의사결정은 전략 · 전술 · 운영의 3단계 계층으로 구성된다.
② 수요예측, 주문처리 등은 전략적 의사결정에 해당한다.
③ 운영절차, 일정계획 등은 전술적 의사결정에 해당한다.
④ 마케팅전략, 고객서비스 요구사항 등은 운영적 의사결정에 해당한다.
⑤ 전략, 전술, 운영의 세 가지 의사결정은 상호간에 독립적으로 이루어져야 한다.

08 **물류관리에 관한 설명으로 옳지 않은 것은?** (15회, 2011년)

① 물류효율화를 위한 제품설계, 공장입지선정, 생산계획 등에 관한 관리가 포함된다.
② 소유권이 이전된 이후의 물품은 물류관리활동의 대상에서 제외된다.
③ 원자재 및 부품의 조달, 구매상품의 보관, 완제품유통도 물류관리의 대상이다.
④ 물류관리활동은 고객서비스 향상과 물류비용의 절감이라는 상반된 목표를 추구한다.
⑤ 수송, 보관, 포장, 하역 등의 여러 기능을 종합적으로 고려하여야 한다.

09 **성공적인 물류관리실현을 위한 경영활동에 관한 설명으로 옳지 않은 것은?** (21회, 2017년)

① 물류관리의 중요성이 강조됨에 따라, 일부기업에서는 판매와 생산부문까지 총괄하는 물류담당 임원(CLO : Chief Logistics Officer)제도를 도입하고 있다.
② 구매활동은 물류, 생산, 마케팅활동과는 독립적으로 수행된다.
③ 화주기업들은 경쟁우위확보를 위해 물류기업과 전략적 제휴를 맺는 사례가 있다.
④ 물류환경은 공급자 중심에서 소비자 중심으로 전환되고 있다.
⑤ 생산부문의 원가절감이 한계에 달한 기업들은 물류부문에서 원가절감활동을 강화하고 있다.

10 **물류관리의 효율화를 추구하는 수단인 통합물류관리에 관한 설명으로 옳지 않은 것은?** (16회, 2012년)

① 원자재의 조달에서 상품판매 이후의 단계까지 각 기능의 상관관계를 고려하여 물류기능의 통합적 관점에서 물류관리를 수행한다.
② 물류관리의 수행에서 기업간 경쟁을 회피하고, 협력관계로 공동 노력한다는 인식을 갖고 전략적 제휴를 추진한다.
③ 물류관리의 효율화를 추구하기 위하여 거시적 관점으로 기업간, 산업간 물류의 표준화, 공동화, 통합화를 추구한다.
④ 물류관리의 효율화 목적이 물류비절감을 통한 수익향상에 있으므로 사내표준화에 중점을 둔 물류경로의 구축, 리드타임의 단축 등을 추진한다.

⑤ 물류관리를 효율화하기 위한 수단으로 각 물류활동 분야의 관리지표를 설정하되 종합적인 효과를 고려하면서 지속적으로 점검, 관리한다.

11 **다음 ( )에 들어갈 물류관리전략 추진단계로 옳은 것은?** (23회, 2019년)

- (ㄱ) 단계: 원 · 부자재의 공급에서 생산과정을 거쳐 완제품의 유통과정까지의 흐름을 최적화하기 위해 유통 경로 및 물류 네트워크를 설계하는 단계
- (ㄴ) 단계: 고객이 원하는 것이 무엇인지를 파악하는 동시에 회사이익 목표를 달성할 수 있는 최적의 서비스수준을 정하는 단계
- (ㄷ) 단계: 물류거점 설계 및 운영, 운송관리, 자재 및 재고관리를 하는 단계
- (ㄹ) 단계: 정보화 구축에 관련된 정책 및 절차 수립, 정보화 설비와 장비를 도입 · 조작 · 변화관리를 하는 단계

① ㄱ: 전략적 ㄴ: 구조적 ㄷ: 기능적 ㄹ: 실행
② ㄱ: 전략적 ㄴ: 기능적 ㄷ: 실행 ㄹ: 구조적
③ ㄱ: 구조적 ㄴ: 실행 ㄷ: 전략적 ㄹ: 기능적
④ ㄱ: 구조적 ㄴ: 전략적 ㄷ: 기능적 ㄹ: 실행
⑤ ㄱ: 기능적 ㄴ: 구조적 ㄷ: 전략적 ㄹ: 실행

12 **제품수명주기 중 도입기의 물류전략에 관한 설명으로 옳은 것은?** (23회, 2019년)

① 광범위한 유통지역을 관리하기 위해 다수의 물류센터를 구축한다.
② 경쟁이 심화되는 단계이므로 고객별로 차별화된 물류서비스를 제공한다.
③ 소수의 지점에 집중된 물류네트워크를 구축한다.
④ 장기적인 시장 점유율 확대를 위해 대규모 물류네트워크를 구축한다.
⑤ 물류센터를 통폐합하여 소수의 재고보유 거점을 확보한다.

13 **고객서비스와 물류서비스에 관한 설명으로 옳지 않은 것은?** (25회, 2021년)

① 고객서비스의 목표는 고객만족을 통한 고객감동을 실현하는 것이다.
② 물류서비스의 목표는 서비스향상과 물류비절감을 통한 경영혁신이다.
③ 경제적 관점에서의 최적 물류서비스 수준은 물류활동에 의한 이익을 최대화하는 것이다.
④ 고객서비스 수준은 기업의 시장점유율과 수익성에 영향을 미친다.
⑤ 일반적으로 고객서비스 수준이 높아지면 물류비가 절감되고 매출액은 증가한다.

14 **물류의 전략적 의사결정활동으로 옳은 것은?** (25회, 2021년)

① 시설입지계획 ② 제품포장 ③ 재고통제
④ 창고관리 ⑤ 주문품 발송

15 **물류전략수립 시 고려사항으로 옳지 않은 것은?** (25회, 2021년)

① 물류시스템의 설계 및 범위결정의 기준은 총비용개념을 고려한다.
② 소비자 서비스는 모든 제품에 대해서 동일한 수준으로 제공되어야 한다.
③ 물류활동의 중심은 운송, 보관, 하역, 포장 등이며, 비용과 서비스면에서 상충관계가 있다.
④ 물류시스템에서 취급하는 제품이 다양할수록 재고는 증가하고 비용상승 요인이 될 수 있다.
⑤ 도로, 철도, 항만, 공항 등 교통시설과의 접근성을 고려해야 한다.

16 **물류관리의 역할과 의의에 관한 설명으로 옳은 것은?** (21회, 2017년)

① 상거래의 결과로 발생하는 물류관리는 제품의 이동이나 보관에 대한 수요를 유발시켜 유통기능을 완결시키는 역할을 한다.
② 형태효용은 생산, 시간과 장소효용은 마케팅, 그리고 소유효용은 물류관리와 밀접한 연관성이 있다.
③ 물류비용은 기업이 생산하는 제품의 가격경쟁력에 영향을 미치기 때문에 물류활동을 효율화하고 물류비용을 절감하는 것이 중요하다.
④ 물류발전을 통하여 지역 간 균형발전을 도모할 수 있으나 모든 지역에서 교통체증증가로 이어져 생활환경이 악화된다.
⑤ 물류활동은 판매촉진을 위한 고객서비스의 향상과 물류비용의 절감이라는 상반된 목표를 추구함으로 수송, 보관, 하역 등 기능별 시스템화가 요구된다.

정답

01 ① 02 ④ 03 ③ 04 ⑤ 05 ④ 06 ④ 07 ① 08 ② 09 ② 10 ④ 11 ④ 12 ③ 13 ⑤ 14 ① 15 ② 16 ③

P·A·R·T

02

물류관리의 실행

제3장 운송의 개념과 육상화물운송관리

제4장 항공, 해상화물운송관리

제5장 하역관리

제6장 보관관리 · 재고관리

제7장 국제물류관리

제 1 부

물류관리의 개요

제 1 장 물류의 개념

제 2 장 물류전략과 물류관리

제 2 부

물류관리의 실행

제 3 장 운송의 개념과 육상화물운송관리

제 4 장 항공, 해상화물운송관리

제 5 장 하역관리

제 6 장 보관관리 · 재고관리

제 7 장 국제물류관리

제 3 부

물류관리의 혁신과 지원

제 8 장 공급사슬관리

제 9 장 물류혁신관리

제10장 물류성과 및 물류비용관리

제 4 부

디지털시대의 물류관리

제11 장 물류정보시스템

제12 장 물류관련 정보인프라

제13 장 디지털시대의 물류관리

CHAPTER

03

운송의 개념과 육상화물운송관리

1. 운송의 기본개념
2. 화물자동차 운송
3. 철도운송

지속되는 '라스트마일' 시장의 성장

지난해 가장 많은 주목을 받은 시장 중 하나가 라스트마일이다. 이전에 라스트마일을 하나의 서비스로 봤던 것에 비하면 이제는 하나의 시장으로 구분할 수 있을 만큼 성장한 시장으로 변했다. 라스트마일 시장은 2021년에도 주목할 만한 성장을 이룰 것으로 기대되고 있으며 이커머스 기업과 유통기업들에게는 시장에서의 성장을 위한 필수 조건으로 더욱 부각될 것으로 보인다.

지난해 시장규모 7.5조 추산

국내 라스트마일 시장은 택배, 유통사의 자가물류(ex. 쿠팡 '로켓배송'), 음식배달서비스로 급격히 성장한 이륜차 배송시장으로 구분된다. 현대글로비스 종합물류연구소의 자료에 따르면 이러한 국내 라스트마일 시장의 규모는 지난해 약 7.5조 원 규모인 것으로 나타났다. 택배의 경우 1톤 차량 배송수수료 기준으로 집계했을 때 약 3.5조 원으로 추정되고 있다. 이는 2020년 택배기업 전체 매출이 약 8조 원으로 추정했을 때 약 44%가량 되는 수치이다. 여기에 직매입, 자가배송 서비스를 구축한 대표적인 기업인 쿠팡의 경우 하루 평균 300만건의 배송을 수행하고 있는데 이를 택배시스템 수수료기준을 적용하면 약 1조 원 규모로 추산이 가능하다. 또 지난해 코로나로 인해 배달음식서비스도 고성장을 지속하면서 지난해 17조 원의 시장으로 성장한 것으로 나타났다. 이 시장에서 이륜차의 배송수수료는 전체 거래액에 약 15~20% 수준으로 이를 계산해 봤을 때 약 3조 원 규모로 추정된다. 급격한 성장을 이어가고 있는 라스트마일 시장은 초기속도에 대한 경쟁이 대부분이었다. 하지만 코로나이후 라스트마일의 서비스 경쟁은 다양한 형태를 나타내고 있는 것으로 보인다. 현대글로비스 종합물류연구소의 관계자에 따르면 "코로나이후 온라인 쇼핑의 폭발적인 성장으로 속도뿐만 아니라 상품품질 보존(신선식품), 교환 및 반품, 오프라인 픽업, 멤버십을 통한 혜택제공 등 고객의 다양한 니즈를 충족하기 위한 경쟁이 가속화 되고 있다"고 설명했다.

2021년도 라스트마일이 핵심 '경쟁요소'

올해도 여전히 라스트마일은 유통기업들을 비롯한 물류기업들에게 뜨거운 감자가 될 것으로 보인다. 지난해 코로나로 인한 비대면, 사회적 거리두기의 움직임으로 이커머스 시장은 2019년 대비 11%이상 성장할 것으로 예상되고 있다. 이에 따라 라스트마일도 폭발적인 성장이 예상되고 있다. 또한 다양한 종류의 상품을 빠르게 받는 고객의 경험이 누적되면서 이커머스의 수요와 라스트마일에 대한 수요가 지속적으로 증가할 것으로 전망되고 있다. 이러한 상황에서 아직까지 뚜렷한 시장 지배자가 없는 유통업계경쟁구도 상 풀필먼트와 라스트마일 서비스가 2021년에도 여전히 신규고객을 확보하고 기존의 고객을 유지하는데 핵심경쟁요소가 될 것으로 보인다. 때문에 시장에서는 다양해지고 진화하는 고객의 배송니즈에 대응하기 위해 자사 서비스개발은 물론 배송서비스, 거점활용을 위한 기업간 업무제휴가 활발히 진행되고 있는 상황이다. 지난해 네이버와 CJ대한통운의 제휴, 쿠팡의 택배업재진출, 아마존의 11번가 투자, GS리테일의 GS홈쇼핑 흡수합병 등이 대표적인 사례로 볼 수 있다. 현대글로비스 종합물류연구소 관계자는 "뚜렷한 시장지배자가 없는 이커머스 업계 구도 상 각 기업은 고객의 배송니즈에 부합할 수 있는 핵심 경쟁력으로 배송 및 풀필먼트 역량강화에 집중하며 빠르고 정확한 배송서비스 개발경쟁을 이어가고 있다"며 "각 유통,

유통/택배 업계 Last-Mile 서비스 동향

업태	업체	서비스	서비스 상세
이커머스	쿠팡	로켓프레시	• 신선식품주문 → 익일 오전7시까지 수도권에서 전국으로 배송 영역 확대
	네이버	풀필먼트 강화	• 스마트스토어 상품 배송 경쟁력 강화를 위해 CJ 대한통운 물류 협력
	SSG.COM	쓱배송	• 새벽배송, 전날 오후 6시 주문 → 익일 새벽/오전 배송
	마켓컬리	샛별배송	• 밤11시이전 주문, 익일 오전 7시 배송('20년 매출액 1조 추정)
	배달의 민족	B마켓	• 앱주문 → 배달원이 물류센터에서 피킹 → 배송(서울 전지역 확대 계획)
오프라인유통	롯데마트	30분 배송	• 신선식품 주문 → 물류센터 피킹 → 30분이내 배송(서울)
	홈플러스	퀵배송SVC	• 개별점포를 자체 물류센터로 활용, 배송시간 단축
	CU, GS25	40분배송	• '요기요' 앱으로 편의점 제품주문 → 'Vroong' 라이더 배송
택배	CJ	네이버 협력 등	• 대규모 배송처리능력과 확고한 시장지배력을 기반으로 신규 화주 유치/협업
	한진	'홈픽' 제휴	• GS칼텍스, SK에너지, 스타트업 '줌마' 3사 협력(C2C 배송)
	롯데	편의점 특송	• 세븐일레븐에 국제우편 접수, Fedex 픽업, 특송프로세스 수행

물류, IT기업은 자사 고유의 경쟁력 강화와 함께 업체 간 합종연횡을 그 어느 때 보다 활발히 전개하고 있다"고 설명했다. 로봇을 활용한 라스트마일도 빠른 시간 안에 적용될 수 있을 것으로 보인다. 음식배달, 실내/실외 서빙로봇 등의 물류로봇시장이 빠르게 성장하고 있는 가운데 H/W제조기업, 물류기업을 중심으로 배송 플랫폼구축을 위한 협업이 진행되고 있기 때문이다. 향후 이동형 배송로봇을 활용하여 아파트, 오피스 등 주거지역, 호텔, 병원 등 비대면 배송서비스와 연계된 다양한 부가서비스들이 제공될 것으로 보인다.

물류신문, 2021. 01. 04. 신인식 기자

01 운송의 기본개념

1.1 운송의 개념

운송은 장소적 효용을 창출하기 위해 자동차, 철도, 선박, 항공기 등의 운송수단으로 화물을 한 장소에서 다른 장소로 이동시키거나 화물의 공간적 거리를 조정하는 물리적 활동을 의미한다. 보다 많은 화물을 안전하고, 신속하게, 저렴한 비용으로 운송하여 궁극적으로는 고객서비스를 향상시키는 것을 목적으로 한다. 운송은 생산과 소비를 연결시키고, 일반적으로 물류활동 중 가장 높은 비용을 차지한다.

운송을 위해서는 다음의 세 가지 요소가 필요하다.

- 운송경로(Route) : 운송수단을 활용하여 화물을 이동시키는 도로, 철도, 해상항로, 항공로 등의 경로를 의미한다.
- 운송수단(Mode) : 자동차, 열차, 선박, 항공기 등 화물운송을 위한 이동수단을 의미한다.
- 운송분기점(Node) : 전체 운송구간에서의 운송수단들 상호 간의 중계 및 환적이 이루어지는 장소를 의미한다. 즉 동종 또는 이종의 운송수단이 연결되는 기차역, 트럭터미널, 물류센터, 항만, 공항, 도로의 교차점 등의 중개지점 또는 장소를 의미한다.

1) 운송의 기능

운송은 사회 · 경제 인프라 관점과 개별기업 관점에서 다음의 기능을 가진다.

(1) 사회 · 경제관점의 기능

- 교환의 촉진 : 운송은 철도, 도로 등 국가 인프라를 적절하게 활용함으로써 경제활동에서 필요한 물품의 교환을 촉진한다.
- 물가의 안정 : 전국 각 지역에 신속하게 운송함으로써 수요/공급의 편차에 따른 상품의 가격변동을 최소화하여 물가를 안정시키고 궁극적으로 국가경제에 기여한다.

- 지역적 분업화: 운송을 통해 지역을 연결하고 지역별로 경쟁력 있는 물품교역을 촉진함으로써 지역적 분업화가 발생한다.
- 지역간 경쟁가속: 운송을 통해 지역 간 경쟁범위를 확대함으로써 지역 간의 경쟁을 가속화하여 소비자에게 편익을 제공한다.
- 규모의 경제달성: 운송을 통해 소비가 확대되면 지역적 분업화에 따른 대량생산을 가져오고, 이에 따른 대량소비가 증가하면서 규모의 경제가 가능해 진다.

(2) 기업관점의 기능

- 화물의 이동: 화물을 물류수요자가 요구한 시간, 장소에 맞춰 정확하게 전달하게 됨으로써 장소적 효용을 창출한다.
- 재고효율화: 고객이 특정 물품의 재고를 필요로 할 때 적시에 운송함으로써 최소한의 재고로도 효율적으로 고객수요에 대응할 수 있다. 즉 운송은 기업의 판매 및 생산을 효율적으로 운영할 수 있도록 지원함으로써 기업의 재고운영을 효율화한다.
- 업무실행지원: 운송을 통해 판매계획, 생산계획 등 기업이 수립하는 계획에 따라 생산, 영업 등의 업무가 잘 실행되도록 지원한다.
- 화물의 보관: 운송은 화물을 안전하게 보관하는 기능을 포함하고 있다. 특히 장거리 운송과정 중 컨테이너, 트레일러, 선박 등의 운송수단에 화물을 보관하는 기능을 수행한다.

2) 운송수단에 따른 분류

운송은 화물을 운송하는 수단에 따라 다음과 같이 구분된다.

- 육상운송: 육상운송은 육로를 통해 운송하는 유형을 말한다. 화물자동차를 통한 도로를 이용한 공로운송, 철도를 활용한 철도운송, 파이프라인를 통해 석유, 천연가스 등 대량의 유체를 운송하는 파이프라인 운송 등으로 구분된다.
- 해상운송: 해상운송은 바다를 항로로 이용하는 운송방식으로 국내에서의 선박화물운송인 연안운송, 외국항로에 선박을 취항하여 운송하는 외항운송으로 나뉘어진다.
- 항공운송: 항공운송은 항공기를 활용하여 운송하는 방식을 말한다. 화물전용항공

기의 상하부 격실에 화물을 적재운송하는 화물기운송, 상부격실에는 여객, 하부격실에는 수화물을 적재운송하는 여객기운송, 여객과 화물을 각각 적재하는 콤비(Mixed/Combination)운송으로 구분된다.

- 복합운송: 복합운송은 두 가지 이상의 상이한 운송수단을 사용하여 화물을 운송하는 방식을 말한다. 육상운송에서는 육상운송수단을 연결한 Piggy back(철도와 화물자동차), 항공운송과 연결한 Birdy back(항공기와 화물자동차), 해상운송과 연결한 Fishy back(선박과 화물자동차) 등의 운송방식이 대표적이다.

운송수단별로 다음의 특징 및 장·단점이 있다.

물류현장에서 일반적으로 많이 사용하는 육상운송, 해상운송, 항공운송의 운송수단별 장·단점은 다음과 같다.

표 3-1 운송수단별 특징 및 장·단점

	육상운송		해상운송	항공운송
	화물자동차	철 도		
특징	도로이용	철도이용	선박이용	항공기이용
장점	• 높은 운송완결성 • 편리한 문전운송 • 용이한 일관운송 • 근거리운송에 경제적 • 즉시 이용가능	• 중장거리운송에 적합 • 중량물 대량운송에 적합 • 전천후 운송수단 • 정시계획운송가능 • 낮은 사고율로 안전운송	• 대량장거리 운송시 가장 경제적 • 국제물류에서 많이 이용 • 대량장거리운송에 적합 • 용적 및 중량에 거의 제한없음	• 신속한 화물운송 • 긴급/유행민감 화물운송에 적합 • 고가 소형화물운송에 적합 • 화물손상 적음
단점	• 대량장거리운송 부적합 • 높은 교통사고위험 • 환경오염 • 적재중량제한	• 소량근거리운송 부적합 • 낮은 운송완결성 • 연계운송수단 필요 • 적기배차 어려움 • 운임 융통성 낮음	• 느린 운송속도 • 높은 항만시설투자 • 기후영향을 많이 받음 • 항만 내 화물처리시간 과다 소요	• 높은 운송비용 • 화물의 중량제한 • 기후영향을 많이 받음 • 이용가능지역 제한

3) 운송수단선택 시 고려사항

운송 시 최적의 운송수단을 결정하기 전에 운송화물의 특성과 함께 운송수단의 특성에 대해서도 파악하여 결정해야 한다.

(1) 운송화물의 특성

운송화물의 특성을 고려하여 운송요구사항에 적합한 운송수단을 선택해야 한다.

- 화물유형 : 일반화물, 냉동 · 냉장제품, 정밀제품, 농수산물, 귀중품 등 운송화물의 특징에 따라 운송수단이 결정된다. 또한 의약품 등 법적인 요구사항이나 안전상의 이유로 특정한 운송수단을 사용해야 하는 경우도 있다.
- 화물규격 : 화물의 중량, 용적 등을 수용할 수 있는 차량 등의 운송수단을 확보해야 하며, 단위규격 등에 따라 운송수단의 운송효율성이 달라질 수 있다.
- 운송화물의 단위물량 : 단위물량은 1회에 운송해야 하는 물량수준을 의미한다. 즉 동시에 운송해야 하는 화물물량이 어느 정도인지에 따라 적합한 운송수단을 결정할 수 있다.
- 운송비 부담률 : 운송비 부담률은 운송화물 총액에서 운송비가 차지하는 비율을 의미한다. 운송수단을 결정할 때에는 운송화물의 총액에 비해 운송비용이 어느 수준인지를 고려하는 것이 중요하다. 운송비부담이 높은 저가의 화물은 운송 시 비용 대비 수익률이 낮아지게 되므로 고가의 운송수단을 사용하는 것이 부담될 수 있다.
- 운송거리 : 운송거리에 따라 최적의 운송수단은 달라질 수 있으므로 이동거리가 어느 정도의 거리인지에 대해서는 사전에 확인해야 한다.
- 운송경로 : 운송경로는 화물을 운송하는 길과 순서를 의미하며, 어떤 경로로 운송할 것인지에 따라 물류효율이 달라지고, 출발지, 경유지 및 도착지에 따라 이용가능한 운송수단이 달라질 수 있다. 운송경로에 따라 발생하는 물동량의 증감에 대한 정보를 사전에 확보하는 것도 운송수단을 결정할 때 중요하다.
- 운송시기 : 화물운송을 희망하는 시기도 운송수단을 결정할 때 중요하다. 운송수단확보에 소요되는 시간, 납기 등을 고려함으로써 화물운송의 긴급성에 따른 운송수단을 결정할 수 있다.

(2) 운송수단의 특성

운송화물의 특성과 함께 운송수단의 특성을 함께 고려해야 하고, 적합성을 판단하는 것이 필요하다.

- 편리성 : 편리성은 운송수요발생 즉시 운송수단을 이용할 수 있는지, 운송수단연

결 시 운송이 완결되는지를 나타낸다. 운송수요에 따라 즉시 이용할 수 없거나 운송수단연결 시 지연이 발생하면 납기관리에 영향을 줄 수 있다. 예를 들어 화물자동차 운송은 운송의 완결성을 가지지만, 항공기, 선박 등의 운송수단은 다른 운송수단들과 연결되어야 완결되므로 이를 연결하기 위해서는 불편함이 수반될 수 있다.

- 정확성 : 정확성은 운송수요를 충실히 만족시킬 수 있는지를 나타낸다. 즉 고객이 요구한 화물수량, 납기에 맞춰 운송할 수 있는 운송수단을 확보하였는지에 대한 검토가 필요하다.
- 신속성 : 신속성은 납기까지 화물을 신속하게 운송하는 것을 의미한다. 교통체증, 통관 등의 일정지연요소를 어떻게 관리할 수 있는가를 사전에 고려해야 한다.
- 안전성 : 안전성은 화물의 가치와 상태를 유지하면서 안전하게 목적지까지 운송하는 것을 의미한다. 안전하게 운송하기 위해서는 화물특성에 적합한 포장 등의 활동이 추가적으로 발생할 수 있으며, 이는 경제성에도 영향을 줄 수 있다.
- 경제성 : 경제성은 운송수단이 거리에 따라 얼마나 비용효율적인지를 나타낸다. 예를 들면 근거리운송에는 화물자동차가 비용효율적이고, 장거리운송에는 철도, 선박 등의 운송수단이 경제적이므로 운송비용부담 수준을 사전에 확인해야 한다.

4) 운송의 혁신방안

물류현장에서 운송을 혁신하기 위해서는 다음 방안의 적용이 필요하다.

- 운송수단 최적화 : 운송상황에 맞춰 최적의 운송수단을 선택함으로써 운송을 혁신할 수 있다. 운송과정에서 발생하는 운송비용, 보관비용 등의 물류비를 전반적으로 절감할 수 있는 최적의 운송수단을 결정해야 한다.
- 운송경로 최적화 : 운송경로를 어떻게 설계하는지에 따라 운송효율이 달라지므로 운송횟수, 운송물량, 화물특성 등을 고려하여 최적의 운송경로를 결정해야 한다. 특히 고정적인 운송경로를 이용하는 화물운송의 경우, 운송경로를 최적화하는 것은 기업전체의 고정적인 물류비용절감에 큰 영향을 준다.
- 운송화물 표준화 : 파렛트, 컨테이너 등을 이용하여 운송화물을 단위화하고 운송장비 등을 표준화함으로써 물류효율을 높일 수 있다. 또한 단위화 및 표준화를 기반으로 운송업무를 기계화할 경우, 물류효율을 더욱 높일 수 있다.

- 운송업무 첨단화: 많은 기업들은 4차산업 혁명에 따라 등장한 다양한 IT 신기술을 활용하고 있으며, 이를 통해 물류업무를 효율화할 수 있다. 즉 운송에서 사용되는 물류기기·설비, 시스템, 장비 등을 자동화함으로써 물류생산성을 높이고 물류비용을 획기적으로 절감할 수 있다. 실시간 화물추적관리, 운송경로계획 등을 위해서는 정보시스템을 활용하는 것이 필요하며, 공급사슬 상의 많은 기업시스템을 연계함으로써 물류효율성과 가시성을 향상시킬 수 있다.
- 운송의 친환경화: 환경친화적인 운송체계를 구축함으로써 운송과정 중에 발생하는 탄소배출량을 조절하여 환경과 관련된 규제와 비용을 효과적으로 통제, 관리할 수 있다. 특히 물류와 운송이 전세계 온실가스 배출량의 23%를 차지하고 있어서 기후변화에 따른 온실가스 배출량관리에 물류 및 운송의 역할이 더욱 중요해지고 있다.

1.2 수배송관리의 개념

운송은 수배송과 동일한 의미로 사용된다.

수배송은 수송과 배송이 합해진 개념으로 두 용어는 비슷한 개념이긴 하지만 엄밀히 보면 다르게 볼 수 있다. 수송은 주로 거점 간의 장거리 대량화물의 간선운송을 뜻하며 도시 및 물류거점 간, 또는 생산지로부터 소비지로 원자재, 제품 등의 화물을 이동시키는 활동을 의미한다. 이에 비해 배송은 특정 도시 또는 지역내 수요자에게 화물을 이동시키는 물류말단에서의 운송을 말하며, 거점과 지점 간의 단거리 소형화물이 이동을 의미한다.

1) 수배송관리의 원칙

수배송업무를 효율적으로 관리하기 위해서는 다음의 원칙을 고려해야 한다.

- 수배송과 재고교환의 원칙: 수배송빈도와 재고량 또는 재고비용은 Trade−off의 관계를 가지므로 이에 대한 적절한 균형점을 찾는 것이 중요하다. 즉 수배송빈도를 높이면 재고량은 줄어들 수 있으나, 수배송비용은 높아지며, 수배송빈도를 낮추면 재고량은 늘어나면서 재고비용은 높아진다. 따라서 수배송비용과 재고비용

의 균형점을 잘 잡아서 총비용의 최소화를 추구해야 한다.

- 자가차량과 영업용차량의 운영균형의 원칙 : 자가차량과 영업용차량은 고정비와 변동비, 안정적인 통제여부를 결정하므로 어떤 수준으로 관리할 것인지에 대한 의사결정이 필요하다. 즉 자가차량을 늘리면 안정적인 서비스는 제공할 수 있으나 고정비용은 증가하고, 영업용차량을 늘리면 고정비는 늘지 않지만 변동비는 물동량에 따라 폭증할 수도 있다. 따라서 목표서비스 수준, 비용균형점 등을 고려하여 수배송비용을 최소화하는 차량운영균형점을 찾아야 한다.
- 단일원거리 수송의 원칙 : 단일원거리 수송은 출하지점부터 동일한 운송수단으로 수요처의 문전까지 일관된 운송수단으로 운송하는 것을 말한다. 운송과정에서 운송수단이 바뀌면 운송비용뿐만 아니라 환적에 따른 하역비용 등의 추가비용이 발생하게 된다. 따라서 하나의 운송수단으로 유지하는 것이 효율적이고, 다른 운송수단으로 변경할 경우 전체적인 비용을 고려해야 한다.
- 수배송 일원화의 원칙 : 수배송 일원화의 원칙은 수송과 배송을 최대한 결합시킴으로써 화물환적, 재고배분에 따른 시간적, 공간적 비효율을 최소화하는 원칙이다. 즉 물류거점내 입·출고를 바로 연결하는 크로스도킹(Cross Docking) 방식과 대형차량에서 경로별로 분류된 화물을 소형차량으로 직접 적재하는 디마운터블(Demountable) 방식을 통해 환적비용과 운송경로 상의 재고를 최소화할 수 있다.
- 회전수 향상의 원칙 : 회전수 향상의 원칙은 운송차량의 회전수를 높이면 차량을 늘리지 않더라도 운송차량운용의 효율성을 개선할 수 있다는 것을 의미한다. 예를 들면 최적의 운송경로산출, 상·하역업무의 표준화·기계화 등을 통해 차량회전수를 높일 수 있으며, 이는 궁극적으로 수배송 업무효율을 높이게 된다.
- 상·하차 신속의 원칙 : 상·하차 신속의 원칙은 운송의 시작과 끝에 해당하는 상·하차 업무수행 시 기계, 설비 등을 활용하여 신속하게 지원해야 한다는 것을 의미한다. 또한 피킹, 분류와 적재, 출하 프로세스를 효율적으로 설계함으로써 신속하게 수배송할 수 있다.
- 배송지역 특성 대응의 원칙 : 배송지역 특성 대응의 원칙은 배송지역 특성을 감안하여 운송수단과 방식을 유연하게 선택해야 한다는 것을 의미한다. 즉 수배송수요가 많은 고밀도지역은 신속한 배송방식으로, 수요가 적은 저밀도지역은 효율성을 중시하는 배송방식을 선택하는 것이 필요하다.
- 리드타임충족의 원칙 : 리드타임충족의 원칙은 운송리드타임을 충족하는 경우 물

류비 최적화를 기반으로 운송수단과 방법을 선택해야 한다는 원칙이다. 즉 운송리드타임충족과 물류비절감 간의 균형점을 찾아야 한다는 것을 의미한다.

- 운송단가 분기점의 원칙 : 운송단가 분기점의 원칙은 운송단가가 달라지는 지점에 따라 운송수단을 다르게 선택하는 원칙을 의미한다. 예를 들면, 자기차량과 영업용차량의 운송단가를 비교하거나 철도와 화물자동차의 운송거리 당 단가를 비교하여 거리당 운송단가가 유리한 방식을 선택할 수 있다.
- 횡운반관리의 원칙 : 횡운반은 트럭터미널에서 화물을 자가트럭에서 타사의 트럭에 환적하여 운반하는 것을 말한다. 횡운반관리의 원칙은 자가트럭화물운송의 한계이익과 횡운반비용을 비교하여 유리한 것을 선택하는 원칙을 의미한다.

2) 수배송 네트워크 설계

수배송 네트워크는 최적의 운송경로를 구성하여 전체 물류운송을 최적화하도록 설계해야 한다. 즉 출발지에서 도착지까지의 여러 지점을 수배송하면서 어떻게 운송효율을 높일것인가, 비용을 절감할 것인가를 설계하는 것을 의미한다. 고정적인 물량을 특정 운송경로에서 운송하는 경우도 있지만, 유연하게 상황에 적합한 수배송 네트워크를 수시로 설계할 수도 있다.

수배송 네트워크를 설계할 때는 다음의 요소를 고려해야 한다.

- 운송주기 : 주문에서 운송까지의 소요기간, 주문에서 다음 주문까지의 소요기간 등을 고려하여 수배송이 발생하는 주기를 고려해야 한다. 또한 출발시간, 주행시간, 마감시간 등의 시간적인 요소에 대해서도 고려해야 한다.
- 운송지역과 운송경로 : 운송지역을 어떻게 정의할 것인지에 대해 결정해야 하고, 이에 따라 운송빈도, 차량운송시간 등이 영향을 받을 수 있다. 또한 지역별 운송범위 및 적재효율이 고려된 운송경로를 설계해야 한다.
- 운송거점 : 운송의 시작점이 될 수 있는 창고 등의 거점의 수, 위치, 규모, 이와 관련된 여러 수요지와의 거리 등에 대해 고려해야 한다.
- 운송수단 : 운송수단의 적재율과 회전율 수준에 따라 수배송주기, 빈도 등의 시기를 관리할 수 있다. 특히 화물차를 사용할 경우, 몇 대를 운송에 반영하는지 등을 통해 운행효율성을 높일 수 있다. 그리고, 차량의 종류, 크기 등 차량규격 및 주행거리별 효율성에 대해서도 고려해야 한다.

3) 수배송 네트워크의 설계방법

물류운송의 합리화를 위해 최적화된 수배송 네트워크의 설계는 중요하다. 수배송을 위한 여러 운송경로가 존재하고 이 운송경로 상에는 여러 지점들이 있는데, 운송구간별로 단위당 운송비 또는 운송량을 감안하여 가장 효율적인 운송방법을 결정해야 한다.

수배송 네트워크는 특정 출발지와 목적지 간의 네트워크를 구축하는 방법과 다수의 출발지와 목적지 간의 네트워크를 설계하는 방안으로 나눌 수 있다.

(1) 특정 출발지와 목적지 간의 네트워크 구축

■ 최단경로법(Shortest Route Method)

출발지와 최종목적지 간의 각 운송거점들의 운송거리 또는 단위운송비용이 제시된 운송망이 있을 때 구간별 최단거리 또는 최소비용을 도출하기 위해 사용할 수 있다. 이 방법은 단순히 거리 또는 비용을 최소화하는 것이 목적이므로 목적지의 특수성이나 우선 순위 등의 요소는 고려하지 않는다.

■ 최대 수송량계획법(Maximum Flow Method)

운송구간별로 운송량의 제약이 있을 때 전 구간에서의 전체 운송량은 가장 운송량이 적은 구간의 운송량에 따라 제약이 발생한다. 최대 수송량계획법은 출발지에서 목적지까지 운송량을 최대로 보내려 할 때 운송량을 어떻게 배분하여 어떤 운송경로를 이용하는가 하는 방법이다. 즉 출발지에서 최종 목적지까지의 구간별 운송경로마다 물동량이 정해진 경우, 최대 운송량을 보내려 할 때 필요한 경유지와 운송경로를 결정하는 방법이다. 이 방법에서는 운송량을 어떻게 배분하여 최적의 운송경로를 결정하는가를 계산한다. 출발지에서 목적지까지의 여러 운송경로별 최대 운송가능물량을 해당 운송경로의 각 구간운송량에서 차감하여 정리하고, 각 구간별 최대 운송량을 집계하여 계산한다.

■ 최소비용 · 최대 수송량계획법

최소비용 · 최대 수송량계획법은 최단경로법과 최대 수송량계획법을 결합한 형태로써 출발지부터 목적지까지 각 운송구간별 단위당 운송비용과 최대 운송가능물량이 정해져 있을 때, 여러 운송경로를 통해 최소 운송비용으로 할 수 있는 최대한의 운송량을 파악할 수 있다. 이 방법은 운송비용의 최소화와 운송량의 최대화를 모색하는 운송효율성을 극대화하는 방안이라 할 수 있으며, 우선 최소비용의 경로를 선택한 후 구간별 최대운송량을 감안하여 계산한다.

(2) 다수의 출발지와 목적지 간의 물동량할당을 통한 총 운송비 산출방법

■ 북서코너법(North－West Corner Method)

북서코너법은 각 구간별 단위운송비용을 고려하지 않고 운송표의 좌측위(북서)에서부터 오른쪽 아래방향으로 운송량과 수요량을 각각 만족할 때까지 가능한 최대운송량을 할당하는 방법으로 총 운송비는 각 구간별 운송량과 구간별 단위운송비용을 곱하여 합산한다.

■ 최소비용법(Least－Cost Method)

최소비용법은 운송표 상에서 가장 비용이 낮은 칸부터 차례대로 물동량을 할당해 가는 방법이다. 운송표 상에서 단위운송비용이 가장 낮은 수요지에 최대한의 운송량을 할당하며 운송량이나 수요량이 채워지면 순차적으로 그 다음 단위운송비용이 낮은 수요지에 운송량을 할당한다. 총 운송비는 단위운송비용과 운송량을 곱하여 합산한다.

■ 보겔의 추정법(VAM, vogel's approximation method)

보겔의 추정법은 기회비용개념을 적용하여 총 운송비용을 최소화하는 운송량 할당 방법을 선택한다. 여기서 기회비용은 운송표 상에서 공급지와 수요지별로 가장 낮은 단위운송비용과 두 번째로 낮은 단위운송비용의 차이를 의미한다. 기회비용이 가장 크게 발생하는 수요지부터 운송량을 할당하고 총 운송비는 구간별 단위운송비용을 곱하여 합산한다.

02 화물자동차 운송

2.1 화물자동차 운송의 개요

1) 화물자동차 운송의 개념

화물자동차 운송은 도로를 이용해서 화물을 문전운송하는 것으로 국내 전체화물운송에서 가장 많이 이용되는 중요한 운송유형이다. 다른 운송수단보다 이용범위가 넓고 철도운송, 국제복합운송에 이어서 문전까지 최종단계의 운송을 담당한다.

화물자동차 운송은 다음의 이유로 증가하고 있다.

- 전국적 인프라구축 : 국가 인프라차원에서 고속도로에 대한 많은 투자로 도로망이 전국적으로 확장되었고, 철도, 항만과 같은 대규모 시설투자를 하지 않아도 화물운송을 할 수 있으므로 운송의 편의성이 높다.
- 차량의 대형화 : 대량의 장거리 화물운송에 대한 수요가 증가하고 이를 위한 대형 화물자동차가 개발되면서 안전한 대량의 화물운송이 가능해졌다.
- 물류수요증가 : 물류수요가 증가하였으나 철도운송이나 연안운송을 통한 운송량 소화에 한계가 있어 많은 화물운송이 화물자동차 운송으로 전환되었다.
- 문전운송의 편리성 : 화물자동차를 통해 문전운송이 가능하므로 비교적 신속, 정확하게 화물을 받을 수 있게 되었다. 또한 선적 및 환적을 줄일 수 있는 일관운송이 가능하므로 화물파손을 줄일 수 있다.

2) 화물자동차 운송의 장단점

(1) 화물자동차 운송의 장점

- 물류수요에 유연한 대응 : 운송량에 따라 화물자동차를 선택함으로써 운송물량변동에 유연한 대처가 가능하다. 또한 다양한 종류 및 규모의 트럭과 트레일러를 활용할 수 있어서 고객의 다양한 요구를 만족시킬 수 있다.
- 정확한 문전운송 : 정확한 문전운송이 가능하므로 환적자체가 적고 환적에 따른

화물파손이 작다.

- 표준화를 통한 하역효율화: 파렛트, 컨테이너 등을 활용하여 화물을 표준화할 경우, 다른 운송수단에 비해 하역비가 적게 발생한다.
- 포장의 간소화: 비교적 단거리로 운송되고 환적이 적어서 포장의 간소화가 가능하다. 따라서 포장비용도 절감할 수 있다.
- 일관 서비스화: 철도, 신박 등 다른 운송수단과 연동하지 않고도 최종목적까지 일관된 서비스가 가능하다.
- 단거리운송에서의 높은 경제성: 차량의 신속한 배차가 가능하고 단거리운송에서 경제성이 높다. 택배 등의 신속, 정확한 다빈도 소량배송이 가능하다.
- 투자의 용이성: 공로가 갖춰진 경우 타 운송수단 대비 투자가 적게 발생한다. 화물자동차와 상하역기기만 확보되면 적은 투자로 운송할동을 수행할 수 있다.

(2) 화물자동차 운송의 단점

- 대량화물운송의 비효율: 운송차량의 운송단위가 작아 대량화물운송에는 불리하고 화물의 중량에 제약이 있다.
- 장거리운송의 낮은 경제성: 장거리운송을 할 경우, 연료비, 인건비 등의 비용이 급증할 수 있어서 타 운송수단에 비해 경제성이 낮다.
- 환경 비친화적 운송수단: 내연기관을 이용하는 운송차량을 주로 이용하므로 소음, 진동, 배기가스 등의 환경오염을 야기한다. 또한 에너지 다소비형의 운송수단으로 에너지 효율성이 낮다.
- 낮은 운송효율성: 운송정보의 공유가 어렵고, 정확한 시간관리가 어려워서 동일한 구간에서의 중복화물운송이 발생하고 있다. 또한 타 운송수단과의 연계가 미흡하여 차량적재율이 저하될 수 있으며, 이에 따라 공차운행이 과다하여 운송효율이 낮다.

3) 물류관련법에 의한 운수사업의 유형

화물자동차운수사업법 2조에 따르면 화물자동차 운수사업은 다음과 같이 구분된다.

- 화물자동차운송사업: 다른 사람의 요구에 응하여 화물자동차를 사용하여 화물을 유상으로 운송하는 사업을 말한다. 이 경우 화주가 화물자동차에 함께 탈 때의 화

물은 중량, 용적, 형상 등이 여객자동차 운송사업용 자동차에 싣기 부적합한 것으로써 그 기준과 대상차량 등은 국토교통부령으로 정한다.

- 화물자동차 운송주선사업 : 다른 사람의 요구에 응하여 유상으로 화물운송계약을 중개, 대리하거나 화물자동차운송사업 또는 화물자동차운송가맹사업을 경영하는 자의 화물운송수단을 이용하여 자기 명의와 계산으로 화물을 운송하는 사업(화물이 이사화물인 경우에는 포장 및 보관 등 부대서비스를 함께 제공하는 사업을 포함한다)을 말한다.
- 화물자동차운송가맹사업 : 다른 사람의 요구에 응하여 자기 화물자동차를 사용하여 유상으로 화물을 운송하거나 화물정보망을 통하여 소속 화물자동차운송가맹점에 의뢰하여 화물을 운송하게 하는 사업을 말한다.

2.2 화물자동차 운송의 유형

1) 자동차구조에 따른 유형

자동차구조에 따라 화물자동차는 소 · 중 · 대형의 보통트럭, 트레일러, 전용특장차 및 합리화 특장차로 크게 나뉜다.

(1) 보통트럭

보통트럭은 트럭 중에서 가장 일반적인 화물자동차로써 차종은 적재량 1톤 미만에서부터 16톤의 대형차에 이르기까지 다양하다. 보통트럭은 규격화물뿐만 아니라 장척물 등 다양한 화물을 운송할 수 있어서 일반적으로 가장 많이 사용된다. 통상 하대의 상부가 개방되고, 하대무게가 적어서 비교적 부피가 크거나 무거운 화물을 쉽게 운송할 수 있다.

(2) 트레일러

트레일러는 동력없이 견인차에 연결되어 화물을 운송하는 차량을 말한다. 트레일러와 견인차에 해당하는 트랙터를 분리할 수 있어서 트랙터와 운전기사를 유연하게 활용할 수 있다. 또한 트랙터를 운송에 추가함으로써 효과적인 적재와 탄력적인 작업이 가능하다. 또한 트레일러는 일시 보관기능을 할 수 있으며, 중계지점에서의 탄력적 이용이 가능하다.

■ 연결형식에 따른 유형

- 세미(Semi) 트레일러 : 트레일러를 트랙터에 연결하여 화물을 운반하는 가장 일반적인 트레일러로써 트레일러 하중의 일부분을 견인하는 트랙터가 받도록 설계되어 있다.
- 폴(Pole) 트레일러 : 파이프, H빔 등 장척물을 운송할 때 주로 사용되며 트랙터에 턴테이블을 장착하여 폴 트레일러를 연결하고, 적재함에 적재물을 고정시켜서 운송한다.
- 풀(Full) 트레일러 : 트랙터와 트레일러가 완전히 분리되어 있고 트랙터차체도 보디를 가지고 있는 트레일러를 말한다.
- 더블(Double) 트레일러 : 주로 미국에서 이용되며 세미 트레일러 2량을 연결한 트레일러로 장거리에 대량화물운송 시 활용되는 트레일러를 말한다. 통상 세미트레일러용 트랙터와 세미트레일러 및 풀트레일러 각 1대씩의 조합으로 구성된다.

■ 형태에 따른 유형

- 평상식 : 일반화물, 강재 등의 화물운송에 적합한 평면의 일반적인 트레일러를 말한다.
- 저상식 : 평상식보다 선적위치의 높이가 낮아서 포크레인 등 높이가 높거나 무거운 장비운송에 적합한 트레일러이다.
- 중저상식 : 저상식 트레일러 중 적재부분의 중간부위가 낮게 설계되어 핫코일 등 중량화물운송에 적합한 트레일러를 말한다.
- 스케레탈(Skeletal)식 : 컨테이너 운송에 적합한 트레일러로 샤시(Chassis) 트레일러가 가장 대표적이다. 트레일러의 모서리에 컨테이너를 고정할 수 있는 장치를 통해 운송 중 컨테이너가 이탈하지 않도록 되어 있다.
- VAN 트레일러 : 일반잡화, 냉동화물 등의 화물운송에 이용되는 적재부분이 밀폐된 상자구조의 바디로 된 트레일러를 말한다.

(3) 전용특장차

전용특장차는 화물차량의 적재함을 특정 화물운송에 적합하도록 변경하거나 특수작업을 지원하는 기계장치를 장착한 차량을 말한다. 전용특장차는 상·하차 기계화를 통해 상·하차시간과 포장비를 절감할 수 있고, 차량회전율을 향상시킬 수 있다. 특정화물을 안전하게 수송 및 하역할 수 있으며 비용을 절감시킬 수 있다. 하지만 화물 상·하차를 위해 하역기기를 구입하거나 전용설비를 설치해야 하므로 차량가격이 비싸며, 분립체운송 등의 경우 수화주에도 하역설비를 구비해야 한다. 또한 운송후 회차 시 화물획보기 어려울 수 있고, 다른 종류화물을 수송하기에는 부적합하여 운행효율이 낮고, 소량화물운송에는 부적합하다.

(4) 합리화 특장차

합리화 특장차는 별도의 부가적인 설비를 갖춘 화물운송차량을 말한다. 화물차에 부가적인 설비를 장착함으로써 상·하차작업을 지원하고 화물의 안전성을 향상시키거나 적재함을 보다 효율적으로 이용할 수 있다. 합리화 특장차는 차량가격이 고가이지만 규격화된 화물의 상하차작업의 기계화로 인건비와 하역대기 시간을 줄여 차량 회전율과 생산성을 높일 수 있다.

합리화 특장차는 다음의 유형으로 구분된다.

- 실내하역기기 장비차 : 창고내부 등의 실내에서 하역을 지원하는 차량으로써 로더용 레일이 장착된 리프트플로어차, 컨베이어가 장착된 오토컴부착차, 파렛트 라이더를 장착한 파렛트 라이더장치차가 대표적이다.
- 윙바디(Wing body) 트럭 : 트럭의 적재함 측면에서 상부를 윗방향으로 날개처럼 개폐할 수 있도록 제작된 차량을 의미하며, 후방뿐만 아니라 좌우측전체가 개방되어 신속한 상·하차가 가능하다.
- 컨버터블(Convertible) 적재함 트럭 : 적재함에 커튼식 덮개를 설치한 차량으로 화물을 적재·운행 시에는 전체 적재함을 덮고, 상·하차 시에는 앞이나 뒤쪽으로 접어서 측면에서 상·하차가 가능하도록 제작된 차량이다.
- 적하·하역합리화차 : 리프트게이트, 크레인 등을 장착하여 상·하차 시의 하역을 합리화하는 차량으로 차량후면에 리프트게이트를 장착한 리프트게이트트럭, 체인컨베이어를 장착한 컨베이어트레일러트럭, 크레인이 장착된 크레인트럭 등이 있다.
- 스왑바디(Swap Body)차 : 운전석이 있는 차량과 적재함을 분리할 수 있는 트럭으로 '탈착식(Changeable) 바디차'라고도 한다. 적재함을 분리하여 다른 적재함으로 교체함으로써 상차 시 대기시간을 줄일 수 있어서 대량화물의 취급, 화물하역 합

리화 및 운송의 효율성을 높일 수 있다.

- 암롤트럭(Arm Roll Truck) : 현재 청소용 트럭에 가장 많이 적용되고 있는 방식으로 적재함을 차체에 설치된 암(Arm)을 이용하여 끌어올려 차체에 장착시키거나 끌어내려 야드에 배치하도록 고안된 트럭을 말한다. 덤프트럭과 유사하게 적재함을 기울일 수 있지만 통상 적재함을 신속하게 탈부착하여 상·하차 시간을 단축할 수 있다는 측면에서 덤프트럭과 다르다.

2) 운송거리에 따른 분류

운송거리에 따른 분류로써 통상 100km과 300km가 운송형태를 구분하는 기준점이 된다.

- 근거리운송 : 주로 100km 미만지역에 화물자동차의 기동성, 편리성, 경제성을 발휘하여 운송하는 유형으로 주로 소형차량을 사용한 배송에 사용된다.
- 중거리운송: 100km 이상~300km 미만까지 지역에서의 운송으로 중·소형차량으로 운송하는 유형이다.
- 장거리운송: 300km 초과의 거리를 운송하는 유형으로 물류거점 간의 간선운송 또는 수송에 해당하며, 대형 화물자동차를 이용하는 것이 경제적인 운송방식을 말한다.

3) 운송방식에 따른 분류

송화주, 수화주 및 물류거점 간의 운송 최적화를 위해 화물자동차를 어떻게 운영할 것인지에 따라 다음과 같이 운송방식을 구분할 수 있다.

- 간선운송 : 물류거점과 물류거점 간의 장거리 운송으로써 물류터미널, 철도역, 항만, 공항 등을 연결하는 운송유형이다. 주로 대형화물을 중·대형차량으로 장거리 운송하는 방식을 말한다.
- 지선운송 : 물류거점과 소규모 물류센터 그리고, 수화주고객을 연결하는 운송방식으로 물류거점과 물류센터 등으로부터 화물을 집화하여 배송하는 운송방식을 의미한다.
- 노선운송 : 사전에 정해진 노선으로 정해진 운송스케줄 및 운행계획에 따라 정기

적으로 운송하는 유형으로 발송할 화물을 집화하여 화물을 배송하는 운송방식을 의미한다.

- 집배운송 : 복합운송을 위해 화물을 화물터미널 등의 물류거점에서 수화주의 문전까지 운송해주는 단거리 운송방식을 의미한다.
- 집화운송 : 다수의 송화주로부터 화물을 수집하여 주로 소형차량으로 터미널이나 집하장으로 운송하는 방식으로 공장 또는 물류센터에서 화물을 모아 물류터미널, 철도역, 항만, 공항 등으로 운송한다.

4) 차량소유형태에 따른 분류

차량소유형태에 따라 자가운송과 영업용운송으로 구분할 수 있다. 자가운송은 자기화물을 자기차량으로 운송하기 위해 자가차량으로 등록하고 운송하는 방식을 의미한다. 영업용운송은 고객의 운송요청에 대해 유상으로 운송하며, '화물자동차운수사업법'에 의거 운송사업허가를 받고 관할관청에 차량등록 및 화주와의 운송계약후 운임을 받고 운송한다.

자가운송과 영업용운송은 다음의 특징이 있다.

(1) 자가운송의 특징

- 높은 물류신뢰성 : 필요할 때 언제든 직접 벽지 및 오지까지 운송할 수 있어서 운송의 신뢰성이 매우 높다.
- 낮은 운송탄력성 : 차량을 직접 소유·운영하므로 운송량의 급격한 변동에 신속하게 대응하기 어렵다. 또한 트럭, 운전기사 및 관련 투자로 초기비용투자가 발생하고, 물동량과 상관없이 고정비용이 발생한다.
- 역물류지원 : 공파렛트, 업무용서류 등을 발송 및 회수가 용이하고 복귀 시 반품 등의 역물류를 지원할 수 있다. 하지만 복귀 시 적재화물이 없을 경우 실차율과 적재율이 하락할 수 있으며, 이는 물류효율성에 악영향을 끼친다.

(2) 영업용운송의 특징

- 낮은 고정물류비 : 차량, 운전기사 고용 등에 따르는 물적, 인적투자가 없으므로 고정비용을 절감할 수 있고 대부분의 운송비용은 물량에 따른 변동비용으로 발생

한다. 단 운송비용이 인상되면 대응이 어렵고, 수익률 또한 낮아질 수 있다.

- 높은 운송탄력성 : 돌발적인 수요로 물동량이 늘어날 경우 추가계약 등을 통해 탄력적으로 대응할 수 있다.

2.3 택배서비스와 라스트마일 딜리버리(Last mile delivery)

1) 택배서비스의 개념

(1) 택배서비스의 개념과 유형

택배서비스는 소형, 소량의 화물을 송화주의 문전에서 집하하여 택배업체의 일관운송책임 하에 수화주의 문전까지 신속하게 배송하여 주는 방식을 말한다. 고객이 원하는 장소까지 배송하여 주는 물류서비스인 택배는 다품종 소량생산체제, JIT방식의 수배송, 온라인쇼핑의 확대에 따라 생활밀착형 물류서비스로 더욱 발전하고 있다.

한국통합물류협회에 따르면 택배이용 횟수는 2000년 1인당 연간 2.5회에서 2017년 기준 1인당 44.8회로 급성장하였으며, 매년 10% 내외로 꾸준히 성장해 오고 있다.

택배는 거점 간 또는 도시내의 소화물 수배송에 적합한 형태이며, 소형화물운송차량을 이용하여 권역별 집배송 네트워크체계가 필요하다. 또한 택배화물터미널, 터미널 관련 시설(분류장치 등) 전용차량, 조직체계, 정보시스템 등의 관리체계가 필요하여 대규모 자본투자가 필요하다. 택배산업은 대규모시설과 인프라투자가 필요한 장치산업이면서 또한 배송에 많은 인력과 노력이 필요한 노동집약적인 산업이다.

(2) 택배서비스의 특징

택배서비스는 다른 운송과 다르게 다음의 특징을 가진다.

- 다품종 소량운송 : 일반 소비자를 대상으로 다품종 소량화물에 대한 운송체계로써 취급품목은 중량 30kg이하, 부피 1.6㎥이내의 소형화물로 규정하고 있다.
- 온디맨드 문전운송 : 화주문전에서부터 원하는 장소까지의 모든 운송서비스를 포괄적으로 제공한다.
- 운송업자 일관 책임운송 : 운송수단의 변경, 운송업자의 직접적인 책임이 아닌 운

송 상의 문제 등에 대해서 원칙적으로 운송업자가 책임지는 일관책임운송제도 이다.

- 신속 · 정확한 운송 : 택배소비자들은 운송의 신속성, 안정성 및 경제성을 중시하므로 사업자들은 신속, 정확한 운송을 통해 소비자의 수요를 충족시킬 수 있다.
- 물류 IT기술필수 : 화물추적, 집배차량과의 데이터통신 등 물류정보통신기술이 필요하다.
- 전국적인 네트워크 : 화물수주영업, 보관 및 분류시설 등이 필요한 전국 네트워크 사업으로써 물류센터, 집배차량, 자동분류기 등 대규모 시설투자가 필요하다.

(3) 택배서비스의 유형

택배업체가 어떤 화물을 집배서비스 하느냐에 따라 다음과 같이 분류할 수 있다.

- 일반택배 : 현재 대부분의 국내택배업체에서 제공하는 방식이며, 송화인이 요청하는 시간에 방문하여 집하하고, 송화인이 요청하는 일자에 인수한 상태와 가치를 그대로 유지하여 배송하는 일반적인 서비스를 말한다.
- 상업서류 송달업 : 본 · 지점간이나 본사 · 공장간, 또는 기타 기업 간에 정기적으로 주고 받는 서류 등을 전달하는 서비스를 말한다. 회사내에서는 서류 등의 우편물을 행랑과 같은 가방에 넣어서 배달하는 방식으로 운영되었으며, 정기적으로 주고받는 서류나 물품을 일정한 시간에 집하하고 익일중에 지정된 장소에 인계하는 정시집배서비스이다.
- 기타 특수택배 : 일반적인 운송뿐만 아니라 가전제품, 가구 등의 설치, 기존 제품의 회수, 대금수금 등의 특별한 서비스를 제공하거나 대형중량화물 배송 등 특수화물을 배송하는 서비스를 말한다.

2) 택배업체가 제공하는 서비스

택배업체는 일반적인 화물운송 서비스 이외에 다음과 같은 다양한 생활밀착형 물류서비스를 제공한다.

- 화물집하, 배송 및 정보서비스 : 택배는 생활물류 서비스이므로 화물을 집하하고 고객에게 배송하면서 발생하는 각종 물류정보를 상세하게 제공한다. 일반적으로 택배업체가 기본적으로 제공하는 물류정보 서비스는 거래처의 출하정보, 배송진

행정보, 반품회수정보 등 운송과 관련된 다양한 정보를 제공한다.

- 포장서비스: 개인적으로 이용하는 경우, 택배기사를 통해 별도의 포장재를 제공받아 포장하는 등의 포장서비스를 제공받을 수 있다. 택배업체의 물류터미널에 화물을 보관하여 택배운송을 의뢰하는 기업화주들에게는 전문적인 포장서비스도 제공한다.
- 창고보관 서비스: 대부분의 택배업체는 물류터미널 내부 또는 외부에 별도의 물류센터를 보유하고 있어서 이 물류센터에 재고를 보관할 수 있다. 재고보관창고가 없거나 수시로 고객주문에 대한 출하관리가 필요한 경우, 효과적일 수 있다. 통상 택배업체는 물류센터를 이용하여 포장, 보관, 유통가공, 재고관리 등의 다양한 물류서비스를 이용할 수 있다.
- 유통업체의 물류 아웃소싱: 온라인 유통업체의 경우, 상품개발과 판매에 집중하고 재고관리, 물류관리 및 고객반품관리 등의 업무를 택배업체에 아웃소싱하는 경우가 많다. 택배업체가 유통업체의 Back－office 기능을 수행하면서 효율적이면서 전문적인 서비스를 유통업체에 제공할 수 있다.
- COD(Cash on delivery) 서비스: 제품이나 유통업체에 대한 신뢰도가 낮아서 상품을 확인한 후 만족시 구매하는 경우, 택배업체가 중간자로서 상호신뢰를 중개하는 역할을 수행할 수 있다. 상품확인 후 만족여부에 따라 구매하는 소비자가 증가하는 상황이나 시장에서는 유효한 서비스가 될 수 있다.
- 설치 및 정기교환 서비스: 가구, 가전제품 등 배송 후 설치가 필요하거나 조립설치가 필요한 경우, 전문적인 택배업체가 이를 지원할 수 있다. 또한 상품인수 시 설치나 사용방법이 어려워 문제가 발생할 수 있는데 부가적인 서비스를 제공함으로써 유통업체를 지원하는 역할을 수행할 수 있다.
- 배송증명 서비스: 약품, 고가화물 등 중요화물의 운송 시 유효한 서비스로써 구매상품에 대한 청구, 청산에서 인수자의 확인이 필요한 경우 별도의 인수확인을 SMS, 인터넷 등을 통해 공유하는 서비스를 제공할 수 있다.
- 새벽배송 서비스: 야간, 새벽에 신선식품 등의 배송을 통해 저렴하면서 신속한 배송서비스를 제공할 수 있다.

3) 택배운송장의 역할

택배운송장은 택배업체가 택배화물을 집하하면서 송화주에게 화물인수를 확인하고, 수화주에게 운송하도록 안내하는 문서이며, 이 운송장을 물류현장에서 다양한 용도로 활용할 수 있다.

- 화물인수증 : 택배회사가 화물을 송화주으로부터 이상없이 인수하였음을 증명하는 문서로써의 역할을 한다.
- 계약서 : 기업 송화주의 경우는 일반적으로 별도의 단가 등의 거래조건에 대한 계약 후 택배서비스가 진행되지만 개인 송화주는 택배업체와 별도의 계약없이 택배약관을 기준으로 거래가 이루어지므로, 운송장이 곧 계약이 된다.
- 운송정보 : 택배에서는 운송과정에 대해 상세하게 안내하는 것이 필요하고 이를 위해 화물추적관리 시스템을 사용한다. 운송장에는 바코드가 인쇄되어 있어 송화주와 수화주의 주소, 연락처 및 운송관련 정보를 스캐닝하여 시스템에 입력할 수 있다. 운송장의 바코드를 스캐닝하여 집하, 운송, 입고, 출고 등의 각 운송단계별 추적정보를 입력할 수 있다.
- 화물취급지시 : 화물의 목적지, 취급주의사항, 배송일자 등 화물운송관련 정보가 기록되어 있어서 각 단계의 화물취급자는 이 정보를 참고하여 화물을 취급할 수 있다.
- 운송증빙(POD, proof of delivery) : 배송을 완료하고 화물수령확인을 수화주에게 받으면 추후 발생할 수 있는 수취여부, 파손 등의 법적책임을 명확하게 확인할 수 있다.
- 요금영수증 : 택배요금은 선불과 착불로 처리될 수 있는데, 선불로 지급한 경우 운송장은 요금을 영수하였음을 의미한다.
- 요금청구서 : 택배요금은 선불과 착불로 처리될 수 있는데, 착불로 지급한 경우 운송장을 증빙으로 제시하여 수화주에게 요금을 청구할 수 있다.
- 수입금관리자료 : 택배기사가 수금하거나 입금확인 시, 입금표와 수입금 및 운송장을 첨부하여 제출하여 확인할 수 있다.
- 화물포장 및 포장지시서 : 물류센터에서 수화주별로 피킹 및 포장을 지시할 경우, 운송장의 상품, 수량 등을 작업지시서로 활용하여 업무를 처리할 수 있다.

4) 라스트 마일 딜리버리(Last mile delivery)

(1) 라스트 마일 딜리버리의 개념과 등장배경

라스트 마일 딜리버리는 물류업체나 유통업체가 최종 소비자에게 상품을 전달하기 위한 마지막단계의 배송을 의미한다. 최근 당일배송, 새벽배송, 편의점픽업 등의 유통업체 간의 물류배송경쟁이 심화되고 있고, 최종단계의 물류서비스가 다변화되면서 최종 목적지까지 안전하고, 정확하고 빠르게 전달될 수 있도록 하는 완성도 높은 라스트 마일 딜리버리체계가 중요한 기업의 경쟁우위요소가 되고 있다.

온라인쇼핑이 활발해지면서 최종 소비자에게 전달하는 물류가 중요해지면서 이러한 새로운 물류서비스가 부각되었다. 또한 고객의 물류에 대한 니즈 또한 다양해지고, 고도화되면서 최종 소비자와의 접점관리가 중요해 졌다. 또한 온라인쇼핑으로 취급할 수 있는 상품이 공산품에서 신선식품으로 확대되면서 신속한 운송이 중요해 졌으며, 최종 목적지에 빨리 도착할 수 있는 방안에 대해 기업들이 고민하게 되었다. 또한 IT 기술이 발전하면서 물류업체나 유통업체와 소비자가 온라인 플랫폼을 통해 정보를 쉽게 공유하고 이를 기반으로 업무를 혁신할 수 있게 되었다.

(2) 라스트마일 딜리버리의 유형과 중요성

기업들이 제공하고 있는 라스트 마일 딜리버리의 주요 서비스는 다음과 같다.

- 당일배송 : 특정 시간이전 주문 시 당일 또는 상당히 빠른 시간내에 배송하는 서비스를 제공한다. 쿠팡 등의 신선식품배송에 주력하는 유통업체에서 주로 수행하는 방식이다.
- 편의점 픽업 : 주문상품을 편의점에서 픽업할 수 있는 서비스로 롯데나 GS 등 편의점 사업을 하거나 긴밀한 관계를 가지고 있는 업체에서 주로 수행하는 방식이다.
- 새벽배송 : 교통체증이 없는 새벽에 신선식품을 중심으로 배송해 주는 서비스로, 마켓컬리의 새벽배송 서비스가 대표적인 방식이다.
- 인홈배송 : 부재중인 경우 집안까지 화물을 전달하는 서비스로, 아마존, 월마트 등에서 스마트 도어락을 설치하고 관련 특허 등을 준비하여 제공하고 있다. 특히 아마존은 2016년부터 아마존 프라임멤버십을 통해 무료배송 서비스로 당일 배송, 즉시배송, 새벽배송, 인홈서비스 등으로 서비스를 혁신하고 있다. 아마존키(Amazon Key) 서비스는 고객이 주문한 물품을 고객부재 시 집안까지 배송하는 새로운 형

태의 서비스이다.

라스트마일 딜리버리가 중요한 이유는 다음과 같다.

- 운송효율화 및 최적화 : 유통업체나 물류업체 관점에서는 최종 소비자에 전달되는 시간과 비용을 최적화하기 위해 라스트마일 딜리버리 도입이 필요하다. 특히 라스트 마일과정은 전체 운송비용의 절반이상 차지하고 있어서 공급관점에서 보면 비용을 줄이고 효율성을 높이기 위해 이 영역의 혁신이 필요한 상황이다.
- 고객사용자 경험개선 : 수요관점에서 보면 라스트마일은 단순히 운송이상의 의미를 갖게되는데, 소비자에게는 최종 운송단계가 사용자 경험이 형성되는 과정이고, 이 경험이 고객충성도 및 재구매에 영향을 줄 수 있다.
- 고객정보확보 : 소비자와의 접점을 라스트마일 딜리버리 업체에서 확보하면 고객 관련 다양한 서비스, 취향 및 서비스를 정보로써 확보할 수 있게 되어 향후 고객 수요에 적합한 다양한 서비스와 상품을 개발할 수 있다.

5) 간선운송시스템

택배네트워크는 가장 일선에서 화물을 직접 집하하고 배달하는 기능을 담당하는 영업소, 영업소별 취급화물을 대단위화하기 위하여 중형으로 설치한 집배센터, 영업소 및 집배센터에 집하된 화물을 지역별로 분류, 중계하기 위한 대단위시설인 터미널로 구성된다.

택배운송은 이러한 전국적인 물류 네트워크과 다단계의 운송단계를 거치면서 서비스가 이루어지고 있어서 화물터미널, 철도역, 항만, 공항 등 비교적 넓은 부지의 여러 물류시설이 위치한 물류거점 간의 간선운송을 기반으로 작동하므로 이에 대한 이해는 중요하다.

(1) 간선운송시스템의 개념

간선운송시스템은 간선과 지선운송을 지원하기 위해 집화된 화물을 운송, 분류 및 중계하는 운송시스템과 터미널체계를 의미하며, 터미널시스템 또는 연계운송시스템이라고도 한다. 택배운송은 집배센터나 영업소에서 소형 · 소량의 화물을 고객의 문전에서 집하하여 터미널로 간선운송을 하고 이를 다시 배달지역별로 분류하여 간선운송을 한다. 즉 운행시간을 준수하여 물류터미널, 집배센터, 영업소 등을 연결하는 운송체계로써 대형차량을 이용하여 비교적 장거리로 운송한다.

(2) 간선운송시스템의 유형

① Point To Point System

Point To Point System은 특정 집하지역 내의 집배시설에서 집하한 화물을 배송지역별로 분류한 후 간선차량을 이용하여 집배시설로 배송하고 영업소 등으로 배송하는 방식의 화물연계시스템이다.

Point To Point System은 다음의 특징을 가지고 있다.

- 대규모 물류시설과 투자자금소요 : 집배센터, 터미널 등 많은 대단위 물류시설이 필요하므로 투자자금이 많이 소요된다.
- 대규모 작업인력소요 : 화물분류와 중계를 담당하는 터미널이 많아 지기 때문에 분류 등의 작업에 인력이 많이 필요하다.
- 많은 노선수 : 노선운영이 간선운송과 셔틀운송으로 나눠지고 터미널로 연결되므로 노선수가 많아지게 되어 노선운영이 비효율적으로 될 수 있다.
- 터미널 인근지역의 신속배송 : 많은 택배물량은 터미널에서 직접집하, 배송되므로 터미널 인근지역에서의 집하, 배송이 신속하게 처리된다.
- 집하마감 시간제약 : 화물의 집하마감 시간에 대한 제약이 있다.

② Hub & Spokes System

Hub & Spokes System은 Fedex의 창업자의 프레드릭 스미스의 아이디어에서 시작되었다. 미국전역의 발송화물을 익일 약속한 시간에 배송해 주는 '익일 특급운송서비스'를 선보이기 위해 이러한 방식을 적용하였다.

이 방식은 운송에서 각 출발지점(spoke)에서 발송한 화물을 중심거점(hub)에 모아서 분류한 후 각각의 도착지점(spoke)으로 운송하는 시스템을 말하는데 1979년 공식적으로 적용되기 이전에 대부분의 물류회사들은 Point To Point System을 통해 운송하였다.

Hub & Spokes System은 셔틀운송이 없고 간선운송만으로 운송하는 방식으로 각 지역의 집배센터와 거리 또는 무게중심에 의한 중심지역에 설치한 대단위 허브터미널을 직접적으로 연계하여 운송한다.

Hub & Spokes System은 다음의 특징을 가지고 있다.

- 높은 운송효율성: 셔틀운송이 없고 노선 수가 적어서 운송효율성이 높아진다.
- 노선증편의 한계: 터미널의 노선증편에 한계가 있어 영업소 확대 시 비효율성이 높아진다.
- 허브터미널 관리중요: 화물량이 증가하여 허브터미널의 처리용량의 한계가 올 경우, Multi−Hub System을 추구하는 것이 효율적이다.
- 집배센터의 역할중요: 모든 영업소가 각 지역별 집배센터에 입주하여 집배활동을 하므로 서비스관리가 상대적으로 용이하고, 집배센터에 대한 집중적인 투자가 필요하다.
- 집배센터의 시간관리중요: 집배센터에 배송물량이 집중되고 운송시간관리가 중요하므로 상·하차 여건이 좋지 않을 경우, 배송지연이 발생할 수도 있다. 특히 명절, 성수기 등 물량처리역량을 초과할 때 배송지연이 될 수 있다.

03 철도운송

3.1 철도운송의 개념

1) 철도운송의 개념과 중요성

철도산업발전기본법에 따르면 철도운송은 여객 또는 화물을 운송하는 데 필요한 철도시설과 철도차량 및 이와 관련된 운영·지원체계가 유기적으로 구성된 운송체계를 말한다. 철도운영은 철도여객 및 화물운송, 철도차량의 정비 및 열차의 운행관리, 철도시설·철도차량 및 철도부지 등을 활용한 부대사업개발 및 서비스를 의미한다.

철도운송은 화물자동차운송에 비해 규모, 비용, 환경 및 해상운송연계 측면에서 많은 장점들을 가지고 있다. 따라서 철도운송을 통한 복합운송을 활성화할 경우, 물류에서의 공로 의존도를 낮추면서 국가의 물류경쟁력을 제고할 수 있을 것이다.

2) 철도운송의 장 · 단점

(1) 철도운송의 장점

- 물류비용절감 : 철도운송은 화물자동차 운송에 비해 대량의 화물을 원거리로 운송할 때 경제적이다. 따라서 운임부담이 적은 화물을 원거리 육상운송 시, 운임이 비교적 싸고 경제적이다. 1회당 수송량이 크고 인건비, 단위당 화물관리비 및 각종 고정비용이 상대적으로 저렴하므로 장거리 대량수송, 왕복수송에 따라 물류비용을 크게 절감할 수 있다.
- 안전성 : 철도운행계획에 따라 정해진 궤도로 운행하므로 사고율이 낮고, 화물의 안전도가 다른 운송수단에 비해 높다.
- 계획성과 확실성 : 교통정체 등 다른 수송수단으로부터의 영향이 적어서 계획적으로 운행할 수 있으므로 화물운송의 확실성이 높다.
- 전국적 대량운송 : 전국적인 철도네트워크와 이와 연계된 복합운송체계가 구성되어 있어서 전국적으로 대량운송이 가능하다.
- 저공해 안전성 : 다른 운송수단에 비해 기후에 크게 영향을 받지 않는 비교적 저공해의 전천후 운송수단이다.

(2) 철도운송의 단점

- 낮은 서비스완결성 : 다른 운송수단 및 화차로의 환적 등의 화차입체작업이 필요하고, 서비스의 완결성이 낮다. 즉 상 · 하역, 환적 등의 부대작업이 발생하므로 기동성이 떨어지고 화주입장에서는 부대비용이 추가로 발생한다. 컨테이너운송체계 통해 많이 개선되었으나 문전으로의 집배서비스는 어렵다.
- 낮은 운영유연성 : 정해진 일정과 노선으로 운행되므로 화차변경 및 열차편성에 시간이 걸리고, 화물자동차 운송에 비해 유연성이 낮다. 즉 배차탄력성과 기동성이 낮아서 적절한 시기에 배차하기 어려워서 긴급상황에 신속하게 대응하기 어렵다.
- 낮은 운임유연성 : 운임결정의 유연성이 낮아서 쉽게 운임을 변경하기 어렵다.
- 화물부피 비효율성 : 철도운송이 중량화물의 운송에 적합하고, 중량보다 부피가 큰 화물의 경우 비효율적이다. 따라서 철도운송은 적재중량당 차지하는 부피가 작은 화물에 적합하다.

3.2 철도운송체계

1) 철도운송체계의 구성요소

철도운송은 철도간선수송 시스템을 통해 물류거점에 운송한 후 환적연계시스템을 통해 화물을 연계운송할 수 있도록 지원하고, 이 과정에서 정보시스템을 통해 통제 및 관리한다.

- 철도간선수송 시스템 : 철도는 장거리 화물운송에 효율적인 운송방식이므로 주로 거점과 거점을 연결하는 간선운송방식으로 운영된다. 철도간선수송 시스템은 장거리 거점운송을 위한 시설 등을 관리하는 시스템이다. 이 시스템을 통해 선로 등의 철도인프라, 신호전력공급설비 등의 선로고정설비, 선로운행차량을 관리할 수 있다.
- 환적연계시스템 : 철도는 해상운송 및 타 운송수단과 연계하여 운송할 수 있다. 환적연계시스템은 기본적으로는 철도역, 철도터미널 등의 화물환적을 위한 철도연계 거점시설을 의미한다. 즉 철도연계도로 등의 철도연계인프라, 열차종류, 운행구간 등을 고려하여 열차를 구성하는 열차조성시설, 화물하역 및 보관시설 등을 포괄하여 환적연계시스템이라고 한다.
- 통제 및 정보시스템 : 철도운송은 엄격한 시간관리가 생명이므로 선로 상의 모두 열차를 안전하게 통제 및 관리하기 위해서는 정보시스템이 필요하다. 철도간선수송 및 환적연계과정에서 발생하는 철도네트워크 및 운행차량의 통제관리, 화물이동 및 처리과정과 관련한 정보를 통제 · 관리하는 시스템을 말한다.

2) 철도운송 서비스관리

(1) 철도운송 서비스의 결정요소

철도운송은 역 또는 터미널에서 타 운송수단과 연계되므로 철도운송의 서비스는 철도간선운송과 환적에서의 서비스조합으로 형성된다. 따라서 서비스수준의 조합에 따라 철도운송의 경쟁력이 좌우된다. 철도운송 서비스수준을 결정하는 요소는 다음과 같다.

• 운송비용 : 운송비용은 철도운송을 통해 발생하는 비용을 의미한다. 운송비용은 철도간선비용, 환적비용, 연계집배송비용을 모두 합한 비용을 의미하고, 낮을수록 서비스수준은 높다고 할 수 있다.

• 운송시간 : 운송시간은 화물출발점에서 종착점까지 운송하는데 소요되는 총시간을 의미한다. 운송시간에는 간선구간에서 실제 운송에 걸리는 운송시간, 철도역 등의 환적 시 발생하는 환적 및 대기시간, 철도역과 출발점 또는 종착점까지의 도로에 의한 셔틀운송시간도 포함한다. 특히 환적 등에서 발생하는 시간관리가 철도운송 서비스에서 중요하다.

• 신뢰성 : 철도간선운송은 비교적 정시에 출발, 도착한다고 신뢰하는 경향이 강한데, 신뢰성은 사전에 예상되었거나 공지된 운송시간과 스케줄을 얼마나 정확하게 준수하고 있는지에 대해 정의한다.

• 유연성 : 유연성은 긴급한 화물운송 요청이나 철도운항 요구에 얼마나 유연하게 대처할 수 있는가를 나타내는 개념이다. 통상적으로 철도운송은 사전의 계획에 따라 열차운행과 선로사용이 실행되므로 고객의 긴급한 물류요구에 유연하게 대응하기 어렵다.

• 운송적합성 : 운송적합성은 고객의 화물요구 사항이나 화물특성에 따른 운송수단으로써의 적합성을 나타낸다. 예를 들어 환적없이 장거리 대량화물을 운송하는 경우 철도운송의 운송적합성은 매우 높지만, 특수화물이나 단거리화물, 중량과 부피가 작은 화물 등의 경우는 운송적합성이 낮을 수 있다.

• 접근성 : 접근성은 열차 등의 운송수단을 용이하게 이용할 수 있는지를 의미하는 항목으로 문전배송이 가능한 도로운송이 철도운송보다 접근성이 우수하다.

• 정보제공성 : 정보제공성은 화물운송경로, 위치 및 상태에 대한 정보를 쉽게 제공할 수 있는지를 나타내는 항목을 의미한다. 최근 웹, 모바일 등의 기술이 일상화되면서 실시간으로 이러한 정보를 확인할 수 있는지가 서비스수준을 결정하는 중요한 요소가 되었다.

• 안전성 : 안전성은 분실, 파손 등 화물이 안전하게 목적지까지 갈 수 있는지를 나타내는 요소이다.

(2) 열차종류에 따른 철도운송 서비스유형

• 블록트레인(Block Train) : 블록트레인은 화주가 열차를 일괄 임대하여 사용하는

방식으로 출발역부터 도착역까지 직송서비스를 제공하여 운송시간을 단축할 수 있는 서비스이다. 이 서비스는 중장거리 운송구간에서 경쟁력이 높아서 철도-공로복합운송에서 가장 많이 이용되는 운송서비스 유형을 말한다. 이러한 열차는 운송물량이 충분히 확보되고 조차장이 적은 경우에 적합하다.

- 셔틀트레인(Shuttle Train) : 철도역 또는 터미널에서의 화차조성 비용을 줄이기 위해 화차수와 종류가 고정되며 출발지-목적지-출발지를 연결하는 루프(Loop)형 구간에서 서비스를 제공하는 운송서비스 유형을 말한다. 이 방식은 터미널 간의 운송수요가 안정적이어야 하므로 비교적 단거리구간에서 적합하다.
- Y-셔틀트레인(Shuttle Train) : Y-셔틀트레인은 기본적으로 셔틀트레인과 같은 형태와 서비스를 제공하는 형태로 화차의 수와 유형이 고정되어 있다. 하지만 하나의 중간터미널을 거치는 측면에서는 중간터미널이 없는 셔틀트레인과 다르다.
- 커플링 앤 쉐어링 트레인(Coupling & Sharing Train) : 중·단거리수송이나 소규모터미널에서 이용할 수 있는 단위열차(Modular Train)형태의 운송서비스로써 특정 구간에서는 묶여서 같이 이동하다가 특정 구간에서는 다시 분리되어 운송하는 방식이다. 기존의 싱글웨곤 트레인을 개선해서 나온 형태로 중간역에서의 화차를 신속하게 열차조성할 수 있도록 한 장점이 있다.
- 싱글웨곤 트레인(Single-Wagon Train, Liner train) : 목적지까지 열차운행을 위해 충분한 물량이 확보되었을 때만 운행하며, 여러 중간역 또는 터미널을 거치면서 운행하는 방식으로 운송서비스 영역에서 가장 많이 이용된다. 싱글웨곤 트레인 중 라이너 트레인은 여객열차와 같이 각 터미널마다 화차를 픽업하여 운송하는 서비스를 제공하고, 중간역에서의 정차가 많아서 일반적으로 화물의 대기시간이 높은 방식이다.

3) 철도운송의 유형

(1) 화물에 따른 분류

화차, 컨테이너, 혼재화물, 소량화물 등 화물의 운송단위를 기준으로 철도운송을 분류할 수 있다.

① 화차취급운송

화차취급운송은 유개화차, 무개화차, 호퍼화차 등의 화차를 화차단위로 임대하여 운임을 책정하고 대량화물을 장거리로 운송하는 일반적인 철도운송을 의미한다. 운송하는 차종에 따라 유개화차, 무개화차, 탱크화차, 호퍼화차로 나뉜다.

- 유개화차 : 유개화차는 상부에 지붕이 있는 박스형 구조의 적재실이 있는 화차로써 유개차, 냉장차, 통풍차, 가축차, 등으로 구분된다.
- 무개화차 : 무개화차는 지붕없이 벽체와 바닥만 있는 화차로써 무개차, 컨테이너차, 대물차 등으로 구분된다.
- 탱크(Tanker)화차 : 탱크화차는 액체, 기체 등의 화물을 운송할 수 있는 탱크로리를 장착한 화차를 말한다.
- 호퍼(Hopper)화차 : 호퍼화차는 상·하역 작업의 합리화가 가능한 구조로써 상단으로 화물을 싣고 아래로 내용물을 쏟을 수 있는 배출구가 있는 화차를 말한다. 자갈, 시멘트, 사료 등을 운송하는 호퍼차, 석탄을 전용으로 운송하는 석탄차로 구분된다.

② 컨테이너 취급운송

컨테이너 취급운송은 화차에 컨테이너를 취급할 수 있도록 만든 철도운송을 말한다. 통상 TEU(Twenty-Foot Equivalent Unit) 컨테이너 단위로 운송하며, 트레일러 등의 화물자동차와 연결하여 운송할 수 있다. 내륙의 물류센터에서 항만 또는 ICD(Inland container depot) 간 간선운송 구간에서 대량의 컨테이너 화물을 운송할 때 사용된다.

- 오픈톱카(Open Top Car) : 곤돌라 등 윗부분이 트인 반 상자형태로 된 화차로써 대차가 없으며 국제표준화기구(ISO, International Organization for Standardization)의 표준규격 컨테이너를 적재하는데 편리하다.
- 플랫카(Flat Car) : ISO 표준규격의 대형컨테이너 적재용화차로써 윗면이 평평하여 대형화물뿐만 아니라 장척화물운송에도 활용할 수 있다.
- 컨테이너카(Container Car) : 상면에 컨테이너를 적재할 수 있는 고정장치가 붙어있는 컨테이너 전용화차이다.
- 더블스택트레인(DST, Double Stack Train) : 1980년 초 미국에서 최초로 사용한 2단 컨테이너 적재용화차를 말하며, 한 화차에 컨테이너를 2단 적재하여 운송량을 증가시킨 운송방법이다. 기존 방식에 비해 65%이상의 운송량 증대가 예상되는 등

물동량을 획기적으로 증대시키고, 물류비절감과 기업경쟁력 강화에 기여할 수 있는 방식이다.

③ 혼재차취급운송

혼재차취급운송은 철도운송업자 또는 통운업자가 불특정 다수의 일반화주들로부터 소량의 다양한 소화물운송을 위탁받아 이를 행선지별로 분류 및 재취합하여 운송하는 유형으로 소량화물을 철도역에서 화차나 컨테이너취급으로 변환하여 운송한다.

④ 화물취급운송

화물취급운송은 보통급, 특별급 등의 소화물단위로 여러 화주가 철도운송업자에 소량의 화물을 운송하는 방식을 말한다. 과거에는 소화물취급과 수화물취급방식으로 운영되었는데, 최근에는 KTX 등 고속열차를 활용하여 수화물과 서류를 운송하는 KTX 특송으로 운영되고 있다.

(2) 운송형태에 의한 분류

철도운송을 운영하는 방식에 따른 분류로 다음과 같이 분류할 수 있다.

- 직행운송 : 직행운송은 특정 출발역과 도착역을 정하고 그 구간을 고정하여 바로 운송하는 유형을 말한다. 통상 왕복하여 운송하므로, 운송효율성이 높고, 화물운송관리가 용이하다.
- 컨테이너 운송 : 항만간 또는 항만과 ICD간 컨테이너 화물을 싣고 직행으로 운송을 말하며, 특급의 경우는 프레이트 라이너(Freight Liner)라고 한다.
- 쾌속화물운송 : 차급화물운송의 하나로써 지역별로 중심역을 정한 후, 중심역까지는 보통화물열차나 트럭으로 운송하고 그 중심역 사이는 쾌속열차가 운송하는 유형을 말한다.
- 야드집결운송 : 소규모 철도역근처의 야드에 화물을 집결하여 행선지별로 구분하여 화물열차를 편성한 후 도착역에서 가장 가까운 야드까지 운송하는 방식을 말한다. 즉 조차장에 화물집화 후 거점철도역까지 셔틀운송을 하고 거점철도역 간에는 직행운송을 하는 방식으로 운영된다.

4) 철도운송의 운임유형

(1) 취급화물에 따른 운임

철도운송운임은 일반화물, 화차취급화물, 컨테이너 취급화물에 따라 다르게 책정된다.

- 일반화물 : 별도로 지정한 화물의 중량을 기준으로 운임이 화물단위로 산정된다.
- 화차취급화물 : 운송거리, 운임율, 화물중량에 비례하는 철도운임을 기본으로 하고 발송료와 도착료 등의 통운요금을 추가하여 산정한다.
- 컨테이너 취급화물 : 운송거리, 컨테이너 규격별 기본운임율, 각종 할인을 반영한 철도운임과 발착양단의 통운요금으로 산정하며 냉장/냉동, 해상운송여부 등에 따라 할인/할증이 반영될 수 있다.

(2) 거리/구역에 따른 운임

취급화물유형을 기반으로 하여 거리, 구역 등을 추가적으로 고려하여 다음과 같이 운임을 산정한다.

- 거리비례제 : 화물의 운송거리에 비례하여 동일한 비율로 운임을 계산하는 유형으로써 형평성과 효율성의 장점이 있으나 원거리 운송비용이 낮아지는 철도운송의 장점을 살리기 어려운 유형이다.
- 거리체감제 : 화물의 운송거리가 길어질수록 체감율을 적용하여 철도의 장점인 장거리 운송효율을 높이는 유형으로써 고정비용이 많이 발생하는 상황이거나 지역격차를 해소하기 위한 관점에서는 합리적인 유형이다. 하지만 이 방식은 운임을 계산하는 방식이 복잡하고, 계산방식에 따라 운송사업자의 수익성에 크게 영향을 줄 수 있다.
- 구역운임제 : 전체 운행구간을 여러 구역단위로 나누고 구역별로 단위운임을 정하여 통과하는 구역수에 따라 운임을 정하는 유형을 말한다. 동심원, 격자, 행정구역 등 동일한 구역을 결정하는 기준, 규모와 형태에 따라 운임이 달라진다.

5) 철도 컨테이너 운송방식

철도 컨테이너 운송은 철도를 통해 컨테이너 단위로 대량의 수출입화물을 운송하는 방식을 말한다. 컨테이너 운송 시에는 하역을 고려하여 다음의 방식으로 운영된다.

(1) TOFC 방식

TOFC(Trailer On Flat Car)는 컨테이너를 실은 트레일러를 그대로 화차위에 적재하고 운영하는 방식을 말한다. 컨테이너를 적재한 트레일러를 RO－RO(Roll－On, Roll－Off) 방식으로 화차에 상·하차하며, 선로 끝부분에 설치된 램프를 통하거나 피기패커(Piggy Packer)를 통해 적재 및 하역하는 방식이다.

- 피기백(Piggy Back)방식 : 트레일러나 트럭에 의해 화물을 운송하다가 화물열차의 대차위에 트레일러나 트럭을 화물과 함께 싣고 운송하는 방식을 말하며, 피기패커(Piggy Packer)와 같은 하역기기가 필요한 방식이다.
- 캥거루(Kangaroo)방식 : 세미 트레일러를 철도대차에 싣고 수송하는 방식으로 세미트레일러의 바퀴를 철도대차의 바닥아래로 위치시킬 수 있어서 화물적재 높이 제한이 있는 경우 효과적이다. 즉 터널높이, 법규에 의한 차량높이제한 등이 있을 경우, 피기백방식보다 낮으므로 규제를 회피할 수 있다. 또한, 하역기기가 불필요하여 인도 등의 물류활동을 정시에 수행할 수 있다.
- 프레이트 라이너(Freight Liner) : 영국국철이 개발한 정기적 급행컨테이너 열차로써 컨테이너를 적재하고 터미널사이를 고속열차로 고정편성하여 정기적으로 운행하는 컨테이너운송방식을 말한다. 고정된 구간을 특정 시간에 고정된 화차 수를 편성하여 정기적으로 운행하는 철도운영방식으로 단축된 운행시간과 화차배정시간으로 저렴한 운임으로 운영된다.

② COFC 방식

COFC(Container On Flat Car)는 컨테이너만 화차에 선적하는 방식으로 대량의 컨테이너를 신속하게 운송할 수 있는 방식이다. 대량의 컨테이너를 취급할 수 있어서 TOFC보다 보편화되었으나 스프레드(Spread) 지게차, 트랜스퍼 크레인(Transfer Crane), 리치스태커(Reach Stacker) 등의 하역기기가 필요하다.

- 지게차/크레인 방식 : 지게차, 리치스태커 또는 크레인 등을 이용하여 대량의 컨테이너를 신속히 상·하역한다.
- 플랙시 밴(Flexi－van)방식 : 지게차/크레인이 없이도 신속한 상·하차가 가능하도록 한 방식이다. 즉 트럭이 화물열차에 대해 직각으로 후진하여 화차에 있는 컨테이너를 바로 싣는 방식으로 신속성을 발휘할 수 있으며, 화차에는 회전판(Turn table)이 달려있어 컨테이너를 90도 회전시켜 고정시킬 수 있다.

토의문제

1. 아마존에서 시행 중인 인홈배송(In-home Delivery)이나 드론을 통한 운송이 잘 되기 위해서 먼저 해결해야 할 문제에 대해 생각해 봅시다.
2. 불법적인 다단계로 구성된 화물자동차 운송업체와 화주 간의 거래관행을 해결하기 위해서 무엇을 해결해야 하는지에 대해 생각해 봅시다. 지입차주의 불공정한 운임문제를 해결하기 위해 선행해야 할 문제에 대해 생각해 봅시다.
3. 도로 의존도가 높은 우리나라의 화물운송 상황에서 화물자동차 중심의 화물운송 체계를 보다 환경친화적이고, 비용효율적인 운송구조로 변환하기 위해서는 어떻게 해야 할지 생각해 봅시다.
4. 철도운송의 경쟁력을 확보하기 위해서 필요한 대책이나 활동은 무엇이 있는지 토의해 봅시다.

제3장 물류관리사 기출문제

01 운송에 관한 설명으로 옳지 않은 것은? (20회, 2016년)

① 운송용역은 운송수단과 노동력이 결합되어 화물을 목적지까지 이동시키는 것이다.

② 운송수요는 화물의 종류, 운송량, 운송거리, 운송시간, 운송비용 등을 기본적인 구성요소로 한다.

③ 운송수요의 탄력성은 운임의 영향을 받기보다는 화물의 대체성 여부에 대부분 영향을 받는다.

④ 운송수단의 선택 시에는 운송물량, 운임, 기후의 영향, 운송의 안전성, 중량, 배차 및 배선 등을 고려해야 한다.

⑤ 부적운송(Unused Capacity)은 차량전체운임이 지급되지만, 적재공간이 일부 비어있는 상태로 운송하는 것을 말한다.

02 운송방식에 관한 설명으로 옳지 않은 것은? (20회, 2016년)

① 항공운송은 긴급서류, 소형화물의 급송에 적합하다.

② 철도운송은 도로운송에 비해 안전도가 높다.

③ 해상운송은 대량의 화물을 저렴하게 운송하는데 적합하다.

④ 항공운송은 해상운송에 비해서 운송비용이 높다.

⑤ 도로운송은 소규모 자본으로도 누구나 참여할 수 있기 때문에 규모의 경제성이 크다.

03 운송시장의 환경과 운송형태의 변화에 따른 설명으로 옳지 않은 것은? (20회, 2016년)

① 글로벌 아웃소싱의 확대

② 국제복합운송의 확대

③ 물류보안 및 환경규제완화

④ 구매고객에 대한 서비스수준 향상

⑤ 공동수배송 시스템의 활용도 향상

04 전용특장차 중 분립체(Solid bulk) 운송차량에 관한 설명으로 옳은 것은? (20회, 2016년)

① 기계 및 자동차부품을 운송하는 차량이다.

② 냉동식품이나 야채 등 온도관리가 필요한 화물운송에 사용된다.
③ 시멘트, 곡물 등을 자루에 담지 않고 산물(散物)상태로 운반하는 차량이다.
④ 각종 액체를 운송하기 위한 차량으로서 일반적으로 탱크로리라고 부른다.
⑤ 콘크리트를 뒤섞으면서 토목건설현장 등으로 운송하는 차량이다.

05 화물자동차 운송의 분류에 관한 설명으로 옳은 것은? (20회, 2016년)

① 자가운송 : 운송대가를 받기 위하여 운송업자가 화물사동차를 확보하고, 타인의 화물용역을 수탁받아 행하는 운송
② 트럭단위(Truck Load)운송 : 하나의 화물자동차에 다양한 화주의 화물을 함께 적재하여 행하는 운송
③ 집배운송 : 화물자동차를 이용하여 여러 화주를 순회하면서 화물을 집하 및 배송하는 운송
④ 영업운송 : 주로 대형차량을 이용하여 대량으로 자기화물을 터미널과 터미널 간에 행하는 운송
⑤ 혼재운송 : 단일화주의 화물을 하나의 화물자동차에 적재하여 행하는 운송

06 철도운송에 관한 설명으로 옳지 않은 것은? (20회, 2016년)

① 초기구축비용 등 고정비용이 많이 든다.
② 국제적으로 표준화된 Rail Gauge(철도노선의 폭)를 사용하고 있다.
③ 대단위 화물을 육로를 통해 장거리운송할 때 적합한 운송수단이다.
④ 터널과 다리 등을 통과하기 때문에 적재화물의 크기에 대한 제한이 있다.
⑤ 철도운송은 해상운송과 연계한 다양한 경로(Route)가 개발되어 있다.

07 우리나라 철도화물의 운임체계에 관한 설명으로 옳은 것은? (20회, 2016년)

① 공컨테이너의 운임은 규격별 영(盈, 적재)컨테이너 운임의 74%를 적용한다.
② 컨테이너 취급운임은 운송거리, 화물중량 및 컨테이너 종류별 운임률을 반영하며, 1km 미만의 거리는 반올림하여 계산한다.
③ 철도화물의 운임체계는 기본적으로 단일운임제를 채택하고 있다.
④ 철도컨테이너 화물의 최저운임은 컨테이너 규격에 관계없이 80km의 운송거리에 해당하는 운임이다.
⑤ 일반화차취급운임은 운송거리와 종별운임률(운임단가)을 곱해서 산출하며, 특대화물, 위험물 등의 화물에 따라 할증요율을 부과한다.

08 철도컨테이너 하역방식에 관한 설명으로 옳은 것은? (20회, 2016년)

① TOFC(Trailer On Flat Car)방식은 회전판을 이용하여 컨테이너를 90도 회전시켜 고정시키는 방식이다.

② 피기백(Piggy back)방식은 화물적재단위가 클수록 유리하고 리치스태커(Reach Stacker)를 사용하는 방식이다.

③ 캥거루방식은 장거리 정기노선에 유리한 COFC(Container On Flat Car)방식의 일종이다.

④ 프레이트 라이너(Freight liner) 방식은 대형 컨테이너를 정기적 급행으로 운행하고 공로와 철도를 포함한 문전운송이 가능한 방식이다.

⑤ COFC(Container On Flat Car) 방식은 트레일러를 적재하는 방식이다.

09 택배운송장의 기능에 관한 설명으로 옳지 않은 것은? (19회, 2015년)

① 계약서의 기능 ② 택배요금 영수증의 기능 ③ 화물인수증의 기능
④ 화물취급 지시서의 기능 ⑤ 유가증권의 기능

10 화물운송에 있어 공로운송의 증가이유에 관한 설명으로 옳지 않은 것은? (19회, 2015년)

① 도심지, 공업단지 및 상업단지까지 문전운송을 쉽게 할 수 있다.

② 화주가 다수인 소량화물을 각지로 신속하게 운송할 수 있다.

③ 단거리수송에서는 정차장비용, 1회 발차시 소요되는 동력 등 철도보다 경제성이 있다.

④ 도로망이 확충될 때 운송상의 경제성과 편의성이 증대하기 때문이다.

⑤ 철도운송에 비해 규모의 경제효과가 커서 상대적으로 투자가 용이하다.

11 운송수단을 선택할 때의 고려사항으로 옳지 않은 것은? (23회, 2019년)

① 화물의 종류 및 중량 ② 운임부담력 ③ 화물운송구간의 소요시간
④ 로트 사이즈(Lot Size) ⑤ 화물납품처의 매출규모

12 화물운송에 관한 설명으로 옳지 않은 것은? (23회, 2019년)

① 운송의 3대 요소는 운송연결점(Node), 운송경로(Link), 운송수단(Mode)이다.

② 물류활동의 목표인 비용절감과 고객서비스의 향상을 추구한다.

③ 제품의 생산과 소비를 연결하는 파이프역할을 수행한다.

④ 배송은 물류거점 간 간선운송을 의미한다.

⑤ 운송수단을 통해 한 장소에서 다른 장소로 화물을 이동시키는 물리적 행위이다.

13 화물운송 서비스의 특징으로 옳지 않은 것은? (23회, 2019년)

① 운송수단으로 화물을 이동하는 순간에 운송서비스가 창출되기 때문에 생산과 동시에 소비된다.
② 운임 비중이 클 경우에 운임상승은 운송수요를 감소시킨다.
③ 운송수단 중에서 기술적으로 대체가능하다면 가장 저렴한 수단을 선택한다.
④ 운송시기와 목적지에 따라 수요가 합해지고 이에 따라 운송서비스 공급이 가능하다.
⑤ 운송수요는 많은 이질적인 개별수요로 구성되어 있기 때문에 계획적이고 체계적인 특성이 있다.

14 특장차에 관한 설명으로 옳지 않은 것은? (23회, 2019년)

① 특장차를 전용으로 이용할 경우에 화물의 포장비가 절감된다.
② 특장차는 신속한 상 · 하차가 가능하여 차량의 회전율을 향상시킨다.
③ 특장차는 복화화물을 확보하는 것이 어렵기 때문에 편도 공차운행을 해야 하는 비효율성이 있다.
④ 특장차는 운송화물의 특성에 맞춰 제작되기 때문에 차체의 무게가 가벼워진다.
⑤ 특장차는 다른 종류의 화물을 수송하기에 부적합하며 화물부족 시 운영효율이 떨어진다.

15 철도하역방식인 COFC(Container on Flat Car)에 관한 설명으로 옳지 않은 것은? (23회, 2019년)

① 컨테이너를 적재한 트레일러를 철도화차에 상차하거나 철도화차로부터 하차하는 것이다.
② 컨테이너 자체만 철도화차에 상차하거나 하차하는 방식이다.
③ 철도운송과 해상운송의 연계가 용이하다.
④ 하역작업이 용이하고 화차중량이 가벼워 보편화된 철도하역방식이다.
⑤ 철도화차에 컨테이너를 상 · 하차하기 위해서는 크레인 및 지게차 등의 하역장비가 필요하다.

16 운송수단별 특성에 관한 설명으로 옳은 것을 모두 고른 것은? (24회, 2020년)

ㄱ. 트럭운송은 Door to Door 운송서비스가 가능하고 기동성이 높은 운송방식이다.
ㄴ. 해상운송은 물품의 파손, 분실, 사고발생의 위험이 적고 타 운송수단에 비해 안전성이 높다.
ㄷ. 항공운송은 중량에 크게 영향을 받지 않고 운송할 수 있다.
ㄹ. 철도운송은 트럭운송에 비해 중 · 장거리운송에 적합하다.

① ㄱ, ㄴ ② ㄱ, ㄹ ③ ㄴ, ㄷ ④ ㄴ, ㄹ ⑤ ㄷ, ㄹ

17 **다음에서 설명하고 있는 철도운송 서비스형태는?** (25회, 2021년)

> • 복수의 중간역 또는 터미널을 거치면서 운행하는 방식
> • 운송경로상의 모든 종류의 화차 및 화물을 수송
> • 화주가 원하는 시간에 따라 서비스를 제공하는 것이 아니라 열차편성이 가능한 물량이 확보되는 경우에 서비스를 제공
> • 이 서비스의 한 종류로 Liner train이 있음

① Block train ② Shuttle train ③ Single－Wagon train
④ Y－Shuttle train ⑤ U－train

18 **운송수단의 운영 효율화를 위한 원칙으로 옳은 것은?** (25회, 2021년)

① 소형차량을 이용하는 소형화원칙 ② 영차율 최소화원칙
③ 회전율 최소화원칙 ④ 가동률 최대화원칙
⑤ 적재율 최소화원칙

19 **화물자동차 운송의 일반적인 특징으로 옳은 것은?** (25회, 2021년)

① 타 운송수단과 연동하지 않고는 일관된 서비스를 제공할 수 없다.
② 기동성과 신속한 전달로 문전운송(door－to－door)이 가능하여 운송을 완성시켜주는 역할을 한다.
③ 철도운송에 비해 연료비 등 에너지 소비가 적어 에너지 효율성이 높다.
④ 해상운송에 비해 화물의 중량이나 부피에 대한 제한이 적어 대량화물의 운송에 적합하다.
⑤ 철도운송에 비해 정시성이 높다.

20 **운임에 영향을 주는 요인으로 옳은 것을 모두 고른 것은?** (25회, 2021년)

> ㄱ. 화물의 중량 ㄴ. 화물의 부피 ㄷ. 운송 거리 ㄹ. 화물의 개수

① ㄱ, ㄴ ② ㄷ, ㄹ ③ ㄱ, ㄴ, ㄷ ④ ㄴ, ㄷ, ㄹ ⑤ ㄱ, ㄴ, ㄷ, ㄹ

정답

01 ③ 02 ⑤ 03 ③ 04 ③ 05 ③ 06 ② 07 ① 08 ④ 09 ⑤ 10 ⑤ 11 ⑤ 12 ④ 13 ⑤ 14 ④ 15 ① 16 ② 17 ③ 18 ④ 19 ② 20 ⑤

CHAPTER

04

항공, 해상화물운송관리

1. 해상화물운송관리
2. 항공화물운송관리

주목되는 해운업 '40년 위기'…파산한 선사들은

한국 해운업에 종사하는 국적선사들이 40년 단위로 위기를 겪고 있는 것으로 드러나 주목된다.

해운분야에서 파산의 역사를 기록한 대한선주, 조양상선, 한진해운이 모두 40년을 기점으로 운명을 달리 한 것이다. 이른바 '40년 주기의 위기설'이다. 우리나라에서 국적선사로 사업을 펼쳐왔던 기업들 중 다수가 정부의 지원조차 제대로 받지 못하고 짧은 기간내에 역사의 뒤안길로 사라졌다는 의미다.

1949년 12월 20일 우리나라 최초의 선사로 문을 연 대한해운공사(대한상선)이 첫번째 기업이다. 대한해운공사는 광복이후 최초의 국영기업이자 해운업과 무역업을 영위하기 위해 만들어진 공기업이다. 당시에는 민간기업이 외항해운업을 운영하는 데 어려움이 많았기 때문에 정부는 국영기업으로 외항해운업을 키우는 정책을 펼쳤다. 이후 대한해운공사는 1968년7월 민영화작업을 추진하게 됐고 1980년에는 대한선주와 대한상선으로 사명을 변경, 사업을 추진했다. 그러나 1988년 정치적 혼란기에 제대로 된 지원조차 받지 못한 채 역사속으로 사라졌다.

고(故) 박남규 회장이 1961년 설립한 조양상선도 비슷한 길을 걸었다. 조양상선은 1979년 극동에서 유럽까지 정기항로를 개설할 정도로 해운을 주도했다. 1990년에는 국내 최초로 세계 일주항로를 개척할 정도로 명성을 날렸다. 그러나 1997년 외환위기로 자금난에 허덕이며 어려움을 겪었고 2001년 5월 유동성 문제로 법정관리를 신청했지만 같은 해 8월 인가를 받지 못해 폐업했다. 조양상선 파산 당시 우리나라에서는 이전에는 없던 물류대란을 경험할 수밖에 없었으며 조양상선을 이용한 화주들은 컨테이너를 되찾는 데 수개월이 걸리기도 했다.

1977년 고(故) 조중훈 한진그룹 창업주가 설립한 한진해운도 1988년 대한상선(대한선주)을 합병하며 승승장구했지만 '40년 위기'를 넘지 못했다. 한진해운은 1992년 국내 최초로 4000TEU급 컨테이너선을 도입했으며 국내외 선사를 잇달아 인수해 몸집을 불렸다. 첫 위기는 2008년 글로벌 금융위기때 찾아왔다. 당시 회장을 맡고 있던 고(故) 조수호 회장의 부인 최은영 회장이 자금난으로 어려움을 겪자 한진가 장남인 조양호 한진그룹 회장이 2014년 회사를 인수했다. 조 회장은 이후 회사를 살리기 위해 1조 7,000억원의 자금을 쏟아붓기도 했지만 결국 부채를 막지 못해 파산에 이르렀다.

1977년부터 2016년까지 딱 40년간 회사가 운영된 것이다.

다른 사례도 있다. 현대상선은 40년만에 현대의 품을 떠나기도 했다.

고(故) 정주영 명예회장이 1973년 울산 조선소를 준공하면서 1976년 새운 아세아상선이 해운업계에 등장했었다. 아세아상선은 원유수송권 확보, 광탄전용선 운항 등을 통해 사세를 확장해왔다. 이후 1983년 현대상선으로 사명을 변경, 선일상선과 한소해운을 잇따라 인수하며 몸집을 불려나갔다. 하지만 계속되는 불황으로 인해 현대상선은 어려움을 겪었고 결국 한국산업은행(KDB)으로 넘어갔다.

해운업계 관계자는 "기업이 도산하는 이유는 여러가지가 있겠지만 대부분 경상비용은 늘어나는데 생산성과 영업이익이 감소되는 현상때문"이라며 "국적선사라고 불리는 기업들이 문을 닫는데 정부가 도움을 주지 않고 외면하는 것은 문제"라고 말했다.

뉴시스, 2017년 03월 29일, 김동현 기자

01 해상화물운송관리

1.1 해상운송의 개요

1) 해상운송의 개념

해상운송은 바다나 강을 항로로 이용하여 화물운송서비스를 제공하는 유형으로 대량의 화물을 타 운송수단보다 원거리 운송하는 운송수단이다. 해상운송은 국제운송에서 주로 사용되는 운송방식으로 다른 운송수단보다 상대적으로 운임이 저렴하여 대부분의 수출입화물은 해상운송을 통해 운송되고 있다. 따라서 대외교역 의존도가 높은 우리나라는 해상운송을 통해 수출입을 하고 있어서 그 중요성 또한 크다고 할 수 있다. 또한, 해상운송은 고용창출효과가 크고, 조선산업, 철강산업, 항만산업, 해상보험산업 등 연관산업에 대한 파급효과 또한 커서 국가적으로 매우 중요한 운송이라 할 수 있다. 해상운송은 강위주로 운송하는 내륙수면운송, 내수용화물을 국내항간에서 운송하는 연안운송, 근해운송, 수출입화물의 국제해상운송으로 구분된다.

2) 해상운송의 특성

해상운송은 다음의 특성을 가지고 있으므로 운송수단을 선택할 때 이러한 특성을 충분히 고려해야 한다.

- 대량운송과 경제성 : 해상운송은 여러 운송수단 중에서 선박의 단위화물당 운송력이 가장 커서 국가 간의 대량운송에는 해상운송이 가장 많이 이용되고 있다. 장거리 운송에 따른 화물단위당 해상운송비용 또한 타 운송수단 대비 매우 경제적이므로 국제무역거래에 가장 많이 이용되고 있다.
- 자유로운 운송경로 : 해상운송은 지형상의 제약을 비교적 적게 받으므로 자유롭게 운송항로를 이용할 수 있다. 해양자유의 원칙에 따라 공해에서 자유항해가 보장되며, 항로개발에 따른 사회간접자본 비용투자도 작다.
- 높은 국제성 : 주로 수출입에 사용되므로 여러 운송수단 중 가장 국제성이 높고,

해운시장은 국가 간의 경쟁이 일반화된 시장이다.

- 느린운송속도 : 일반적으로 주요 정기선의 속력은 18~30knot이며, 부정기선은 12~18knot 수준으로 다른 운송수단보다 현저히 느리다. 통상 시장수요와 선박규모 등에 따라 경제성을 고려하여 속도를 상황에 맞게 관리한다.

3) 해상운송사업의 유형

해운법에서는 해상운송사업을 다음의 유형으로 정의하고 있다.

- 해상화물운송사업 : 해상이나 해상과 접하여 있는 내륙수로에서 선박으로 화물을 운송하거나 이에 수반되는 업무를 수행하는 사업으로 정의한다.
- 해운중개업 : 해상화물운송의 중개, 선박의 대여 또는 매매를 중개하는 사업을 의미한다.
- 해운대리점업 : 해상여객 또는 해상화물운송사업을 경영하는 자를 위해 통상 그 사업에 속하는 거래를 대리하는 사업을 말한다.
- 선박대여업 : 해상여객 또는 해상화물운송사업을 경영하는 자 외의 자본인이 소유하고 있는 선박을 다른 사람에게 대여하는 사업을 말한다.
- 선박관리업 : 해상여객 또는 해상화물운송사업, 선박대여업을 영위하는 자로부터 선박관리, 선원관리 및 해상보험 등의 업무를 위탁하여 대행하는 사업을 말한다.
- 해상화물운송주선업 : 본인의 명의로 된 선박을 운행하여 화물운송을 중개하는 사업을 말한다.

1.2 해상운송유형

1) 운항형태에 따른 분류

(1) 정기선(Liner)운송

정기선은 여객, 소량일반 및 컨테이너 화물 등을 정해진 항만에서 정해진 항로에 따라 정해진 스케줄로 규칙적으로 운항하는 해상운송유형으로 선박회사는 공공운송인 또는 일반운송인의 성격을 가진다. 정기선계약은 개별화물을 운송하는 계약하에 여러 화주로부터 화물을 모아 혼합적재하여 운송하는 개품운송계약(Contract of Affreightment)으로 운영이 되며 통상 운임요금과 일정에 대한 계획이 사전에 정해져 있다. 또한 선박회사가 불특정 다수의 화주와 개별적으로 별도로 정해진 형식이 없는 불요식 계약으로 운송계약체결을 하며, 통상 선하증권이 계약서역할을 한다.

정기선 운송계약은 계약주체인 송화주과 선박회사 간에 다음의 절차로 진행된다.

- 운송계약(S/R, Shipping Request)체결 : 송화주와 선박회사는 선복예약을 통해 운송계약을 체결한다.
- 선적지시서(S/O, Shipping Order) 발행 : 선박회사는 선복예약목록(Booking List)을 작성하여 송화주 및 본선에 통지하고, 검량회사에 용적 · 용량증명서(Certificate of Measurement and weight)를 발급 의뢰한다. 또한 선박회사는 송화주에게 선적지시서를 발행하여 화물이 선적되도록 지시한다.
- 선적 : 송화주는 선장에게 선적지시서를 제시한 후 선적하고, 본선수취증(M/R, Mate's Receipt)을 교부받아서 선박회사에 제출한다. 일반화물이 아닌 컨테이너의 경우는 부두수취증(D/R, Dock Receipt)을 교부받아서 선박회사에 제출한다.
- 선하증권(B/L, Bill of Lading) 발행 : 선박회사는 선하증권을 발행하고, 적하목록(M/F, Manifest)을 작성하여 본선 및 대리점에 송부한다.
- 선하증권송부 : 송화주는 선하증권을 수화주에게 송부한다.
- 화물인수 : 수화주는 선박회사에 선하증권을 제시한 후 화물인도지시서(D/O, Delivery Order)를 교부받아서 본선에 이를 제시한 후 화물을 인수한다.

(2) 부정기선(Tramper) 운송

부정기선 운송은 기항항만이나 항로가 정해져 있지 않은 상태로 운항하는 방식으로, 화물과 선박의 수급에 따라 운임이 탄력적으로 변동되면서 운항하는 유형을 말한다. 통상적으로 곡물, 광물, 목재 등 대량의 살화물(Bulk cargo)을 취급하는 방식으로 운송계약은 선박의 전부 또는 일부를 선주로부터 빌리는 용선계약(Contract of Charter Party)으로 대부분 이루어 진다. 따라서 운임요율은 통상적으로 낮은 편이나, 선주와 화주 간의 계약조건에 따라 해상운송수요와 선박운송공급에 따라 변동이 크게 발생한다.

2) 해상운송계약의 형태

해상운송계약은 해상운송인이 송화주에게 화물을 인수하고 송화주 또는 용선자는 이에 대해 운임을 지급 약정함으로써 성립되며, 다음의 유형이 있다.

(1) 개품운송계약(Affreightment in a general ship)

개품운송계약은 선박회사가 여러 화주로부터 개별화물을 대상으로 개별체결하는 운송계약을 의미하며, 별다른 양식없이 상호 간의 합의만으로 계약이 성립하는 불요식계약이다. 통상적으로 정기선에 의해 운송되는 화물의 운송계약으로 대형, 고속의 선박으로 정기선운송을 하는 경우에 이뤄진다. 또한 특정 항로에서 정기적으로 운송이 이루어지므로 공표된 표준운임에 따라 과금된다.

(2) 용선운송계약(Charter Party)

용선운송계약은 대부분 부정기선 운송계약으로 화주가 선복전체 또는 일부를 임대하여 계약을 체결한다. 선복의 전체를 임대할 경우, 전체 용선계약이라고 하고, 일부를 임대할 경우는 일부 용선계약이라고 한다. 특정 화주의 특정 화물을 운송하기 위해 임대하는 형태이므로 수급에 따라 운임이 변동되어 적용된다. 또한 중소형선박을 이용하여 불특정 항로에서 부정기적으로 적용되며 용선계약서의 약관에 계약내용이 적용된다.

- ■ 정기용선계약(Time Charter Party) : 화주가 선주로부터 선박의 전부를 용선기간 동안 임대하고 용선료를 지불하는 선박사용계약을 말한다. 일반적으로 화주는 용선선박의 운항을 통해 제3자로부터 운임을 받거나 재용선하여 시세차익획득을 목적으로 하는 운항업자가 대부분이다. 즉 화주 또는 용선자는 모든 장비와 선원을 갖춘 선박을 대여하여 수익사업을 수행한다.
- ■ 항해용선계약(Voyage Charter Party) : 선주가 화주의 특정 화물을 특정 항구로부터 다른 항구까지 운송하고 해상운임을 받는 운송계약을 말한다. 이 경우는 선주가 모든 장비와 선원을 갖춘 선박을 대여하여 해상운항에 소요되는 비용을 부담한다.
  - • 선복용선계약 : 선박의 선복전체에 대해 운임으로 정하고, 실제 운송량과 상관없이 계약하는 운송계약을 말한다.
  - • 일대용선계약 : 특정 기간동안 일별 용선료에 따라 선복을 임대하는 계약방식을

말한다.

■ 나용선계약: 화주가 선주로부터 선박 또는 선체만 임대하고 선원, 장비, 소모품 등 선박운항에 필요한 추가비용은 화주가 책임을 지는 운송계약을 말한다.

1.3 선박의 유형과 주요 용어

1) 선박의 유형

선박은 다양한 기준에 따라 구분할 수 있으나, 일반적으로 사용목적과 선박크기에 따라 유형을 나누어 볼 수 있다.

(1) 사용목적에 따른 유형

- 일반화물선: 일반적인 화물을 운송할 목적으로 건조된 선박을 의미한다. 갠트리 크레인 등 기계화된 장비를 사용하지 않는 재래식 화물선을 의미하며, 하역에 시간이 많이 소요된다.
- 컨테이너선: 해상운송의 가장 대표적인 화물선이며, 해상일관운송을 가능케 하여 해상운송의 합리화가 가능해 졌다. 컨테이너선은 적재화물에 따라 세미컨테이너선과 컨테이너 전용선으로 구분되며, 하역방식에 따라 LO-LO방식과 RO-RO방식으로 구분된다. LO-LO방식(Lift on/Lift off)은 본선 또는 육상에 설치된 갠트리 크레인으로 컨테이너를 수직으로 하역하고, RO-RO방식(Roll on/Roll off)은 선수, 선미 또는 선측에 설치된 램프(Ramp)를 통해 컨테이너를 트랙터 등으로 하역한다.
- 전용선: 건화물선, 유조선, 자동차전용선 등 특정 화물만을 운송할 수 있는 선박을 의미하며, 화물특성에 따라 선박 구조, 하역장비, 보관시설 등이 일반화물선과 다르게 설계되어 있다.
- 겸용선: 전용선의 단점을 보완한 화물운반선이다. 전용선은 편도는 공선으로 운항해야 하므로 운항채산성이 낮은 편인데, 이 단점을 해결한 선박이 바로 겸용선이다. 광석/석유겸용선(Ore/oil carrier), 광석/살물/석유겸용선(Ore/bulk/oil carrier), 자동차/살물겸용선(Car/bulk carrier) 등 여러 화물을 겸용으로 선적 및 운송할 수

있다.

- 여객선 : 카페리(Car ferry), 크루즈(Cruise), 로팩스(Ro-PAX, 여객화물 겸용선), 쾌속선, 연락선 등 화물과 함께 승객을 운송할 목적으로 건조된 선박을 말한다. 이 중 카페리는 적재화물을 싣고 다닐 수 있는 자동차와 승객을 직접 싣고 운송하는 선박을 의미한다.
- 바지(Barge) : 무동력선을 통칭해서 바지라고 하며, 동력선과 연결하여 화물을 이동하거나 거치할 때 사용한다.
- 특수선 : 냉장선, LASH(Lighter Aboard Ship)선, 예인선, 방제선, 쇄빙선 등을 특수선으로 분류한다. LASH선은 컨테이너선의 일종으로 부선에 화물을 적재한 상태로 본선에 싣는 특수선박으로 컨테이너 대신 규격화된 전용선박을 운송단위로 사용한다.

(2) 선박크기에 따른 유형

- Handy : 소형 벌크화물선으로 대부분 항로에 제한이 없으며, 수심이 얕고, 하역시설이 불충분한 지역에서도 운항이 가능하다. 통상 10,000~40,000 DWT(재화중량톤, Dead Weight Tonnage) 크기의 선박크기이므로 범용성이 가장 높은 선박중의 하나이다.
- Handymax : Handy보다 큰 40,000~60,000 DWT 크기의 선박이며, 이 중 50,000 DWT 이상 선박을 Supremax라 한다.
- Panamax(Panama Canal Maximum) : 통상 60,000~80,000 DWT 크기의 선박으로서 만재한 상태에서 중남미의 파나마 운하를 통과할 수 있는 최대크기의 선박을 의미한다.
- Post Panamax : 80,000~100,000 DWT의 선박을 일컫는다.
- Suezmax(Suez Canal Maximum) : 지중해와 홍해를 잇는 수에즈운하를 만재한 상태에서 통과할 수 있는 최대크기선박으로 130,000~150,000 DWT(통상 120,000 DWT)내외 크기의 선박을 말한다.
- Cape Size : 120,000 DWT 이상 선박으로 수에즈운하를 통과할 수 없어 희망봉으로 돌아서 운항하며 보편적인 크기는 170,000 DWT이다.
- VLBC(Very Large Bulk Carrier) : 180,000~250,000 DWT 사이의 초대형 화물선을 의미한다.

- AFRAMAX(Average Freight Rate Assessment Maximum) : 통상 9만 5천톤급 선박을 의미하고, 80,000~120,000 DWT 크기의 탱커로서 이론적으로 최대이윤을 만들어 낼 수 있는 경제적인 크기의 선박을 의미한다. 선주가 선박을 해상운송에 이용할 때 운임, 선가 등을 고려하여 최대이윤을 창출할 수 있는 경제적인 크기를 나타낸다.
- VLCC(Very Large Crude Oil Carrier) : 200,000~300,000 DWT의 이중선체구조(Double Hull)로 되어 있는 초대형 유조선을 의미한다.
- ULCC(Ultra Large Crude Oil Carrier) : 300,000 DWT 이상의 극초대형 유조선을 의미한다.

2) 선박관련 주요 용어

(1) 선박크기 관련용어

- 깊이(Depth) : 통상 선심이라고 하며, 선체중앙의 상갑판 가로들보 상단에서 용골 상단까지의 수직거리를 의미한다. 선박법 상에서 선박의 깊이를 표시할 때 사용된다.
- 흘수(Draft) : 선체가 수중에 잠겨 있는 깊이를 수직으로 측정한 것을 말하며, 선박에 화물을 최대한 선적할 수 있는 흘수를 만재흘수선(Load Line)이라고 한다. 선박자체의 부력과 관련되어 있으며, 운하, 강 등을 통과하거나 항구를 출입할 때의 기준으로 사용되며, 선박운항안전과 직결되는 요소이다. 흘수는 선박의 항해구역 및 시기에 따라 해수 및 담수, 동절기와 하절기, 열대 및 북태평양, 북대서양으로 구분하여 선박우현 측면에 표시한다.
- 건현(Feeboard) : 흘수와 반대로 선체가 물에 잠기지 않는 부분의 높이를 말한다. 즉 선박의 중앙에서 측정한 만재흘수선에서 상갑판위까지의 수직거리를 의미하며, 크면 클수록 통상적으로 선박의 안정성은 커진다.
- 전장(LOA, Length Over All) : 선박의 선수돌출부분부터 선미까지의 수평거리를 말한다. 전장은 운하통과, 접안 등의 해상작업을 할 때 기준으로 삼는 수치로 사용된다.
- 수선간장(LBP, Length Between Perpendicular) : 만재흘수선 상의 선수부터 선미의 타주후면까지의 수평거리를 말한다. 간단히 말하자면, 화물을 만재했을 때 선

박과 수면이 접촉한 직선길이를 의미하며, 전장보다는 통상 짧다. 여기서 타주는 배의 키를 설치한 기둥을 말한다.

- 전폭(Extreme Breadth) : 선체폭이 가장 넓은 위치에서 좌현외판의 외부면에서 우현외판의 외부면까지 수평거리를 의미한다.
- 형폭(Moulded Breadth) : 선체폭이 가장 넓은 위치에서 좌현늑골의 외부면에서 우현늑골의 외부면까지의 수평거리를 말한다. 간단히 말하자면, 전폭에서 외판의 두께만큼 작아진 폭을 말하며 선박법 상에서 선박의 폭에 해당한다.

(2) 선박용적과 중량

선박의 크기는 운송하는 화물의 종류에 따라 다른 방식으로 산정하는데, 가장 기본적으로는 중량과 부피로 선박의 크기를 산정한다. 선박크기는 선박의 부피를 톤(Tonnage)으로 환산하는 용적(measurement)톤과 중량(weight)톤으로 나타낸다.

① 용적톤(Space Tonnage)

선박의 용적은 화물적재능력을 톤으로 환산하여 표시하는 것을 말한다.

- 총톤수(GT, Gross Tonnage) : 선박의 밀폐된 총 용적을 나타내며 갑판 이하의 모든 공간과 갑판위의 모든 밀폐된 장소의 적재량을 합한 것으로 선박의 수용능력을 나타낸다. 총톤수는 관세, 등록세, 도선료 등 각종 과세와 수수료의 산출기준이 된다.
- 순톤수(NT, Net Tonnage) : 여객, 화물 등 순수하게 운송에만 사용되는 공간의 용적으로 기관실, 선원실 등을 공제한 톤수를 환산하여 나타낸다. 순톤수는 항만세, 운하통과료, 항만시설사용료 등의 부과기준으로 사용된다.
- 재화용적톤수(Cargo Capacity Tonnage) : 선박의 화물창의 화물을 적재할 수 있는 용적을 모두 합하여 선박의 최대적재 가능능력을 톤수로 표시하여 나타낸다.

② 중량톤(Weight Tonnage)

중량톤은 선박 또는 운송 화물의 중량을 톤으로 환산하여 표시하는 것을 말한다.

- 재화중량톤수(DWT, Dead Weight Tonnage) : 중량톤의 대표적인 단위로써 선박의 최대적재가능 중량을 표시한다. 선박건조, 매매금액과 용선료를 산정할 때 사용하는 중량을 말한다.
- 경하중량톤수(LWT, Light Ship Weight Tonnage) : 경하배수톤수라고도 하며, 최

소량의 연료유, 윤활유, 냉각수와 법정예비품, 법정비품 등을 포함하는 선박의 중량을 의미한다.

- 배수톤수(DT, Displacement Tonnage) : 배수톤수는 배수량이라고도 하며, 군함의 크기를 표시할 때 주로 사용한다. 배수톤은 배가 물에 떠 있을 때 밀려나는, 즉 선체가 수면에 잠긴부분의 용적에 해당하는 물의 중량과 동일하다. 만재배수톤수(Full Load Displacement)는 화물적재 후 만재흘수선까지 내려갈 때까지의 배수량을 의미한다.

(3) 선박구성요소

선박을 구성하는 주요 구성요소는 다음과 같다.

- 선체(Hull) : 선체는 물에 뜰 수 있도록 건조된 선박의 몸통을 의미하며, 주로 목재, FRP, 철판으로 만들어 진다. 선체는 갑판, 선수, 선미 등을 연결하는 구조로 배기가스를 배출하는 연돌, 마스트, 키, 추진기 등을 제외한 선박의 메인구성요소를 의미한다.
- 선수(Bow)/선미(Stern) : 선수는 선체의 앞부분을, 선미는 선체의 뒷부분을 의미한다.
- 현호(Sheer) : 현호는 선수에서 선미까지의 갑판의 완만한 굴곡을 말한다. 통상 선체의 선수와 선미는 높게 하고, 중앙은 낮게 한다.
- 우현(Port)/좌현(Starboard) : 선수를 향해보면서 선박의 오른쪽을 우현, 왼쪽을 좌현이라고 한다.
- 용골(Keel) : 선체의 기초가 되는 요소로 선수에서 선미까지 선체맨 밑바닥의 중심선에 있는 철골구조를 의미한다.
- 늑골(Frame) : 선체의 좌우선측을 구성하는 뼈대를 의미하며 용골에 직각으로 배치되어 갑판을 지지하는 역할을 한다. 늑골은 갑판의 중량과 외합에 의한 외판의 변형을 막는 역할을 한다.
- 보(Beam) : 선체횡방향의 수압과 갑판위의 하중을 받고 갑판을 지지하는 역할을 한다.
- 외판(Strake) : 선체외부를 둘러싸서 부력을 형성하는 역할을 하고, 선체의 종강력, 수압, 파랑의 충격, 갑판의 부식 등을 고려해 두께를 결정한다.
- 발라스트(Ballast) : 안전운항을 위해 적재하는 선박하부에 설치하는 해수적재함을

의미한다. 화물을 선적하지 않은 상태에서 배의 흘수(Draft)와 트림(Trim)를 조절하는 방식으로 선박의 복원성을 유지한다.

- 격벽(Bulkhead) : 상갑판 밑의 공간을 선저에서 상갑판까지 종방향 또는 횡방향으로 나누는 벽을 의미한다. 격벽은 침수나 화재발생 시 선박전체로 위험이 확산되지 않고 해당 구역에 한정시키는 역할을 한다.
- 선창(Cargo hold) : 갑판아래 내부에 화물적재를 위해 사용되는 공간을 말한다.
- 화물창구(Hatch way) : 선창내에 화물의 적재와 하역을 위해 선창의 상부에 설치되는 갑판구를 의미한다.
- 앵커(Anchor) : 선박을 정박할 때 내리고, 출항할 때 올리는 선박정박의 필수 고정장치이다.

1.4 항만시설관리

해상운송을 위해서는 선박중심의 운송수단뿐만 아니라 해상운송의 기반시설에 해당하는 항만시설에 대해 이해하는 것도 중요하다. 항만물류는 항만에서 화물이 공급자로부터 수요자에게 전달될 때까지 이루어지는 운송·보관·하역 및 포장 등 일련의 처리과정을 말한다. 항만과 관련된 각종 시설은 항만법으로 정의가 되어 있다.

1) 항만의 개념과 유형

항만은 선박의 출입, 사람의 승선·하선, 화물의 하역·보관 및 처리, 해양친수활동 등을 위한 시설과 화물의 조립·가공·포장·제조 등 부가가치 창출을 위한 시설이 갖추어진 곳을 의미한다.

항만은 항만법 제3조 제1항에 따라 대통령령으로 무역항과 연안항으로 구분된다.

(1) 무역항

무역항은 국민경제와 공공의 이해에 밀접한 관계가 있고, 주로 외항선이 입항·출항하는 항만을 의미한다. 체계적이고 효율적인 관리·운영을 위하여 수출입화물량, 개발계획 및 지역균형발전 등을 고려하여 대통령령으로 정하는 바에 따라 다음과 같이 구분할 수 있다.

- 국가관리무역항 : 국내외 육상·해상운송망의 거점으로서 광역권의 배후화물을 처리하거나 주요 기간산업지원 등으로 국가의 이해에 중대한 관계를 가지는 항만을 말한다.
- 지방관리무역항 : 지역별 육상·해상운송망의 거점으로서 지역산업에 필요한 화물처리를 주목적으로 하는 항만을 말한다.

(2) 연안항

연안항은 주로 국내항 간을 운항하는 선박이 입항·출항하는 항만을 의미한다. 연안항은 체계적이고 효율적인 관리·운영을 위하여 지역의 여건 및 특성, 항만기능 등을 고려하여 대통령령으로 정하는 바에 따라 다음과 같이 구분할 수 있다.

- 국가관리연안항 : 국가안보 또는 영해관리에 중요하거나 기상악화 등 유사시 선박의 대피를 주목적으로 하는 항만을 말한다.
- 지방관리연안항 : 지역산업에 필요한 화물의 처리, 여객의 수송 등 편익도모, 관광활성화 지원을 주목적으로 하는 항만을 말한다.

2) 항만시설의 개념과 구성

항만시설은 대부분 항만구역 내에 위치하여 있는데, 해양수산부장관이 지정·고시하는 경우, 항만구역밖에 위치할 수도 있다. 항만시설은 기본시설, 기능시설, 지원시설 및 항만친수시설로 나뉘어진다.

(1) 기본시설

- 수역시설 : 항로, 정박지, 소형선 정박지, 선회장 등
- 외곽시설 : 방파제, 방사제, 파제제, 방조제, 도류제, 갑문, 호안 등
- 임항교통시설 : 도로, 교량, 철도, 궤도, 운하 등
- 계류시설 : 안벽, 소형선부두, 잔교, 부잔교, 돌핀(계선말뚝), 선착장, 램프(경사식 진출입로) 등

(2) 기능시설

- 선박의 입항 · 출항을 위한 항로표지 · 신호 · 조명 · 항무통신에 관련된 시설 등 항행보조시설
- 고정식 또는 이동식 하역장비, 화물이송시설, 배관시설 등 하역시설
- 대합실, 여객승강용시설, 소하물취급소 등 여객이용시설
- 창고, 야적장, 컨테이너 장치장 및 컨테이너 조작장, 사일로, 유류저장시설, 가스저장시설, 화물터미널 등 화물의 유통시설과 판매시설
- 선박을 위한 연료공급시설과 급수시설, 얼음생산 및 공급시설 등 선박보급시설
- 항만의 관제 · 정보통신 · 홍보 · 보안에 관련된 시설
- 항만시설용 부지
- '어촌 · 어항법' 상의 기능시설(어항구)
- '어촌 · 어항법' 상의 어항편익시설
- 방음벽, 방진망, 수림대 등의 공해방지시설

(3) 지원시설

- 보관창고, 집배송장, 복합화물터미널, 정비고 등 배후유통시설
- 선박기자재, 선용품 등을 보관 · 판매 · 전시 등을 하기 위한 시설
- 화물의 조립 · 가공 · 포장 · 제조 등을 위한 시설
- 공공서비스의 제공, 시설관리 등을 위한 항만관련 업무용시설
- 항만시설을 사용하는 사람, 여객 등 항만을 이용하는 사람 및 항만에서 일하는 사람을 위한 휴게소 · 숙박시설 · 진료소 · 위락시설 · 연수장 · 주차장 · 차량통관장 등 후생복지시설과 편의제공시설
- 항만관련 산업의 기술개발이나 벤처산업지원 등을 위한 연구시설
- 신재생에너지 관련시설, 자원순환시설 및 기후변화대응 방재시설 등 저탄소항만의 건설을 위한 시설
- 기타 항만기능을 지원하기 위한 시설로서 해양수산부령으로 정하는 것

(4) 항만친수시설

- 낚시터, 유람선, 낚시어선, 모터보트, 요트, 윈드서핑용 선박 등을 수용할 수 있는

해양레저용 시설

- 해양박물관, 어촌민속관, 해양유적지, 공연장, 학습장, 갯벌체험장 등 해양문화·교육시설
- 해양전망대, 산책로, 해안녹지, 조경시설 등 해양공원시설
- 인공해변·인공습지 등 준설토를 재활용하여 조성한 인공시설

3) 항만시설 및 기기

(1) 항만의 주요 시설

- 부두(Wharf) : 부두는 항만에서 화물하역과 여객의 승하선을 위해 설치된 각종 구조물을 총괄적으로 말한다. 광의의 개념으로는 부두의 광장, 연계된 임해철도, 창고 및 장치장, 하역설비 등이 갖춰진 전체를 포함한 공간을 의미한다.
- 안벽(Quay) : 항만내에서 화물하역과 여객승하선이 직접적으로 이루어지는 구조물로서 화물을 선적한 선박이 안전하게 접안할 수 있도록 해저에서부터 수직으로 깊이 세운 벽과 부속물을 의미한다. 안벽의 가장자리에는 선박의 흔들림을 방지하기 위해 비트(Bit)가 설치되며, 바다측에는 선박접안 시 충격을 완화시켜 선박과 안벽을 보호하는 펜더(Fender)가 설치된다.
- 잔교(Pier) : 선박접안, 화물하역, 여객승하선에 사용되는 교량형태의 간이구조물을 말한다.
- 선석(Berth) : 부두내에 선박이 접안하는 장소이자 항구내에서 선박을 계선시키는 시설을 갖춘 접안장소를 말하는데, 부두에는 여러 개의 선석이 있다.
- 컨테이너 야드(CY, Container Yard) : 선박에서 컨테이너를 선적 또는 하역하기 위해서 임시적으로 컨테이너를 인수, 인도 및 보관을 하는 장소를 의미한다. 광의로는 마샬링야드, 에이프런, CFS를 포함한 컨테이너 터미널을 의미하며, 협의로는 하나의 컨테이너로 구성된 컨테이너 만재화물(FCL)을 인수, 인도 및 보관하는 장소이다.
- 에이프런(Apron) : 부두안벽에 접한 야드부분에 30~50m 폭으로 나란히 뻗어있는 하역작업을 위한 공간으로서 부두에서 해상과 가장 가까이 접한 곳이다. 에이프런에 설치된 갠트리크레인을 활용하여 컨테이너의 적·양하가 이루어진다.
- 마샬링야드(Marshalling Yard) : 에이프런과 접하여 신속한 선적을 위해 본선 입항

전에 선적될 컨테이너 화물을 미리 정렬해 두거나 하역을 위해 비워두는 장소를 의미한다.

- CFS(Container Freight Station) : 수출입을 위해 컨테이너 안에 있는 화물을 조절하기 위해 운영되는 창고를 의미한다. CFS에서는 컨테이너 미만화물(LCL, Less than Container Load)을 화주로부터 인수하여 하나의 컨테이너 만재화물(FCL, Full Container Load)로 만들기 위해 적입하거나 혼재한다. 또한 소량화물을 컨테이너로부터 꺼내어 보관하거나 화주에게 인도하는 창고로 활용된다.

(2) 항만의 주요 기기 : 컨테이너 취급장비

- 갠트리크레인(Gantry Crane) : 선박에서 에이프런으로 컨테이너 하역 시 사용하는 크레인을 말한다. 에이프런에 설치된 레일이나 도로를 주행하면서 전기 또는 유압으로 움직이면서 컨테이너를 운반한다. 특정 구간을 이동하는 레일사이를 바퀴가 달린 기둥 또는 다리가 이동하며 기둥의 상하로 컨테이너를 이동하여 적재 및 샤시(Chassis), 트레일러 등에 상・하차한다.
- 트랜스테이너(Transtainer, Transfer Crane) : 이동식컨테이너 취급장비로 컨테이너 야드에 컨테이너를 하역하거나, 샤시 등에 컨테이너를 싣거나 내리는 일을 하는 크레인을 의미한다. 레일이나 도로를 주행할 수 있어서 터미널의 작업량이 급증하는 경우, 탄력적으로 이동 및 대응할 수 있다.
- 스트래들 캐리어(Straddle Carrier) : 고단적으로 쌓을 수는 없지만 마샬링야드의 컨테이너를 정리하거나, 컨테이너를 마샬링야드에서 에이프런 등으로 운반할 때 사용되는 기기이다.
- 야드트랙터(Yard Tractor) : 컨테이너 터미널에서 샤시와 연결하여 견인하며, 부두와 컨테이너 야드사이에서 컨테이너를 운반, 적재할 때 사용하는 차량이다.
- 야드샤시(Yard Chassis) : 야드트랙터를 통해 견인되어 움직이며, 부두와 컨테이너 야드사이를 오가면서 컨테이너의 운송 및 적재를 지원하는 기기이다.

1.5 해상운송 관련 주요 용어

1) 선급제도(Ship's Classification)

선급은 선급협회가 정한 일정기준에 합격한 선박에 대해 선급증서를 발행함으로써 부여되며, 선박의 등급이자 자격이라고 할 수 있다. 선급제도는 선박이 목적지까지 화물운송을 안전하게 할 수 있는지를 종합적으로 판단하기 위한 제도로써 정상적인 항해가능여부를 객관적 및 전문적으로 판단하기 위해 마련된 제도를 말한다. 선박이 처음 항해를 하거나 선박검사증 상의 유효기간만료 등의 선박검사시점에 검사를 하여 안전한 물류운송이 될 수 있도록 하는 제도를 말한다.

선급은 선급협회에서 판단하게 되는데 선급협회는 다음의 업무를 주로 수행한다.

- 선박을 정기적으로 검사하고 선급을 등록한다.
- 선박의 냉방장치 및 소방시설이 정상적인지를 검사하고 그 내역을 등록한다.
- 만재흘수선의 지정 및 검사하고, 구조재료를 검사 및 시험하여 안전성을 점검한다.
- 양화장치의 제한중량 등의 지정검사를 한다.
- 국제조약에 근거하여 선박을 검사하고 조약증서를 발행한다.
- 선박에 대한 정부의 대행검사를 시행한다.
- 선박관련하여 각종 기술규칙을 제정한다.

2) 편의치적제도(FOC, Flag of Convenience)

편의치적제도는 선사가 세금과 인건비 등을 줄이기 위해 소유선박을 선박의 국적부여조건이 엄격하지 않는 파나마, 라이베리아, 몰타, 키프로스 등의 조세회피국에 등록하는 관행을 말한다.

(1) 선사/선주의 편의치적 선호이유

해상운송에서 선사 또는 선주가 편의치적을 선호하는 이유는 다음과 같다.

- 선주국적 국가의 의무 및 제약회피 : 선주가 소속된 국가의 요구조건과 해상운송 관련 의무를 피하고, 해당 국가에 재무상태, 거래내역을 보고하지 않아도 되고 기항지에 대해서도 제약을 받지 않는다.

- 인건비절감 : 선주가 속한 국가의 고임금의 선원을 승선시키지 않아도 되므로 인건비를 절감할 수 있으며, 저임금의 선원을 승선시킬 수 있다.
- 세금회피 : 편의치적국은 등록 시의 등록세와 일부의 세금 외에 선주의 소득에 대해 과세하지 않으며, 선박의 운항 및 안전기준 등에 대해 규제하지 않으므로 선주는 해상운송 관련 비용을 절감할 수 있다.
- 선박조달 자금편의 : 편의치적국에서는 금융기관이 선박에 대한 유치권 행사를 용이하게 할 수 있어 선박의 건조 및 구입자금을 국제금융시장에서 쉽게 조달할 수 있다.

(2) 편의치적의 문제점

- 선주국적국가의 지원 : 선주의 원 국적 국가로부터의 금융적 지원을 받을 수 없고, 외국에서의 문제발생 시 외교적 지원을 받기 어렵다.
- 항만에서의 차별대우 : 국제노동기구(ILO)에서 선원에 대한 저임금 등의 처우가 국제적 문제가 되고 있고, 이에 따른 항만에서의 차별대우 등 불이익의 가능성이 높다.

3) 제2치적제도(Second Registry)

제2치적제도는 역외치적(Flagging－out) 또는 국제개방치적(International Open Re－gistry)이라고 하며, 자국내 편의치적제도를 말한다. 1980년대에 국가 간의 해상운송 경쟁이 격화되면서 선진국의 선대가 대량으로 편의치적을 하자, 자국선대의 해외이적을 방지하기 위해 등장하였다. 제2치적제도는 자국 선주소유의 선박을 자국 특정 자치령에 치적할 경우, 편의치적제도에서 제공되는 수준의 선원고용의 유연성과 세재 상의 혜택을 부여하는 제도를 말한다.

제2치적제도의 특징은 다음과 같다.

- 명목상의 본사 : 기존의 등록지와 다른 곳에 등록을 하고 명목 상의 본사를 둔다.
- 고용 및 세금혜택 : 자국의 국기를 게양하되, 외국선원의 고용을 허용하고 관련 세금을 경감한다.
- 자국과 동일한 안전기준 : 선박안전 등에 관한 주요 사항은 자국의 선박과 동일하게 적용한다.

국제해사기구(IMO)에서는 선박의 국적보다는 선박에 고유번호를 부여하여 관리하고 있으며, 국제치적제도(International Register System)로 선박의 모든 검사 및 관리, 선급, 유지보수, 운항, 선원충원, 항해, 오염통제 등에 대한 국제적 기준을 설정하여 관리하고 있다.

4) 해운동맹(Shipping Conference)

(1) 해운동맹의 개념

해운동맹은 선사들이 협약으로 맺은 일종의 답합체를 의미한다. 해운동맹은 정기항로에서 선사 간의 경쟁으로 인한 손실을 최소화하고 안정적인 운임과 항로질서를 유지하기 위해 등장하였다. 해운동맹은 통상 정기선항로에서의 운임경쟁을 줄이기 위해 운영되므로 정기선동맹(Liner Conference) 또는 운임동맹(Freight Conference)이라 한다.

해운동맹을 통해 다음과 같은 이익을 취할 수 있다.

- 무역거래안정 : 정기적으로 운항하는 항로운영의 안정성이 커지게 되므로 거래의 안정성이 높아진다.
- 운송비용절감 : 선사의 선복분배가 가능하므로 화주의 운송비용을 절감할 수 있다.
- 비용예상/관리 : 선사들의 운임이 크게 변하지 않으므로 화주들의 견적 및 비용예상이 가능하다.

(2) 해운동맹의 운영방법

해운동맹은 동맹에 가입한 선사들을 통제하기 위한 대내적 경쟁제한방법과 화주와의 계약을 구속하기 위한 대외적 경쟁제한방법이 적용되어 운영된다.

① 대내적 경쟁제한방법

대내적 경쟁제한방법은 동맹 내 선사들 간의 내부결속을 다지고 내부경쟁을 제한하기 위해 사용하는 방법을 말한다.

- 운임협정(Rate Agreement) : 해운동맹 전체에 공통적으로 적용되는 운임율표를 제정하고 동맹 내의 회원들에게 이를 엄수하도록 함으로써 운임경쟁을 지양하는 방법이다. 해운업에서는 대부분의 수입이 운임에 따라 결정되므로 운임을 통제함으로써 경쟁에 따른 수익률저하를 방지하기 위해 사용된다.

- 공동계산협정(Pooling Agreement) : 동맹선사의 순운임수입 중 일부 또는 전부를 공동기금으로 모았다가 경력 및 실적에 근거하여 수익운임을 분배하는 방안을 말한다. 선사의 순운임수입은 일정기간 동안 선사의 특수항로에서 받은 운임 중에서 항해 또는 하역관련비용을 공제한 순수 운임수입을 말한다.
- 항해협정(Sailing Agreement) : 배선협정이라고도 하며, 동일한 운송구간을 운행하는 선사에게 배선 선복량을 할당하고 배선수를 설정유지함으로써 동맹내의 질서를 유지하는 방안을 말하며, 운임협정보다 더욱 엄격하게 통제할 수 있다.
- 공동운항(Joint Service) : 특정 항로에 한하여 여러 선사가 합작회사형태로 일시적으로 공동운항하는 방식을 말한다. 특정 항로에 해당 선사의 여러 선박을 투입하되 선사별운임을 각각 정하고 특정 기간 동안의 수익을 배분함으로써 수익과 경쟁회피를 동시에 추구하는 방안을 말한다.
- 중립감시기구(NB, Neutral Body) : 동맹 내의 회원사들의 거래를 관리 및 감독하고, 부당행위를 통제하기 위해 중립감시기구를 만드는 방안으로 회원사 또는 외부 전문용역회사의 직원이 참여하여 운영된다.

② 대외적 경쟁제한방법

대외적 경쟁제한방법은 대표적으로 계약화주구속방법이 있으며, 동맹에 가입하지 않은 화주를 유인하거나 상호 구속하기 위해 사용하는 방법을 말한다.

- 계약운임제(Dual or Contract Rate System) : 동맹에 가입하지 않은 화주가 동맹과 경쟁관계의 선사선박에 선적하지 않겠다고 계약하는 경우, 낮은 운임료를 적용하는 방안을 말한다. 또한 화주가 계약을 어기고 비동맹선사의 선박에 선적하는 경우에는 위약금을 물거나 별도의 제재를 가할 수 있다.
- 운임이연 환급제(Deferred Rebate System) : 특정 기간 동안 동맹선사에 선적한 화주에 대해 운임의 일부를 되돌려주는 제도를 말한다.

5) 해상운송 관련 국제기구 및 협회

(1) 국제해사기구(IMO, International Maritime Organization)

국제해사기구는 해상에서 인명손실, 환경재난 및 해양사고를 방지하기 위해 회원국간의 협의를 통해 해상안전과 선박설비에 관한 모든 국제적 기준을 제정 및 감독하는

UN의 전문기구이다. 대형해난사고 등에 의한 인명손실을 방지하기 위해 1948년 정부간 해사자문기구(IMCO, Inter-governmental Maritime Consultative Organization)로부터 시작하였고, 1958년도에 IMO로 설립되어 현재보다 적극적으로 국가 간의 문제에 개입할 수 있게 되었다.

국제해사기구는 다음 목표를 달성하기 위해 국가들을 지원하고 있다.

- 정부간 상호협회촉진: 국제교역 관련 해상운송에 영향을 미치는 모든 형태의 기술적인 문제를 해결하기 위해 정부가 수행하는 규정, 지침에 대한 정부 간 상호협력을 촉진한다.
- 해상운송 관련 기준정의: 해상안전과 항해 효율성을 높이고 해상운송 관련 오염을 방지하기 위한 실질적인 기준을 제공하고 촉진한다.
- 기타 해상운송 관련 협력 및 지원: 기타 정부간 해사기술의 상호협력, 정부간 차별조치철폐, 해운업체의 불공정한 제한적 관행문제의 심의, 국제간 법률문제해결, 개발도상국의 해사기술협력 등을 지원하고 있다.

(2) 국제해사법회(CMI, Committee Maritime International)

국제해사법회는 1887년 창설되어 해사관습과 해사실무를 통일하는 해사사법의 조사입법기관으로 국제해사위원회라고도 한다. 각국의 해사법회와 협력하여 선박충돌조약, 선하증권 통일조약, 선주책임제한조약 등 각종 해사조약 및 통일조약안을 작성하고 성립시켰다.

(3) 국제연합무역개발회의(UNCTAD, UN Conference on Trade and Development)

국제연합무역개발회의는 1964년 UN 주관하의 무역개발회의 권고에 따라, 개발도상국의 경제발전을 지원할 목적으로 UN 총회결의로 설립된 UN총회 산하의 전문기구이다. 과거의 국제해운관련 관습과 법제가 선진해운국들이 중심이 되어 선주의 권익보호위주로 편재되어 있기 때문에 개발도상국의 화주권익을 보호하기 위하여 조약을 제정하였다. 국제연합무역개발회의는 UN 해상물품운송조약과 UN 국제물품복합운송조약 등의 해상운송 관련 국제협약을 주관하고 있다. 특히 개발도상국과 관련된 1차상품, 제품 등의 무역장벽 및 규제해결, 개발도상국에 대한 원조, 컨테이너 규격의 국제조약화, 관세특혜 등을 주제로 활동하고 있다.

(4) 아시아·태평양경제사회이사회(ESCAP, United Nations Economic and Social Commission for Asia and Pacific)

아시아·태평양경제사회이사회는 UN 경제사회이사회 중 아태지역의 지역경제위원회로써 매년 선주협회장회의와 화주기구, 선주협회, 항만당국 및 세관당국과의 합동회의를 개최하여 해운관련 기관들의 협력방안을 협의하고 있다.

(5) 국제해운회의소(ICS, International Chamber of Shipping)

국제해운회의소는 국제민간선주들의 권익보호와 상호협조를 위해 각국 선주협회들이 자발적으로 조직한 국제민간선주협의체이며, 국제해사기구(IMO) 등 국제기구에 해상운송 관련 자문을 하고 있다. 특히 이 조직은 민간국제기구이므로 국제해운의 기술적 및 법적분야의 이슈에 대해 선주들의 통일된 의견을 반영하고 선주들의 이익을 도모하고 있다.

(6) 국제해운연맹(ISF, International Shipping Federation)

1909년에 창설된 국제해운연맹은 선원문제에 관한 선주의 권익보호와 자문을 위한 민간기구로 각국의 선주협회를 회원으로 하고 있다. 국제노동기구(ILO)의 창설 이후 고용문제 및 노사문제가 국제적으로 대두되자 선원의 모집, 자격규정, 사고방지, 노동조건 등 여러 가지 선원문제에 대하여 각국 선주의 이익을 도모하고 있다.

(7) 로이드선급협회

로이드선급협회(Lloyd's Register of Shipping)는 선주, 조선업자, 보험업자 등의 임의협회로 국적을 불문하고 선박을 검사하고 선급을 정하여 항해선의 등급과 내용이 기록된 로이드 등록부(Lloyd's Register Book)를 통하여 정보를 제공하고 있다. 영국선박의 약 80%와 세계 총 선박의 30%가 로이드선급협회의 선급을 가지고 있다.

값비싼 비행기 탄 사연

글로벌 물류대란이 식품·유통업계의 목을 죈다. 이마트는 그간 선박으로 수입하던 일부 수입과일을 비행기로 실어 날랐다. 선박배송 시일이 늦어져 식품폐기율이 높아지자 울며 겨자먹기 식으로 비싼 운임을 감내하며 비행기를 택했다.

대형 유통업체에 납품을 하는 식품업체 사정은 더 나쁘다. 겨우 잡은 거래선을 물류대란 탓에 놓칠 위험이 크다. 일부업체는 거래유지를 위해 손해가 나더라도 급한물량을 비행기에 실어 보내는 실정이다.

이마트는 최근 칠레산 체리와 미국산 청포도와 적포도 일부 물량을 항공편으로 받았다. 세계 물류난으로 선적·배송기간이 늘어난 탓이다. 배송이 지연된 배에서 과일이 익어버리는 이른바 '과숙 현상'은 한국 도착전 썩어버리기 일쑤다. 팔지도 못하는 상품을 폐기하는 비율이 높아졌다는 말이다.

항공운송을 이용하면 국제배송기간을 큰 폭으로 줄일 수 있다. 칠레산 체리기준으로 선박을 활용하면 배송에 40일쯤이 걸리지만, 비행기에 실으면 3~4일만에 국내창고에 입고시킬 수 있다. 배송일이 10분의 1로 줄어드는 대신 운송비는 10배 비싸다.

이마트는 비싼운임에도 수입과일가격을 올리지 않았다. 연말 홈파티수요 등을 겨냥한 전략 상품인 탓에 가격인상이 쉽지 않다.

이마트관계자는 "물류대란에 따른 수입과일 폐기율은 30~40% 수준이다"며 "과숙현상이 덜한 과일의 경우에는 가급적 컨테이너선을 이용하지만, 그렇지 않은 과일은 항공을 이용할 수밖에 없다"고 말했다.

식품업체 사정은 더 악화됐다. 대형 유통업체는 비용만 더 쓰면되지만, 유통업체에 제품을 납품하는 식품업체는 납기를 못맞출 경우 손해가 극심하다. 잘못하면 계약관계마저 끊길 가능성이 크다. 식품업계 관계자는 "대형 식품업체들은 사전에 컨테이너 공간을 확보할 여력이 있지만, 중소업체들은 선박확보 경쟁에서 뒤쳐질 수밖에 없다"며 " 납품 기한을 못맞추면 패널티로 인해 거래가 중단될 수 있기 때문에 손해를 봐 가며 상품을 비행기에 싣는 경우도 있다"고 말했다.

꾸준히 오른 컨테이너 운임도 업체들의 항공운송선택을 고려하게 하는 요인 중 하나다. 선박 운임이 오를대로 오른 탓에 항공편을 선택하는 부담이 상대적으로 줄었다. 유통업계에서는 과거 선박과 항공이용시 가격차가 10배 수준이었지만 현재는 2배쯤에 불과하다고 평가한다.

컨테이너선 시장상황을 반영하는 '상하이 컨테이너 운임지수(SCFI)'는 2020년 4월 '818포인트'에서 2021년 12월 3일 기준 '4727.06포인트'로 477% 올랐다. SCFI는 글로벌 화물 대다수를 운송하는 컨테이너선의 시황을 반영하는 지표다. 상하이거래소에서 상하이 수출컨테이너 운송시장 15개 항로운임을 반영해 수치화한다. 수치가 높을수록 해운업황이 좋고 실어나르는 물량이 많다는 것을 의미한다. 이에 비례해 운임을 의뢰하는 기업비용은 커지고, 화물을 선적할 수 있는 공간은 줄어든다. SCFI는 10월초 상승세에 제동이 걸리는 듯 했으나, 연말 성수기 물동량이 늘어나면서 또 다시 오름세를 보이고 있다.

식품업체들을 옥죄는 선박운임상승과 물류대란 상황은 한동안 해소되지 않을 전망이다. 미국 매체 월스트리트저널은 2022년 2월까지 물류난이 이어질 것이라고 분석했다.

조선일보. 2021년 12월 09일, 김형원 기자

02 항공화물운송관리

2.1 항공운송의 개요

1) 항공운송의 개념

항공운송은 일반적으로 여객, 수하물, 우편물 등의 화물을 항공기로 공항에서 다른 공항으로 운송하는 것을 의미한다.

1960년대 화물전용제트기가 등장하면서 고속화가 가능해지고, 1970년대 대형항공기가 등장하면서 운송역량이 높아지고 1980년대 이후 국가 간 교역이 더욱 활발해 지면서 항공화물운송수요 또한 증가하게 되었다. 이러한 항공화물운송 관련 환경의 변화와 항공화물운송수요가 증가하면서 항공화물운송의 합리화, 각종 시스템을 활용한 업무효율화가 급속도로 진행되었다.

(1) 항공운송의 특징

항공운송은 다른 운송수단에 비해 다음과 같은 특징을 가진다.

- 고가의 고속운송 : 선박, 화물자동차 등 타 운송기관에 비해 속도가 압도적으로 빠르기 때문에 고가의 비용에도 효율적인 수단이 될 수 있다.
- 높은 신뢰성 : 항공운송은 타 운송수단에 비해 신속하고 안전하게 운송이 이루어지고, 관제시스템 등의 지원으로 이동경로 및 스케줄이 명확하게 알 수 있다. 따라서 촘촘한 공항의 이착륙일정관리로 항공운송은 타 운송수단에 비해 정시에 정확하게 발착이 이루어지므로 신뢰성이 높은 운송수단이라 할 수 있다.
- 높은 안전성 : 항공운송은 중장거리 운송에 많이 사용되는데, 먼 수송거리에 비해 항공운송의 사고율은 해상운송 및 육상운송에 비해 적기 때문에 안전성이 높다.
- 중장거리 경제성 : 화물중량 단위당 운송비가 높지만 고속으로 중장거리에 운송하면서 사고손실, 포장비, 재고비 등의 비용을 낮추고 시간절약에 따른 효율성을 높인다는 점을 감안하면 항공운송의 경제성은 높다고 할 수 있다.
- 비계절적 수요편차 : 항공화물은 통상 고정적으로 거래하는 화주가 많아서 타 운

송수단에 비해서 계절적인 항공운송수요의 편차가 적은 편이다. 하지만, 성수기 등에서의 여객수요를 감안하면 계절에 따른 수요변동편차가 크게 발생한다.

(2) 항공운송에 적합한 화물의 특징

항공운송은 고가이므로 효과 및 장점을 극대화할 수 있는 다음과 같은 화물이 적합하다.

- 긴급배송화물: 농산물 등의 신선식품, 패션 등의 시즌상품의 경우는 판매시점이 중요하므로 항공화물로 적합하다. 항공운송은 수송시간이 짧아서 상품성을 유지해야 하거나 재고관련 비용을 줄여야 하는 고가의 신선한 농산물운송에 적합하다. 또한 긴급수요에 신속한 대응이 필요한 화물 또한 항공운송에 적합하다.
- 운임부담력이 높은 화물: 항공운임은 타 운송수단에 비해 비싸므로 보석 등의 운임부담력이 있는 고가화물이 적합하다. 또한 전체운송과 관련된 총비용이 타 운송수단에 비해 작은 고가의 소형상품이 항공화물로 적합하다.
- 안전배송이 필요화물: 고가의 미술품 등 훼손, 분실 시 큰 차질이 생길 수 있는, 그래서 안전한 운송이 필요한 화물에 적합하다. 즉 항공운송은 다른 운송수단에 비해 보안성과 안전성이 높아서 운송 시 품질저하, 손상/분실/도난 등의 사고위험을 줄일 수 있다.
- 마케팅 목적상 필요화물: 신선함 강조 등 마케팅 소구점에 부합하는 마케팅전략상 필요한 화물이 항공운송에 적합하다.

2) 항공기 단위적재용기 및 적재방식

(1) 항공기 단위적재용기(ULD)의 개념

항공기 단위적재용기(ULD, Unit Load Device)는 개별화물단위로 적재, 운송하는 방식에서 벗어나 화물을 특정 형태로 운송하여 상·하차의 효율성을 증대시키는 용기를 말한다. 다른 운송형태에서도 보았듯이 화물운송이 합리화되는 과정에서 물류의 표준화 및 용기의 단위화가 항공운송에서도 일어났다.

항공기 단위적재용기는 다른 포장용기와 다르게 다음의 특징을 가지고 있다.

- 항공물류 효율화: 물류 표준화와 용기단위화는 이후 상·하역에서의 기계화로 연결되면서 물류효율을 높일 수 있다. 항공운송화물을 단위화하여 지상조업, 하역에

서의 작업시간과 비용을 줄일 수 있어서 항공기 가동율을 향상시키고, 하역효율성을 높일 수 있다.

- 비호환성 : 항공기운송과정에서 하역 등의 효율성을 높일 수도 있으나, 항공기 탑재용기는 해상운송, 육상운송 등 다른 운송수단의 탑재용기와는 호환되지 않는다. 또한 항공기기종별 용기규격을 표준화하는 데에도 어려움이 있어서 기종간 호환성은 낮을 수 있다.

(2) 항공기 단위적재용기의 유형

- 항공운송용 파렛트(Pallet) : 항공운송용 파렛트는 주로 알루미늄합금재질로 만들어지며, 화물을 올려 놓아도 부피가 크지 않은 1인치 이하 평판형태로 만들어져 있다.
- 항공운송용 컨테이너(Aircraft container) : 항공기내부의 화물적재를 위한 동체 공간에 맞게 제작되어 별도 보조장비없이 적재 및 고정이 되도록 제작한, 화물적재 효율을 극대화한 용기를 의미한다.
- 이글루(Igloo) : 둥근항공기 내부 동체모양에 따라 만들어진 항공화물을 넣는, 밑바닥이 없는 특수한 탑재용덮개를 말하며 항공기 내부공간을 최대한 활용하면서 화물을 안전하게 운송할 수 있도록 설계되어 있다.
- 특수 단위적재용기 : 화물의 특성에 맞춰 특수하게 제작된 항공적재용기를 의미하며, 대표적으로는 Cattle Pen(가축운송용 ULD), 의류용행어(GOH, Garment on Hanger) 등이 있다.

(3) 항공기 단위적재용기 적재방식

항공기 단위적재용기는 화물항공기에 다음의 방식으로 적재가 된다.

- 살화물적재방식(Bulk Loading) : 개별화물을 사람이 직접 항공기에 적재하는 방식으로 초기의 항공화물 적재방식을 말한다.
- 파렛트적재방식(Pallet Loading) : 항공운송용 파렛트위에 화물을 쌓고 그물로 화물을 고정한 뒤 항공기바닥의 롤러를 통해 화물실로 이동하여 고정시키는 방식으로 탑재하며, 화물실의 형태를 고려하여 이글루로 포장할 수 있다.
- 컨테이너 적재방식(Container Loading) : 일반철판이 아닌 알루미늄으로 제작된 항공운송용 컨테이너를 전동식롤러를 통해 자동으로 적재하는 방식을 말한다.

2.2 항공화물운송관리

1) 항공화물운송장(AWB, Airwaybill)

(1) 항공화물운송장의 개념

항공화물운송장은 항공운송계약을 입증하는 운송계약서로서 항공운송인이 화물수취를 증명하는 수취증으로 사용한다. 출발지 및 도착지가 표시되어 있어서 운임계산서 역할과 수출입신고 및 통관자료로 사용되는 세관신고서 역할을 가진다. 또한 항공화물 화주보험제도에 따라 항공사가 보험회사와 포괄예정보험계약을 체결한 후 송화주가 항공사에 화물을 인도할 때 보험료를 내면 자동으로 부보되므로 보험증명서로서 역할도 한다. 항공운송장은 항공사가 컨테이너 등 하나의 용기에 혼재된 화물에 대해 발행하는 운송장(Master AWB)과 항공화물운송 주선업자가 혼재된 화물을 구성하는 개별화물에 대해 발행하는 운송장(House AWB)으로 구분된다.

항공화물운송장은 항공화물의 운송에서 다음 기능을 수행한다.

- 화물수취/인도증 : 송화인으로부터 수화인 등이 화물수령을 증명하는 화물수취증 또는 화물수령증의 역할을 수행한다. 또한 역으로 수화인에 대해서는 화물인도증의 역할도 수행한다.
- 운임청구서 : 운임, 기타 운송관련 요금의 청구서의 역할을 수행한다.
- 운송계약서 : 송화인과 항공운송인 간의 운송계약이 성립되었음을 증명하는 운송계약서의 기능도 수행한다.
- 보험계약증서 : 송화인이 화주보험에 가입한 경우 보험계약증서의 역할도 수행한다.
- 수입통관자료 : 수출 시에는 수출신고서, 수입 시에는 수입통관자료의 기능을 가진다.
- 화물취급지침서 : 항공화물취급, 중계, 배송 시 화물의 취급지침서 역할을 수행한다.

(2) 선하증권과의 차이

항공화물운송장의 기본적인 성격은 해상운송에서 사용하는 선하증권과 동일하지만 다음의 측면에서 선하증권과 다르다.

	항공화물운송장(AWB)	선하증권(B/L)
특 징	유기증권이 아닌 단순한 화물운송장	유가증권
유통가능	비유통성(non-negotiable)	유통성(negotiable)
기명여부	기명식	무기명식
방 식	수취식(창고에서 수취하고 발행)	선적식(본선 선적 후 발행)
작성주체	송화주가 작성하는 것이 원칙	운송인이 작성

출처: 한국무역협회 홈페이지(http://www.kita.net/)

2) 항공운송주체

(1) 항공운송사업 영역

■ 항공운송사업자(Air Carrier): 항공사업법에 따르면 항공운송사업은 타인의 수요에 맞추어 항공기를 사용하여 유상으로 여객이나 화물을 운송하는 사업으로서 국토교통부령으로 정하는 일정 규모 이상의 항공기를 이용하여 운항을 하는 사업을 말한다. 즉 화주의 화물운송수요에 따라 항공기를 사용하여 유상으로 여객 또는 화물을 운송하는 사업으로 정기항공운송사업과 부정기 항공운송사업으로 구분된다.

- 정기항공운송사업: 국내공항 간의 항공운송노선을 정하고 정기적으로 화물운송 항공기를 운항하여 여객 또는 화물을 운송하는 사업을 말한다.
- 부정기 항공운송사업: 정기항공운송사업 외의 항공운송사업을 말한다.

(2) 국제물류주선업 영역

물류정책기본법에서 정의한 국제물류주선업은 타인의 수요에 따라 자기의 명의와 계산으로 타인의 물류시설·장비 등을 이용하여 수출입화물의 물류를 주선하는 사업을 의미하며, 업무를 수행하는 방식에 따라 다음의 주체로 구성되어 있다.

- 항공화물운송 대리점(Air Cargo Agent): 항공사를 대신하여 송화주와 항공운송계약을 체결하고 화물을 유치하며, 항공사 명의의 항공화물운송장(Master Airwaybill)을 발행한다. 따라서 항공사에서 정한 운임과 운송약관을 사용하며 화주에 대한 책임은 항공사가 진다. 내륙운송주선업무, 수출입통관수속대행, 창고반입·반출업무 등도 대행하고, 항공화물부보서비스, 항공화물위치추적 등의 서비스를 제공하는 등 대리점계약에 따른 수수료를 받는다.

- 항공화물운송 주선업자(Air Freight Forwarder) : 여러 송화주로부터 화물을 집하하면서 개별적인 운송계약을 체결하는 방식이다. 즉 여러 송화주로부터 화물을 수집 및 혼재하여 항공사에 운송을 의뢰하고 그에 따라 발생하는 화물이동에 대한 추적서비스를 제공한다. 항공사로부터 항공화물운송장(Master Airwaybill)을 발급받아 송화주들에게 자체운송장(House Airwaybill)을 발행한다. 자체약관을 사용하며 화주에 대한 책임은 항공화물운송 주선업자가 진다. 항공사로부터 할인된 운임표를 받아 이에 근거하여 자체운임을 정하고, 이를 통해 수익을 창출한다.
- 국제특송서비스(International Courier Service) : 상업서류송달업이라고 하며, DHL, UPS, FedEx 등의 전문적인 국제특송업체가 전용 항공화물기 등을 활용하여 상업서류, 견본품, 기타 소형·경량화물 등을 신속하게 국가 간의 문전배송서비스로 제공하는 방식으로 자체운임과 운송약관을 가지고 자사의 영업조직을 운영하는 통합운송업자를 말한다.

	항공화물운송 대리점	항공화물운송 주선업자
활동영역	수출입관련 컨테이너만재(FCL) 화물 취급	수출입관련 컨테이너미만(LCL) 화물 취급
운송수수료	항공사의 운임	자체운임
운송약관	항공사 약관 적용	자체약관 적용
수화인	건별수화인	혼재화물 인수대리점이 대리
화주에 대한 책임	항공사 책임	주선업자 책임

3) 항공운송절차

(1) 예 약

송화주가 대리점에 의뢰하면 대리점은 항공사에 화물내역을 통보하여 예약하며, 항공사에서는 해당 항공편의 탑재가능 여부를 통보하면서 계약이 체결된다. 화물내역에는 출발지 및 도착지, 포장개수, 중량 및 용적, 상품명 등을 지정된 항공화물운송장 양식에 기재하여 제출한다.

(2) 집하, 장치장 반입 및 수출통관

대리점 등을 통해 집하하거나 항공사가 직접 화주로부터 집하한 화물을 보세장치장에 반입한다. 상업송장, 포장명세서 등 서류와 함께 수출신고서를 관할세관에 제출하여 수출신고필증을 교부받는다.

(3) 화물검사 및 항공화물운송장 발행

항공사는 화물 및 포장상태의 이상 여부를 확인 후 직접 또는 대리점을 통해 항공화물운송장을 발행한다. 또한 탑재결정화물은 적하목록에 기재하고 세관반출용 적하목록을 세관에 제출하여 화물을 반출한다.

(4) 적재작업 및 탑재

화물을 파렛트 또는 컨테이너에 적재한 후 탑재책임자가 화물의 크기 및 중량을 고려하여 계량계획수립 후 탑재한다.

(5) 운송 및 탑재내용 통보

항공기출발 후 품목, 수화주, 탑재화물의 명세내역, 탑재위치 등의 정보를 중간기항지 및 도착지에 통보한다.

(6) 탑재내용관련 전문접수

항공기도착 전 화물인도에 필요한 장비 및 시설을 확보하도록 지상용역회사에 통보하며, 위험물, 신선화물 등의 특수화물에 대한 사전조치 및 수화주의 신속한 인수를 지원한다.

(7) 화물하역, 분류 및 보세운송

항공기도착 후 기내검역을 실시하고 항공화물운송장과 적하목록을 대조하여 하역하고, 공항터미널 창고반입 또는 외부 지정장치장으로 보세운송한다.

(8) 수입통관 및 화물인수

도착통지를 받은 수화주 또는 수화주의 통관사가 수입통관 후 화물을 인수한다.

C학점 받은 리포트로 성공 거둔 '페덱스'…'익일 배송' 서비스 도입한 이유는[히든業스토리]

"이 소포가 제 생명을 구했습니다."

2001년 2월 개봉한 영화 '캐스트 어웨이'의 명대사다. 영화에서 톰 행크스(적 놀랜드 역)는 '페덱스'(FedEx)의 직원으로 등장한다. 화물기를 타고 세계 곳곳을 다니느라 바빴던 그는 크리스마스이브에도 여자친구와의 데이트를 채 끝내지 못한 채 화물기에 탑승한다. 그러나 비행도중 갑작스러운 사고로 인해 비행기는 결국 추락하고, 그는 무인도에 홀로 표류하게 된다.

그렇게 긴박한 상황 속에서도 톰은 송장이 훼손되지 않은 소포하나를 뜯지 않고 보관한다. 그는 이 소포와 배구공 '윌슨', 여자친구가 준 시계 등을 간직하고 있다가 4년 후 탈출날에 이를 가지고 간다. 어렵사리 무인도에서 탈출한 그는 섬에서 받은 수화물을 직접 배달하러 간다. 그러나 아쉽게도 집주인이 없었던 탓에 그는 문앞에 "이 소포가 제 생명을 구했습니다."라는 메모 한 장을 남긴 채 영화는 마무리된다.

영화에 등장하는 '페덱스'는 글로벌 물류기업으로, 할리우드 영화에 로고가 종종 등장할 만큼 유명한 기업 중 하나다. 이 가운데 버락 오바마 전 미국 대통령은 과거 페덱스의 창립자를 존경하는 기업인 중 한 명으로 꼽기도 했다. 페덱스는 어떻게 물류산업혁신의 대명사로 불리게 됐을까.

창업자가 쓴 C학점 리포트, '페덱스' 설립에 기여

페덱스는 창업자 프레드릭 스미스(Frederick W. Smith) 회장이 대학시절 쓴 리포트에서 출발했다. 1965년 미국 예일대에서 경제학을 공부하던 그는 새로운 화물수송체계인 '허브&스포크(Hub & Spoke)'에 관한 리포트를 제출했다.

자전거 바퀴살(Spoke)이 가운데서 바깥쪽으로 퍼지는 모양인 것처럼, 미국 내 인구분포 중심 지역에 화물집결지인 허브를 만들어 모든 화물을 이곳에 모은 뒤 재분류해 배송하면 특급 배송이 가능하다는 내용이었다. 그는 이같은 방법을 통해 몇 주에서 몇 달이 걸리는 기존 물류산업전반을 혁신하고자 했다. 그러나 당시 이 리포트는 혹평을 면치 못했다. 담당교수는 그에게 "실현 가능성이 없다"라며 C학점을 주기도 했다.

모두가 그의 아이디어를 낮게 평가했으나, 그는 앞으로 다가올 컴퓨터혁명 등이 물류배송에 영향을 끼칠 것으로 생각했다. 그는 1971년 미국의 중심부인 '멤피스'를 허브로 삼고 페덱스를 설립한다.

당시 스미스 회장은 부모로부터 상속받은 400만 달러와 투자자들로부터 받은 9,100만 달러 등 막대한 자본을 바탕으로 사업을 시작했으나, 고객신뢰가 중요한 배송업의 특성상 신생업체의 진입장벽은 높았다.

설상가상으로 당시 1차 오일쇼크가 일어나면서 유가가격이 급등해 운송비까지 크게 늘었다. 결국 회사 설립 후 2년간 스미스 회장은 막대한 부채를 떠안아야 했다. 그러나 그는 어려운 상황 속에서도 '반드시 다음날 배달한다'는 원칙을 고수했다. 이러한 원칙은 점점 입소문을 타게 됐고, 물건을 빨리 전달하거나 받길 원하는 고객들은 점차 페덱스를 이용하게 됐다. 이후 페덱스는 세계적인 항공화물 배송업체로 거듭나게 된다.

(중략)

코로나19로 호황 맞은 택배업계 … 페덱스도 수익급증

특히 코로나19로 인해 온라인쇼핑 주문량이 늘어남에 따라 페덱스 또한 매출이 급증하고 있다.

페덱스측은 지난해 12월부터 지난 2월까지 매출액 215억달러(약 24조 3,500억원), 영업이익 10억 500만달러(약 1조 1,400억원), 순이익이 2.8배인 8억 9,200만달러(약 1조원)를 냈다고 밝혔다. 1년 전과 비교해 매출액은 23% 늘었고, 영업이익과 순이익은 각각 2.5배 2.8배 증가했다.

페덱스는 코로나19 사태로 반사이익을 누린 대표적인 기업 중 하나다. 코로나사태가 확산하며 내려진 봉쇄조치로 오프라인 매장들이 문을 닫자 페덱스를 비롯한 택배산업은 호황을 누리고 있는 셈이다. 관련해 스미스 회장은 "회사 전체적으로 강력한 수익 성장과 이익률이 개선되고 있다"며 "전자상거래와 국제특송 수요가 당분간 매우 높은 상태를 유지할 것으로 예상된다"고 말했다.

아시아경제, 2021년 7월 21일, 허미담 기자

4) 국제소화물 일관운송

항공법에서는 상업서류 송달업으로 규정되어 있는데, 주로 무역업체가 소화물일관운송을 하고 있으며, 일반소비자의 경우 해외여행객의 화물, 소형이삿짐, 우편소화물 등의 화물을 운송한다. 항공기를 이용하여 화물을 운송하는 해외 상업서류 송달업체와 계약하여 중요한 업무용서류, 정기간행물과 특정 중량 이하의 화물을 자체운임과 운송약관에 근거하여 문전배송하는 사업을 말한다.

국제소화물 일관운송은 크게 두가지 유형이 있다.

- 쿠리어서비스(Courier Service) : 선적서류, 업무용서류, 카달로그 등 항공기를 이용한 문전배송서비스를 말한다.
- 별송품서비스(Small Package Service) : 상품의 샘플, 선물, 각종 기계부품 등의 소형·경량제품을 운송하는 서비스를 말한다. 주로 해외 이삿짐운송이 이 서비스에 해당한다.

국제소화물 일관운송은 다음의 특징이 있다.

- 소화물중심 운송 : 국제소화물 일관운송은 취급화물이 소화물에 한정되어 있다.
- 신속한 운송 : 고가귀중품이 아닌 일반가격의 화물이며 일정기간 내에 신속한 인도를 목적으로 한다.
- 전체책임범위 : 운송업자는 화물인도에 이르기까지 전체운송과정을 책임진다.

2.3 항공운송 관련 국제기구

1) 국제민간항공기구(ICAO, International Civil Aviation Organization)

국제민간항공기구(ICAO)는 국제민간항공사의 안전을 확보하고, 항공질서감시 및 통제를 위해 구성된 유엔전문기관으로써 다음의 활동을 수행하고 있다.

- 비행기 및 비행안전도모 : 항공기안전을 위한 항공기설계와 운항기술을 개발하고, 항공로, 공항 및 기타 보안시설의 통제하고, 국제항공에서의 비행안전을 도모하기 위해 설립되었다.

- 관련 법규 단일화 및 법제화 : 항공기, 항공종사자, 노선과 공항, 항공교통관제 등 안전에 관한 국제기준을 설정하고, 여러 조약과 협약에서 정의된 여러 국제민간항공 관련 법규를 단일화 및 법제화하고 있다.
- 항공기의 과다경쟁방지 : 국제민간항공의 운임체계 및 운임수준의 설정, 각종 운송활동규제 등을 논의함으로써 과다한 민간항공사 간의 경쟁을 방지하여 경제적 항공운송을 독려하기 위해 운영되고 있다.

2) 국제항공운송협회(IATA, International Air Transport Association)

국제항공운송협회(IATA)는 항공화물운송기업이 구성한 민간국제단체로써 국제민간항공의 안전 및 경제적 발전을 도모하고 항공사간 전략적 협력을 독려하고, 국제민간항공기구 등의 국제기관과 연대 및 제휴를 위해 등장하였다. 1945년 4월 결성된 국제선 정기항공회사가 구성한 민간단체로 국제항공운임 결정, 항공기양식 통일, 연대운임정산 등에 관한 연구 등을 하고 있으며, 항공회사의 경영측면에서 상호협력을 하고 있다. 항공교역의 육성 및 운송 상의 국가 간의 문제해결, 항공운송기업 간의 협력방안 모색 및 국제민간항공기구와의 협력을 위해 설립되었다.

3) 국제운송주선인협회연맹(FIATA, International Federation of Freight Forwarder Association)

국제운송주선인협회연맹(FIATA)은 국가별 포워더협회와 개별포워더로 구성된 주선인 중심의 국제민간기구이다. 국제복합운송에서 주선인들 간의 결속과 복합운송업의 발전, 포워더의 권익보호, 선주 및 화주와의 협력증진, 운송종사자 간의 유대강화, 화물대리점업의 이익보호, 대리점조직과 관련 업체들과의 협조관계유지 등을 도모하고 있다.

토의문제

1. COVID-19로 미국의 일부 컨테이너 항구에 극심한 정체가 발생하고, 전세계적인 공급사슬의 정체가 발생하였습니다. 이러한 문제를 해결하기 위해서 어떻게 해야 할지 토의해 봅시다.
2. 국제해운업에서 편의치적이 선호되는 이유는 무엇입니까? 편의치적이 해운선사, 선주관점에서 장기적으로는 어떤 이익이 있을지 생각해 봅시다.
3. 해운동맹은 국제해상운송을 이용하는 소비자인 화주입장에서는 문제가 있는데, 아직 통용되는 이유는 무엇일지 생각해 봅시다.
4. 페덱스가 특송시장에서 성공하게 된 이유는 무엇인지 알아봅시다.

제4장 물류관리사 기출문제

01 항공화물운송의 특성으로 옳지 않은 것을 모두 고른 것은? (20회, 2016년)

> ㄱ. 항공운송은 해상운송에 비해 신속하다.
> ㄴ. 항공운송은 정시성을 가진다.
> ㄷ. 항공운송은 운항시간의 단축으로 위험발생률이 낮다.
> ㄹ. 항공화물은 대부분 주간에 집중되는 경향이 있다.
> ㅁ. 항공화물은 여객에 비해 계절에 대한 변동이 크다.

① ㄱ, ㄴ ② ㄱ, ㄷ ③ ㄴ, ㄹ
④ ㄷ, ㅁ ⑤ ㄹ, ㅁ

02 항공화물운송에 관한 설명으로 옳은 것은? (20회, 2016년)

① 운송인의 손해를 보호하기 위해 운송인이 부보하는 보험을 항공적하보험이라 한다.
② 항공시장의 자유화로 인해 항공사간 전략적 제휴는 점차 감소하는 추세이다.
③ 항공운송은 석탄이나 철광석과 같은 벌크화물을 운송하는 데 적합하다.
④ 운송인이 보험자의 대리인 자격으로 화주와 계약을 체결하는 보험을 항공화물 화주보험이라 한다.
⑤ UCP 600에 의하면 항공운송서류에는 반드시 화물의 선적일이 표시되어야 한다.

03 선박의 톤수에 관한 설명으로 옳은 것은? (20회, 2016년)

① 순톤수(Net Tonnage) : 상행위에 직접 사용되는 장소만을 계산한 용적으로, 관세나 도선료, 검사수수료 등 제세금의 부과기준이 된다.
② 배수톤수(Displacement Tonnage) : 선체의 수면 아랫부분인 배수용적에 상당하는 물의 중량을 선박의 전체중량으로 나타낸 것으로, 군함이나 상선의 크기를 표시하는 기준이다.
③ 총톤수(Gross Tonnage) : 선박의 밀폐된 내부전체 용적을 나타내는 것으로, 기관실이나 조타실, 취사실 등의 용적을 포함한다.
④ 재화용적톤수(Measurement Tonnage) : 선박의 각 선창(hold)의 용적과 특수화물의 창고용적 등 전체선박의 용적을 나타낸다.

⑤ 재화중량톤수(Dead Weight Tonnage) : 선박의 만재흘수선에 상당하는 배수량과 경하배수량의 차이로, 선박이 적재할 수 있는 화물의 최소중량을 나타낸다.

04 **항공운송의 운임에 관한 설명으로 옳지 않은 것은?** (19회, 2015년)

① 최저운임은 요율표에 "N"으로 표시된다.
② 운임은 선불이거나 도착지지불이다.
③ 신문, 잡지, 정기간행물은 할인적용품목이다.
④ 실제중량과 용적중량 중 숫자가 큰 중량이 운임산출의 기준중량이 된다.
⑤ 기본요율은 45kg 미만의 화물에 적용되는 요율로 일반화물요율의 기준이 된다.

05 **항공운송에 관한 설명으로 옳은 것을 모두 고른 것은?** (19회, 2015년)

ㄱ. 긴급화물이나 계절적 유행상품의 운송에 적합하다.
ㄴ. 주로 대형, 장척(Lengthy)화물의 운송에 적합하다.
ㄷ. 생화, 동물, 영업 사무서류운송에 적합하다.
ㄹ. 반도체나 휴대폰과 같은 부가가치가 높은 품목의 운송에 적합하다.
ㅁ. 기후의 영향을 받지 않는다.

① ㄱ, ㄴ, ㄷ ② ㄱ, ㄴ, ㄹ ③ ㄱ, ㄷ, ㄹ
④ ㄴ, ㄹ, ㅁ ⑤ ㄷ, ㄹ, ㅁ

06 **정기선운송과 부정기선 운송의 특성을 비교한 것으로 옳지 않은 것을 모두 고른 것은?** (19회, 2015년)

구 분	정기선 운송	부정기선 운송
ㄱ. 형태 불특정	화주의 화물운송	용선계약에 의한 화물운송
ㄴ. 운송계약	선하증권(B/L)	용선계약서(C/P)
ㄷ. 운일조건	FIO, FI, FO Term	Berth Term
ㄹ. 운임결정	수요공급에 의한 시장운임	공표운임(Tariff)
ㅁ. 운송인	계약운송인	공중운송인

① ㄱ, ㄴ, ㄷ ② ㄱ, ㄷ, ㄹ ③ ㄴ, ㄷ, ㄹ
④ ㄴ, ㄹ, ㅁ ⑤ ㄷ, ㄹ, ㅁ

07 **다음 용어에 관한 설명으로 옳지 않은 것은?** (17회, 2013년)

① 형폭(breath moulded)은 선체의 제일 넓은 부분에서 측정하여 외판의 한쪽 외면에서 반대편 외면까지의 수평거리로서 도킹시에 이용되는 폭이다.

② 더니지(dunnage)는 나무조각, 고무주머니 등으로 화물사이에 끼워 화물손상을 방지하기 위한 재료이다.

③ 흘수(draft)는 선박이 수중에 잠기는 깊이를 말한다.

④ 전장(length over all)은 선체에 고정적으로 붙어 있는 모든 돌출물을 포함한 선수재의 맨 앞에서부터 선박의 맨 끝까지의 길이를 말한다.

⑤ 건현(freeboard)은 배의 중앙부 현측에서 갑판 윗면으로부터 만재흘수선 마크윗단까지의 수직 거리이다.

08 **항공운송에 가장 적합한 화물은?** (17회, 2013년)

① 대량화물

② 저가화물

③ 원자재 혹은 반제품

④ 신속배송을 요구하는 고가의 화물

⑤ 부피에 비해 무거운 화물

09 **항공화물운송장의 기능이 아닌 것은?** (17회, 2013년)

① 화물수령증
② 수출입신고서
③ 운송계약의 증거
④ 보험증권
⑤ 유통증권

10 **선주가 속한 국가의 엄격한 요구조건과 의무부과를 피하기 위하여 자국이 아닌 파나마, 온두라스 등과 같은 국가의 선박국적을 취하는 제도는?** (18회, 2014년)

① 톤세제도
② 제2치적제도
③ 편의치적제도
④ 선급제도
⑤ 공인경제운영인제도

11 **다음 설명에 해당하는 해상운송계약의 형태는?** (23회, 2019년)

- 일종의 선박 임대차계약으로 용선자가 일시적으로 선주지위를 취득한다.
- 용선자가 선용품, 연료 등을 선박에 공급하고 선장 및 승무원을 고용한다.
- 용선자가 용선기간 중 운항에 관한 일체의 감독 및 관리권한을 행사한다.

① Daily Charter ② Lump Sum Charter ③ Bareboat Charter
④ Trip Charter ⑤ Partial Charter

12 **선박의 종류에 관한 설명으로 옳지 않은 것은?** (23회, 2019년)

① LASH선은 부선(Barge)에 화물을 적재한 채로 본선에 적재 및 운송하는 선박이다.
② 전용선(Specialized Vessel)은 특정 화물의 적재 및 운송에 적합한 구조와 설비를 갖춘 선박이다.
③ 로로선(RO−RO Vessel)은 경사판(Ramp)을 통하여 하역할 수 있는 선박이다.
④ 유조선(Tanker)은 원유, 액화가스, 화공약품 등 액상화물의 운송에 적합한 선박이다.
⑤ 겸용선(Combination Carrier)은 부선(Barge)에 적재된 화물을 본선에 설치되어 있는 크레인으로 하역하는 선박이다.

13 **선하증권에 관한 국제규칙인 함부르크 규칙(Hamburg Rules, 1978)의 주요 내용으로 옳지 않은 것은?** (23회, 2019년)

① 선박의 감항능력(내항성) 담보에 관한 주의의무규정의 삭제
② 화재면책의 폐지 및 운송인 책임한도액의 인상
③ 항해과실 면책조항의 신설
④ 면책 카탈로그(Catalogue)의 폐지
⑤ 지연손해에 관한 운송인 책임의 명문화

14 **다음 설명에 해당하는 선박의 톤수는?** (23회, 2019년)

> • 선박내부의 총 용적량으로 상갑판 하부의 적량과 상갑판 상부의 밀폐된 장소의 적량을 모두 합한 것이다.
> • 선박의 안전과 위생 등에 이용되는 장소는 제외된다.
> • 각국의 해운력과 보유 선복량을 비교할 때 주로 이용한다.
> • 관세, 등록세, 소득세, 도선료, 각종 검사료, 세금과 수수료의 산출기준이다.

① 총톤수(Gross Tonnage)
② 순톤수(Net Tonnage)
③ 중량톤수(Weight Tonnage)
④ 배수톤수(Displacement Tonnage)
⑤ 재화중량톤수(Dead Weight Tonnage)

15 **항공화물운임에 관한 설명으로 옳지 않은 것은?** (24회, 2020년)

① 동물, 화폐, 보석류, 무기, 고가 예술품 등은 일반요율 보다 높은 운송요율을 책정할 수 있다.
② 할인요율은 특정한 구간과 화물에 적용되는 요율로 일반요율보다 낮게 적용된다.
③ 표준 컨테이너 요율은 대체로 일반요율보다 낮은 수준의 요율이 적용된다.
④ 화물의 특성상 특별한 취급과 주의를 필요로 하거나 우선적으로 운송되어야 하는 화물에는 별도의 요율을 부과할 수 있다.
⑤ 일반요율은 일반화물에 적용하는 요율로 중량만을 기준으로 운송요율을 책정한다.

16 **해상운송에서 부정기선 운임이 아닌 것은?** (25회, 2021년)

① 장기계약운임 ② 현물운임 ③ 특별운임
④ 공적운임 ⑤ 연속항해운임

17 **선박이 접안하는 부두안벽에 접한 야드의 일부분으로 바다와 가장 가까이 접해 있으며 갠트리 크레인(Gantry Crane)이 설치되어 컨테이너의 적재와 양륙작업이 이루어지는 장소는?** (25회, 2021년)

① Berth ② Marshalling Yard ③ Apron
④ CY(Container Yard) ⑤ CFS(Container Freight Station)

정답

01 ⑤ 02 ④ 03 ④ 04 ① 05 ③ 06 ⑤ 07 ① 08 ④ 09 ⑤ 10 ③ 11 ③ 12 ⑤ 13 ③ 14 ① 15 ⑤ 16 ③ 17 ③

CHAPTER

05

하역관리

1. 하역관리
2. 하역 및 보관기기
3. 포장관리
4. 파렛트와 컨테이너

규격화된 꿈을 싣는 컨테이너선

인터넷이 정보를 통해 전세계를 하나로 묶는 혁명이었다면, 화물수송에서 혁명을 일으켜서 전세계를 하나로 묶은 장본인이 있으니 그것은 바로 컨테이너선이다. 2010년을 살아가는 지금 너무나 익숙해서 그 위대함을 잘 인식하지 못하지만, 컨테이너라는 혁명적 변화가 없었다면 세계경제가 지금과는 많이 달랐고 지구촌으로 하나로 묶이기 힘들었을 것이다.

역사를 바꾼 말콤 맥린의 발상

컨테이너선 2010년을 사는 우리한테는 너무나 익숙하기에 컨테이너선이 아주 오랜 역사를 갖고 있는 것이라 생각하기 쉽지만, 사실 컨테이너선은 세상에 처음 등장한지 아직 50여년 밖에 안되었다. 그리고, 컨테이너선은 저절로 발생된 것이 아니고 말콤 맥린이라는 사업가의 열정으로 탄생되었다. 녹슨 트레일러 한대를 빌려서 운송업에 뛰어든 맥린은 제2차 세계대전이 끝나갈 무렵에는 33살의 젊은 나이에 이미 162대의 트럭을 소유한 거대 운송기업의 사장이 될 만큼 뛰어난 사업 수완이 있었다. 운송업에서 맥린의 성공비결은 끊임없이 운송비용을 줄이기 위해 노력하고 항상 새로운 아이디어를 갈구하는데 있었다. 이러한 맥린한테 고속도로에서의 정체현상은 그냥 당연히 받아 들여야 하는 현실이 아니고 풀어야 하는 도전의 대상이었다. 고민을 하던 맥린은 해안선을 따라 난 붐비는 고속도로에 시달릴 필요없이 선박에다가 아예 트럭 트레일러를 실은 뒤 다른 해안의 부두로 내보내는 방법은 어떨까라는 생각을 하게 되었다. 아이디어가 떠오른 맥린은 바로 행동으로 옮겨서 사업을 추진하였고 그러면서 트레일러의 바퀴와 몸체를 분리해서 트레일러만 배에 싣는 것이 훨씬 이득이라는 것을 발견하였다. 이것이 컨테이너선 역사의 시작이다.

지금 생각하면 어렵지 않은 일처럼 보이지만, 트럭운송은 트럭운송 회사가 담당하고, 해운회사는 배만 담당하기 때문에 서로의 영역을 침범하지 않던 1950년대에는 혁명적인 발상의 전환이었다. 그리고 트럭만 알고 지내던 맥린은 그 이후에 과감하게 트럭운송회사를 정리하고 해운사업으로 뛰어 들어 큰 성공을 거두었다. 컨테이너가 물류의 혁명이라고 불리는 이유도 이하역의 시간을 최소화 하고 육상운송과 해상운송을 지체없이 연결해 줌으로써 운송비용을 혁신적으로 낮춘 데 있다.

컨테이너선이 탄생하기 전의 부두의 풍경을 옛 영화장면을 떠올리며 상상해 보자. 배가 도착하면 수많은 인부들이 직접 배에서 짐을 하나씩 내린 후 부두근처 창고로 옮긴다. 이때 짐들의 크기는 천차만별이고 종류도 다양하다. 바나나, 술, 커피자루부터 구리덩어리, 전선, 기계같이 커다란 화물까지 다양한 화물을 배에 싣고 내리기 위해서는 인부들이 직접 운반하는 수밖에 없었다. 물론 수많은 인부들이 손으로 직접 물건을 나를 경우에는 이하역에 드는 시간이 길어질뿐 아니라 막대한 비용이 소모되었다. 실제로 1956년 최초로 맥린이 최초의 컨테이너 선인 IDEAL－X호로 화물을 날랐을 당시에 중간크기의 비포장화물 선적비용은 톤당 5.83달러였다. 이에 비해 맥린의 컨테이너에서 같은 양의 화물을 선적하는데는 톤당 15.8센트밖에 들지 않았으니 컨테이너선은 가히 혁명적인 발명이라고 불릴만하다.

(중략)

조선코리아의 힘

작년에 대우조선해양이 성공적으로 건조한 세계 최대의 컨테이너선 'MSC 데니트호'는 무려 14,000TEU인 초대형 선박으로 컨테이너박스 1만 4,000개는 부산항의 수출컨테이너 하루물량에 해당하며 이 선박에 선적된 컨테이너 박스를 길게 줄지을 경우 8.5km에 달하는 엄청난 규모다. 그리고, 이 초대형 선박은 외형상으로도 눈에 띄는 특징이 있는데 선실이 배의 뒷부분이 아닌 배의 가운데에 있다는 점이다. 대부분의 배들은 선실이 배의 후방부에 위치하는데 그 이유는 배의 심장인 엔진과 프로펠러를 연결하는 프로펠러 축을 짧게 하기 위해 엔진을 배의 뒷부분에 설치하고, 엔진이나 기계류들은 사람들의 거주구역과 가까워야 관리 하기 쉽기 때문이다.

컨테이너선도 물론 선실이 후방부에 위치하는 것이 경제적이다. 하지만, 컨테이너은 설계 시에 중요한 고려사항이 하나 더 있는데 그것은 전방시야의 확보이다. 컨테이너선은 보통 컨테이너 박스를 갑판위에까지 빼곡히 쌓아 놓기 때문에 잘못하면 전방시야를 가릴 수 있다. 마치 박스를 들고 자전거를 운전하는 사람처럼 잘못하면 앞을 볼 수 없는 것과 같은 상황이다. 배에서는 선원들이 어느 정도 앞의 바다를 내려 볼 수 있는 전방시야를 확보해야 하는데 초대형 컨테이너선의 경우에 선실이 뒤에 있으면 컨테이너를 많이 쌓을 경우에 전방시야가 확보할 수가 없다. 따라서, 초대형 컨테이너선은 기계실과 선실이 멀리 떨어져 있는 불편함을 감수하더라고 선실은 배의 가운데에 떡하니 버티게 하고 기계실은 배의 뒷부분에 배치하였다. (후략)

부산일보, 2010년 4월 29일, 유병용(대우조선해양 미래연구소 연구원)

01 하역관리

1.1 하역의 개요와 하역관리

1) 하역의 개념과 주요특징

(1) 하역의 개념

하역은 운송과 보관에 수반하여 발생하는 작업으로서 화물을 싣고 내리고 이동하는 작업을 의미한다. 하역은 원재료 조달에서 생산, 소비에 이르는 전체 물류과정에서 발생하며, 각 운송수단에서 화물의 상·하차, 운송기관 상호 간의 중계, 창고의 입·출고 등을 포괄하고 있어서 그 범위가 매우 넓다. 물류활동 중에서 노동집약적인 활동 중 하나로 인식되어 왔으나, 점차 하역의 기계화, 자동화, 성력화가 진행되고 있다.

(2) 하역의 주요특징

하역은 보관, 운송 등의 물류활동과 다른 다음의 특징을 가지고 있다.

- 운송 및 보관지원활동 : 각종 운송수단에 화물을 싣고 내리는 것과 창고 내에서 운반, 적치, 반출 및 분류하는 등의 작업과 이에 따른 추가적인 활동을 의미한다.
- 시간·장소적 효용지원활동 : 운송은 생산과 소비의 공간적 거리를 줄이고 보관이 시간적 거리를 줄이는 효용이 있는 반면 하역은 그 자체로 가치를 창출하지는 않는다.
- 화물의 이동과 운반 : 저장과 이동을 포함하는 화물의 이동과 운반을 의미하며, 이 과정에서 발생할 수 있는 생산 및 검사 등의 공정은 포함하지 않는다.
- 물류전반에서 수행 : 하역은 물류전반에 걸쳐 이뤄지므로 하역합리화가 물류합리화에 큰 영향을 준다.

2) 하역의 주요 활동과 하역관리

(1) 하역의 주요 활동

하역영역에서 주로 수행하는 활동은 다음과 같다.

- 상 · 하차(Loading & Unloading) : 차량, 철도 등의 운송수단에 화물을 싣고 내리는 작업을 말한다.
- 운반(Carrying & Material Handling) : 화물을 공장, 창고 및 항만내부 등 비교적 단거리로 이동시키는 작업을 말한다. 한정된 공간에서 생산, 이동, 소비 등의 활동을 하면서 부가적으로 발생한다.
- 적재(Stacking) : 화물을 창고내의 랙 등 특정 보관시설 또는 장소로 이동하여 정해진 위치와 형태로 쌓는 작업을 말한다.
- 피킹(Picking) : 랙 등 창고 또는 보관장소에서 화물을 고객주문에 대응하기 위해 가져오는 작업을 말한다.
- 분류(Sorting) : 화물을 운송수단, 지역, 목적지 등 여러 기준에 따라 구분하고 나누는 작업을 말한다.
- 결속(Lashing & Dunnage) : 결속(Lashing)은 박스, 컨테이너 등을 활용하여 화물을 포장하고 운송기기에 선적하면서 움직이지 않도록 묶는 활동을 말한다. 완충재(Dunnage)는 운송기기에 실릴 화물을 포장하면서 손상 및 파손을 막기 위해 화물의 밑바닥이나 틈사이에 깔거나 끼우는 목재, 플라스틱, 금속 등의 자재를 말한다.
- 투입(Kitting) : 생산공정에서 필요한 자재명세서(BOM, Bill of material) 상의 원부자재를 찾아서 공정에 투입하기 위해 모아두는 작업으로서 원부자재의 결품예방과 재공재고를 확보하기 위해 사전에 피킹 · 분류하여 사용한다. 참고로 회수(Dekitting)는 공정상의 원부자재를 다른 용도로 사용하기 위해 회수하는 활동을 의미한다.

(2) 하역합리화의 원칙

하역은 생산에서 소비까지 전체 물류과정의 가치창출과 직접적으로 관련이 있고, 하역합리화는 물류합리화에 큰 의미를 가진다.

- ■ 하역효율성의 원칙 : 전체 물류과정에서 하역의 불필요한 작업을 줄이고, 시간 및

인력의 손실을 줄이는 경제적인 방법으로 하역하는 원칙을 말한다. 화물의 파손 및 손실을 최소화하는 원칙으로 다음의 세부원칙들이 있다.

- 포장적정화의 원칙 : 화물의 과대포장에 따른 중량 · 용적증가로 운반효율이 낮아지거나 인력, 운반, 하역에서의 추가비용이 발생하지 않도록 관리해야 한다.
- 활동최소화의 원칙 : 불필요한 하역, 운반 등의 작업을 줄임으로써 파손 등의 확률을 줄이는 원칙으로서 임시보관, 재작업 등의 활동을 최소화해야 한다.
- 혼선최소화의 원칙 : 운반중량과 거리를 최소화하기 위해 하역과정 중 교차, 왕복 등의 혼란과 손실을 가져올 수 있는 활동을 최소화하고 직선화한다는 원칙이다.

■ 이동거리 및 시간 최소화원칙 : 수 · 배송, 보관에서의 기본원칙으로 하역을 위해 이동거리와 시간을 최소화한다는 원칙이다. 특히 이동거리 및 시간이 길어질수록 시간당 인건비는 올라가며 이에 따라 전체 물류비용에 직접적으로 영향을 줄 수 있으므로 체계적으로 관리해야 한다.

■ 운반활성 지수 최대화의 원칙 : 화물상태에 따라 하역에 얼마나 신속하게 활용할 수 있는지를 지수화한 운반활성 지수를 최대화한다는 원칙이다. 운반활성 지수는 상차, 파렛트포장 등 지표와의 접점이 작아질수록 높아지며, 이는 하역효율이 증가한다는 것을 의미한다.

■ 유닛로드 운송의 원칙 : 화물을 파렛트, 컨테이너 등의 표준화된 운송용기를 사용하여 특정 단위화하는 원칙을 말한다. 유닛로드화를 통해 화물이 표준화될수록 자동화, 기계화되고, 다른 운송업체와의 협업이 용이해지면서 화물의 파손, 분실 등을 최소화할 수 있다. 유닛로드를 통한 표준화는 작업절차 및 방식도 표준화할 수 있다. 이러한 표준화된 하역방식은 하역작업의 효율성을 가져올 수 있다.

■ 기계화 자동화의 원칙 : 노동집약적인 활동중의 하나인 하역활동에 자동화된 설비 등을 이용하게 되면 물류효율성이 높아지게 된다. 즉 기계화 및 자동화를 통해 하역시간과 인건비 등을 절감함으로써 효율성과 경제성을 개선할 수 있다.

■ 중력이용의 원칙: 화물을 하역할 때 중력을 활용하는 것이 효율적이라는 원칙이다. 중력에 따라 위에서 아래 방향으로 하역하면 하역의 편리성과 경제성을 높일 수 있다.

■ 통합시스템화의 원칙 : 하역은 여러 활동이 하나의 시스템처럼 움직이므로 전체적인 균형적인 시각에서 시너지를 극대화할 수 있도록 하역작업을 해야 한다.

■ 프로세스 연계의 원칙 : 하역전후의 각 공정 간 연계를 원활하게 지원하도록 하역작업을 해야 한다. 운반의 흐름은 연속적으로 연결되어 원활하게 이루어져야 한다.

02 하역 및 보관기기

2.1 하역기기 관리

1) 하역기기

(1) 하역기기 선정 시 고려사항

물동량이 증가하면서 다양한 하역기기가 물류현장에서 사용되고 있다. 특히 대량의 대형화물, 인건비가 많이 들거나 위험한 화물, 신속한 처리가 필요한 화물 등을 대상으로 하역할 때 기계화가 적용되고 있다.

하역에서는 다음의 요소를 고려하여 목적과 상황에 적합한 하역기기를 선택해야 물류의 효율성을 높일 수 있다.

- 하역화물의 특성 : 물류현장에서는 화물의 형상, 크기, 중량 등을 고려하여 하역기기를 선정해야 한다. 화물포장 여부에 따라 살화물, 액체화물 등의 미포장화물과 파렛트 등의 포장된 포장화물로 구분할 수 있다. 하역화물의 포장방식에 따라 지게차, 크레인 등의 하역기기는 달라지게 된다.
- 하역작업의 특성 : 하역작업 자체의 특성으로 작업량, 운반거리 및 범위, 수・배송 특성 등을 감안하여 하역기기를 선정해야 한다.
- 하역작업환경의 특성 : 창고, 공장 등의 구조, 시설배치 등 작업장의 작업환경특성을 감안하여 하역기기를 선정해야 한다. 하역작업은 창고 내에서 수행할 수도 있지만 항만 등 개방된 공간에서 수행될 수 있는데, 이 공간의 면적, 특성에 따라 사용하는 하역기기는 달라진다.
- 하역기기의 특성 : 하역기기가 가지고 있는 특성으로서 안전성, 환경오염, 소음,

기동성, 생산성 등의 요소를 감안하여 하역기기를 선정해야 한다.

- 하역활동의 경제성 : 하역기기 등을 선정할 경우, 사용기간에 따라 발생할 수 있는 고정비 및 변동비 등을 비교하여 하역기기를 선정해야 한다.

2) 지게차(Fork Lift)

(1) 지게차의 개념

지게차는 파렛트 등의 화물하역이나 창고에서 근거리운반 등을 할 때 주로 사용하는 대표적인 상·하차기기이다. 포크를 이용한 운반 및 하역기능 이외에 필요에 따라 다양한 기능 및 특수작업을 수행하기 위해 부속장치를 부착하여 사용할 수 있다.

(2) 지게차의 종류

- 카운터 밸런스(Counter Balance)지게차 : 포크 및 승강장치(Mast)를 차체전방에 장착하고 차체후방에는 차체 안정을 위해 중량물을 장착한 가장 일반적인 형태로서 동력원에 따라 디젤식, LPG식, 전기식으로 나눌 수 있다.
- 스트래들 리치(Straddle reach) 지게차 : 차체전방에 부착한 스트래들 암(Arm)에 의해 차체가 중심을 잡고, 양쪽의 암 사이에 포크를 내릴 수 있는 형태의 지게차를 말한다.
- 사이드포크(Side Fork)지게차 : 포크와 마스트를 차체측면에 설치한 지게차로 길이가 긴 화물의 하역에 적합한 지게차를 말한다.
- 컨테이너 핸들러(Container Handler) : 컨테이너 취급용 작업장치인 스프레드를 장착한 지게차로서 항만이나 ICD에서 주로 사용된다. 형태상으로는 일반 마스트형 컨테이너 핸들러와 신축붐(Boom)식의 리치스태커로 구분된다.
- 리치 스태커(Reach Stacker) : 컨테이너 핸들러의 한 유형으로서 적재화물 높이 조정이 긴 붐을 통해 가능한 형태로 컨테이너 등 대형화물을 적재 및 운반할 때 사용하는 대형지게차를 말한다.

3) 크레인(Crane)

(1) 크레인의 개념

크레인은 화물을 들어 올려서 상하좌우 전후로 운반하는 기기를 말하며, 컨테이너 등의 대형화물을 하역할 때 많이 사용한다.

(2) 크레인의 종류

크레인을 사용하는 장소와 목적에 따라 다음과 같이 나눌 수 있다.

- 컨테이너 크레인(Container crane) : 컨테이너 하역용으로 설계된 크레인을 말하며, 에이프런에서 선박과 평행하여 주행한다. 작업 시에 붐이 선박상에 돌출하면 이 붐을 따라서 트롤리(Trolley)가 움직이면서 컨테이너를 취급한다.
- 케이블 크레인(Cable crane) : 탑 등의 높이 고정된 곳에 걸려 있는 케이블을 따라서 트롤리가 수평으로 이동하는 크레인을 말한다.
- 천장 크레인(Ceiling crane) : 공장, 창고 등 보관시설의 양쪽벽 천장에 레일을 달아 크레인이 천장을 주행하며 화물을 들어올려 이동하는 크레인을 말한다.
- 갠트리크레인(Gantry crane) : 항만에서 컨테이너 하역을 위해 설계된 크레인을 말하며, 에이프런의 특정 구간을 바퀴가 달린 기둥 또는 다리가 이동하며 기둥의 상하로 컨테이너를 이동하여 적재 및 상·하차하는 크레인을 말한다.
- 지브 크레인(Jib crane) : 화물을 매달기 위해 돌출된 지브를 활용하여 상·하차하는 크레인으로 주로 선박 등에 설치되어 사용한다.
- 자주 크레인(Mobile crane) : 차량 등에 지브가 부착되어 스스로 주행하면서 크레인을 사용할 수 있는 형태이다.
- 데릭(Derrick) : 마스트 또는 붐의 상단끝에 화물을 매달아서 상·하차할 수 있는 크레인을 말한다.
- 언로더(Unloader) : 곡식, 사료, 고철 등 벌크화물을 부리기 위해 이용되는 호퍼가 부착된 양륙전용 크레인으로 항만에서만 사용가능한 형태이다.
- 스태커크레인(Stacker crane) : 자동화창고에서 사용하는 크레인으로 랙에 화물을 입·출고시키는 이송설비를 말하며, 항만에서 사용하는 크레인과는 다르다.

4) 컨베이어(Conveyor)

(1) 컨베이어의 개념

컨베이어는 화물을 연속적으로 운반하는 기기로써 생산, 물류현장에서 많이 사용된다. 단순한 운반기기 뿐만 아니라 작업자와 함께 움직이는 작업대 등으로 산업현장에서 다양하게 사용된다.

(2) 컨베이어의 종류

주로 무동력컨베이어, 동력컨베이어, 벨트순환에 따라 운반하는 벨트컨베이어로 나눌 수 있으며, 기타 운전방식에 따라 다음과 같이 나눌 수 있다.

- 체인컨베이어(Chain Conveyor) : 양끝의 체인에 의해 많은 동력을 전달하므로 중량물운송 시 적합한 컨베이어로 파렛트 등 제품크기가 일정한 경우에 사용된다.
- 슬랫컨베이어(Slat Conveyor) : 체인을 통해 일정한 간격으로 연결된 평면의 판위에서 운반하며, 벨트를 손상시킬 정도로 무거운 화물의 운반에 사용한다.
- 버킷컨베이어(Bucket Conveyor) : 바구니(Bucket)가 달린 체인으로 되어 있어 화물을 경사, 수직, 수평 등 모든 방향으로 운반할 수 있다.
- 진동컨베이어(Vibrating Conveyor) : 기계적인 방법을 통해 진동을 주고, 그 진동을 통해 화물을 운반하는 방식으로 기계부품 등의 화물을 기울어진 타원형형태의 경로로 화물을 운반한다.
- 트롤리컨베이어(Trolley Conveyor) : 천장에 설치된 레일을 따라 트롤리가 일정한 간격으로 배치되어 트롤리사이를 고리모양의 체인으로 연결하여 화물을 매달아 운반하는 컨베이어를 말한다.

5) 항공하역기기

(1) 항공하역기기의 개념과 필요성

항공화물하역에서 사용하는 기기는 육상운송, 해상운송에서 사용하는 기기와는 다른 특징들을 가지고 있다.

항공운송은 운임이 비싸고, 중량/부피가 큰 화물의 경우 운송에 제약이 있다. 따라서 항공운송용 파렛트, 컨테이너는 항공기기체에 손상을 주지 않으면서 항공기내부모양과 특성에 맞게 제작되었으며, 해상운송, 육상운송에서 사용하는 용기 등과의 호환 탑재는 불가하다. 따라서 항공기에 탑재, 운반 등 하역을 위해서는 별도의 용기를 사용해야 하고 그에 따라 별도의 항공하역기기를 사용해야 한다.

(2) 항공하역기기의 종류

- 트랜스포터(Transporter) : 하역작업이 끝난 단위적재 용기를 공항터미널에서 항공기까지 수평이동할 때 사용하는 자체동력을 가진 장비를 말한다.
- 터그카(Tug Car) : 화물만 적재하는 돌리를 연결하여 화물을 운반하는 자체구동력을 가지고 있는 차량(Tracker)을 말한다.
- 돌리(Dolly) : 항공운송용 파렛트, 컨테이너 등을 적재하여 이동할 때 사용하는 기기로 자체구동력이 없어서 터그카에 연결하여 이동된다.
- 하이리프트 로더(High Lift Loader) : 단위적재 용기를 항공기 밑바닥 높이까지 들어 올려서 상・하역 작업에 사용하는 장비를 말한다.

2.2 보관기기 관리

1) 랙(Rack)의 개념

보관기기로서 가장 많이 사용되는 기기는 랙(Rack)이며, 창고관리에 반드시 필요한 설비이다.

랙은 창고 내 재고를 보관하는 선반을 의미하며, 보관화물의 재질, 중량, 특성 등에 따라 화물의 적재방식과 랙의 형태는 달라질 수 있다. 또한 랙은 창고 내 많은 화물의 보관은 물론 체계적인 분류를 통해 적치, 피킹 등의 후속활동에 영향을 준다. 자세한 보관기기의 활용에 대해서는 '제6장 보관관리・재고관리'에서 설명하고자 한다.

2) 랙의 종류

- 파렛트 랙(Pallet Rack) : 파렛트단위로 적재한 화물의 보관에 활용되는 랙으로 어떤 종류의 화물이든 파렛트에 적재되어 오면 랙 등의 공간에 적재가 가능한, 범용

성이 높은 형태의 랙이다. 파렛트 랙은 조립식구조로써 각 부품의 분해, 결합이 간단하므로 창고내부층의 조정, 이전, 해체가 용이하다. 파렛트 랙은 창고형 할인점에서도 흔히 볼 수 있다.

- 드라이브 인 랙(Drive In Rack) : 지게차가 랙 안으로 깊이 있게 진입할 수 있도록 만든 구조로서 지게차 통로면적이 절감되어 보관효율이 높은 랙이다. 즉 창고한쪽 방향에서만 출입이 가능하므로 소품종 대량화물 또는 로트단위로 입·출고하는 화물, 회전율이 낮은 화물에 적합하고, 선입선출 화물에는 적합하지 않다.
- 드라이브 스루 랙(Drive Through Rack) : 지게차가 랙 안으로 들어갈 수 있다는 측면에서는 드라이브 인 랙과 동일하지만, 랙의 양방향으로 들어올 수 있다는 측면에서 차이점이 있다. 좁은 창고에서 동일 유형의 대량화물을 보관할 수 있다.
- 적층랙(Mezzanine Rack) : 창고내에 선반을 다층식으로 겹쳐 쌓은 랙으로 창고 천장이 높은 경우 하단에 랙을 설치하고, 그 위에 바닥을 깔아 다시 랙을 설치한 형태를 말한다. 천장이 높을 경우, 2~3층으로 설치할 수 있어 보관효율을 높일 수 있다. 또한 비싼 건축비용없이 철제 등을 활용하여 신속하게 설치할 수 있고, 각 층별로 화물을 구분하여 보관할 수 있다.
- 모빌랙(Mobile Rack) : 창고바닥에 레일 등을 이용하여 직선으로 수평이동이 가능한 랙으로 전동식, 수동식으로 운행된다. 모빌랙은 창고 내에서 이동이 가능하므로 작업이 없을 경우는 이동하여 보관효율을 높일 수 있다.
- 암랙(Arm Rack) : 기본틀에 암(Arm)을 걸어 파이프 등 보관이 어려운 장척물의 화물을 보관하는 랙이다. 시야를 방해하는 기둥이 없으므로 재고검사 및 관리가 쉽고 작업효율과 화물처리속도가 개선된다.
- 유동랙(Flow Rack) : 소품종 다량의 상품을 파렛트 또는 박스단위로 보관하는데 적합한 랙으로서 경사진 입고부분에 컨베이어가 부착되어 있어서 선입선출이 가능한 구조이다. 앞쪽에서 입고시키면 뒤쪽에서 출고할 수 있도록 되어 있으며, 음료수, 냉동식품, 전자부품 등 선입선출이 중요한 화물의 보관에 적합하다.
- 회전랙(Carousel Rack) : 작업자가 특정 자리에 고정되어 있으면서 랙 자체가 수평 또는 수직으로 회전이동하면서 피킹할 수 있는 랙을 말한다. 의약품 등 부피가 작고 무겁지 않은, 다품종 소량화물의 보관에 적합하다.
- 하이스택 랙(High－Stack Rack) : 창고 내의 좁은 통로에 높게 적치할 수 있는 랙으로서 바닥공간을 최소화하여 사용하므로 공간활용이 좋고 재고관리도 용이하다.

- 박스슬라이딩 랙(Box Sliding Rack) : 랙과 경사진 컨베이어를 합쳐 구성된 형태로 화물의 자체하중에 의해 출고 방향으로 컨베이어를 타고 이동하는 구조이다. 선입선출로 관리해야 하는 화물을 안전하게 관리할 수 있다. 또한 시간, 공간상의 절약뿐만 아니라 피킹실수를 감소시켜서 자동창고시스템에도 적용가능한 방식이다.
- 행거 랙(Hanger Rack) : 행거에 걸어서 움직이는 의류에 특화된 랙을 의미한다. 화물의 원래 형상 그대로 보관할 수 있어서 공간활용에 따라 2~3단으로 설치할 수 있어서 대량의 화물보관이 가능하다.

2.3 피킹기기

1) DPS(Digital Picking System)

(1) DPS의 개념

DPS는 물류센터의 작업자에게 피킹 대상품목을 디지털 기기로 표시하여 출하순서대로 피킹할 수 있도록 지원하는 시스템을 의미한다. 화물피킹 시, 별도의 피킹리스트 등의 전표없이 시스템과 디지털표시기를 활용하여 작업자에게 정보를 제공한다.

창고관리시스템(WMS, Warehouse Management System) 등의 시스템과 연계하여 피킹할 화물에 대한 정보를 자동으로 전달하므로 출력, 화물검색, 이동 등의 시간을 줄일 수 있다. 신속정확하게 다품종소량, 다빈도피킹 및 분배업무를 수행할 때 적합하며, 작업자의 생산성과 서비스수준을 향상시키며 피킹시간을 단축할 수 있다.

(2) DPS의 유형

DPS는 작동하는 방식에 따라 다음의 유형으로 나눌 수 있다.

- 대차식 DPS : 작업자가 창고통로를 피킹용카트를 끌고 이동하면서 DPS 표시기가 설치된 랙의 피킹정보를 확인하면서 피킹한다. 작업자별로 작업구역을 분할하여 구역단위로 기기를 설치하며, 랙 또는 선반에 표시기를 통해 피킹정보를 확인한다.
- 구동컨베이어식 DPS(Relay 방식) : 작업구역의 랙, 선반 등에 디지털표시기를 부착하여 작업자가 지시에 따라 피킹하고, 화물출하 박스가 컨베이어를 따라서 작업

구역사이를 움직이는 방식을 말한다. 구역별 작업자는 피킹이 완료되면 다음 구역으로 화물출하 박스가 컨베이어를 따라 이동하므로 작업자의 이동이 최소화된다.

- 무구동 컨베이어식 DPS(Island 방식) : 오더단위로 출하박스를 무구동컨베이어에 투입하여 작업구역별로 피킹하고, 피킹이 끝나면 구동컨베이어로 이동시켜 출하작업구역으로 이동시키는 작업방식으로 작업자의 이동이 최소화된다.

2.4 분류기기

1) 분류기(Sorter)

(1) 분류기의 개념

분류기는 고속으로 대량의 화물을 분류하여 목적지별로 분류하는 기기를 말한다. 창고관리시스템과 연계하여 화물이동 및 정보처리, 입・출고 시 전표의 동시처리 등의 부가기능이 추가되어 사용되고 있다.

(2) 자동분류기의 유형

- 다이버터 바 스윙(Diverter Bar Swing)방식 : 컨베이어 위에 바(Bar)를 설치하여 화물의 목적방향으로 방향을 전환하는 방식을 말하며, 화물을 1개씩 연속적으로 분류하는 작업이 가능하다.
- 다이버터 푸셔(Diverter Pusher)방식 : 화물의 분류지점에 컨베이어 옆 직각방향으로 푸셔(Pusher)를 설치하여 분류지점에 화물이 위치하면 푸셔로 화물을 밀어내는 방식을 말한다.
- 팝업휠(Popup Device wheel)방식 : 컨베이어 상에서 방향전환이 필요한 경우, 롤러 사이에 위치한 휠(Wheel)이 위로 올라와(Popup) 원하는 방향으로 전환해주는 방식을 말한다.
- 팝업체인(Popup Device chain)방식 : 2개의 롤러컨베이어 사이에 팝업체인을 설치하여 방향이 필요한 경우만 체인이 위로 올라와서 방향을 전환시키는 방식을 말한다. 화물과 컨베이어 면의 마찰이 적어서 파렛트 등 무거운 화물분류에 적합

하다.

- 슬라이딩 슈(Sliding Shoe)방식 : 체인롤러 사이에 방향을 전환하는 슈(Shoe)가 장착되어 화물을 원하는 방향으로 이동될 수 있도록 분배하는 방식이다.
- 트레이 틸트(Tray Tilt)방식 : 컨베이어에 트레이가 달려있으며, 특정 위치에 트레이가 도착하면 기울어지면서 화물을 분류하는 방식이다.
- 크로스 벨트 트랜스퍼(Cross Belt Transfer)방식 : 여러 개의 벨트 컨베이어가 레일을 따라 화물을 운송하며, 분류지점에 도착하면 벨트를 작동시켜 목적지에 화물을 운반하는 방식이다.
- 팝업롤러 트랜스퍼(Popup Roller Transfer) 컨베이어 : 여러 벨트 사이의 분류지점별로 롤러를 설치하여 화물이 분류지점에 도착하면 롤러가 위로 올라와서 화물의 방향을 전환하여 분류하는 방식이다.
- 롤러벨트(Roller belt) 컨베이어 : 화물이 특정 분류지점에 도달하면 컨베이어에 부착된 휠 또는 볼이 움직여서 화물의 방향을 전환하는 방식이다.

2) DAS(Digital Assorting System)

(1) DAS의 개념

DAS는 피킹한 화물분류 시, 별도의 전표출력없이 창고관리시스템과 디지털표시기를 활용하여 작업자에게 피킹정보를 제공하는 시스템을 말한다. 작업자에게 정확한 분류정보를 제공하므로 업무정확도가 높고, 작업자의 실수를 낮출 수 있으며, 신속한 분배를 통해 물류비용을 절감할 수 있다.

(2) DAS의 유형

DAS는 작동하는 방식에 따라 다음의 유형으로 나눌 수 있다.

- 멀티 릴레이분배방식 : 출고대상 화물을 모두 피킹한 후 여러 목적지별로 분류하고, 목적지별로 분류된 화물을 이어서 다시 분배하는 방식으로 짧은 시간에 많은 상품을 신속하게 분배하고자 할 경우 사용하는 작업생산성이 높은 방식을 말한다. 예를 들면 출고수량을 지역별로 중분류하고 이를 다시 재분배하는 방식으로 적용할 수 있다.
- 멀티 다품종분배방식 : 다품종의 화물을 많은 고객에게 배송하기 위해 분배해야

하는 경우 많이 사용하는 방식으로 배송처 등의 기준으로 합포장을 할 때 적합하다.

03 포장관리

3.1 포장의 개요

1) 포장의 개념 및 특징

포장은 물류활동을 효율적으로 수행하기 위해 적절한 재질의 용기 등을 활용하여 물품가치와 상태를 보존하는 활동을 의미한다. 화물의 표준화와 규격화가 중요해 지면서 포장재와 함께 포장단위에 대해서도 잘 정의해야 한다. 포장단위는 파렛트 등의 용기와 운송수단과의 관계를 고려하여 결정되어야 하며, 유닛로드화를 통한 일관운송이 실현되도록 포장해야 한다.

2) 포장의 유형

(1) 형태별 분류

- 개별포장 : 화물의 상품가치를 높이고 보호하기 위해 적절한 재질 및 용기로 물품을 낱개단위로 포장한다.
- 내부포장 : 수분, 충격에서 화물의 변질이나 파손을 방지하기 위해 적절한 재질 및 용기 등으로 물품을 포장한다.
- 외부포장 : 상자 등의 용기에 넣고 용기외부에 내용물에 대한 정보를 표시하여 포장한다.

(2) 기능별 분류

- 공업포장 : 물품보호, 취급편리성과 비용최소화를 고려하여 물품의 내부와 외부를 포장하는 것을 말한다.

- 상업포장: 소매포장이라 하며 낱개단위로 포장하여 판매촉진과 매매의 편리성, 작업의 효율화에 중점을 둔다.

(3) 목적별 분류

- 방수포장: 내용물에 수분이 들어오는 것을 방지하는 포장을 말한다.
- 방습포장: 물류과정에서 습기가 스며드는 것을 방지하는 포장으로 의약품, 건조식품, 섬유제품, 피혁 및 금속제품 등의 보호를 목적으로 활용한다.
- 방청포장: 기계, 금속제품이 공기 속의 산소, 수분 등에 의해 녹이 스는 것을 막기 위한 포장으로 산소가 금속표면에 접촉되지 않도록 포장한다.
- 완충포장: 내용물이 충격에 의해 파손되는 것을 방지하고, 외부압력을 완화시키도록 포장한다.
- 집합포장: 지게차 등 하역기기에 의한 기계작업이 용이하도록 포장 단위별로 묶어서 포장한다.

3) 포장의 주요 기능

- 보호성: 포장은 상품성에 영향을 주게 되므로, 화물의 품질, 가치와 상태를 보호할 수 있도록 포장해야 한다.
- 편리성: 화물취급과 하역의 편리성에 입각하여 포장해야 한다. 포장을 통해 물류업무를 기계화, 자동화하여 물류 일관화와 자동화가 촉진되도록 해야 한다.
- 판매촉진성: 마케팅 등의 관점에서 판매촉진을 위해 포장한다.
- 환경친화성: 환경친화적인 소재를 활용하여 포장한다. 과다한 포장은 환경측면에서 역효과가 발생하므로 적정포장이 필요하다.
- 경제성: 원가절감을 위한 최적의 소재, 방법을 활용하여 포장한다. 과대포장은 중량·용적증가를 야기하므로 물류 비효율을 유발할 수 있다.
- 표시성: 취급, 분류 등 물류활동에 필요한 정보를 포장의 표면에 표시한다.

4) 화인(Shipping Mark)

(1) 개 념

화물의 운송과정에서 화물의 보호, 취급편리, 운송편의 등을 위해 화물 및 포장의 외장에 화물취급관련 정보를 사용자가 쉽게 인지하도록 표시해야 한다.

(2) 화인의 종류

- 주화인(Main Mark) : 다른 화물과 쉽게 구별할 수 있도록 특정 형태를 표시하고 그 표시내에 화주를 표시하는 특정한 기호를 삽입하는 것을 말하며, 화인중 가장 중요한 화인이다.
- 부화인(Counter Mark) : 화물 내 내용물에 생산업체, 수출대행업체 등이 부착하는 기호로 하나의 포장단위에 포함된 다른 화물과 구분할 수 있도록 주화인의 위쪽 등에 표시한다.
- 목적지표시(Destination Mark) : 화물의 최종도착지, 도착항 등을 표시한다.
- 상자번호(Case No.) : 송장 등의 운송서류 상의 화물을 확인하기 위해 상자별로 표시하는 일련번호를 말한다.
- 품질표시(Quality Mark) : 주로 주화인 위나 아래에 표시하며, 화물품질이나 등급을 표시한다.
- 원산지표시(Country of Origin Mark) : 관세법규의 규정에 따라 표시된 화물의 원산지명을 표시한다.
- 중량(또는 수량)표시(Weight · Quantity Mark) : 내용물의 중량을 표시하거나 전체 포장 중 몇 번째인지를 표시한다.
- 주의표시(Care Mark) : 화물특성, 품질, 규격 등에 따라 화물취급 시 주의해야 할 사항을 인식하기 쉬운 곳에 표시한다.

04 파렛트와 컨테이너

4.1 파렛트(Pallet)

1) 파렛트의 개념과 효과

(1) 파렛트의 개념

파렛트는 운송, 보관, 하역 등 물류활동을 합리화하기 위해 사용하는 화물적재 용기를 말한다. 표준규격을 사용하여 물류업무 자체를 표준화함으로써 운송, 적재, 보관효율을 높이고 화물파손 및 비용을 감소시키는 수단으로 활용되고 있다.

(2) 파렛트의 효과

- 물류비용 및 시간절감 : 운송, 보관, 하역 등을 기계화하여 인력과 각종 물류비용을 절감하고 작업시간을 단축할 수 있다.
- 운송효율향상 : 운송 시 적재효율이 높아지므로 운송의 효율성을 높일 수 있다.
- 화물파손감소 : 기계화, 자동화에 의해 하역, 보관 등을 수행하므로 화물의 파손을 최대한 방지할 수 있다.
- 재고관리효율 향상 : 파렛트단위의 로트로 관리되므로 재고조사 등의 재고관리가 쉬워지고, 창고 등의 보관공간을 효율적으로 활용할 수 있다.

2) 파렛트의 종류

파렛트는 국제표준규격, 형태, 재질 등의 기준에 따라 다음의 유형으로 나뉜다.

(1) 표준규격에 따른 유형

파렛트는 국제표준화기구(ISO, International Standard Organization)에서 일관운송용 국제표준 파렛트의 규격을 제정하여 원활한 국가간 물류활동에 적용하고 있다.

국제표준화 기구는 다음의 파렛트규격을 국제표준(ISO 6780)으로 정의하였다(단위 :

mm)

- 1,200×800 : 유로존에서 공동으로 운영하는 표준파렛트로 해상용 ISO컨테이너 사용에는 비효율적인 규격이다.
- 1,140×1,140 : 미국, 영국, 캐나다 등 영미권 국가의 지원으로 사용되는 규격이다.
- 1,219×1,016 : 미국 이외에는 잘 사용하지 않는 미국 표준파렛트로 인치로 환산하면 48×40 inch 규격으로 되어 있다.
- 1,100×1,100 : T－11형 파렛트로 불리며, 한국, 일본 등 아시아 지역에서 널리 사용되는 표준파렛트 규격이다. 우리나라에서는 이 규격이 T－12형 파렛트와 함께 일관운송용 파렛트로 사용되고 있다.
- 1,200×1,000 : T－12형 파렛트로 불리며, 국제적으로는 가장 많이 사용되는 규격으로 미주, 유럽, 아시아 등지의 나라에서 사용하고 있다.
- 1,067×1,067 : 2003년 12월에 새롭게 추가된 정사각 형태의 표준파렛트 규격이다.

(2) 재질에 의한 유형

- 목재파렛트 : 친환경재질인 목재파렛트는 저렴하고 가벼운 편이어서 사용이 편리하고 유지보수 역시 용이하다. 이러한 장점들 때문에 수출용으로 가장 많이 사용된다.
- 철재파렛트 : 강도 및 내구성이 우수하여 중량물의 보관 및 하역에 많이 사용된다. 유지보수가 어렵고, 하역 시 미끄럼현상이 잘 발생하는 단점이 있다. 알루미늄 파렛트는 경량에 가공성이 좋으나 가격이 비싸서 제한된 용도로만 사용된다.
- 플라스틱 파렛트 : 다른 재질에 비해 다소 가볍고 저렴하며, 외관, 위생, 내구성, 습도 등의 측면에서 우수하나 온도에 민감하고 폐기 시 환경오염이 유발될 수 있다.
- 종이 파렛트 : 압축한 종이로 제작하여 사용되며, 습기에 약해 1회용으로 사용된다.

(3) 형태에 의한 분류

- 기둥파렛트(Post Pallet) : 파렛트판 상단에 기둥이 설치된 형태로 기둥을 접거나 연결하는 등의 방식으로 사용한다.
- 롤파렛트(Roll Pallet) : 파렛트 바닥면에 바퀴가 달려 있고, 파렛트 판상단에 박스로 되어 자체적으로 밀어서 움직일 수 있도록 만든 파렛트이다.
- 시트파렛트(Sheet Pallet) : 목재, 플라스틱 등의 재질로 만들어 밀거나 당기는 장

치를 사용하여 상·하역하는 1회용 파렛트이다.

- 스키드 파렛트(Skid Pallet) : 핸드리프트 등의 기기로 움직일 수 있도록 만든 가벼운 단면형 파렛트을 말한다.
- 사일로 파렛트(Silo Pallet) : 살화물을 보관, 운송할 때 사용하는 상자형 파렛트로 상단으로 투입하고 하단으로 개폐하는 방식으로 사용한다.
- 탱크파렛트(Tank Pallet) : 액체로 된 화물을 보관, 운송할 때 사용하는 상자형 파렛트로 상단으로 투입하고 하단으로 개폐하여 산출하는 방식으로 사용한다.

4.2 컨테이너(Container)

1) 컨테이너의 개념과 장단점

(1) 컨테이너의 개념

컨테이너는 일관복합운송을 가속화하고 유닛로드시스템을 지원하는 운송용기로서 선적 및 양하의 기계화를 통해 경제성, 신속성, 안전성을 충족시키는 운송도구이다. 컨테이너는 그 자체가 창고의 역할을 하므로 보관비용을 절감하고 화물의 손상 및 도난을 줄일 수 있다. 하지만, 물류설비의 설치 및 기기구입에 따라 초기투자비가 과다 하게 발생하며 하역설비가 구비되지 않은 항만의 경우, 컨테이너를 이용하기 어렵다. 하지만 이제 대부분의 항만 또는 ICD에는 컨테이너를 활용한 물류운송이 가능하도록 기계화되어 있어 컨테이너는 해상운송과 육상운송의 표준이 되었다.

(2) 컨테이너의 요건

1964년 국제표준화기구 총회에서 다음 요건을 갖춘 용기를 컨테이너로 정의하였다.

- 내구성 : 화물운송이 쉽게 파손되지 않도록 내구성이 있어야 하고, 반복사용에 적합한 강도이어야 한다. 특히 고단적으로 쌓아서 운송 및 보관 시에도 무거운 하중을 견딜 수 있어야 한다.
- 표준규격 : 화물을 단일 또는 다수의 운송방식에 의해 용이하게 수송 및 환적이 가능하도록 표준규격에 맞춰 설계되어야 한다.

- 기계화 : 육상운송, 해상운송 등 다른 운송방식으로 환적 시, 쉽게 하역을 지원하는 크레인 등의 기계화장치를 활용할 수 있어야 한다.
- 개폐용이성 : 화물을 컨테이너 안에 넣고, 화물을 쉽게 확인할 수 있도록 설계되어야 한다.

3) 컨테이너 운송의 장단점

(1) 컨테이너 운송의 장점

- 운송시간단축 : 컨테이너 선박, 컨테이너용 철도화차와 연결된 화물자동차 등을 활용한 운송이 가능해졌으며 환적 및 하역소요시간과 전체 운송시간을 단축할 수 있다.
- 물류비용절감 : 대형화된 컨테이너 선박을 활용한 해상운송이 가능해지면서 화물운송비용을 절감하고, 하역의 기계화를 통해 인건비 또한 절감할 수 있다.
- 적 · 양하 효율화 : 항구, ICD 등에서 적 · 양하를 기계화함으로써 물류의 효율성을 높힐 수 있다.
- 통관업무 효율화 : 통관, 입 · 출고 시 컨테이너 단위로 처리가 가능해져서 각종 서류와 관련 업무를 간소화할 수 있다.
- 화물 안전성 증대 : 위험물 등 특수 화물도 컨테이너를 통해 안전하게 운송할 수 있고, 재고관리의 위험을 낮출 수 있다.

(2) 컨테이너 운송의 단점

- 표준화 : 컨테이너 운송을 위해서는 차량, 항만, 철도 등 물류영역에서의 국제적 기준에 맞춘 표준화가 선행되어야 한다.
- 인프라투자 : 항만 등 컨테이너 화물운송을 위한 인프라를 갖출 경우, 초기 투자비용이 크므로 인프라차원에서 사회간접자본의 투자가 필요하다.
- 대용량단위 : 다품종소량으로 이동하는 화물의 경우, 컨테이너 단위의 대용량화물로 구성하지 못하게 되면 물류의 비효율이 생길 수 있다.

3) 컨테이너의 유형

컨테이너는 크기, 용도에 따라 다음과 같이 나누어 볼 수 있다.

(1) 크기에 따른 유형

- TEU(Twenty−Foot Equivalent Unit) : 컨테이너 선박은 무게보다는 컨테이너의 수로 표현하므로 TEU 단위를 많이 사용한다. TEU는 20×8×8.6 ft 규격의 컨테이너로써 선박 등의 규모나, 물동량산출 시의 표준적인 단위로 사용되며, 통상 컨테이너 선박의 적재능력의 표시기준이 된다. TEU는 현재 해상운송에서 가장 많이 사용되는 규격의 컨테이너이다.
- FEU(Forty−Foot Equivalent Unit) : 40×8×8.6 ft 규격의 컨테이너를 말한다.

(2) 용도에 따른 유형

화물이나 운송조건의 특성에 따라 컨테이너를 구분하여 정의한다.

- 일반용도 컨테이너(Dry Container) : 일반화물을 운송하기 위해 사용되는, 강성이 있는 6면체의 가장 일반적인 컨테이너이다. 컨테이너의 한쪽 끝벽에 1개 이상의 문이 있으며 경우에 따라 지붕 또는 옆벽에 강성이 있는 개폐장치가 있다.
- 통풍컨테이너(Ventilated Container) : 운송 중 통풍을 필요로 하는 과일, 채소와 같은 화물, 동물 등을 수송하는 단거리운송용 컨테이너를 말한다.
- 건화물컨테이너(Dry Bulk Container) : 분립체, 살화물 등의 벌크화물을 운송하는 컨테이너로써 천장에 화물을 투입할 수 있는 해치가 있고 아랫부분에는 개폐하여 하역할 수 있는 문이 있다.
- 냉장 · 냉동컨테이너(Thermal Container) : 냉동화물 등 온도관리가 필요한 특수화물 운송을 주목적으로 하는 컨테이너이다.
- 오픈톱컨테이너(Open Top Container) : 파이프 등의 장척화물, 중량물, 기계류 등을 운송하기 위한 컨테이너로써 개폐식, 착탈식으로 화물을 컨테이너 윗부분으로 넣거나 하역할 수 있다.
- 플랫랙컨테이너(Flat Rack Container) : 플랫폼 컨테이너(Platform Container)라고도 하며, 목재, 승용차, 기계류 등과 같은 중량화물을 운송하기 위한 컨테이너로 지붕과 벽을 제거하고 4개의 기둥과 바닥면만 두어 전후좌우 및 쌍방에서 하역할

수 있다.

- 사이드오픈 컨테이너(Side Open Container) : 장척화물운송이 적합한, 측면이 개방되는 컨테이너를 말한다.
- 탱크컨테이너(Tank Container) : 유류, 화학품 등과 같은 액체상태의 화물을 운송하기에 적합한 컨테이너를 말한다.
- 행잉가먼트 컨테이너(Hanger Container) : 의류운송을 위한 컨테이너를 말한다.

토의문제

1. 하역을 효과적으로 하기 위해서는 어떻게 해야 하는지 생각해 봅시다.
2. 대량의 다품중 소량주문을 처리하기 위해 피킹과 포장은 어떻게 해야 하는지 생각해 봅시다.
3. 물류현장에서 공 컨테이너를 효과적으로 순환하기 위해서 어떻게 해야 하는지 생각해 봅시다.
4. 글로벌 물류현장에서 많이 사용되는 파렛트는 어떤 유형이 있는지 설명하시오.

제5장 물류관리사 기출문제

01 항공화물하역의 파렛트탑재, 운반 및 하역장비에 해당하지 않는 것은? (20회, 2016년)

① 트랜스포터(Transporter)
② 터그 카(Tug Car)
③ 에이프런 컨베이어(Apron Conveyor)
④ 돌리(Dolly)
⑤ 리프트 로더(Lift Loader)

02 하역요소에 관한 설명으로 옳지 않는 것은? (20회, 2016년)

① 상차(Loading) : 운송기기 등에 물건을 싣는 것을 말한다.
② 적재(Stacking) : 보관시설 등의 정해진 위치에 정해진 형태로 물건을 쌓는 것을 말한다.
③ 디베닝(Devanning) : 컨테이너에서 물건을 내리는 것을 말한다.
④ 재작업(Rehandling) : 컨테이너 내의 물건이 흔들리지 않도록 다시 묶는 것을 말한다.
⑤ 분류(Sorting) : 물건을 품종별, 발송지별, 고객별로 나누는 것을 말한다.

03 다음 설명과 일치하는 랙(Rack)의 종류로 옳은 것은? (20회, 2016년)

ㄱ. 수동식, 자동식 등이 있으며 다품종 소량물품보관에 적합하고 통로공간을 활용하므로 보관효율이 높다.
ㄴ. 천정이 높은 창고에서 복층구조로 겹쳐 쌓는 방식으로 물품의 보관효율과 공간 활용도가 높다.
ㄷ. 소품종 다량물품보관에 적합하고 적재공간을 지게차통로로 활용하여 적재효율은 높으나 선입후출(先入後出)해야 하는 단점이 있다.
ㄹ. 피킹시 피커는 고정되어 있고 랙 자체가 회전하며 중량이 가볍고 다품종소량의 물품 입·출고에 적합하다.

① ㄱ: 적층랙 ㄴ: 모빌랙 ㄷ: 드라이브인랙 ㄹ: 캐러셀랙
② ㄱ: 모빌랙 ㄴ: 적층랙 ㄷ: 드라이브스루랙 ㄹ: 캐러셀랙
③ ㄱ: 모빌랙 ㄴ: 캐러셀랙 ㄷ: 적층랙 ㄹ: 드라이브인랙

④ ㄱ: 모빌랙 ㄴ: 적층랙 ㄷ: 드라이브인랙 ㄹ: 캐러셀랙
⑤ ㄱ: 적층랙 ㄴ: 캐러셀랙 ㄷ: 모빌랙 ㄹ: 드라이브인랙

04 **하역원칙에 관한 설명으로 옳은 것은?** (20회, 2016년)

① 운반거리를 최대한 길게 해야 한다.
② 운반활성화 지수를 최소화하여야 한다.
③ 화물을 즉시 피킹할 수 있도록 낱개화물로 운반해야 한다.
④ 화물은 유연하게 작업될 수 있도록 작업자가 직접 손으로 하역할 수 있어야 한다.
⑤ 각 하역활동을 시스템 전체균형에 맞도록 고려하여야 한다.

05 **다음의 내용에 맞는 물류기기는?** (20회, 2016년)

- 랙에 화물을 입 · 출고시키는 주행장치, 승강장치, 포크장치로 구분된 창고 입 · 출고기기이다.
- 수동, 반자동, 자동식으로 입 · 출고작업을 수행한다.
- 아래에 주행레일이 있고 위에 가이드레일이 있는 통로 안에서 주행장치로 주행하며, 승강 및 포크장치를 이용한다.

① 오버헤드 크레인(Overhead Crane) ② 트레버서(Traverser)
③ 스태커 크레인(Stacker Crane) ④ 데릭(Derrick)
⑤ 갠트리 크레인(Gantry Crane)

06 **다음에서 설명하는 운반 · 하역기기는?** (20회, 2016년)

- 자체에 수동 또는 자동으로 화물을 적재하고 지시된 장소까지 레이저로 유도되는 형태로 자동주행하여 수행 또는 자동으로 이재(移載) 또는 적재(積載)하는 무궤도차량이다.
- 고감도센서로 사람, 장애물을 감지하고, 신속히 제동할 수 있는 장치를 갖춤으로써 물품을 운반할 수 있다.

① 파렛트 트럭(Pallet Truck)
② 핸드리프터(Hand Lifter)
③ 무인반송차(Automatic Guided Vehicle)
④ 트롤리 컨베이어(Trolly Conveyor)
⑤ 체인레버 호이스트(Chain Lever Hoist)

07 **운반순도의 원칙, 최소취급의 원칙, 수평직선의 원칙 등을 포함하는 하역합리화의 원칙은?**

(19회, 2015년)

① 기계화 원칙 ② 인터페이스 원칙 ③ 시스템화 원칙
④ 중력이용의 원칙 ⑤ 하역경제성의 원칙

08 **하역기기 선정의 방법에 관한 설명으로 옳지 않은 것은?** (19회, 2015년)

① 화물의 형상, 크기, 중량 등을 감안하여 선정한다.
② 작업량, 취급품목의 종류, 운반거리 및 범위, 통로의 크기 등 작업특성을 고려하여 선정한다.
③ 화물의 흐름, 시설의 배치 및 건물의 구조 등 작업환경 특성을 고려하여 선정한다.
④ 안전성, 신뢰성, 성능 등을 고려하여 선정한다.
⑤ 단일 대안만을 고려한 후, 경제성을 검토하여 선정한다.

09 **( )안에 들어갈 내용이 차례대로 나열된 것은?** (19회, 2015년)

하역작업에서 컨테이너(Container)에 물건을 싣는 것을 (ㄱ), 내리는 것을 (ㄴ)이라고 한다.

① ㄱ: Vanning ㄴ: Devanning ② ㄱ: Lashing ㄴ: Dunnage
③ ㄱ: Packing ㄴ: Unpacking ④ ㄱ: Sorting ㄴ: Assorting
⑤ ㄱ: Insourcing ㄴ: Outsourcing

10 **랙(Rack)에 관한 설명으로 옳지 않은 것은?** (19회, 2015년)

① 암 랙(Arm rack)은 외팔지주걸이 구조로 기본프레임에 암(Arm)을 결착하여 화물을 보관하는 랙으로 파이프, 가구, 목재 등 장척물보관에 적합하다.
② 드라이브 인 랙(Drive in rack)은 회전율이 낮은 제품이나 계절적 수요제품에 경제적이다.
③ 파렛트 랙(Pallet rack)은 주로 파렛트에 쌓아 올린 물품의 보관에 이용한다.
④ 적층 랙(Mezzanine rack)은 상품의 보관효율과 공간활용도가 높다.
⑤ 드라이브 스루 랙(Drive through rack)은 넓은 장소에서 다른 종류의 물품을 많이 보관할 경우 유용하다.

11 **DAS(Digital Assort System)에 관한 설명으로 옳지 않은 것은?**

(23회, 2019년)

① 물품보관셀에 표시기(display)를 설치하고 피킹작업자가 방문하여 표시량 만큼을 피킹한다.

② 보관장소와 주문별 분배장소가 별도로 필요하다.
③ 소품종 대량출하에 더 적합하다.
④ 고객별 주문상품을 합포장하기에 적합한 분배시스템이다.
⑤ 주문처별로 분배하는 파종식으로 볼 수 있다.

12 랙(Rack)에 관한 설명으로 옳지 않은 것은? (23회, 2019년)

① 파렛트 랙(Pallet Rack)은 주로 파렛트에 쌓아올린 물품의 보관에 이용한다.
② 캔틸레버 랙(Cantilever Rack)은 외팔지주걸이 구조로 기본 프레임에 암(Arm)을 결착하여 화물을 보관하는 랙으로 파이프, 목재 등 장척물보관에 적합하다.
③ 유동 랙(Flow Rack)은 화물을 한쪽방향에서 넣으면 중력을 이용하여 순서대로 쌓이며, 인출할 때는 반대방향에서 화물을 출고하는 랙으로써 선입선출에 유용하다.
④ 드라이브 인 랙(Drive-in Rack)은 선반을 다층식으로 겹쳐 쌓고, 현재 사용하고 있는 높이에서 천장까지의 사이를 이용하는 보관설비로서 보관효율과 공간활용도가 높다.
⑤ 모빌 랙(Mobile Rack)은 레일을 이용하여 직선적으로 수평이동되는 랙으로 통로를 대폭 절약할 수 있어 다품종 소량의 보관에 적합하다.

13 크레인에 관한 설명으로 옳지 않은 것은? (24회, 2020년)

① 크레인은 천정크레인(Ceiling Crane), 갠트리크레인(Gantry Crane), 집크레인(Jib Crane), 기타 크레인 등으로 구분된다.
② 갠트리크레인은 레일위를 주행하는 방식이 일반적이나, 레일 대신 타이어로 주행하는 크레인도 있다.
③ 스태커크레인(Stacker Crane)은 고층랙 창고선반에 화물을 넣고 꺼내는 크레인의 총칭이다.
④ 언로더(Unloader)는 천정에 설치된 에이치빔(H-beam)의 밑 플랜지에 전동 체인블록 등을 매단 구조이며, 소규모 하역작업에 널리 이용되고 있다.
⑤ 집크레인은 고정식과 주행식이 있으며, 아파트 등의 건설공사에도 많이 쓰이고 수평방향으로 더 넓은 범위 안에서 작업할 수 있다.

14 하역의 기계화와 표준화를 위해 고려해야 할 사항이 아닌 것은? (25회, 2021년)

① 환경영향을 고려해야 한다.
② 물류합리화의 관점에서 추진되어야 한다.
③ 안전성을 고려하여 추진되어야 한다.
④ 특정 화주의 화물을 대상으로 추진되어야 한다.

⑤ 생산자, 제조업자, 물류업자와 관련 당사자의 상호협력을 고려하여야 한다.

15 **하역작업과 관련된 용어의 설명으로 옳지 않은 것은?** (25회, 2021년)

① 더니지(Dunnage): 운송기기에 실려진 화물이 손상, 파손되지 않도록 밑바닥에 까는 물건을 말한다.
② 래싱(Lashing): 운송기기에 실려진 화물을 줄로 고정시키는 작업을 말한다.
③ 스태킹(Stacking): 화물을 보관시설 또는 장소에 쌓는 작업을 말한다.
④ 피킹(Picking): 보관장소에서 화물을 꺼내는 작업을 말한다.
⑤ 배닝(Vanning): 파렛트에 화물을 쌓는 작업을 말한다.

16 **하역장비에 관한 설명으로 옳지 않은 것은?** (25회, 2021년)

① 언로우더(Unloader) : 철광석, 석탄 및 석회석과 같은 벌크(Bulk) 화물을 하역하는데 사용된다.
② 톱 핸들러(Top Handler) : 공(empty) 컨테이너를 적치하는데 사용된다.
③ 스트래들 캐리어(Straddle Carrier) : 부두의 안벽에 설치되어 선박에 컨테이너를 선적하거나 하역하는데 사용된다.
④ 트랜스퍼 크레인(Transfer Crane) : 컨테이너를 적재하거나 다른 장소로 이송 및 반출하는데 사용된다.
⑤ 천정 크레인(Overhead Travelling Crane) : 크레인 본체가 천장을 주행하며 화물을 상하로 들어 올려 수평이동하는데 사용된다.

정답
01 ③ 02 ④ 03 ④ 04 ⑤ 05 ③ 06 ③ 07 ⑤ 08 ⑤ 09 ① 10 ⑤ 11 ① 12 ④ 13 ④ 14 ④ 15 ⑤ 16 ③

CHAPTER

06

보관관리 · 재고관리

1. 보관관리
2. 재고관리

새로운 디지털 기술, 유통업계 물류센터를 향한다

코로나 팬데믹은 소비자의 쇼핑트렌드를 오프라인에서 온라인으로 이동시켰다. 유통업체들은 이에 대응해 첨단 기술을 활용한 새로운 비즈니스 모델구축에 들어갔다. 코로나19 발생이전부터 시작된 이런 트렌드는 2021년 더욱 확실한 주류 트렌드로 자리잡을 전망이다.

완전자동화를 위한 'CFC(Customer Fulfillment Center)'

전통적으로 오프라인 소매업체가 온라인 소매업체보다 경쟁우위를 가진 부분은 고객과의 접점에서 직원과 상점을 보유한다는 점이었다. 하지만 코로나 팬데믹이후 이런 경쟁우위는 이제는 의미가 있기 어렵게 됐다. 최근 오프라인 소매업체들이 상점에 풀 필먼트공간을 구축하고, 온라인주문을 받은 뒤 직원이 배송하거나 고객이 직접 받는 서비스를 도입하고 있는 것도 이런 이유에서다. 글로벌시장의 대형 슈퍼마켓 업체들은 고객이 온라인으로 주문한 뒤 거주지에서 배송을 기다리는 대신 상점을 직접 방문해 상품을 받는 '클릭 앤 콜렉트(Click and Collect)'를 시행하고 있는 코로나 팬데믹상황에서 이같은 서비스는 기업부담을 가중하는 측면이 있다. 팬데믹상황이 아니더라도 클릭 앤 콜렉트 서비스를 시행하려면 전통적 배송방식에서 탈피해 다양한 상품을 한곳으로 모아 동시에 배송하면서 효율성을 극대화하는 시스템을 구축해야 하는데, 상대적으로 온라인쇼핑에는 배송료가 없는 경우도 많아 클릭 앤 콜렉트 서비스를 도입한 업체로서는 비용부담이 가중될 수밖 에 없는 구조적인 문제가 있다.

신선물류·식품유통 업계를 중심으로 이런 딜레마를 해결하는 방법으로 인공지능 (AI)과 사물인터넷(IoT) 등 4차산업 첨단기술을 기반으로 완전 자동화된 '고객 풀필먼 트 센터(Customer Fulfillment Center, CFC)'를 설립하고 있다.

고객주문에 맞춰 상품을 검색하고 포장 및 배송하는 일련의 절차를 자동수행하는 CFC설립은 고객과 기업 모두의 만족을 제고시킬 수 있는 디지털전략이다. 첨단기술이 바탕이 된 오프라 인 소매업체의 이같은 서비스경쟁은 특히 신선물류 시장에 혁신을 가져오면서 소비자편의를 더욱 증대시킬 전망이다.

대표적인 사례가 미국의 초대형 슈퍼마켓 크로거(Kroger)와 영국의 온라인 식료품 소매업체 오카도(Ocado)의 경우다. 두 회사는 고객 풀필먼트 센터를 설립하는 전략적 제휴를 맺고 미국 댈러스시 등 3곳에 CFC 설립을 확정한데 이어 올해 안에 미국 전 역에 총 20개의 CFC를 설립할 계획이다. 양사는 CFC 설립을 계기로 고객주문에서 부터 상품배송에 이르기까지 전체 유통과정을 완전자동화함으로써 경쟁우위를 더욱 공고히 굳힌다는 전략이다.

크로거는 '디지털강화'라는 확고한 방향성을 가지고 있다. 이런 방향성에 따라 오카도를 파트너로 선택했고, 오카도의 로봇기술을 적극적으로 이용해 고객픽업 및 배송서비스의 효율성을 더욱 높인다는 방침이다. 크로거는 오카도의 로봇기술과 플랫폼을 신설되는 CFC에 접목할 계획이다. 이 경우 50여 건의 주문처리시간이 기존 30~40분에서 6분 이내로 단축될 전망이다.

크로거 외에도 영국 모리슨(Morrisons)·프랑스 카지노(Casino)·스웨덴 ICA·캐나다 소베이(Sobeys) 등 유럽과 북미의 대표적 유통업체들이 오카도 기술을 이용하고 있으며, 호주의 대형 슈퍼마켓 체인 콜스(Coles)도 가정에 배송되는 식료품 수요증가에 대응하고 온라인 비즈니스 수익성을 높이기 위해 오카도의 기술을 이용한 완전자동 CFC를 시드니와 멜버른 양 도시에 설립할 계획이다.

공간과 속도, 시간을 바꾸는 'Fulfillment'

글로벌 유통·물류업계는 코로나19 시대를 극복하는 솔루션으로 다양한 풀필먼트 전략을 구사하고 있다. 미국 아마존은 지난해부터 풀필먼트 센터의 공간부족문제를 해결하고, 배송속도 향상과 비용절감을 목적으로 상품공급업체들에게 자사의 '다이렉트 풀필먼트(Direct Fulfillment)' 프로그램에 의무적으로 참여하게 하고 있다.

다이렉트 풀필먼트는 ① 소비자가 아마존에 상품을 주문하면, ② 아마존이 그 사실을 공급업체에 통보하고, ③ 공급업체가 해당 상품공급을 지시하면, ④ 아마존이 지시에 맞게 상품을 소비자에게 전달하는 4단계 절차로 진행된다.

다이렉트 풀필번트 프로그램에서는 해당 상품의 선별·포장·배송과 반품 등 전체 물류서비스를 아마존이 대행한다. 그뿐만 아니라 다이렉트 풀필먼트에 등록된 상품은 모두 프라임상품으로 간주해 서비스에 투입되는 비용까지 대납한다. 상품공급업체는 일정 수수료를 지급하고 아마존 풀필먼트센터에 상품을 보관하면 아마존이 해당 상품의 선별·포장·배송과 반품 등 물류 서비스를 대행하는 방식이다. 아마존측은 상품 공급업체가 고객확보와 사업확장에만 주력하면 되는 환경이 조성된다고 설명한다.

아마존에 따르면 다이렉트 풀필먼트 프로그램이 가동되면 주문 후 납품까지의 리드타임(lead time)이 단축되기 때문에 상품 공급업체는 단축된 시간만큼 추가 영업기회를 가질 수 있다. 또한, 일반적으로 소비자는 아마존에 대한 신뢰가 높다는 점을 고려할 때 전 세계 소비자에게 접근할 기회확보도 가능하다는 게 아마존측의 주장이다.

다이렉트 풀필먼트 프로그램은 정확한 재고관리가 생명이다. 때문에 피크기간 동안 상품공급업체는 하루에 최소 3번 재고상태를 업데이트하고, 데이터를 기반으로 한 예측분석을 시행하면서 최적의 재고상태를 유지해야 한다.

아마존이 이런 조처를 한 이유는 코로나19의 영향 때문이다. 마스크와 세정제 등의 위생용품과 일반 필수품에 대한 온라인주문이 급증하고 있는데 팬데믹의 장기화로 이런 추세가 상당기간 계속되면 풀필먼트센터 공간이 부족해질 것으로 예상된 것이다.

아마존은 코로나바이러스가 일상화돼 온라인주문이 지속증가하는 상황에서는 상품공급업체가 다이렉트 풀필먼트 프로그램에 가입할 필요성이 더욱 높아진다고 설명했다.

미국 월마트(Walmart)는 온라인 유통사업을 강화하기 위해 WFS(Walmart Fulfillment Service)를 도입하고 3PL 업체에 공급사슬기능을 제공하고 있다. 동시에 물류창고 전용 플랫폼알파봇(Alphabot)이 접목된 자동화도 확대하고 있다.

WFS는 고객이 월마트닷컴 마켓플레이스에서 주문하면 3PL업체 대신 상품을 피킹해포장·배송하고 반품도 처리하는 등 모든 물류절차를 대행하는 서비스다. WFS이용 시 판매자는 상품선적·재고관리비용을 절감해 수익성이 높아지고, 소비자는 다양한 브랜드선택과 함께 더욱 빨라진 수령과 편리한 반품이 가능해 양측 모두에 도움이 된다.

가격은 다른 유사 서비스와 달리 정액방식으로 품질 대비 저렴하다는 평가를 받고 있다. 월마트는 온라인 유통사업 강화를 위해 뉴햄프셔주 살렘(Salem) 물류창고에 물류창고 전용 플랫폼 알파봇이 접목된 자동화를 확대했다. 이곳에서는 30대의 피킹로봇이 수직·수평으로 이동하면서 상품 피킹작업을 인간작업자보다 10배 빠른 속도로 수행한다.

또한, 월마트는 급증하는 주문에 효율적으로 대응하기 위해 컴퓨터가 개별적으로 움직이는 컨베이어 롤러(conveyor roller)를 자동제어해 상품을 정확한 위치로 이송하고, 배송트럭에 변동이 있는 경우에도 실시간 대처가 가능하게 하는 신기술도 개발하고 있다.

물류신문, 2021년 03월 17일, 김재황 기자

01 보관관리

1.1 보관관리

1) 보관의 개요

(1) 보관의 개념

보관은 재고를 물리적으로 가치와 상태를 유지·보존하도록 관리하는 활동을 의미한다.

적절한 재고를 보관함으로써 생산과 소비의 거리를 조정하여 필요할 때 바로 제공할 수 있는 시간적 효용을 창출할 수 있다. 또한 적기에 재고를 공급하여 생산을 원활하게 하고, 수요에 맞춰 필요한 제품을 출하함으로써 공급사슬의 효율성을 높이는 기능을 수행한다. 최근 공급사슬의 중심이 저장에서 유통으로 변화하면서 공급과 수요 사이의 물류활동 중 일부분으로 인식되었던 보관에 대한 인식 또한 변화하고 있다.

(2) 보관의 기능

창고 및 재고와 관련된 물류활동인 보관은 다음의 기능을 수행한다.

- 고객수요대응: 영업·마케팅을 통해 수요가 발생할 때, 적절한 재고를 보관함으로써 신속한 고객수요 대응이 가능하고, 고객서비스 수준향상에 기여한다.
- 수요와 공급의 연결: 국내외 공급처에서 대단위로 수송된 컨테이너, 파렛트단위의 자재를 창고에 보관한 후, 다수의 수요처에 소량단위로 배송함으로써 수요와 공급을 연결하는 역할을 수행한다.
- 수요와 공급의 완충: 시세변동, 수요편차가 큰 경우, 미리 구매하여 재고를 보관함으로써 수요와 공급의 불일치를 조정하고, 경제적인 완충효과를 가져올 수 있다. 특히 조달소요 기간이 긴 장납기의 자재를 배치(Batch) 단위로 생산투입하는 경우, 사전에 원자재재고를 확보하여 보관함으로써 기간에 따른 재고차이에 대해 대응해야 한다. 보관은 공급과 수요를 조절하고, 수송과 배송 사이의 분기점으로써의 기능을 수행한다.

• 취합 · 분류 · 보관 · 유통가공 및 품질검사 : 국내외 공급처에서 온 다양한 자재를 창고에 취합 · 분류 · 보관 · 유통가공하여 여러 수요처에 운송함으로써 부가가치 창출에 기여한다. 그리고, 창고입고, 수요처 출고 시, 품질을 검사하여 품질불량에 따른 물류비효율을 사전에 관리할 수 있다.
• 물류비용 최소화 : 적정수준의 재고를 확보 · 관리함으로써 구매, 운송, 생산 등의 전체적인 물류활동에서 발생하는 총 물류비용을 최소화할 수 있다.

2) 보관관리

(1) 보관의 원칙

창고 내에 보관하기 위해서는 다음의 원칙에 따르는 것이 효율적이다.

• 통로인접의 원칙 : 화물의 입 · 출고를 쉽고 빠르게 하면서, 효율적으로 보관하기 위해서는 창고의 통로면에 접해서 보관해야 한다.
• 고단적재의 원칙 : 화물을 수직으로 높이 적재하는 것이 효율적이라는 것을 의미한다. 창고바닥에 1단 적재보다는 랙, 파렛트 등의 기기를 이용하여 수직으로 고단적재함으로써 용적효율을 향상시킬 수 있다.
• 선입선출의 원칙 : 제품수명주기가 짧거나 신선도가 중요한 경우, 먼저 입고된 원자재나 상품을 먼저 출고하는 것이 효율적이다.
• 물류회전율 대응의 원칙 : 재고회전율 또는 입 · 출고 빈도에 따라 보관장소를 결정하는 것으로 입 · 출고 빈도가 높은 화물은 출입구쪽에 보관하는 것이 효율적이다.
• 동일자재 보관의 원칙: 동일한 유형의 자재는 동일장소에, 유사한 자재는 근처 가까운 장소에 보관하여 관리효율과 생산성을 높여야 한다.
• 중량 · 용적관리의 원칙 : 자재의 중량과 부피에 따라 보관장소나 높낮이를 고려해야 한다는 원칙이다. 즉 무겁거나 부피가 큰 화물은 낮은 곳에 가볍거나 작은 부피의 화물은 높은 곳에 보관하는 것이 효율적이다.
• 규격화보관의 원칙 : 화물의 규격, 정형화 여부에 따라 보관방식을 결정하고 형상특성에 따라 보관해야 한다. 즉 파렛트로 표준화된 화물은 랙에 고단적재하여 보관하고, 살화물 등 벌크로 관리되는 비표준된 화물은 야적하는 것이 효율적이다.
• 보관위치 명료화의 원칙 : 창고 내에서는 랙 등의 물류설비를 활용하여 재고를 관

리하므로, 화물의 보관위치별로 번호를 부여하여 표시함으로써 효율적으로 보관, 피킹 및 재고관리 등의 업무를 할 수 있다. 통상 창고자체가 거대한 공간으로 운영되므로 보관물품과 화물을 멀리서도 시각적으로 쉽게 식별할 수 있도록 보관해야 한다.

- 유사자재보관의 원칙 : 유사한 속성을 가진 자재를 카테고리화하여 특정 장소에 함께 보관하는 것은 재고관리에 효율적이다. 즉 자재 특성이 동일하거나 유사하지는 않지만 피킹 등의 작업을 함께 처리하는 확률이 높은 경우, 근거리에 보관하는 것이 효율적일 수 있다.

1.2 창고관리

1) 창고의 개요

(1) 창고의 개념

창고는 국내외 공급처에서 온 자재, 제품을 집결 · 관리하면서 수요와 공급의 흐름을 전체적으로 관리하는 물류시설을 말한다. 보관이라는 기능을 실제 현장에서 지원하는 대표적인 시설이 바로 창고이다.

창고는 전통적으로 생산과 소비 사이에서의 시간적인 불일치해소, 수급조절에 따른 가격안정, 입고 · 보관 · 분류 · 출고의 기본기능을 수행한다. 최근의 창고는 과거 단순 보관기능에서 확장하여 보관화물의 가치와 매매편리성을 높이는 유통가공 서비스로의 기능이 확장되고 있다.

(2) 창고의 기능

창고는 일반적으로 다음의 기능을 수행한다.

- 보관기능 : 가장 전통적인 창고기능으로 창고에서는 각종 시설과 설비를 사용하여 재고를 저장하는 역할을 수행한다. 또한 단순한 저장에서 나아가 재발주점, 안전재고 등을 활용하여 최적의 창고재고를 유지 및 관리할 수 있다.
- 수요 · 공급조절기능 : 창고에 재고를 보관함으로써 수요와 공급의 차이를 완충하

고, 빠르게 수요에 대응할 수 있다.

- 가격조정기능: 계절적 수요편차가 큰 농산물의 경우, 시점에 따라 수요와 공급의 차이가 발생할 수 있다. 창고에 재고를 비축함으로써 이러한 수급차이에 대응할 수 있고, 재고수급조정을 통해 가격 및 물가를 안정시킬 수 있다.
- 비용절감기능: 수요처와 공급처의 위치를 고려하여 최적의 입지에 창고를 건설함으로써 운송비를 절감할 수 있다. 창고가 없을 경우 수요처와 공급처는 1대1 방식으로 운송해야 하므로 운송비용이 증가하게 되므로 물류 효율성을 높이기 위해서는 창고를 활용한 화물운송이 필요하다.
- 연결기능: 창고는 운송, 하역 등 물류활동을 연결하는 물류화물 터미널로써의 기능을 수행하고 간선운송과 지선운송을 연결하는 역할을 수행한다.
- 매매기능: 창고에서 소비자를 대상으로 매매활동을 할 수 있으므로 창고는 기본적인 유통의 기능을 수행한다.
- 유통가공기능: 창고에서 단순한 조립가공, 상표부착 등을 수행함으로써 공급사슬에서의 새로운 부가가치를 창출할 수 있다.

2) 창고의 유형

창고는 창고구조, 화물종류에 따라 다음과 같이 구분된다.

(1) 창고구조에 따른 유형

창고구조 또는 창고 구동방식에 따라 다음과 같이 구분할 수 있다.

- 재래식창고: 공산품 등 일반화물을 보관하며, 크레인, 랙 등 전문적인 물류시설을 갖추지 않고 일반적인 건물을 갖춘 창고를 말한다.
- 기계화창고: 크레인, 컨베이어, 랙 등 운반, 보관, 하역을 위한 기계화장비가 설치된 창고를 의미하며, 파렛트 등 단위화된 화물을 주로 처리한다.
- 자동화창고: 크레인, 컨베이어, 랙 등 기계화장비와 창고관리시스템을 연계하여 물류센터에서의 입·출고, 운반, 보관작업을 자동화한 창고를 말한다. 기계화창고에서 나아가 창고관리시스템과 운송관리시스템을 일체화하여 물류업무 자동화를 지원한다.

(2) 화물종류에 따른 유형

취급하는 화물종류에 따라 다음과 같이 구분할 수 있다.

- 일반창고 : 공산품 등 일반적으로 규격화된 화물보관에 적합한 창고를 말한다.
- 특별창고 : 취급에 특별한 관리가 필요한 화물을 보관하는 창고로 화물의 특성에 따라 세부적으로 나누어 볼 수 있다. 특별창고는 각종 양곡을 보관하는 곡물창고, 수산물, 축산물 등을 냉동보관하거나 과일, 야채 등 신선식품을 냉장보관하는 저온의 냉동·냉장 창고, 폭발물, 독극물, 액화가스 등 위험화물을 보관하는 위험물 창고 등으로 나누어 볼 수 있다.

3) 운영형태별 창고유형과 특징

(1) 자가창고

① 자가창고의 개념

자가창고는 개인 또는 기업이 직접 창고를 소유하고, 물류전문인력이 직접 화물을 입·출고 및 보관하는 창고를 말한다. 기업내부의 물류업무를 운영하기 위해 직접 창고시설을 확보운영하는 방식으로 영업, 생산 등의 부서를 지원하는 역할을 수행한다.

② 자가창고의 장·단점

자가창고는 다음의 장점을 가진다.

- 설계·운영의 최적화 : 창고입지, 시설과 장비를 자사의 화물 및 물류시스템에 적합하도록 자유롭게 설계, 운영 및 재조정할 수 있어서 자사에 최적화된 물류운영이 가능하다.
- 차별화된 물류운영 : 신선식품, 온라인 커머스 등 창고의 물류서비스를 기업의 목적에 적합하게 특화함으로써 고객에게 차별화된 고객서비스를 제공할 수 있다.
- 일관적인 물류서비스 : 일관된 물류서비스 품질을 유지할 수 있어서 물류수요 대응이 가능해지고, 필요 시 언제든 입·출고를 수행할 수 있는 적시 물류서비스가 가능해 진다.
- 유연한 물류관리 : 물류화물운송·하역물량의 증감에 따라 유연하고 적절한 작업 인력배치 및 관리가 가능하므로 각종 물류비용을 절감할 수 있다.
- 물류전문성 확보 : 물류관련 전문인력을 채용하고, 물류업무를 실제 운영해 봄으

로써 물류관련 업무에 대해 노하우를 축적할 수 있고, 전문성도 확보할 수 있다.

자가창고는 다음의 단점도 가지고 있다.

- 초기 고정비용발생 : 토지구입, 창고건설과 장비투자, 물류전문 인력확보 등에 따른 대규모 고정비용이 발생하며 이는 기업의 현금흐름에 악영향을 미칠 수 있다.
- 입지경직성 : 특정 입지를 확보하여 창고를 직접 건설하여 운영하게 되므로 창고 이동 및 확장이 어렵다.
- 수요 비탄력성 : 화물수요가 불규칙하기나 계절성이 있는 경우, 창고공간의 이용효율이나 생산성이 떨어진다.
- 물류비용관리 어려움 : 창고운영기간과 방식에 상관없이 고정적인 관리비용이 계속발생하고, 보관료 등 물류비를 정확하게 파악하기 어렵다.

(2) 영업창고

① 영업창고의 개념

영업창고는 여러 기업의 보관 및 재고관리업무를 대행하는 방식으로 운영되며, 이를 통해 수익을 창출하는 창고를 말한다. 즉 영업창고는 전문창고 운영업체가 다수의 창고 이용자가 위탁한 화물을 보관하고, 그 대가로 보관료 등의 수수료를 받는 방식으로 운영된다. 또한 계약에 포함된 내용에 따라 화물의 입 · 출고, 보관, 선적, 그리고 기타 취급과 관련한 다양한 서비스를 제공한다.

② 영업창고의 장 · 단점

이러한 영업창고는 다음과 같은 장점을 가진다.

- 유연한 공간활용 : 화물수요 비수기에 창고공간을 효율적으로 활용할 수 있다. 창고이용계약을 특정 물량이나 기간으로 하면 창고 이용자와 운영자가 유연하게 공간을 활용할 수 있다.
- 높은 창고관리수준 : 전문창고운영업체가 입 · 출고, 재고 등을 관리하고, 관련 정보를 창고 이용자에게 적시에 제공하므로 창고관리수준이 대체로 높다.
- 낮은 초기투자비용 : 창고 이용자는 초기에 창고건설 및 설비 등 대규모 투자없이 이용하므로 고정비가 크지 않고 현금흐름이 좋아진다. 즉 창고 이용자는 창고이용에 따른 변동비는 증가하나, 창고건설을 위한 초기고정비는 절감할 수 있다. 따라서 스타트업 등 초기자금 사정이 좋지 않은 기업은 영업창고가 투자효율성 측

면에서 좋은 대안이 될 수 있다.

- 유연한 물류운영 : 창고 이용자는 창고위치나 운영시기를 필요에 따라 선택 · 이용할 수 있어서 상황에 적합한 물류재고운영이 가능해 진다.
- 정확한 물류비용산정 : 창고운영자는 창고 이용자와 기간, 물량, 처리건수 등의 이용기준에 근거하여 사용계약을 하고 운영하므로, 데이터에 근거한 물류비를 명확하게 산정 · 관리 · 청구할 수 있다. 따라서 창고 이용자는 물동량, 운송방식 등 물류업무를 전반적으로 투명하고 효율적으로 관리할 수 있다.

또한, 영업창고는 다음과 같은 단점도 있다.

- 비차별적인 물류서비스 : 영업창고의 창고운영업체는 일반적으로 여러 기업의 창고운영을 대행하므로, 특정 회사의 특정 화물에 적합한 물류서비스를 제공하기 어렵다. 또한 개별 이용자의 요구에 따라 창고시설 변경이 어렵고, 창고 이용자 모두의 화물에 최적의 시설과 장비를 활용한 물류서비스를 제공해 줄 수는 없다.
- 범용적인 물류서비스 : 영업창고 운영자의 운영기준에 따라 영업창고입지, 운영시간 등의 물류서비스가 결정되므로 모든 창고 이용자에게 최적의 고객서비스를 제공하기는 어렵다.
- 시스템연동의 어려움 : 영업창고 운영업체와 이용기업들은 서로 다른 업무시스템을 사용할 수 있는데, 이 경우 상호 업무시스템과 연계된 창고관리시스템을 운영하는 데에 한계가 있다. 또한 상호간의 시스템연동과 데이터교환을 위해 많은 시간과 노력이 발생할 수 있다.
- 자산상승효과의 한계 : 영업창고 이용기업들은 영업창고의 토지가격상승 시 보유에 따른 부동자산 투자이익은 없다. 역으로 이용기업들은 토지가격하락 시 투자손실 또한 발생하지 않는다.

(3) 리스창고

■ 리스창고의 개념

리스창고는 1년 이상 장기간 임차계약을 통해 타인 명의의 영업창고를 사용하는 창고로써 임차기간 동안은 자가창고처럼 이용하면서 시설투자비, 세금 등의 고정비를 절감할 수 있다. 리스창고는 단기적인 영업창고이용과 장기적인 자가창고건설의 특징을 각각 가지는 중간적인 형태를 가진다.

■ 리스창고의 장 · 단점

리스창고의 장점은 다음과 같다.

• 낮은 초기투자비용 : 영업창고와 마찬가지로 리스창고는 토지구매, 창고건설, 장비투자 등의 초기투자 비용이 크지 않아서 창고이용 기업의 현금흐름이 좋아진다.
• 상대적으로 낮은 임대료 : 일반적으로 장기간 계약으로 운영되므로 영업창고에 비해 상대적으로 낮은 임대료로 창고공간을 이용할 수 있다
• 공간활용의 상대적 자율성 : 영업창고에 비해 장기간 리스창고를 계약하고 운영하므로 리스창고 이용자가 창고보관 공간의 조정이나 관련 제반운영을 직접 통제할 수 있다.

리스창고는 다음과 같은 단점도 있다.

• 입지변경의 상대적 비유연성 : 리스창고는 임대계약을 통해 특정 기간동안 창고를 이용하는 것이 일반적이다. 따라서 상대적으로 영업창고에 비해 시장환경변화에 따라 유연하게 창고위치를 옮기기 어렵다.
• 낮은 창고이용 효율성 : 통상 1년 이상의 임차계약으로 운영되므로 창고 이용자의 화물수요가 적어지거나 계절성이 큰 경우, 창고이용효율이 떨어질 수 있다.

4) 창고운영 관련 주요 업무

창고내부에서 수행되는 주요 업무는 크게 다음과 같다.

• 입고(Goods Receipt) : 트럭 등이 창고 입고장의 도크에 접안하고, 일정에 따라 화물을 하차하여 창고내로 반입 및 이송하는 활동을 의미한다.
• 검수 · 검품(Inspection) : 화물입고 시 계획된 수량과 품질에 이상이 있는지 여부를 확인하는 과정을 말한다.
• 적치(Putaway) : 창고에 입고된 화물은 계획에 따라 랙에 보관하거나 바로 출하장으로 운반할 수도 있다. 적치는 랙, 저장위치의 가용여부, 보관장소위치를 확인하고 운반하는, 입고된 화물을 물리적으로 창고내에 저장하는 것을 말한다.
• 유통가공 : 고객주문에서 특별하게 추가적으로 요구사항에 맞추기 위해 창고에서 상표부착, 조립가공, 분류 등의 활동을 할 수 있다.
• 피킹(Picking) : 고객주문에 대응하기 위해 보관된 화물을 선별하여 출하한다. 고

객으로부터 출하요청을 받게 되면 창고작업자는 출하품목, 재고수량을 확인한 후 저장위치에 가서 재고를 피킹하여 출하장으로 운반한다.

- 품질검사(Quality inspection) : 화물 입·출고에 따라 물품의 품질과 가치에 대해 검사하는 활동으로 피킹 시에는 수량과 품질에 이상이 있는지 여부를 확인한다.
- 포장(Packing) : 고객주문에서 정의한 요구사항에 맞춰 주문 또는 출하단위에 따라 포장하는 작업을 말한다.
- 분류(Sorting) : 일괄로 피킹된 화물을 주문단위로 분류하거나 건별로 피킹한 화물을 주문내역에 따라 구분하는 작업을 말한다.
- 상차(Loading) : 포장·분류된 화물을 운송차량에 싣는 활동을 의미한다.
- 출고(Goods Issue) : 출고는 운송장 등 출하서류 등을 구비하여 수요처로 운송하는 작업을 의미한다. 기업에 따라서는 화물을 고객에게 운송하는 고객인도시점(POD, Proof of Delivery)을 출고시점으로 보기도 한다.

1.3 창고입지관리와 구조관리

1) 창고입지선정

(1) 창고입지선정 시 고려사항

창고입지선정 시에는 수요, 운송, 입지, 주변 환경을 고려해야 한다.

- 수요특성 : 화물을 공급받고 재고를 이용하는 수요처의 지역적 분포를 고려해야 한다. 이와 관련하여 수요처의 장기적인 수요예측, 매출영향 가능성, 수요처의 배송가능 지역여부를 고려해야 한다.
- 운송특성 : 터미널 등 운송거점과의 물리적 접근성, 공급처와의 물리적 거리, 창고 인근 교통상황은 창고에서의 운송거리와 운송시간에 크게 영향을 미치는 요소이므로 창고입지선정 시 검토해야 한다. 그리고 운송빈도와 수요처까지의 물리적 거리는 물류이용 수요처에 대한 서비스수준을 결정하게되므로 이 또한 고려해야 한다.
- 입지특성 : 창고는 수요처와 공급처를 효율적으로 지원할 수 있는 물리적인 공간

이 필요하다. 따라서 창고입지선정 시 부지매입가격, 주변 지역으로 창고를 확장할 수 있는지 여부 등 토지의 물리적 이용상태를 사전에 점검해야 한다. 또한 토지이용관련관계법 및 정부규제의 적용여부, 물류단지에 입주가능여부를 사전에 검토해야 한다.

- 주변환경 : 물류부지 자체의 요소와 함께 창고주변환경에 대해서도 고려해야 한다. 품질관리를 위한 특수시설, 공해 · 오염방지시설, 지역주민의 민원여부, 우수한 직원확보와 통근가능여부 등 물류부지 주변 환경요소에 대해 검토가 필요하다.

(2) 창고의 입지선정방법

비용, 거리 등의 요소를 고려하여 창고의 입지를 계량화하여 선정할 수 있다.

- 총비용비교법 : 각 창고입지 대안별로 건설비, 운송비, 재고유지비, 관리비 등을 산출하고, 총비용이 최소가 되는 대안을 선정한다. 총비용비교법은 비용적인 관점에서만 창고입지 대안을 평가하게 되는데, 수요처의 특성이나 요인별 가중치에 대해서는 고려하지 않는 방법이어서 이를 통한 의사결정에 한계가 있다.
- 손익분기도표법 : 손익분기도표법은 창고건설에 따라 발생하는 수익과 비용을 정량화하여 비교함으로써 가장 수익에 기여하는 대안을 선택하는 방법이다. 창고의 입 · 출고량과 운영기간을 가정하여 각 창고입지 대안별로 고정비와 변동비추이를 비교하여 물동량에 따라 총비용이 최소가 되는 대안을 선정한다.
- 요소분석법 : 요소분석법은 각 창고입지 대안에 대해 체크리스트를 이용하여 부지의 양적, 질적입지 요소를 점수화하고 가장 높은 점수를 얻은 창고입지 대안을 선정하는 방식이다. 여러 입지대안이 가지는 특성별로 점수를 부가하여 총점수가 높은 창고입지 대안을 선택하는데, 각 요인에 대해서는 가중치를 부과하여 입지대안별 상대적 중요성을 고려하여 선정할 수 있다.
- 무게중심법 : 무게중심법은 수요처와 공급처가 창고와 떨어져 있는 거리, 각 목적지별로 운송 시의 운송량을 고려하여 창고입지를 결정하는 기법을 말한다. 공장 등의 공급처와 고객 등의 수요처 간의 직선거리 상의 재고이동중심을 창고입지의 대안으로 선정하며 각 지점과 창고와의 거리에 거리당 물동량을 감안하여 산출된 중심위치에 창고입지를 선정한다.
- 톤/킬로법 : 톤/킬로법은 각 수요처에서 창고까지의 거리와 운송량에 대해 '운송량(톤)×거리(km)'에 의해 계산하고, 계산결과 값이 가장 최소가 되는 입지를 선정

한다.

- 브라운 & 깁슨(Brown & Gibson)법 : 브라운 & 깁슨법은 창고입지에 영향을 미치는 요인을 필수요인(인력확보 용이성, 지역사회 호응도, 교통편리성 등), 객관적 요인(원재료, 인건비, 건축비, 세금 등), 주관적 요인(지역, 기후, 교육환경노동유연성 등)으로 구분하여 각 요인별 중요도에 따라 반영비율을 결정 및 계산한 후 입지를 선정한다. 이 기법은 정량적인 요인과 함께 정성적인 요인을 함께 고려함으로써 균형잡힌 시각에서 창고입지 선정을 하는 방법이라 할 수 있다.
- 임대료 곡선법 : 임대료 곡선법은 창고임대료와 예상수익이 판매가격과 시장까지의 운송비용의 차이에 따라 입지가 결정된다는 가정에 기반하고 있다. 이 방법은 창고부지에 대해 지불능력에 큰 입지대안을 선정하는 방법으로 창고임대료가 높더라도 수요처에서의 예상수익이 높을 경우, 지불능력이 높다고 본다. 즉 임대료 지불능력이 커질수록 임대료가 저렴한 도시외곽 지역이 아닌 임대료가 높은 도심지나 주요 교통망을 따라 창고입지를 선정하는 경향이 있다.
- 운송비 최소화법 : 운송비 최소화법은 생산지 및 수요지 인근에 창고입지 대안을 선정하는 방법을 의미하며, 원자재조달에 따른 운송비용과 완제품운송에 따른 운송비용을 최소화하는 입지대안을 선정한다.

2) 창고구조설계

(1) 창고구조결정 시 고려요소

창고구조를 결정할 때는 환경, 제품, 주문, 설비, 재고관리, 운영 등의 특성을 고려해야 한다.

- 환경특성 : 창고를 둘러싸고 있는 환경은 장기적인 관점에서 창고입지를 결정하는 중요한 요소이다. 지리적 입지, 환경적인 제약요인을 고려하여 추후 운송량 및 보관량을 감안한 추후 확장성을 산정해 볼 수 있다.
- 제품특성 : 창고구조를 설계할 때는 창고에서 취급하는 자재 또는 제품의 부피, 중량, 포장방식 등을 고려해야 한다. 제품특성에 따라 보관설비와 위치가 달라질 수 있으며, 파렛트 랙 등 다양한 보관을 위한 랙의 구조, 규모가 결정된다.
- 주문특성 : 창고는 수요처의 다양한 수요를 어떻게 처리할 것인지에 대해 먼저 고려해야 한다. 창고구조를 설계할 때는 주문건수, 주문빈도, 주문량, 처리속도 등

주문처의 수요측면의 특성을 고려하여 창고보관 및 처리용량에 대해 산정해야 한다. 창고의 물량대응 능력은 검품, 입고, 보관, 피킹, 분류, 포장, 유통가공, 출고까지 다양한 작업용량의 종합으로 결정되는데, 주문특성을 통해 창고의 처리능력과 보관용량을 산정할 수 있다.

- 설비특성 : 설비는 창고내부의 레이아웃과 관련된 요소이다. 랙 등의 설비종류, 설비운영방안, 설비자동화수준을 고려하여 인력활용방안이나 내부 레이아웃을 설계할 수 있다. 특히 설비특성은 제품, 주문, 운영특성과 관련성이 크므로 이 요소들을 종합적으로 고려하여 창고구조를 설계해야 한다.
- 재고관리 특성 : 재고관리 특성은 창고내의 재고를 어떤 방식으로 관리할 것인지에 대해 설명하는 요소이다. 즉 창고구조설계 시 재고정책, 고객서비스 수준, 운영비용 등 재고관리 특성을 고려해야 한다. 재고관리 특성에 따라 창고 효율성을 높이기 위한 동선, 흐름 및 레이아웃을 설계할 수 있다.
- 운영특성 : 운영특성은 창고를 어떻게 운영할 것인지에 대한 요소를 의미한다. 창고운영을 위한 업무프로세스, 입 · 출고기법, 보관기법, 피킹기법, 배송기법 등을 고려하여 프로세스 관점에서의 입 · 출고 및 보관의 최적화를 달성할 수 있다.

1.4 물류시설과 물류단지

1) 물류시설의 개념

'물류시설의 개발 및 운영에 관한 법률(약칭 물류시설법)'에 따르면 물류시설은 다음과 같이 규정되어 있다. 그리고 이와 관련한 물류시설에는 다음의 시설이 있다.

- 화물의 운송, 보관, 하역을 위한 시설
- 화물의 운송, 보관, 하역과 관련된 가공, 조립, 분류, 수리, 포장, 상표부착, 판매, 정보통신 등의 활동을 위한 시설
- 물류의 공동화, 자동화 및 정보화를 위한 시설
- 상기의 시설이 모여있는 물류터미널 및 물류단지

(1) 물류터미널

물류터미널은 화물의 집화, 하역 및 이와 관련된 분류, 포장, 보관, 가공, 조립 또는 통관 등에 필요한 기능을 갖춘 시설물을 말하며, 고객지향적인 부가가치 서비스를 제공한다.

물류터미널 사업은 물류터미널을 경영하는 사업으로 다음의 시설물을 경영하는 사업은 제외한다.

- 항만법 제2조 제5호의 항만시설 중 항만구역 안에 있는 화물하역시설 및 화물보관 · 처리시설
- 공항시설법 제2조 제7호의 공항시설 중 공항구역 안에 있는 화물운송을 위한 시설과 그 부대시설 및 지원시설
- 철도사업법 제2조 제8호에 따른 철도사업자가 그 사업에 사용하는 화물운송 · 하역 및 보관시설
- 유통산업발전법 제2조 제15호 및 제16호의 집배송시설 및 공동집배송센터

복합물류 터미널사업과 일반물류 터미널 사업으로 구분할 수 있다.

- 복합물류 터미널사업 : 복합물류 터미널사업은 두 종류 이상의 운송수단을 연계하여 운송할 수 있는 규모와 시설을 갖춘 물류터미널 사업을 말한다. 과거 보관기능 위주의 업무에서 확장하여 물류터미널은 복합적인 기능을 수행한다. 운송, 생산 등의 활동에서 발생하는 비용을 적절히 관리할 뿐만 아니라 수요와 공급을 조절한다. 특히 공급측면에서는 유통가공 등을 통해 부가가치를 창출하며 수요측면에서는 영업, 마케팅 등을 지원하는 역할을 수행한다.
- 일반물류 터미널사업 : 물류터미널사업 중 복합물류 터미널사업을 제외한 사업을 통칭한다.

(2) 물류단지

물류단지는 물류단지시설과 지원시설을 집단적으로 설치 · 육성하기 위하여 물류시설법 제22조 또는 제22조의2에 따라 지정 · 개발하는 일단의 토지 및 시설로서 도시첨단물류단지와 일반물류단지를 의미한다.

- 일반물류단지시설 : 화물의 운송 · 집화 · 하역 · 분류 · 포장 · 가공 · 조립 · 통관 ·

보관 · 판매 · 정보처리 등을 위하여 일반물류단지 안에 설치되는 시설을 말한다.

- 도시첨단물류단지시설 : 도시 내 물류를 지원하고 물류 · 유통산업 및 물류 · 유통과 관련된 산업의 육성과 개발을 목적으로 도시첨단물류단지 안에 설치되는 다음의 시설을 말한다.
- 지원시설 : 물류단지시설의 운영을 효율적으로 지원하기 위하여 물류단지 안에 설치되는 다음의 시설을 말한다.
- 대통령령으로 정하는 가공 · 제조시설
- 정보처리시설
- 금융 · 보험 · 의료 · 교육 · 연구 · 업무시설
- 물류단지의 종사자 및 이용자의 생활과 편의를 위한 시설
- 그밖에 물류단지의 기능증진을 위한 시설로서 대통령령으로 정하는 시설

2) 기타 물류단지

- 집배송센터 : 집배송센터는 유통센터라고도 하며, 기본적으로 배송, 보관, 유통가공, 분류, 포장, 검사 등의 기능을 수행하며 일반창고보다는 작은 규모로 유통업체나 소비자에게 배송하는 기능에 개별기업의 유통, 배송하는 창고로서의 기능을 더한 시설을 말한다.
- 공동집배송단지 : 여러 유통업체들이 대규모의 유통업무를 수행할 수 있는 단지를 조성하여 도매거래, 유통가공, 공동수배송 및 재고관리 등의 기능을 수행하는 물류시설을 말한다. 물류공동화를 통해 물류비를 절감하고, 차량적재효율과 친환경물류체계구축에 기여한다. 또한 공동 및 대량구매와 보관에 따른 구매단가를 인하하고 재고관리비용을 절감할 수 있다.
- 스톡포인트(Stock Point) : 보관기능이 강조된 보관거점을 의미하며 하치장이라고 한다. 스톡포인트는 유통창고의 기능을 수행하는데, 생산업체의 원재료, 완제품, 폐기품 등을 보관하거나 유통업체의 배송전 재고를 비축하여 다음 단계의 배송센터로 운송하기 전에 일시적으로 보관하는 기능을 수행한다.
- 디포(Depot) : 디포는 공급처에서 수요처로 운송 시 대량으로 화물을 통합운송하여 일시 보관하는 창고를 말한다. 디포는 운송비를 절감하고 고객서비스를 향상시키는 화물체류시간이 짧은 특징을 가지고 있다. 스톡포인트보다 작은 국내용 2

차 창고 또는 수출화물을 집화, 분류, 운송하기 위한 내륙 CFS(Container Freight Station)를 통상 디포라고도 한다.

1.5 다양한 유형의 물류단지, 창고 및 물류시설

1) 컨테이너 터미널

터미널은 기본적으로 다른 운송의 종점을 이어주는 접점 또는 연결점의 기능을 수행한다.

컨테이너 터미널은 신속하고 효율적인 컨테이너 유통을 위한 시설로써 컨테이너의 선적 및 양륙, 트럭 및 화차에 의한 컨테이너 반출입, 장치, 공컨테이너 인계인수 및 관련기기의 정비 및 수리의 기능을 수행한다. 해상운송과 육상운송을 연결하는 항만터미널, 항공운송과 육상운송을 연결하는 공항터미널, 내륙컨테이너 기지(ICD, Inland Container Depot)로 구분된다.

(1) 항만터미널

항만터미널은 해상과 육상운송 간의 연결기능을 수행하기 위한 모든 장소, 시설 및 관련 정보를 포함하는 물류구역으로 선박 접안/이안, 화물 상·하역, 보관, 반출·입 등이 종합적으로 수행되는 보세구역을 의미한다.

항만터미널으로써의 기능을 수행하기 위해서는 다음의 조건을 갖추어야 한다.

- 컨테이너 상·하역지원: 항만에서 컨테이너를 상·하역하기 위해서는 컨테이너선의 접안/이안, 계류 및 상·하역을 위한 갠트리크레인 등 관련 기기의 설치가 필요하다. 특히 갠트리크레인을 통해 신속한 컨테이너의 상·하역이 가능하다.
- 육상운송수단연계: 컨테이너의 상·하역에 따라 내륙지역 등으로 운송하기 위해서 화차, 트레일러 등 육상운송수단과 연계할 수 있는 장비와 시설을 구비해야 한다.
- 컨테이너취급공간확보: 컨테이너선에 신속하게 상·하역하기 위해서는 컨테이너를 수용할 수 있는 충분한 부지의 확보가 필요하다. 배후도로망, 철도의 접속이 용이한 내륙운송로와의 접점으로써 내륙운송수단 및 운송이 잘 연결되어야 한다.

- 컨테이너 운영시스템구축 : 효율적인 컨테이너 입 · 출고관리를 위한 정보시스템과 관련 기술기반을 구축해야 한다. 특히 컨테이너 화물운송을 위해서는 개별 컨테이너를 정확히 식별, 각 단계별로 신속, 정확하게 처리할 수 있는 운영시스템을 갖추어야 한다.
- 관리인력 및 법제도구비 : 법적인 통관절차에 따라 컨테이너 화물의 보관, 운송을 전문적으로 관리할 수 있는 관리인력과 제도를 구비해야 한다.

항만터미널 내에는 화물운송 및 보관과 관련하여 다음의 주요 시설이 있다.

- 마샬링 야드(Marshalling Yard) : 화물집하장이라고 하며, 컨테이너선에서 방금하역했거나 적재할 컨테이너를 정열해 두는 넓은 장소로써 하역작업을 위한 공간인 에이프런과 접해 있다. 보통 컨테이너선의 적 · 양하일정에 따라 순서대로 쌓아 놓고 상 · 하역 작업을 수행한다.
- 컨테이너 야드(CY, Container Yard) : 화물수 · 출입을 위해 컨테이너를 대량으로 적재하여 보관, 장치하는 장소를 말하고, 컨테이너 터미널의 일부라 할 수 있다.
- CFS(Container Freight Station) : 화물자동차, 철도 등으로 반입된 컨테이너 미만화물(LCL)을 보관, 분류하여 컨테이너 만재화물(FCL)로 혼재하거나 혼재된 컨테이너 만재화물을 컨테이너 미만화물로 만드는 컨테이너 취급장을 말한다.

(2) 공항터미널

공항터미널은 철도, 화물자동차 등 육상운송수단과 항공운송수단을 연결하는 공항시설의 하나로, 환승, 티켓구입 및 탑승 등의 여객업무, 수하물보관 및 수령 항공보안검사, CIQ(Customs, Immigration, Quarantine, 세관, 출입국관리, 검역)업무가 이루어진다. 항공기에 여객과 화물을 싣고 내리고 중계하기 위한 물류적인 기능을 수행하는 공간에서 최근에는 여객편의를 위해 도심지 부근에서 공항과 육상운송수단을 연결하는 터미널의 의미로 확장하여 사용된다.

인천공항은 대표적인 공항터미널로써 2001년 인천공항개항 이후 화물터미널, 물류단지 등 핵심 인프라를 조성하고 항공네트워크와 편리한 통관시스템 구축하여 국제물류 경쟁력을 지속적으로 강화하고 나아가 동북아항공물류 허브지위를 확고히 해 나가고 있다.

(3) 내륙컨테이너 기지(ICD, Inland Container Depot)

내륙컨테이너 기지는 항만에서 멀리 떨어진 내륙산업단지 등에 위치한 컨테이너기지이자 내륙컨테이너 항만의 역할을 수행한다. 선박접안을 제외한 내륙화물의 하역, 보관, 이송, 통관, 검역, 혼재와 분류 등 항만 대부분의 기능을 수행한다. 또한 철도 등 다른 운송수단들과 연결함으로써 내륙에서의 수출화물의 준비를 용이하게 하도록 지원하고, 각종 물류비용을 절감할 수 있다.

내륙컨테이너 기지는 다음의 기능을 수행한다.

- 내륙통관기지 : 항만주변의 혼잡을 피하기 위한 내륙통관기지의 역할을 수행한다. 항만지역은 지가도 높고 확장이 어려워 내륙에서 항만의 일부기능을 수행하게 되면 물류운송에 소요되는 시간과 비용을 줄일 수 있다.
- 물류터미널 : 선사, 보험회사, 금융기관, 세관 등이 동시에 입주하여 신속하게 선하증권 및 보험증권발급, 대금결제 및 통관업무를 처리하는 등 물류터미널로서의 기능을 수행한다.
- 내륙화물수출터미널 : 내륙에서 생산되어 항만을 통해 수출하고자 하는 내륙화물의 집하, 분류, 혼재, 보관장소로 활용할 수 있다.
- 내륙화물보관창고 : 항만에 비해 상대적으로 저렴하고, 넓은 내륙지역을 이용함으로써 공컨테이너 및 장기보관화물을 원활하게 관리할 수 있다.

내륙컨테이너 기지는 다음과 같은 장점이 많아서 물류인프라로 많이 도입되고 있다.

- 용이한 토지취득 : 대형선박의 접안과 상·하역에 적합한 항만에 추가하여 배후의 넓은 공간을 확보하는 것은 경제적인 측면에서 어려움이 있다. 따라서 내륙지역의 토지취득이 항만지역보다 용이하므로 비용효율적인 적당한 위치를 마련하여 내륙컨테이너 기지를 건설할 경우, 이를 물류거점으로써 쉽게 활용할 수 있다.
- 저렴한 물류비용 : 내륙지역의 토지취득비, 임대료, 보관료 등의 물류비가 항만지역보다 저렴하여 물류비를 절감할 수 있다.
- 낮은 교통혼잡 및 환경오염 : 항만지역에는 물동량이 집중되므로 항만지역에 물류기능을 추가할 경우, 혼잡도는 높아지게 된다. 따라서 항만지역의 교통혼잡을 피하고 항만과 연결된 도로 및 철도를 통해 대량으로 내륙컨테이너 기지로 운송할 경우, 교통혼잡에 따른 물류비를 절감하고 환경오염을 경감할 수 있다.

- 높은 물류효율성 : 크레인 등의 기계를 활용하여 상 · 하역작업을 기계화함으로써 컨테이너 상 · 하역에 소요되는 시간과 노동효율을 개선할 수 있다.
- 넓은 물류공간확보 : 항만지역보다는 넓은 물류공간을 확보하게 되므로 컨테이너 취급, 공컨테이너 보관이 용이하고 이를 쉽게 유통할 수 있게 되어 전체적인 물류비를 절감할 수 있고, 향후 주변지역으로의 확장이 용이하다.

2) 보세구역

(1) 보세구역의 개념

보세구역은 수입물품 또는 특정 내국물품에 대한 관세의 부과가 관세법에 의해 유보되는 지역을 의미한다. 관세법에서 정한 수입물품에 대해서 관세를 보류한 구역으로 보세화물을 세관의 관리하에 장치하여 관세를 부과하고 통관 상의 행정권을 확보할 수 있는 지역으로 유통가공무역, 중계무역을 통한 수출을 촉진시키기 위해 운영된다. 보세구역은 관세행정의 필요성에 의해 세관장이 지정 및 허가하는 장소이며, 수출입 및 반송 등 통관을 하고자 하는 외국물품보관, 외국물품 및 내국물품을 원재료로 하는 제조, 전시, 판매 및 검사 등을 효율적으로 수행하고 화물관리하는 곳이다.

(2) 보세구역의 구분

보세구역은 지정보세구역 · 특허보세구역 및 종합보세구역으로 구분하고, 지정보세구역은 지정장치장 및 세관검사장으로 구분하며, 특허보세구역은 보세창고 · 보세공장 · 보세전시장 · 보세건설장 및 보세판매장으로 구분한다.

① 지정보세구역

지정보세구역은 국가 또는 지방자치단체가 운영하는 공공시설 중 일정구역을 세관장이 보세구역으로 지정한 지역을 말한다. 세관검사장, 지정장치장 등 외국물품을 일시적으로 장치하는 구역이다.

- 지정장치장 : 통관대상 물품을 일시적으로 장치하기 위한 장소로 세관구내창고, 공항이나 항만을 관리하는 법인이 운영하는 창고를 말한다. 통상 지정장치장은 세관장이 지정하는 구역으로 한다.
- 세관검사장 : 신속한 통관을 위해 통상 공항이나 항만 내에서 통관대상 물품을 반

입 및 세관검사만을 받도록 한 장소를 말한다. 즉 통관하려는 물품을 검사하기 위한 장소로서 세관장이 지정하는 지역으로 관세청장이 정하는 바에 따라 검사를 받을 물품의 전부 또는 일부를 세관검사장에 반입하여 검사할 수 있다.

② 특허보세구역

특허보세구역은 개인영리를 목적으로 세관장의 특허를 받아 설치·운영하는 구역을 말한다. 세관장이 심사 후 일반기업에게 특허해 주는 보세구역으로, 보세창고, 보세공장, 보세판매장, 보세건설장, 보세전시장 등 형태로 운영한다.

- 보세창고: 보세창고에는 외국물품이나 통관을 하려는 물품을 장치하는 장소로 일반적으로 가장 많이 알려진 형태의 보세구역으로써 통관물품을 장치하기 위한 장소이며, 세관장의 허가를 받은 범위내에서는 화물보관, 분류 등이 가능한 구역을 말한다. 보세창고 중 수출입 화물보관을 영업하는 창고를 영업보세창고라 하고, 운영사업자가 자기화물을 보관하기 위해 직접 소유 및 사용하는 창고를 자가 보세창고라고 한다.
- 보세공장: 보세공장은 외국물품을 원재료로 활용하여 관세납부없이 유통가공 및 생산까지 할 수 있는 구역을 말한다. 가공무역을 활성화하고 신속한 관세행정을 위해 보세상태에서 제조, 가공 및 생산된 제품 등을 외국으로 수출하거나 국내 사용목적으로 국내로 수입할 수 있도록 특별히 허가된 구역을 말한다.
- 보세전시장: 국내 개최박람회 등을 위해 반입되는 외국물품을 보세상태에서 장치, 전시 및 사용하도록 한 장소를 말한다. 박람회, 전람회, 견본품 전시회 등의 운영을 위해 외국물품을 장치·전시하거나 사용할 수 있다.
- 보세건설장: 산업시설건설에 사용되는 기계류, 설비 또는 공사장비 등을 장치 및 사용하여 보세상태에서 건설공사를 하고 수입통관하는 구역을 말한다.
- 보세판매장: 외국물품을 출국여행자에게 판매하거나, 우리나라에 있는 외교관 등 면세권자에게 판매할 목적으로 설치된 판매장을 말한다. 그리고, 외국으로 반출하지 않더라도 대통령령으로 정하는 바에 따라 외국에서 국내로 입국하는 자에게 물품을 인도하는 경우에는 해당 물품을 판매할 수 있다.

③ 종합보세구역

종합보세구역은 외국인투자유치, 수출증대 및 물류촉진을 지원하기 위해 특정 영역 내에서 특허보세구역의 모든 기능을 복합적으로 수행할 수 있는 구역을 말한다. 보관,

제조, 건설, 전시, 판매 등 특허보세구역의 기능을 복합적으로 수행할 수 있도록 관세청장이 지정하는 보세구역으로 일반기업이 종합보세구역에 입주하여 세관장에게 종합보세사업장 설치 및 운영신고를 해야 종합보세구역을 이용할 수 있다. 무역진흥기여정도, 외국물품의 반입 · 반출물량 등을 고려하여 일정한 지역을 종합보세구역으로 지정할 수 있다.

3) 자동화창고

(1) 자동화창고의 개념

자동화창고는 화물 입 · 출고, 저장, 피킹, 분류 등의 창고 내 작업이 자동화된 시스템에 의해 운영되는 창고로써 무인작업장과 관리에 필요한 최소한의 인원으로 운영되는 중앙통제센터로 구성된다. 창고의 구성 및 운영되는 방식이 입체적인 형태이어서 입체자동화 창고라고도 한다.

(2) 자동화창고의 필요성

자동화창고는 다음의 이유로 그 중요성이 강조되고 있다.

- 공간의 효율적 활용 : 창고는 기본적으로 수요처에 가깝고 교통이 편리한 입지가 선호되고 있는데, 대도시 등 수요처 인근지역의 토지가격은 지속적으로 상승하고 있다. 이러한 지가상승에 따라 토지 및 건물의 효율적 이용에 대한 필요성이 증대되고 있고 창고는 고층화되고 있다. 창고내에서도 공간의 효율적인 활용이 중요해지면서 자동화창고의 필요성이 높아지고 있다.
- 물류전문인력의 부족 : 최근 물류에 대한 수요와 물동량의 폭증, 최저 임금상승 등에 따라 인건비는 지속적으로 상승하고 있으며, 물류전문인력은 부족한 상황이다. 따라서 전문인력확충과 인건비절감을 위해 자동화기술의 수요가 증가하고 있으며, 기업에서는 자동화창고를 통한 생력화와 물류효율화가 필요한 상황이다.
- 신속한 물류업무수행 : 창고의 기능이 과거 단순저장에서 유통 및 흐름으로 변화하고 있으며, 이에 대응하기 위해 신속하게 입 · 출고 업무를 수행할 수 있는 시스템이 필요하다. 자동화창고는 물류설비의 기계화, 시스템화를 통한 입 · 출고처리로 신속한 창고업무를 지원하고 있다.
- 복잡한 물류수요대응 : 스마트팩토리 등의 도입으로 다품종 소량생산이 가능해지

고, 온라인커머스가 확대되면서 소량다빈도 수배송에 대한 수요가 증가하고 있다. 물류의 수요와 공급측면의 변화 속에서 자동화창고를 통해 정확한 피킹이 가능해 졌으며, 이에 따른 신속·정확한 업무대응이 가능해 졌다.

- 열악한 현장지원: 냉동창고 등 열악한 창고 내 작업환경에 대한 시스템적 대응이 필요해졌으며, 자동화설비를 통해 인력을 지원할 수 있다.

(3) 자동화창고의 구성요소

자동화창고에는 다음의 설비들이 연결되어 작동되고 있다.

- 랙(Rack) : 자동화창고에서는 파렛트 등 단위화된 화물을 취급한다. 랙은 단위화된 화물을 고단적으로 보관하기 위해 높이 쌓아 만든 철제구조물을 의미한다.
- 스태커 크레인(Stacker crane) : 스태커 크레인은 랙 사이를 왕복운행하면서 화물을 입·출고시키는 크레인을 말하며, 주행장치, 승강장치, 포크장치 등으로 구성되어 있다. 스태커 크레인은 주행레일과 가이드레일이 있는 통로 안에서 주행장치로 운행하며 승강장치와 포크장치를 이용하여 화물의 입·출고작업을 한다.
- 무인반송차(AGV, Automatic Guided Vehicle) : 무인반송차는 화물적치 및 피킹을 위해 지정된 랙까지 이동시키는 자동주행장치로써 자동화창고 내의 고정된 경로를 운영시스템으로 유도하여 이동함으로써 무인으로 화물을 운반 및 이동, 적재하는 운반장치를 말한다.
- 트레버서(Traverser) : 스태커 크레인을 횡으로 이동시키는 장치를 말한다.
- 셀(Cell) : 자동화창고를 구성하는 랙 안에 있는 개별화물이 저장되는 공간을 셀이라고 하며, 통상 셀안에 파렛트단위의 화물이 적재되어 있다.
- 보관단위(Unit) : 셀안에 보관되는 형태와 유형에 따라 보관단위는 달라진다. 즉 파렛트단위로 운행하는 파렛트형, 의약품, 부품 등의 소형화물을 저장하는 바구니에 저장하는 버킷(Bucket)형, 소품종대량의 화물을 보관하기 위해 깊숙한 저장공간을 가진 딥 레인(Deep lane)형, 슬라이딩 랙으로 되어 있어 입고와 출고방향이 다른 컨베이어 셀(Cell)형으로 보관단위 및 형태가 달라진다.
- 컨베이어(Conveyor) : 화물의 입·출고 작업을 할 때 작업장과 랙 사이를 연결하는 이동장치를 의미한다. 적치되거나 피킹된 화물을 컨베이어를 통해 포장 등의 작업장으로 이동하게 된다.

(2) 자동화창고의 유형 : 제어방식에 의한 구분

- 반자동식 : 작업자가 직접 스태커 크레인에 탑승하여 입 · 출고작업을 수행하는 방식을 말한다.
- 자동식 : 중앙통제센터에 상주하는 관리자가 창고관리시스템을 활용하여 입 · 출고지시를 내리고, 이에 따라 스태커 크레인과 주변기기를 원격으로 제어하는 방식을 말한다.
- 완전자동식 : 자동보관 · 인출시스템(AR/RS, Automated Storage and Retrieval System)라고 하며 기업의 업무시스템과 연결하여 창고의 총괄적인 물류 및 재고관리를 시스템을 통해 관리하는 방식을 말한다. 자동보관 · 인출시스템은 물품을 신속, 정확하게 보관 및 반출할 수 있도록 자동화설비, 보관기기 및 시스템를 활용하여 통제한다. 랙 설비내부에서 좁은 통로를 수평과 수직방향으로 동시에 이동하면서 필요한 품목을 자동으로 보관하거나 반출한다.

02 재고관리

2.1 재고관리의 개요

1) 재고관리의 개념과 재고의 유형

(1) 재고관리의 개념

재고(Inventory, Stock)는 경제적 가치를 지닌 유휴상태의 자원으로써 향후 사용을 위해 기업이 보관하고 있는 유휴의 원 · 부자재, 재공품, 상품, 완제품 및 비품 등을 말한다.

극단적으로 경영혁신이나 경영관리의 측면에서 재고는 제거되어야 할 필요악으로 보는 경우도 있지만, 고객이 요구하는 물품이나 서비스를 원활하게 제공하기 위해서는 적정수준의 재고가 필요하다. 즉 수요공급의 불확실성, 계절적 변동 등에 따라 수요에

마트를 물류센터로…오프라인 점포의 반격

'창고'에서 '최첨단 유통인프라'로...물류센터의 경제학

첨단 유통인프라 쿠팡발 물류인프라 경쟁이 뜨겁다. 전국 각지에 하루가 멀다하고 인공지능(AI) 등 최첨단 기술과 시설로 무장한 초대형 물류센터들이 우후죽순처럼 들어서고 있다. 익일배송, 새벽배송을 넘어 즉시배송까지 이어지는 무한배송속도 경쟁에서 우위를 차지, e커머스 패권을 확보하려는 유통업체들이 아낌없이 물류투자에 나서면서다. 그러나 잇따른 물류센터화재로 드러난 안전관리나 노동자과로사 등 배송경쟁이면의 그림자도 커지고 있다. 얼마전까지 '창고'로 불렸지만 이제는 비대면 소비시대의 '최첨단 인프라'로 거듭난 물류센터의 모든 것을 알아본다.

전국 곳곳 대규모 물류센터를 거느린 쿠팡이 유통업계 '메기'로 급부상하면서 물류센터가 유통업체 경쟁력의 핵심으로 거듭났다. 오프라인 점포를 다수 가진 대형마트들도 점포를 물류센터화하며 반격에 나서고 있다.

11일 관련 업계에 따르면 최근 대형마트들은 기존 점포를 물류센터로 활용할 수 있도록 리뉴얼을 진행하고 있다. 이미 전국 곳곳에 깔린 대형마트점포를 온라인 물류거점으로 활용하면 대규모 추가 투자없이 배송망을 넓힐 수 있다는 판단에서다. 코로나19(COVID-19)로 온라인 배송수요가 늘면서 대형마트들은 리뉴얼에 더욱 박차를 가하는 모양새다.

이마트는 140여개 점포 중 110여곳에 후방 물류시설인 PP(피킹 · 패킹)센터를 구축했다. SSG닷컴에서 주문하고 이마트의 오프라인 점포에서 배송이 나가는 방식이다. SSG닷컴은 용인과 김포에 온라인 전용 물류센터 네오를 3개 운영하고 있는데, 수도권에 네오 2개를 추가할 방침이다. 지방권역은 이마트 점포의 PP센터를 활용하기로 했다.

이에 따라 이마트는 올해 이마트 점포를 리뉴얼하고, 배송센터역할을 맡는 PP센터를 10여곳 더 늘릴 계획이다.

오프라인 점포 물류센터화하는 대형마트들

이마트	140여개 점포 중 110여곳에 PP(피킹 · 패킹)센터 구축
홈플러스	▪ 138개 점포 중 123개 점포를 '쇼킹(Shopping+picking)' 점포로 전환 ▪ 인천 계산, 안양, 수원 등 3곳엔 점포 풀필먼트센터(FC) 구축
롯데마트	113개 점포 중 15개 점포를 '스마트 매장'과 '세미다크 스토어'로 전환

그래픽: 이지혜 디자인기자

가장 적극적인 게 홈플러스다. 홈플러스는 전국 138개 모든 점포를 온라인주문에 대응하는 물류센터로 바꾸겠단 목표에 따라 이미 123개 점포를 전통적 장보기와 온라인주문에 대한 피킹(집품)이 모두 가능한 '쇼킹(Shopping+picking)' 점포로 바꿨다. 또 쇼킹매장 중 온라인배송이 크게 몰리는 지역에는 점포물류기능과 규모를 보다 업그레이드한 점포 풀필먼트센터(FC)를 구축했다. FC는 현재 인천 계산, 안양, 수원 등 3곳에 위치해있는데, 홈플러스는 이를 더욱 늘려나간단 방침이다.

이는 실적개선으로도 이어지고 있다. 2020회계연도(2020년 3월~2021년 2월) 매출액이 전년 대비 4.6% 감소하는 와중에도 온라인매출은 30% 증가하는 등 온라인사업이 순항하고 있다. 롯데마트는 현재 113개 점포 중 15개 점포를 온라인 주문처리가 가능한 '스마트 매장'(상품 선별하고 포장하는 시설)과 '세미다크 스토어'(점포후방에 온라인 주문처리를 위해 자동화설비를 구축한 곳)로 전환해 '2시간 내 바로배송'을 시행 중이다.

오프라인 점포를 물류센터로 바꾸는 건 기존 매장에 온라인 물류센터기능을 추가한 만큼 물류센터구축에 드는 비용과 시간, 관리비용 등을 획기적으로 줄인다. 또 매장이 전국 도심곳곳에 입지해 있어 e커머스들에 비해 근거리 배송에서 우위에 설 수 있다. 다만 현재 대형마트 업계는 오프라인 점포 물류센터를 본격적으로 활용하는 데 애를 먹고 있다. 규제 때문이다. 대형마트들은 2012년 개정된 유통법에 따른 '월 2회 주말 의무휴업과 자정이후 영업금지'로 휴업일과 심야시간(자정~오전 10시까지) 온라인주문 건에 대해선 배송을 할 수 없다.

한 대형마트 관계자는 "의무휴업일마다 온라인배송을 하지 못해 매출피해가 막심하다"고 했다. 이어 "최근 새벽배송이 각광받는데, 점포를 통해 새벽배송을 진행할 수 없어 온라인성장에 한계가 뚜렷하다"고 말했다. 그나마 다행인 점은 최근 e커머스 업계와의 형평성, 소비자들의 편의성 등을 고려해야한다는 여론에 힘입어 개정안이 여당의원들의 주도로 발의됐단 것이다. 고용진 더불어민주당 의원은 지난 18일 유통산업발전법 개정안을 대표발의했다. 개정안에는 대형마트매장에서 이뤄지는 통신판매의 경우 의무휴업과 영업시간 제한의 대상에서 제외한다는 내용이 포함됐다. 일단 국회에서는 여야 사이 공감대가 형성된 만큼 처리되는 것은 무난할 것이란 예상이 나온다.

이번 고 의원안 발의안에는 고 의원 등 10명의 민주당 의원과 민주당 출신 양정숙 무소속의원이 동참했다. 다만 산업통상자원중소벤처기업위원회에 다른 법안이 다수논의 중이어서 이른 시일내 처리되기는 어려울 것이란 전망도 나온다. 한 대형마트 관계자는 "그간 규제완화 필요성이 꾸준히 대두됐던 만큼 이번 법안이 통과되면 대형마트에 새로운 기회가 열릴 것"이라며 "온라인과 오프라인 업체 간의 형평성 문제를 해소해주길 바란다"고 말했다.

머니투데이, 2021년 07월 11일, 이재은 기자

측이 어려우므로 어쩔 수 없이 재고를 가져가야 하는데, 이를 위한 효과적인 재고관리 노력이 필요하다.

재고관리(Inventory management)는 원활한 생산지원, 고객수요대응 및 비용절감을 위해 원·부자재, 재공품, 상·제품 등의 재고를 최적의 상태로 관리하는 활동을 말한다. 재고는 보관비 등의 비용을 발생시키지만, 운반비 등의 비용은 절감할 수 있고 판매를 촉진하는 역할을 하므로 적정한 수준으로 관리하는 것이 중요하다.

(2) 재고의 유형

재고는 여러 이유에 따라 물류 프로세스 상에서 발생한다.

- 안전재고(Safety stock) : 안전재고는 고객의 수요의 갑작스런 증가, 추가주문 등에 따라 품절되는 것을 방지하기 위해 보관하는 재고를 말한다. 통상 재주문 후 운송되는 데에 소요되는 리드타임 동안의 예측수요를 안전재고로 보유한다.
- 주기재고(Cycle stock) : 주기재고는 특정 기간 또는 단위에 맞춰서 주문하게 되면서 발생하는 재고를 말한다. 즉 주문주기와 1회 주문수량은 반비례의 관계를 가지므로 주문주기가 짧아지면 운송비용은 증가하는 대신 주문수량은 적어지고, 주기가 길어지면 1회 주문수량은 많아진다. 예를 들면 낱개단위로 주문하여 운송비용이 여러 번 발생하는 거보다는 한번에 구매하여 운송비용을 낮추는 것이 재고는 발생하더라도 물류관점에서는 효과적일 수 있다. 이처럼 고객수요에 맞추지 않고, 특정 주문단위로 구매함으로써 보유하게 되는 재고를 주기재고라고 한다.
- 계절재고(Seasonal stock) : 계절적인 수요를 위해서 미리 생산하거나 구매하여 확보하는 재고를 말한다. 즉 수요를 예측해서 미리 확보하게 될 경우, 재고가 증가할 수 있는데, 이를 계절재고라 한다.
- 파이프라인 재고(Pipeline stock) : 파이프라인 재고는 특정 지역에서 다른 지역으로 운송할 때 또는 공장에서 생산하는 과정에서 발생하는 재고를 의미하며, 이동중재고라고 할 수 있다.

(3) 재고관리의 필요성

고객서비스 수준은 유지하면서 품절로 인한 기회비용, 재고관리비용 및 주문비용을 최적화하여 총재고관리비용을 최소화하기 위해서는 합리적인 재고관리가 필요하다.

- 비용최적화 : 적정재고를 통해 재고관련 비용을 절감할 수 있다. 과다재고가 발생

하게 되면 그에 따른 비용이 추가적으로 발생한다. 즉 재고를 미리 확보하면서 투입비용과 그에 따른 금융비용이 기본적으로 발생한다. 또한 신선식품 등 오랜 기간동안 보관이 어려운 경우는 폐기 또는 할인에 따른 비용이 추가로 발생하게 된다. 따라서 재고관리를 통해 과다재고를 방지하고, 재고운영을 최적화하게 되면 각종 재고비용을 절감할 수 있다.

- 운영안정화 : 재고를 적정수준으로 확보하게 되면 후속생산 및 판매활동의 안정화를 도모할 수 있다. 특히 수급이 불안정한 원자재의 경우, 안정적인 재고확보를 통해 후속 물류관련 프로세스를 중단없이 추진할 수 있다. 따라서 수요예측과 시장흐름을 파악하면서 재고를 안정적으로 확보하고 이를 업무에 활용하는 것은 운영 효율성을 유지하는 측면에서 중요하다. 그리고 재고정보를 실시간으로 확인하고, 이를 구매, 생산, 영업업무에 활용하게 되면 재고관련의사결정을 신속하고 정확할 수 있게 된다.
- 공간최적화 : RFID, IOT 등 다양한 기술을 활용한 과학적인 재고관리를 통해 창고공간을 효율적으로 활용할 수 있으며, 그에 따른 창고효율화 및 재고관리간소화를 추진할 수 있다.

2.2 재고관리기법 : 공급사슬계획 관점

재고는 수요와 공급의 불확실성 등의 이유로 발생하는데, 이를 효율적으로 관리하기 위해서는 전사적인 관점에서 효율화와 최적화를 추진해야 한다. 이를 위해 기업에서 적용할 수 있는 기법을 공급사슬계획 관점과 공급사슬실행 관점으로 나누어서 정리하였다.

공급사슬계획 관점은 재고관리를 위해 시스템 측면에서 적용하는 다양한 모형과 기법에 초점을 두고, 공급사슬실행 관점은 현장에서 작업자에 의해 적용되는 다양한 재고관리기법에 초점을 둔다.

효율적인 재고관리를 위해서는 고객서비스 수준을 높이면서 재고비용이 적정수준으로 유지될 수 있도록 다양한 기법을 활용하여 관리해야 한다. 재고관리는 고객의 수요에 안정적으로 대응하면서 재고의 수량은 최소로 하면서, 총재고관리비용은 최소화하는 것을 목표로 한다. 이를 위해 재고관리기법들이 필요한데, 기본적으로 주문시기와 주문량을 어떻게 산정하는가가 가장 핵심적인 의사결정요소이다. 수요와 조달기간의 확정여부에 따라 확정적 재고모형과 확률적 재고모형으로 구분되고, 이는 다시 주문량과 주문시기 기준에 따라 정량발주법(Fixed Order Quantity)과 정기발주법(Fixed Order Period)으로 구분된다.

1) 확정적 재고모형

확정적 재고모형은 재고수요와 조달기간이 일정하다는 것을 가정하고 주문량을 결정하는 모형이다. 이 재고모형에는 경제적 주문량 모형(EOQ, Economic Order Quantity), 경제적 생산량 모형(EPQ, Economic Production Quantity), 확정적 정기주문 모형이 있다.

(1) 경제적 주문량 모형(EOQ, Economic Order Quantity)

1915년 F. W. Harris에 의해 고안된 경제적 주문량 모형에서는 수요가 예측될 경우, 주문을 수차례에 걸쳐서 나누어 하는 것이 재고비용과 주문비용 등을 고려한 총재고비용을 최소화할 수 있다고 제시하였다. 즉 한꺼번에 주문하면 수요보다 더 많은 재고를 보유해야 하므로 재고유지비용이 발생하고, 여러 번으로 나누어 주문하면 주문횟수만큼 주문비용이 발생한다. 따라서 이러한 재고유지비용과 주문비용을 고려한 총재고비용을 최소화하는 1회 주문량, 즉 경제적 주문량을 산정하고자 하는 것이 이 모형의 목적이라 할 수 있다.

이 모형은 대표적인 재고관리기법으로 발주점법이라고도 하며 재고량이 일정수준까지 내려가면 일정량을 주문하는 기법으로 지속적으로 재고수준을 조사하여 재주문점에 다다르면 고정된 주문량을 주문하는 기법이다. 주로 특정 로트단위로 구매하거나 수요예측이 어려운 물품의 재고관리에 적합한 기법이다.

이러한 경제적 주문량을 산정하기 위해서는 다음을 전제조건으로 한다.

- 단일 품목별 경제적 주문량을 산정하고, 연간예상되는 품목별 수요량이 알려져 있다고 가정한다.
- 월, 주, 일 등 각 기간의 수요는 일정하게 연속적으로 발생한다고 가정한다.
- 1회 주문량은 분할입고없이 전체주문량이 동시에 도착해야 하며, 대량으로 주문하더라도 할인은 인정되지 않는다고 가정한다.

- 조달기간이 일정하고 미납주문과 품절은 허용되지 않는다고 가정한다.
- 재고관련 비용은 재고유지비용과 주문비용만 있으며 고정적이고, 재고유지비용은 평균재고량에 비례하여 증가한다고 가정한다.

경제적 주문량 모형은 다음의 절차를 통해 계산한다.

- 경제적 주문량 모형에서 조달기간 동안에 예측된 수요량(또는 재고수준)이 재발주점(R)까지 도달하면 일정한 양(Q)만큼 이 시점에 주문한다. 이 시점 이후에 주문하면 조달기간(리드타임)을 경과하면서 재고가 품절된다. 재주문점(ROP, Re-order Point)은 안전재고와 조달기간(배송리드타임)을 감안한 최적의 재구매시점을 말한다.
- 수요량과 조달기간이 확정적이므로 안전재고가 불필요하고 재고부족이나 수량할인이 인정되지 않아 연간 총재고비용은 연간 주문비용과 연간 재고유지비용의 합과 같다.

$$
\begin{aligned}
\text{연간 총재고비용}(TC) &= \text{연간 구매비용 + 연간 재고유지비용} \times \text{연간 주문비용} \\
&= (\text{연간 수요} \times \text{구매단가}) + (\text{평균재고수준} \times \text{연간 단위당 재고유지비용}) \\
&\quad + (\text{연간 주문횟수} \times \text{주문비용}) \\
&= DC + HC + OC \\
&= (D \times C) + (\frac{Q}{2} \times H) + (\frac{D}{Q} \times S)
\end{aligned}
$$

또한, EOQ 모형에서는 수요와 조달기간이 일정하므로 안전재고가 필요없으며, 재주문점(R)은 다음과 같이 구할 수 있다.

$$
\begin{aligned}
\text{재주문점}(R) &= \text{1일 평균수요량} \times \text{조달기간(일)} \\
&= d \times L
\end{aligned}
$$

- 연간 수요량이 일정하므로 1회 주문량이 커지면 주문빈도가 줄어 연간 주문비용은 줄어들지만 수요는 일정하므로 재고부담이 증가하므로 연간 재고유지비용이 증가한다. 반대로 1회 주문량(Q)이 작아지면 연간 주문비용이 증가하고 연간 재고유지비용은 감소한다.

$$\text{연간 주문비용}(OC) = \text{연간 주문횟수} \times \text{주문비용}$$

$$= \frac{\text{연간수용}}{\text{1회 주문량}} \times \text{주문비용}$$

$$= \frac{D}{Q} \times S$$

$$\text{연간 재고유지비용}(HC) = \text{연간 재고량} \times \text{연간 단위당 재고유지비용}$$

$$= \text{평균재고수준} \times \text{연간 단위당 재고유지비용}$$

$$= \frac{Q}{2} \times H$$

- 1회 주문량을 얼마로 하는가에 따라서 연간 총재고비용이 변하므로 연간 총재고비용이 최소가 되는 경제적 주문량을 결정해야 하는데, 이를 구하는 공식은 다음과 같다.

$$\text{경제적 주문량}(Q^*) = \sqrt{\frac{2 \times \text{연간수요} \times \text{주문비용}}{\text{연간 단위당 재고유지비용}}}$$

$$= \sqrt{\frac{2DS}{H}}$$

(2) 경제적 생산량 모형(EPQ, Economic Production Quantity)

경제적 주문량 모형에서는 재고가 입고 후 수요에 따라 소진되는 것을 가정으로 한다. 경제적 생산량 모형은 경제적 주문량 모형에서의 재고소진방식은 그대로 유지하면서 제조현장에서 생산과 재고의 소비가 동시에 일어나는 상황을 가정으로 한다.

경제적 생산량 모형은 생산과 소비가 확정적이라고 보고, 총비용을 최소화하면서 최적의 생산로트의 크기를 결정하고자 한다.

- 매일 재고생산과 소비가 발생하므로 특정 기간동안의 평균재고는 다음과 같다.

$$\text{매일 재고수준} = \text{1일 생산율} - \text{1일 소비율}$$

$$= p - d$$

$$\text{평균재고} = \text{1일 재고평균} \times \text{생산기간}$$

$$= \frac{1}{2}(p - d) \times t$$

- 경제적 생산량 모형의 총비용측면에서 보면 주문비용은 생산준비비용이고, 이를 경제적 생산량을 기준으로 정리하면 다음과 같다.

$$T = DC + [(p-d)Q/2p]H + (D/Q)s$$

$$Q_p = \sqrt{\frac{2DS}{H} \times \frac{p}{p-d}}$$

(3) 확정적 정기주문 모형

확정적 정기주문 모형에서는 특정 기간(T)마다 정기적으로 주문을 하는데, 이 주문량은 주문시점의 재고수준과 목표재고수준의 차이에 따라 결정된다. 정기주문 모형에서는 경제적 주문량보형과 가정과 기본적인 재고소비패턴은 동일하고, 최적의 주문시기와 목표재고를 어느 수준으로 할 것인가를 고민한다.

- 최적주문주기(T^*)와 최적주문량(Q^*)은 다음과 같다. 수요와 주문기간이 일정하다는 것을 가정으로 하면 결과적으로 EOQ의 최적주문주기와 동일함을 알 수 있다.

$$T^* = \sqrt{\frac{2S}{DH}}$$

$$Q^* = D \times T^*$$

$$= D \times \sqrt{\frac{2S}{DH}}$$

$$= \sqrt{\frac{2DS}{H}}$$

- 최적목표재고수준(M^*)은 다음과 같은데, 최적주문량에 조달기간 L 동안의 수요를 합한 결과임을 알 수 있다.

$$M^* = Q^* + (d \times L)$$

$$= \sqrt{\frac{2DS}{H}} + (d \times L)$$

2) 확률적 재고모형

확정적 재고모형은 실제 기업의 상황과 다른 비현실적인 가정이 많아서 현실에서 바로 적용하기는 어렵다. 특히 수요의 경우, 현실 세계에서는 전혀 확정적이지 아니며, 예측이 매우 어렵다. 확률적 재고모형에서는 조달기간이 일정하지 않다고 보고, 수요도 불확실하고 확률적으로 발생한다는 것을 가정한다. 그리고 이 모형에서는 불확실한 수요에 대응하기 위해 어느 정도의 안전재고를 유지하거나 주문량과 주문시기를 조정하고자 확률분포를 이용하는 등 품절에 대응하는 것을 포함하고 있다.

(1) 확률적 정량주문법(확률적 Q모형)

확률적 정량주문법은 수요가 불확실하므로 품절을 방지하기 위해 안전재고를 확보하고 언제 주문할지를 결정하는 방법이다. 안전재고는 수요와 공급의 변동에 따른 결품을 방지하기 위해 유지하는 재고수량을 말하며 수요예측에 대한 오차확률과 조달기간(배송 리드타임) 등의 여러 요인을 포함해서 안전재고량을 산정한다.

이 안전재고는 고객의 요구에 어느 수준으로 대응할 것인가를 나타내는 서비스수준에 따라 결정된다.

- 표준정규확률변수는 품절되지 않고 수요가 충족될 확률을 의미하며, 다음과 같다.

$$\text{표준정규확률변수}(Z) = \frac{\text{재주문점} - \text{조달기간동안의 평균수요}}{\text{조달기간동안의 표준편차}} = \frac{R-\mu_L}{\sigma_L}$$

- 확률적 정량주문법에서의 재주문점은 평균수요량과 안전재고량을 합한 재고량을 의미하며, 수식으로 정리하면 다음과 같다.

$$\text{재주문점}(R) = \text{조달기간 동안의 평균수요} + (\text{표준정규확률변수} \times \text{조달기간 동안의 평균수요}) = \mu_L + (Z \times \sigma_L)$$

(2) 확률적 정기주문법(확률적 P모형)

확률적 정기주문법은 정기실사방식이라고 하는데 정기적으로 주문주기(T)마다 재고수준을 확인하여 목표재고수준(M)과의 차이만큼을 주문한다.

- 정기주문법에서는 주문주기(T)와 목표재고수준(M)에 의해 주문량이 결정되며, 주문주기의 최적값에 대한 근사치는 다음과 같이 구할 수 있다.

$$T = \sqrt{\frac{2S}{DH}}$$

- 정기주문법에서는 주문주기(T)와 조달기간(L) 동안 품절 가능성이 상존하므로 목

표재고수준(M)은 특정 서비스수준에 의해 결정된다. 즉 특정 서비스수준에 부합하는 목표재고수준은 주문주기와 조달기간 동안의 평균수요에 안전재고를 합한 물량이며, 다음과 같이 구할 수 있다.

$$\text{목표재고수준}(M) = (T+L)\text{기간 동안의 평균수요} + \text{안전재고}$$
$$= \mu_{T+L} + s'$$
$$\text{안전재고}(s') = (T+L)\text{기간 동안의 수요의 표준편차} \times \text{특정 서비스수준유지를 위한 표준편차의 배수}$$
$$= z\mu_{T+L}$$

- 결과적으로 정기주문법에서는 표준정규확률변수 (z)값에 의해 목표재고수준과 서비스수준이 결정된다.

$$\text{목표재고수준}(M) = (T+L)\text{기간 동안의 평균수요} + \text{안전재고}$$
$$= \mu_{T+L} + (z \times \sigma_{T+L})$$

확률적 정기주문법에서는 주문기간의 간격이 일정하고 주문량이 매번 변동하는데, 이 방법은 로트의 단위가 작은 품목, 정확한 재고관리가 필요하거나 매출액이나 수량이 많은 A등급의 품목의 재고관리에 적합하다.

2.3 재고관리기법 : 공급사슬실행 관점

공급사슬실행 관점에서는 현장에서 작업자에 의해 적용되는 Two－Bin법과 ABC분석법이 대표적인 재고관리기법이다.

1) Two-Bin법

Two－Bin법은 재발주점에 의한 발주법의 변형으로써 창고 및 공장에서 하나의 물품을 2개의 상자에 나누어 관리하는 방식으로 운영된다. 품목재고를 낱개수량으로 관리하는 방식이 아니고, 다소 직관적인 방법으로 재고를 관리한다. 즉 첫번째 상자의 물품을 다 소진하면 두번째 상자의 물품을 사용함과 동시에 주문하는 기법이다. MRO자재 등 재고관리가 어렵거나 재고수준을 지속적으로 조사할 필요가 없는 경우 또는 C등급자재와 같이 수량이 적거나 저가품인 경우의 재고관리에 많이 사용되는 재고관리기법이다.

재고관리에 드는 수고와 인력을 최소화하면서도 결품을 최소화할 수 있는 방법이라고 볼 수 있다.

2) ABC분석법

ABC분석법은 관리해야 할 품목의 종류가 많고, 품목의 중요도에 따라 차별화하여 재고를 관리하는 방식을 말한다. 이 기법에서는 파레토법칙에 따라 물품을 ABC등급으로 나누어 관리한다.

ABC등급은 일반적으로 매출액을 기준으로 산정되며, 전체매출에서 특정 품목의 매출이 차지하는 비중을 기준으로 등급을 구분한다. ABC등급은 출하량이나 횟수를 기준으로 구분하는 것도 합리적이며, 창고 내 보관위치 선정 등 다양한 물류관련 업무에서도 반영할 수 있다.

A등급의 물품은 세밀하고 철저히 관리하고, B등급 및 C등급 물품은 상대적으로 느슨하게 관리한다. A등급의 물품은 품목수는 적으나 매출액비중이 80%를 차지하는 자재를, 품목수는 많으나 매출액비중은 10% 미만인 자재는 C등급으로 분류하여 관리한다.

- A등급 : 판매실적과 수익성이 좋은 고부가가치 품목으로 품목의 종류와 수는 적고 보관량과 회전수는 많은 품목을 의미한다. 통상 정기발주법을 적용하여 발주수량을 산정한다.
- B등급 : 판매실적과 수익성이 보통인 품목으로 품목종류와 수, 보관량, 회전수가 중간정도인 품목을 의미한다. 통상 정량발주법을 적용하여 발주수량을 산정한다.
- C등급 : 판매실적과 수익성이 낮은 저부가가치 품목으로 품목의 종류와 수는 많고 보관량과 회전수는 적으므로 Two-Bin법을 적용하여 재고를 관리할 수 있다.

2.4 재고비용과 재고관리지표

효율적인 재고관리를 위해서는 비용을 세분화하고 수치화하여 관리하는 것이 필요하다. 즉, 구매시에는 주문비용, 제품생산비용, 구매/생산 후 재고를 보관 시 관리비용, 품절로 인해 발생하는 기회비용 등의 재고비용이 발생하는데, 이를 상세히 분석하면 영역별 재고비용을 통제할 수 있다.

1) 재고관리비용

(1) 연간총재고비용

전사차원에서 재고관리의 효과를 높이기 위해서는 총비용을 최소화하면서 고객서비스 수준을 높이는 것이 중요하다. 연간 총재고비용은 다음과 같이 구할 수 있다.

$$\begin{aligned}\text{연간 총재고비용}(TC) &= \text{연간 구매비용} + \text{연간 재고유지비용} \times \text{연간 주문비용}\\ &= (\text{연간 수요} \times \text{구매단가}) + (\text{평균재고수준} \times \text{연간 단위당 재고유지비용})\\ &\quad + (\text{연간 주문횟수} \times \text{주문비용})\\ &= DC + HC + OC\\ &= (D \times C) + (\frac{Q}{2} \times H) + (\frac{D}{Q} \times S)\end{aligned}$$

- 주문비용(Procurement Cost) : 주문비용은 물품구매 시, 조달에 수반하여 발생하는 구매단가뿐만 아니라 주문관련비용(신용장개설비, 통신료 등), 거래처조사비용(시장조사비용 등), 화물수송비, 하역비, 품질검사비, 입고비, 통관료 등의 비용을 말한다.
- 준비비(Set－up Cost) : 외부에서 구매하지 않고 기업자체에서 생산할 때 발생하는 비용으로 노무비, 설비 및 기기교체비, 원료준비비 등이 있다. 생산공정변경, 기계공구교환 등으로 발생하는 비용도 준비비에 해당한다. 주문비용과 준비비는 신규로 발주할 때 발생되는 고정비적인 성격의 비용으로써 발주횟수나 생산횟수에 따라 증가한다.
- 재고유지비용(Holding Cost) : 재고보유에 따라 발생하는 비용으로 창고사용임대료, 창고유지관리비, 보험료, 세금, 이자비용(재고확보에 따른 자금의 기회비용),

폐기 비용 등이 있다.

- 품절비용(Stock-out Cost) : 재고부족으로 인한 생산중단, 판매기회상실, 납기지연으로 인한 주문거절 및 고객신용도 하락, 긴급대응에 따른 추가비용, 재고부족으로 조업중단시 발생하는 비용을 말한다. 주문비용과 준비비는 신규로 발주할 때 발생되는 고정비적인 성격의 비용으로써 발주횟수나 생산횟수에 따라 증가한다.

2) 재고관리관련 지표

재고관리를 평가하기 위한 지표(KPI, Key Performance Indicator)로는 다음의 지표가 대표적이다.

- 서비스율 : 고객주문에 대해서 재고서비스 수준을 어느 정도 유지하고 있는지를 나타내는 지표로써 주문량 대비 납품량으로 산출한다.

$$\text{서비스율} = \frac{\text{납기내 납품량(액)}}{\text{주문량(액)}} \times 100$$

- 백오더율(Back Order) : 백오더(Back Order)는 재고부족으로 주문을 정상처리하지 못한 주문을 의미하며, 백오더율은 주문량 대비 결품량으로 산출한다.

$$\text{백오더율} = \frac{\text{결품량(액)}}{\text{주문량(액)}} \times 100$$

- 재고회전율(Inventory Turnover) : 재고의 보충빈도로써 특정 기간동안 중 얼마나 고갈되었다가 다시 보충되는가 하는 재고의 회전속도를 말하며 물류관점에서는 재고수량을 최소화하여 재고회전율을 높이는 것이 이상적이다.

$$\text{재고회전율} = \frac{\text{일정기간 동안의 총소비량(총매출액)}}{\text{평균재고량(액)}}$$

$$\text{평균재고량(액)} = \frac{\text{기초재고량(액)} + \text{기말재고량(액)}}{2}$$

$$\text{일평균 재고량(액)} = \frac{\text{총재고합계량(액)}}{\text{수요(출고)일수}}$$

$$\text{재고일수} = \frac{\text{현재재고량(액)} \times 30}{\text{월평균출하량(액)}}$$

재고유지비 = 평균재고량×단위당 구매가격×단위당 재고유지비율(%)

토의문제

1. 보관을 효과적으로 하기 위해서는 어떻게 해야 하는지 설명하시오.
2. 온라인유통이 활발해진 요즘과 같은 상황에서 창고입지를 어디에 하는 것이 좋을지에 대해 토의해 봅시다.
3. 어떤 화물과 업무상황에서 자동화창고가 가장 효과적일지에 대해 생각해 봅시다.
4. 재고를 줄이면서 고객 서비스수준을 높이려면 어떻게 해야 할지에 대해 토의해 봅시다.

제6장 물류관리사 기출문제

01 **보관의 원칙에 관한 설명으로 옳지 않은 것은?** (17회, 2013년)

① 선입선출의 원칙이란 먼저 입고한 물품을 먼저 출고하는 것으로 제품수명주기(Product Life Cycle)가 짧은 경우에 많이 적용된다.

② 위치표시의 원칙이란 물품의 보관장소에 특정한 기호를 사용하여 위치를 표시하는 것으로 입·출고작업의 효율성을 높일 수 있다.

③ 회전대응보관의 원칙이란 입·출고빈도의 정도에 따라 물품의 보관장소를 결정하는 것으로 입·출고빈도가 높은 물품은 출입구로부터 가까운 장소에 보관한다.

④ 중량특성의 원칙이란 물품의 중량에 따라 보관장소의 출입구를 기준으로 한 거리와 높낮이를 결정하는 것이다.

⑤ 형상특성의 원칙이란 표준화된 물품은 형상에 따라 보관하고 표준화되지 않은 물품은 랙(Rack)에 보관하는 것이다.

02 **물류단지시설에 관한 설명으로 옳지 않은 것은?** (17회, 2013년)

① 데포(Depot)는 제조업체가 원료나 완성품을 쌓아두거나 유통업체가 배송전단계로 재고품을 비축 또는 다음 단계의 배송센터로 제품을 이전시키기 전에 일시보관하는 시설이다.

② 물류터미널은 화물의 집하, 하역 및 이와 관련된 분류, 포장, 보관, 가공, 조립 또는 통관 등에 필요한 기능을 갖춘 시설이다.

③ 복합물류터미널은 두 종류 이상의 운송수단간의 연계운송을 수행할 수 있는 시설이다.

④ 공동집배송센터는 여러 유통사업자 또는 제조업자가 공동으로 사용할 수 있도록 집배송시설 및 부대업무시설이 설치되어 있는 시설이다.

⑤ 내륙컨테이너기지(ICD)는 주로 항만터미널과 내륙운송수단과의 연계가 편리한 산업지역에 위치한 컨테이너 장치장으로 컨테이너 화물의 통관기능까지 갖춘 시설이다.

03 **ICD(Inland Container Depot)에서 수행하는 기능이 아닌 것으로만 짝지어진 것은?** (24회, 2020년)

① 마샬링(Marshalling), 본선선적 및 양화

② 마샬링(Marshalling), 통관

③ 본선선적 및 양화, 장치보관
④ 장치보관, 집화분류
⑤ 집화분류, 통관

04 투빈시스템(Two Bin System)에 관한 설명으로 옳지 않은 것은? (17회, 2013년)

① 부품의 재고관리에 많이 사용되는 기법으로 선입선출(FIFO)을 지킬 수 있는 가능성이 높아진다.
② 주문량이 중심이 되므로 Q시스템이라고도 부르며, 계속적인 재고수준조사를 통하여 리드타임기간의 수요변동에 대비해야 한다.
③ 흐름랙(Flow Rack)을 사용하면 통로공간의 낭비를 줄일 수 있어 공간효율성이 뛰어나며, 저장 및 반출작업을 단순화시킬 수 있다.
④ 투빈시스템을 사용하기 위해서는 한가지 품목에 대하여 두 개의 저장공간이 필요하다.
⑤ 조달기간이 짧은 저가품목에 대하여 많이 사용하는 방법이다.

05 물류센터의 입지결정을 위한 방법에 관한 설명으로 옳지 않은 것은? (17회, 2013년)

① 총비용비교법은 대안별로 투자금액과 물류비용, 관리비용을 산출하고 총비용이 최소가 되는 대안을 선택하는 방법이다.
② 톤-킬로법은 일정한 물동량(입고량 또는 출고량)의 고정비와 변동비를 산출하고 그 합을 비교하여 물동량에 따른 총비용이 최소가 되는 대안을 선택하는 방법이다.
③ 무게중심법은 물류센터를 기준으로 고정된 공급지 (공장 등)에서 물류센터까지의 수송비와 물류센터에서 수요지(각 지점, 배송처 등)까지의 수송비를 구하여 그 합이 최소가 되는 장소를 입지로 선택하는 방법이다.
④ 요소분석법은 고려하고 있는 입지요인(접근성, 지역환경, 노동력, 환경성 등)에 주관적으로 가중치를 설정하여 각 요인의 평가점수를 합산하는 방법이다.
⑤ 브라운깁슨(Brown&Gibson)법은 입지결정에 있어서 양적 요인과 질적요인을 함께 고려할 수 있도록 평가기준을 필수적 기준, 객관적 기준, 주관적 기준으로 구분하여 평가하는 방법이다.

06 자가창고와 비교할 때 영업창고의 장점으로 옳지 않은 것은? (17회, 2013년)

① 창고의 건설자금이 불필요하여 재무유동성이 향상된다.
② 보관관련 비용에 대한 지출을 명확히 알 수 있다.
③ 전문가에 의한 수불관리가 이루어지기 때문에 관리가 안전하다.

④ 시설변경의 탄력성이 높다.

⑤ 입지선정이 용이하다.

07 **물류센터의 업무에 관한 설명으로 옳지 않은 것은?** (17회, 2013년)

① 입고는 입고제품의 수량 및 상태이상 유무에 대한 검수 등을 포함한다.

② 보관은 입고구역으로부터 검수된 제품을 파렛트랙에 저장하는 것이며, 보관위치는 품질에 따라 정해져야 한다.

③ 피킹은 출고지시에 따라 파렛트, 박스, 낱개단위별로 이루어지며 일괄피킹, 순차피킹 등의 방법이 있다.

④ 분류는 파렛트, 박스, 낱개 단위별로 피킹된 제품을 배송처별로 구분하는 활동으로 자동컨베이어, DPS(Digital Picking System), 분류자동화 기기 등의 설비를 이용한다.

⑤ 유통가공은 가격표부착, 바코드부착, 포장 등의 작업을 수행한다.

08 **다음에서 설명하는 랙(Rack)의 종류는?** (17회, 2013년)

- 한쪽에 출입구를 두며 포크리프트를 이용하여 실어 나르는데 사용하는 랙이다.
- 로드빔(Load-beam)을 제거하여 포크리프트가 랙 안으로 진입이 가능하고 포크리프트 통로연적이 절감되어 보관효율이 높은 편이다.
- 소품종다량 또는 로트(Lot) 단위로 입·출고될 수 있는 화물보관에 최적의 랙이다.

① 파렛트 랙(Pallet Rack)

② 적층 랙(Mezzanine Rack)

③ 슬라이딩 랙(Sliding Rack)

④ 모빌 랙(Mobile Rack)

⑤ 드라이브인 랙(Drive-in Rack)

09 **항공운송에서 사용되는 하역장비에 관한 설명으로 옳지 않은 것은?** (25회, 2021년)

① 리프트로더(Lift Loader) : 파렛트를 항공기적재공간 밑바닥 높이까지 들어 올려 기내에 탑재하기 위한 기기이다.

② 소터(Sorter) : 비교적 소형화물을 행선지별, 인도지별로 구분하는 장치로서 통상 컨베이어와 제어장치 등으로 구성된다.

③ 돌리(Dolly) : 파렛트를 운반하기 위한 차대로서 자체 기동력은 없고 Tug Car에 연결되어 사용된다.

④ 트랜스포터(Transporter) : 항공기에서 내린 ULD(Unit Load Device)를 터미널까지 수평이동하는데 사용하는 장비이다.

⑤ 컨투어게이지(Contour Gauge) : 파렛트에 적재가 끝난 후 적재된 파렛트의 무게를 계량하기 위하여 트레일러에 조립시켜 놓은 장치이다.

10 자재보관을 위하여 사용되는 회전랙(Carousel)에 관한 설명으로 옳지 않은 것은? (16회, 2012년)

① 랙이 작업자의 위치로 이동하므로 작업자의 이동을 최소화하는 방법이다.
② 회전랙은 수평형 회전랙(Horizontal Carousel)과 수직형 회전랙(Vertical Carousel)으로 구분할 수 있다.
③ 일반적으로 수직형 회전랙은 수평형 회전랙보다 높은 천장이 필요하다.
④ 일반적으로 수평형 회전랙이 수직형 회전랙보다 품목보호 및 보안성이 뛰어나다.
⑤ 자동창고와 비교할때 도입비용이 저렴하여 소화물 자동창고(AS/RS)의 대안으로 사용된다.

11 컨테이너 터미널과 그 곳에서 사용되는 장비에 관한 설명으로 옳은 것은? (19회, 2015년)

① Apron은 선박이 접안하여 하역작업이 이루어질수 있도록 구축된 구조물이다.
② Off-dock CY는 컨테이너의 인수, 인도, 보관을 위해 터미널 내에 있는 장소이다.
③ Berth는 하역작업을 위한 공간으로 갠트리크레인이 설치되어 컨테이너의 양적하가 이루어지는 장소이다.
④ Transtainer는 컨테이너를 야드에 장치하거나 장치된 컨테이너를 샤시에 실어주는 작업을 하는 컨테이너 이동장비이다.
⑤ Reach Stacker는 Apron에서 컨테이너의 양적하에 사용되는 장비이다.

12 오더피킹(Order Picking) 방식에 관한 설명으로 옳지 않은 것은? (23회, 2019년)

① 릴레이(Relay)방식 : 여러 사람의 피커가 각각 자신이 분담하는 물품의 종류나 작업범위를 정해놓고 피킹하여 다음 피커에게 넘겨주는 방식이다.
② 존피킹(Zone Picking) 방식 : 여러 사람의 피커가 각각 자기가 분담하는 작업범위에서 물품을 피킹하는 방식이다.
③ 1인1건방식 : 1인의 피커가 1건의 주문전표에서 요구하는 물품을 피킹하는 방식이다.
④ 일괄 오더피킹 방식 : 한 건의 주문마다 물품을 피킹해서 모으는 방식으로 1인1건 방식이나 릴레이방식으로도 할 수 있다.
⑤ 총량 피킹방식 : 한나절이나 하루의 주문전표를 모아서 피킹하는 방식이다.

13 **복합화물터미널에 관한 설명으로 옳은 것을 모두 고른 것은?** (24회, 2020년)

> ㄱ. 창고단지, 유통가공시설, 물류사업자의 업무용시설 등을 결합하여 종합물류기지 역할을 수행한다.
> ㄴ. 두 종류 이상의 운송수단을 연계하여 운송할 수 있는 규모 및 시설을 갖춘 화물터미널이다.
> ㄷ. 최종 소비자에 대한 배송, 개별기업의 배송센터기능도 수행하지만, 정보센터기능은 수행하지 않는다.
> ㄹ. 환적기능보다는 보관기능 위주로 운영되는 물류시설이다.
> ㅁ. 협의로는 운송수단 간의 연계시설, 화물취급장, 창고시설 및 관련 편의시설 등을 의미한다.

① ㄱ, ㄴ, ㄹ ② ㄱ, ㄴ, ㅁ ③ ㄱ, ㄷ, ㅁ
④ ㄴ, ㄷ, ㄹ ⑤ ㄷ, ㄹ, ㅁ

14 **자동창고(AS/RS)에 관한 설명으로 옳은 것은?** (25회, 2021년)

① 스태커 크레인(Stacker Crane) : 창고의 통로공간을 수평방향으로만 움직이는 저장/반출기기이다.
② 단일명령(Single Command) 방식 : 1회 운행으로 저장과 반출작업을 동시에 수행하는 방식이다.
③ 이중명령(Dual Command) 방식 : 2회 운행으로 저장과 반출작업을 순차적으로 모두 수행하는 방식이다.
④ 임의위치저장(Randomized Storage) 방식 : 물품의 입출고빈도에 상관없이 저장위치를 임의로 결정하는 방식이다.
⑤ 지정위치저장(Dedicated Storage) 방식 : 물품의 입출고빈도를 기준으로 저장위치를 등급(Class)으로 나누고 등급별로 저장위치를 결정하는 방식이다.

15 **재고관리의 장점이 아닌 것은?** (25회, 2021년)

① 실제 재고량파악 ② 불확실성에 대한 대비
③ 상품공급의 지연(delay) ④ 가용제품확대를 통한 고객서비스 달성
⑤ 수요와 공급의 변동성 대응

정답

01 ⑤ 02 ① 03 ① 04 ② 05 ② 06 ④ 07 ② 08 ⑤ 09 ⑤ 10 ④ 11 ④ 12 ④ 13 ② 14 ④ 15 ③

CHAPTER

07

국제물류관리

1. 국제물류의 이해
2. 무역의 이해
3. 국제물류 관련 주요 용어

팩스 · 이메일로 주고받던 수입화물 정보, 실시간으로 공유한다

그동안 팩스나 이메일로 주고받아야 했던 수입화물 관련 정보를 실시간으로 공유할 수 있는 플랫폼이 열렸다. 중간에서 서류가 누락되거나 위조되는 문제를 해결할 수 있을 뿐만 아니라 처리시간도 6분의 1로 줄어들 전망이다.

한국무역정보통신(KTNET)은 한국인터넷진흥원(KISA)과 함께 국내 최초 '블록체인 기반수입화물 반출입 및 내륙운송 플랫폼' 유로지스허브(ulogishub) 운영을 시작했다고 21일 밝혔다. 유로지스허브에서 무역 계약을 체결하면 수입업체, 포워더(국제물류주선업체), 운송사 등 모든 관계자가 화물운송정보를 실시간으로 확인할 수 있다.

KTNET에 따르면 수입화물이 국내에 도착하면 수입업체에 도달하기까지 포워더, 보세장치장, 운송사, 운송기사들이 전화나, 팩스, 메일 등을 통해 화물인도 지시서(D/O), 오더지시서를 비롯한 서류를 주고 받았다. 연간 260만개의 수입화물이 이런 방식으로 처리되고 있다고 한다. 하지만 수기로 입력하는 과정이 반복되면서 오류가 생기거나, 물건이 잘못 반출되는 문제가 발생했다.

유로지스허브를 통하면 이같은 문제를 없앨 수 있다는게 KTNET의 설명이다. 유로지스허브에서는 D/O가 보세장치장, 운송사 등에 자동공유되고, 운송오더서를 비롯한 서류도 따로 작성할 필요 없이 실시간 공유된다. QR코드로 운송할 운송기사와 화물도 확인할 수 있다. KTNET는 무역거래 전반에 유로지스허브가 적용되면 항만에서 보세장치장까지 최대 1시간이 걸리던 업무처리시간이 10분으로 줄 것으로 예상했다. 송달료와 인건비 등 직접 비용도 연간 571억원가량 아낄 것으로 내다봤다.

보세장치장을 운영하는 부산크로스독 관계자는 "수입화물정보를 일일이 전화나 팩스, 이메일로 처리해야 했는데, 플랫폼개발로 정보전달과정이 대폭 개선될 것으로 기대한다"고 말했다.

KTNET은 수요업체인 맥스피드(포워더사), 이맥스물류(운송사) 등 수출입물류기업의 의견을 플랫폼 개발과정에서 반영했다. 앞으로도 의견을 받아 유로지스허브 서비스를 고도화할 계획이다. 지난 19일에도 KISA에서 선정한 '블록체인 누리단'이 유로지스허브 기능을 검증했다.

KTNE은 또 유로지스허브 활용처를 해외물류기업으로 확대하는 등 사업확장계획도 갖고 있다. KTNET 관계자는 "누리단 의견을 바탕으로 기능을 보완해 플랫폼이 무역업계에 도움이 되는 서비스로 정착될 수 있도록 노력할 것"이라며 "블록체인기반 수입화물 반출입 플랫폼이 정보전달체계의 개선뿐만 아니라 불필요한 행정절차를 줄이고 무역 · 물류관련 다양한 업무에 적용될 수 있도록 사업을 펼쳐 나갈 것"이라고 말했다.

한국무역협회 자회사인 KTNET은 수출입업무 전 과정을 온라인 · 자동화하기 위해 1991년 설립됐다. 국가전자무역 기반사업자로서 10만여 무역 · 물류업체의 전자무역문서를 연평균 3억8000만건 처리하고 있다. 차영환 KTNET 사장은 올해 창사 30주년을 맞아 "디지털전환에 대응해 글로벌 디지털 무역물류 플랫폼 기업으로 도약하겠다"고 밝혔다.

조선일보, 2021년 11월 21일, 권오은 기자

01 무역의 이해

1.1 무역의 개요

1) 무역의 개념

무역(Trade)은 국가 간에 재화를 거래하면서 국경을 넘어서 이루어지는 국제상거래(International Commerce)를 말하며, 법률적으로 국제물품매매를 의미한다. 광의로는 서로 다른 국가 간에 행해지는 물품, 서비스, 자본, 노동, 기술 등의 국제적 이동을 의미하며, 협의로는 물품의 국제적 이동에 수반되는 매매거래로 정의된다. 국가간 무역거래가 활발해지면 국제물류활동 또한 증가하게 되므로 무역과 국제물류는 매우 밀접한 관계를 가진다.

(1) 무역의 대상

- 물품 : 교역의 대상은 원재료, 제품 등의 유형물품이 무역거래의 대부분을 차지하므로 통상 유형무역(Visible Trade)이라고 한다.
- 용역 : 용역은 노무, 서비스 등 무형의 무역거래 대상을 의미하며, 무형무역(Invisible Trade)이라고 한다.
- 기술 : 기술제휴 계약에 따른 기술, 노하우 및 저작권, 광업권 및 어업권 등의 무형재산권 등의 무역거래 대상을 말한다.
- 자본 : 외국에 대여해 주는 장·단기자본과 이에 따른 이자, 배당금 등의 자본거래도 무역거래의 대상이 된다.

(2) 무역의 특성

- 다수의 복합계약 : 상호 원거리의 상대방과 거래를 해야 하므로 안전한 거래와 수익보장을 위해 거래교섭과 계약이 복잡하고 신용장발행 등 위험회피를 위한 다수의 복합계약이 체결된다. 수출업자, 수입업자 이외 화물운송업자, 금융업자 등의 다양한 거래참여자도 참여하게 된다.

- 관습 · 규정에 따른 거래 : INCOTERMS 등 정형화된 상거래관습이 적용되고, 국제조약 등을 통해 규정이 정해진다.
- 해상 · 항공중심운송 : 비용효율적인 해상운송이 무역거래 상의 운송수단으로 주를 이루고 있으나, 항공운송 또한 증가하고 있다.
- 높은 위험가능성 : 거래상대방 간의 환율, 언어 등의 차이로 이견 및 이슈가 발생할 가능성이 크고, 오랜 시간동안 원거리의 상대방과 거래를 하다보니 국내거래보다 위험이 높다.
- 높은 산업연관 효과 : 무역을 통해 조선산업, 항공산업, 물류산업 등 다양한 산업연관효과 및 파급효과가 크게 발생한다.

2) 무역의 구분과 종류

대외무역법에서는 다양한 형태의 무역을 다음과 같이 정의하고 있다.

(1) 위 · 수탁판매수출입

- 위탁판매수출 : 위탁자(수출업자)가 물품을 무환으로 외국에 있는 수탁자(수입업자)에게 수출 후 물품이 판매된 범위 안에서 일정의 판매수수료를 지급하고 물품대금을 결제받는 수출을 말한다.
- 수탁판매수입 : 수탁자(수입업자)가 해외의 위탁자(수출업자)로부터 위탁을 받아 그 위탁자의 비용과 재고부담하에 물품을 무환으로 수입 · 판매하고, 그 대금을 결제하는 수입을 말한다.

(2) 위 · 수탁가공무역

- 위탁가공무역 : 원부자재의 전부 또는 일부를 수입업자에게 수입하여 국내가공업체에 제조 등의 가공을 위탁한 후 해외의 제3자에게 수출하는 유형을 말한다.
- 수탁가공무역 : 원자재의 전부 또는 일부를 수출업자의 위탁에 의하여 수입/가공한 후 위탁자가 지정하는 해외의 제3자에게 가공물품을 수출하는 유형을 말한다.

(3) 임대/임차방식에 의한 수출입

- 임대방식에 의한 수출 : 임대계약을 맺고 물품을 수출하여 일정기간 후 다시 수입

하거나 계약만료 전후에 해당 물품의 소유권을 이전하는 유형을 말한다.

- 임차방식에 의한 수입 : 임차계약을 맺고 물품을 수입하여 일정기간 후 다시 수출하거나 계약만료 전후에 해당물품의 소유권을 이전하는 유형을 말한다.

(4) 중계무역

수출을 전제로 물품을 수입하여 제3국으로 수출하는 유형으로 수입한 물품을 가공하지 않고 수출하여 중계수수료를 받는다.

(5) 연계무역

수출입이 연계된 무역거래로써 물물교환, 구상무역, 대응구매, 제품환매 등의 형태로 이루어진다. 동일한 거래당사자 간에 수출과 수입이 연계된 무역거래로써 수출입의 균형을 유지하거나 통상 협력하는 수단으로 이용된다.

- 물물교환(Barter Trade) : 외환거래없는 특정 물품의 1대1 교환으로 수출입거래가 성립되는 무역방식을 말한다.
- 구상무역(Compensation Trade) : 거래당사자 간의 대응수입계약조건에 따라 수출액의 일정비율에 상당하는 물품을 대응수입하는 무역거래를 의미한다. 원칙적으로 수출입거래를 하나의 계약서로 작성하고, 환거래발생 후 대응수입의무를 제3국에 전가할 수 있다.
- 대응구매(Counter Purchase) : 거래당사자 간의 수출입이 상계되는 측면에서는 구상무역과 동일하지만, 수입계약과 수출계약을 별도 진행된다. 즉 수출의 일정비율을 대응수입하는 무역거래이며, 수출과 수입이 별도의 계약서나 신용장에 의해 이행된다.
- 제품환매(Buy Back) : 자신이 수출한 설비, 기술로 생산되는 제품을 수입하는 방식을 말한다. 즉 플랜트수출의 경우 많이 적용되는 무역거래로 설비, 기술수출후 이를 통해 생산되는 제품을 수입하는 무역거래를 의미한다.

(6) 외국인도/인수방식에 의한 수출입

- 외국인도방식에 의한 수출 : 수출대금은 국내에서 받지만 수출물품을 해외에서 인도하는 수출을 말한다.
- 외국인수방식에 의한 수입 : 수입대금은 국내에서 지급하지만 수입물품은 외국에

서 인수하는 수입을 말한다.

1.2 무역거래의 결제방식

1) 대금결제방법에 따른 결제조건

(1) 신용장(L/C, Letter of Credit)방식

신용장방식은 무역거래의 대금지급 및 상품수입의 원활을 기하기 위해 발행은행이 신용장조건에 일치하는 서류에 대해 수입업자를 대신하여 수출업자에게 대금지급을 확약하는 방식을 말한다. 자세한 내용은 3.2에서 별도로 신용장에 대해 설명하고자 한다.

(2) 추심(Collection)방식

추심방식은 수출입 거래당사자 간의 계약에 따라 수출업자가 물품선적 후 관련서류를 첨부한 화환어음을 수입업자에게 제시하고, 수입업자는 그 어음에 대해 지급, 결제하는 방식이다. 수출업자가 수입업자에게 물품선적 후 선적서류를 수출업자측 거래은행을 통해 수입업체측 거래은행으로 송부한 후 수입업자로부터 대금을 회수하는 결제방식을 말하며 국제적으로 상호신용상태가 향상됨에 따라 점차 늘어나고 있다.

- 인수인도조건(D/A, Documents against Acceptance) : 수출업자가 물품선적 후, 관련 서류가 첨부된 기한부환어음(Documentary usance bill)을 수입업자를 지급인으로 발행하여 수출업자의 거래은행에 추심을 의뢰하면, 수출업자의 거래은행은 그 서류가 첨부된 환어음을 수입업자의 거래은행으로 보내 추심을 의뢰한다. 수입업자의 거래은행은 수입업자로부터 어음인수 및 서류인도하고, 어음만기일에 대금을 지급받아 추심을 외뢰하여 은행으로 송금, 결제하는 방식이다.
- 지급인도조건(D/P, Documents against Payment) : 수출업자가 물품선적 후, 관련서류가 첨부된 일람불환어음(Documentary sight bill)을 수입업자를 지급인으로 발행하여 수출업자의 거래은행에 추심을 의뢰하면, 수출업자의 거래은행은 서류가 첨부된 환어음을 수입업자의 거래은행으로 보내 추심을 의뢰한다. 수입업자의

거래은행은 수입업자로부터 대금을 지급받으며, 서류인도하고 지급받은 대금은 추심을 의뢰한 은행으로 송금, 결제하는 방식이다.

(3) 송금결제방식

송금결제방식은 국제규칙없이 적용되는 방식으로 거래당사자들이 사전에 합의하여 수출입거래하고 상호 합의한 선불 또는 후불방식으로 지급한다. 따라서 소액거래, 샘플거래, 본지사 간의 거래, 신용도가 높은 업체 간의 거래에서 사용되는 결제방식으로 적합하다. 통상 물품의 선적 전 별도대금 청구절차없이 수입업체가 수출업자에게 대금을 송금하는 방식을 말한다. 상품의 인도시점에 따라 다음의 유형으로 나누어 진다.

- 단순송금방식 : 물품을 수출하기 전에 미리 전체대금을 외화로 지급하는 방식을 말한다.
- 주문결제방식(CWO, Cash with Order) : 샘플대금 등 소액거래에 주로 사용하는 방식으로 수입업자의 주문과 동시에 대금을 결제하는 단순송금방식을 말한다.
- 현물상환방식(COD, Cash on Delivery) : 주로 귀금속 등 고가품의 소액 수출입거래에서 많이 사용되며, 수출업자가 물품을 선적한 후 선적서류를 수출업자의 지사에 송부하여 물품이 목적지에 도착하면 수입업자가 물품을 인도받으면서 대금을 결제하는 방식이다.
- 서류상환방식(CAD, Cash Against Documents) : 수출업자가 선적한 후에 선적서류를 수출국에 있는 수입업자의 대리인에게 인도하면서 대금을 결제받는 방식이다. 원칙적으로 수출은 수출국에 수입업자를 대신하여 대금을 결제할 대리인이나 은행이 있을 경우에만 가능하다.
- 외상송금결제방식(Open Account) : 먼저 선적하고 만기일에 수입업체가 대금을 송금하는 방식을 말한다.

2) 대금결제 시기에 따른 구분

무역거래대금을 거래전후 또는 동시에 지급하는지에 따라 무역결제방식을 구분한다.

- 사전지급조건 : 수입업자가 상품선적전에 외화로 수출업자에게 미리 송금하여 지불하고, 수출업자는 일정 기간 이내에 물품을 준비하여 선적하는 방식이다. 수출업

자에게 가장 유리한 결제방식으로 미리 대금을 받고 생산 및 선적하고 선적에 관련된 서류를 송부한다. 물품인도 전 수출업자에게 전신송금환(T/T), 송금수표(D/D) 등의 의해 대금을 지급하는 조건으로 주문결제방식(CWO), 사전송금방식(Advanced Remittance) 등이 있다.

- 동시지급조건 : 물품인도 시 수출업자에게 대금을 지급하는 조건으로 물품인도와 동시에 현금을 지급하는 현물상환방식(COD)과 서류인도와 동시에 현금지급하는 서류상환방식(CAD), 지급인도조건(D/P) 등이 있다.
- 사후지급조건 : 수출업자가 수입업자에게 물품선적 후 계약에 따라 기간내에 대금을 결제하도록 하는 방식이다. 물품인도후에 전신송금환(T/T), 송금수표(D/D) 등의 의해 수출업자에게 대금을 지급하는 조건으로 외상송금결제방식(Open Account), 인수인도조건(D/A) 등이 있다.

1.3 수출입업무 프로세스와 단계별 활동

1) 수출 프로세스

(1) 수출 프로세스의 개요

수출은 수출업자가 거래선을 발굴하기 위해 해외시장을 조사하고 청약과 승낙에 의해 수출계약을 체결하고, 대외무역법 등에 따른 수출승인과 요건확인을 받으며, 이후 관세법에 의한 세관통관절차를 거쳐 물품인도 및 대금회수하는 절차를 거친다. 이러한 수출절차는 대외무역법(물품의 수출입에 관한 기본사항), 외국환거래법(수출대금결제), 관세법(보세 및 통관관리), 무역금융규정(수출입자금지원) 등의 무역관련법규와 국제상관습을 적용한 INCOTERMS 등의 국제규약과 밀접하게 연결되어 있다.

(2) 수출 프로세스와 주요 활동

수출계약체결 → 수출승인 및 요건확인 → 수출물품확보 → 수출물품운송 및 보험계약체결 → 수출물품통관 및 선적 → 수출대금회수 → 관세환급

- 수출계약체결 : 수출업자는 수출물품이 국내 무역관련법규에 의해 수출허용여부를 확인한 후 해외시장조사를 통해 발굴된 거래선에 거래제의를 하고, 상호간의 신용상태조사 후 수출계약체결준비를 한다. 수출업자는 수출계약을 위해 거래선에 청약(Offer)하고, 거래선으로부터 승낙(Acceptance)이 있다면 수출계약이 성립된다.
  - 청약(Offer) : 공식적인 용어로 '물품내도확약'이라고 하며, 일정 조건으로 수출계약을 체결하고 싶다는 의사를 표시하는 것을 말한다.
  - 승낙(Acceptance) : 오퍼에 대해 동의여부를 포함한 확정적 의사표시를 의미하고, 이에 따라 계약의 유효여부가 결정된다.
  - 계약(Agreement) : 둘 이상의 당사자 간에 체결된 법률 상의 강제가능한 합의를 말한다. 수출계약은 수출업자가 수입업자에게 물품인도와 수입업자의 인수대금지급을 약정하는 것을 말한다. 이때 무역계약의 지급조건이 신용장방식인 경우 수입업자는 자신의 거래은행으로 하여금 신용장을 수출업자에게 발행하게 하여 수출업자는 발행은행으로부터 발행된 신용장을 수출업자측의 은행을 통해 받게 된다.
- 수출승인 및 요건확인 : 특정 물품의 경우 수출승인이나 요건확인을 받아야 수출이 가능하다.
- 수출물품확보 : 물품을 선적하기 위해서는 수출물품을 사전에 확보해야 한다. 수출물품의 생산 등에 자금필요시 무역금융을 통해 외국환은행으로부터 조달할 수 있다.
- 수출물품운송 및 보험계약체결 : 운송계약, 해상보험계약은 정형거래조건(Trade terms)에 따라 수출업자 또는 수입업자가 체결하며, 수출업자는 신용 및 비상위험에 대비하여 수출보험계약을 체결한다.
- 수출물품통관 및 선적 : 수출통관은 수출물품을 세관에 수출신고한 후 무역선박이나 항공기에 적재하기까지의 일련의 절차를 말하며, 수출신고필증을 교부받아 수출통관이 완료된 물품은 내륙의 보세운송을 통해 항구 및 공항으로 이동되어 본선에 적재된다.
- 수출대금회수 : 물품대금의 지급은 선적전에 사전지급, 동시지급, 수입업자 인도후에 사후 지급할 수 있다. 동시지급의 경우는 서류상환방식과 현물상환방식으로 나눌 수 있다.

■ 관세환급 : 수출업자가 수출물품의 제조·가공에 필요한 원재료를 수입조달한 경우, 수입시 납부한 관세를 되돌려 받기 위해 세관에 관세환급을 신청한다.

2) 수입프로세스

(1) 수입프로세스 개요

수입업자가 해외거래선을 선정하여 청약과 승낙에 의해 수입허용된 물품의 수입계약을 체결하고 수입승인과 수입요건확인 후, 자신의 거래은행으로 하여금 수입신용장을 수출업자에게 발행하게 하고, 해외의 수출업자로부터 수입환어음 및 선적서류가 내도하면 수입대금을 지급하고 서류를 인도받아 수입통관절차를 거쳐 물품을 받는 절차를 거친다. 이러한 수입절차는 수출과 마찬가지로 무역관련 법규와 국제상관습을 적용한 INCOTERMS 등의 국제규약과 밀접하게 연결되어 있다.

(2) 수입프로세스와 주요 활동

수입계약체결 → 수입승인 및 요건확인 → 수입신용장의 발행 및 통지 → 수입물품운송 및 보험계약체결 → 선적서류의 내도 → 수입대금결제 및 선적서류의 인도 → 수입물품의 통관 → 무역클레임 및 중재

- 수입계약체결 : 수입업자는 수입허용 여부를 확인한 후 국내판매형태나 수요를 확인한다. 이후 해외시장조사를 통해 물품을 공급할 수 있는 수출업자를 발굴하여 거래제의하고, 상호 간의 신용상태조사 후 수입계약체결준비를 한다. 수입업자는 수입계약을 위해 거래선에 구매청약 또는 주문하고, 거래선으로부터 승낙을 받으면 수입계약이 성립된다. 수입계약을 통해 수출업자가 수입업자에게 물품인도를 약정하고, 수입업자가 물품의 인수대금을 지급할 것을 약정한다.
- 수입승인 및 요건확인 : 수입승인이나 요건확인을 받아야 수입이 가능하며, 수입금지품목은 수입할 수 없다.
- 수입신용장의 발행 및 통지 : 무역계약의 지급조건이 신용장방식인 경우 수입업자는 자신의 거래은행이 신용장을 수출업자에게 발행하게 해야 한다.
- 수입물품운송 및 보험계약체결 : 운송계약, 해상보험계약은 정형거래조건에 따라 수출업자 또는 수입업자가 체결한다.

- 선적서류의 내도 : 수출업자가 물품선적 후, 환어음에 신용장 상의 선적서류를 첨부하여 매입은행의 매입을 통해 발행은행에 제시하면 발행은행은 신용장조건과 일치하는 선적서류의 도착사실을 수입업자에게 통지한다.
- 수입대금결제 및 선적서류의 인도: 수입업자는 발행은행의 선적서류 도착일 다음날로부터 은행영업일 7일 이내에 수입대금을 결제하고 선적서류를 인도받는다.
- 수입물품의 통관: 수입통관은 수입신고인이 물품을 수입신고한 후 신고수리를 받아 물품을 보세구역으로부터 반출하기까지의 과정을 말하며, 운송인으로부터 물품을 인수하여 보세구역에 반입한 후 세관에 수입신고한다.
- 무역클레임 및 중재: 계약당사자가 계약내용을 이행하지 않을 경우, 손해를 입은 당사자가 위반당사자에 대해 무역클레임을 통해 손해배상청구한다.

02 국제물류의 이해

2.1 국제물류개요

기업들의 글로벌생산과 원자재소싱 등 글로벌확장전략을 통해 공급네트워크가 복잡해지고 있으며, 보다 체계적인 물류관리에 대한 필요성이 커지고 있다. 국제물류는 이러한 공급망의 변화에 따라 더욱 중요해 지고 있다.

국제물류는 2개 이상의 국가에서의 생산과 소비활동에서 시간적·공간적 차이를 극복하기 위한 물리적인 유·무형의 경제활동을 의미한다. 국가 간의 무역활동을 통해 해상, 항공, 육상 등의 다양한 운송수단을 사용하는 국제물류가 발생하며, 주로 국제복합일관운송시스템이 국제물류의 중추적인 역할을 담당한다.

국제물류는 국내물류와 비교하여 다음의 특징이 있다.

- 높은 거래위험도: 국제물류는 국가 간의 사회문화적, 정치/경제적 요인에 의해 영향을 크게 받으며, 언어, 환율변동 등에 의한 위험도 크다. 그에 비해 국내물류에서는 환율, 언어 등에 따른 업무적 혼선이 거의 없다.

- 물류활동중재자 필요 : 물류활동에 필요한 서류가 많고, 주문절차 및 수출입처리 절차가 복잡하므로 일반적으로 화주와 운송업체 사이에 중재자(Freight Forwarder)가 필요하다.
- 국제복합화물 일관운송 : 운송기간과 운송거리가 국내물류에 비해 길어서 물류전체 프로세스를 합리화하기 위한 국제복합화물 일관운송이 중요하다.

국내물류와는 운송, 보관하역, 포장, 정보관리 측면에 <표 7-1>과 같은 차이점을 가지고 있다.

표 7-1 국내물류와 국제물류의 차이점

구 분	국내물류	국제물류
운송	창고를 활용한 내륙운송(화물자동차운송, 철도운송)이 일반적임	항만, 공항을 활용한 해상운송, 항공운송, 복합운송이 일반적임
보관하역	창고중심의 보관하역활동 (창고에서의 화물집하, 조립, 포장, 분류활동)	항만, 공항, 내륙거점 등 복합화물 터미널에서의 보관하역활동 (보세구역에서의 일시적인 화물보관활동)
포장	포장의 경제성, 편리성에 중점	컨테이너 등 화물단위화를 통한 화물보호성에 중점
정보	화주, 운송업체, 보관업체별로 정보관리	국내에서 해외까지의 전체과정/업체의 시스템을 추적관리

2.2 국제복합화물운송체계

1) 국제복합운송의 개요

(1) 국제복합운송의 개념

국제물류는 국내물류보다 다양한 운송수단으로 이동하면서, 국가별 상이한 수출입 통관 등 더욱 복잡한 절차 및 과정으로 운영된다. 이 과정에서는 여러 이슈가 발생할 수 있는데, 여기서 발생하는 문제와 수고를 줄이기 위해 일관운송을 지원하는 운송방식에 대한 수요가 증가하게 되었고, 그 결과로 국제복합운송체계가 등장하게 되었다.

국제복합운송(International Combined Transport)은 화물을 송화주에서 수화주까지

해상운송, 항공운송, 육상운송 등 복수의 운송수단을 이용하여 최종 목적지까지 단일 운송계약 및 책임으로 일관 운송하는 것을 말하며 국제물류는 주로 이 방식으로 이루어진다. 국제복합운송의 발달에 따라 국제적인 물류업무의 분업이 가속화되고 있다.

(2) 복합운송의 기본요건

국제복합운송은 복합운송인이 단일 복합운송계약을 체결하고 항공, 해상, 육상 등의 복합적인 운송수단 중 2종류 이상을 활용하여 송화주의 문전에서 수화주의 문전까지 단일운송계약 및 책임으로 운송한다. 국제복합운송계약의 증거로 복합운송증권을 발행하며, 여러 운송수단을 결합한 단일운임을 채택한다.

따라서 국제복합운송은 다음의 기본요건을 갖추어야 한다.

- 단일운송책임 및 단일운임관리 : 국제복합운송을 책임지는 복합운송인이 송화주과 복합운송계약을 맺고 운송업체와는 별도로 전체 운송구간에 걸쳐 단일운송책임과 단일운임체계를 가진다. 복합운송인은 화주에 대해서는 운송수단과 상관없이 전체 운송구간에 단일화된 운임을 적용한다.
- 복합운송증권의 발행 : 복합운송인은 화주와 계약을 통해 복합운송증권 또는 일관선하증권을 발행하며, 필요시 유가증권으로 활용할 수 있다. 복합운송증권(MTD, Multimodal Transport Document)은 복합운송인이 발행하는 운송증권으로 복합운송계약 내용과 운송조건을 담고 있으며 화물수령을 증명하는 증거증권이자 화물을 복합운송증권 소지인에게 인도하면 모든 책임을 면하는 면책증권이다. 유통성 및 비유통성으로 발행할 수 있으며, 유통성 복합운송증권은 선하증권과 같은 권리증권이자 유가증권의 성격을 갖는다. 통일된 표준양식은 없고 통상 국제복합운송인협회에서 제정한 복합운송선하증권이 많이 사용되고 있다.
- 다양한 운송방식 : 국제복합운송은 복합운송인이 단일 복합운송계약을 체결하고 항공, 해상, 육상 등의 운송수단 중 2종류 이상을 활용하여 각각 다른 법적 규제를 받는 복수의 운송방식에 의해 운송해야 한다.

2) 복합운송인의 개요

(1) 복합운송인의 개념

UN 국제물품복합운송조약에 따르면 복합운송인(Multimodal Transport Operator, Freight forwarder)은 본인 또는 대리인을 통해 복합운송계약을 체결하고 계약이행에 관한 채무를 담당하는 주체를 말한다. 즉, 직접 운송수단을 소유하지 않은 상태에서 화주와 복합운송계약을 체결하고 송화주에게 화물수탁후부터 수화주의 인도까지 복합일관 운송서비스를 제공하고 책임을 지는 주체가 된다.

통상 복합운송인이 운송계약의 주체가 되며, 복합운송계약을 체결하고 복합운송증권을 발행하여 전 구간단일책임을 진다. 복합운송인은 화물수출입 업무처리를 전문적으로 수행하며, 운송계약체계 및 선복예약, 관련 선적서류의 작성, 통관수속, 화물혼재, 포장 및 창고보관, 화물의 집하, 분배 및 혼재서비스, 운송수단수배 등의 업무를 처리한다.

(2) 복합운송인의 기능

- 운송수단확보 : 화주와 운송계약을 체결하고 사전에 선복을 예약하여 화주의 운송을 책임질 수 있는 운송역량을 확보한다.
- 화물운송 컨설팅 : 국가별, 화물별 등 화물운송에 대한 전문적인 지식과 노하우로 송화주 및 수화주의 업무를 컨설팅한다.
- 화물운송 효율화 : 컨테이너 미만화물(LCL)의 집화, 분류 및 혼재를 통해 컨테이너 만재화물(FCL)로 만들어서 화물운송의 효율성을 높인다.
- 운송서류준비 : 선복예약서, 선적허가서 등 운송관련 서류를 화주대신 작성한다.
- 기타 부대서비스 : 복합화물운송을 위한 포장, 통관, 보관부보, 기타 보관업무 등 운송과 관련된 부대서비스를 제공한다.

(3) 복합운송인의 유형

복합운송인이 운송 중 어떠한 역할을 수행하는지에 따라 다음의 유형으로 구분할 수 있다.

- 운송실행 복합운송인(Actual Carrier) : 복합운송인이 직접 항공기, 선박, 화물자동차 등의 운송수단을 보유하면서 복합운송을 하는 주체를 말하며, 운송인형 복합

운송인이라 한다.

- 운송계약 복합운송인(Contractual Carrier, Forwarder) : 일반적으로 포워더를 지칭하며 운송수단을 보유하지 않고 화주에게는 운송인, 운송인에게는 화주로써의 역할을 하는 복합운송주체를 말한다.
- 무선박운송인형 복합운송인(NVOCC, Non-vessel operating common carrier) : 무선박운송인(NVOCC)은 해상운송에서 선박을 직접 운항하지 않으면서 해상운송인에게는 화주의 입장으로써의 역할을 하는 복합운송주체를 말한다.

(4) 복합운송인의 책임체계

기본적으로 복합운송인의 책임은 과실추정주의의 원칙에 기초하고 있으며 화주에 대해 단일책임을 지지만, 각 운송구간에 따라 책임체계는 조금씩 다르게 적용할 수 있다.

- 단일책임체계(Uniform liability system) : 복합운송인이 화주에 대해 전체 운송구간에 걸쳐서 운송수단과 운송구간을 불문하고 동일한 내용의 운송원칙에 따라 책임을 부담하는 방식을 의미한다. 화물의 멸실, 파손, 지연손해 등이 복합운송의 어느 구간에서 발생하였는지를 가리지 않고, 복합운송인은 하나의 책임원칙과 한도에 따라서 책임을 부담하는 방식을 의미한다.
- 이종책임체계(Network liability system) : 복합운송인이 화주에 대해서는 전체 운송구간의 책임을 지지만, 운송구간별로는 고유의 원칙에 따라 책임을 지는 것을 의미한다. 예를 들면, 해상운송구간에서는 헤이그규칙을, 항공운송구간에서는 바르샤바조약을, 철도운송구간에서는 철도화물운송조약을 적용하여 책임을 지는 것을 의미한다. 또한 전체구간 중 손해발생구간이 확인된 경우, 그 구간의 기존 국내법 또는 국제조약을 적용하고, 미확인시에는 그 손해가 운송구간이 가장 긴 해상구간에서 발생한 것으로 추정하여 해상운송규율 국제규칙 등을 적용할 수 있다.
- 절충형 책임체계(Modified uniform liability system) : 변형 단일책임체계라고도 하며 이종책임체계와 단일책임체계를 절충하여 적용하는 체계를 의미한다. 전체 운송구간에 대해서는 동일한 내용의 운송원칙을 적용하는 단일책임체계를 적용하지만, 책임한도액은 이종책임체계를 적용하는 방식을 의미한다. 손해발생 구간의 확인여부와 관계없이 동일한 책임규정을 적용하나 예외적으로 손해발생 구간이 확인되고 그 구간에 적용될 법규의 책임한도액이 UN조약의 책임한도액보다 높은 경우에는 그 구간법을 적용한다.

(5) 혼재운송

혼재운송은 복합운송인의 가장 대표적인 서비스로써 컨테이너 미만화물(LCL)을 컨테이너 만재화물(FCL)로 만들어서 화물운송의 효율을 개선하는 물류활동이다. 혼재화물을 통해 소형 또는 소량의 화물의 선적이 용이해 지고, 화물을 단위화하여 화물취급을 효율화함으로써 물류비용을 절감할 수 있다.

혼재운송은 혼재의 주체에 따라 다음의 유형으로 운영된다.

- 수화주 혼재운송: 복합운송인이 여러 송화주로부터 화물을 혼합하여 적재하고, 이를 단일 수화주에게 운송하는 방식을 의미한다.
- 운송주선인 혼재운송: 운송주선인이 혼재서비스를 수행하는 방식으로 다수의 송화주로부터 운송의뢰를 받은 후 대리점 등을 활용하여 여러 수화주에게 운송해주는 방식을 의미한다.
- 송화주 혼재운송: 단일 송화주가 복수의 수화주에게 운송을 하는 방식을 의미한다.

03 국제물류 관련 주요 용어

3.1 INCOTERMS 2020

1) INCOTERMS의 개요

(1) INCOTERMS의 개념

국가간 거래가 확대되면서 무역하는 국가 간의 역사, 문화와 상관습 등의 차이에 따른 혼선이 발생하게 되면서 무역거래에 관한 규칙을 통일해야 할 필요성이 대두되었다. 국제상업회의소(ICC, International Chamber of Commerce)는 국가가 다른 당사자 간의 무역거래 시 서로 다른 국가의 법률 및 관습으로 발생할 수 있는 무역분쟁을 예방하기 위해 국제매매계약조건을 통일하였는데 그 규칙이 바로 무역조건의 해석에 관한 국제규칙(INCOTERMS, International Rules for the Interpretation of Trade Terms,

해상운임 급상승 … 물류비절감방안은

해상운임 고공행진이 장기화하면서 우리 수출기업들의 물류비절감을 위한 방안으로 인코텀즈 거래조건변경, 물류전문기업 활용, 공동물류 지원사업활용 등이 제시됐다.

한국무역협회 국제무역통상연구원이 23일 발표한 '최근 해상운임상승 원인과 중소기업 물류비 절감방안'에 따르면 상하이해운거래소(SSE)의 항로별 운임지수는 2020년 5월 저점을 기록한 후 북미항로를 중심으로 상승하기 시작해 11월 이후에는 유럽, 남미 등 주요 항로 모두 운임이 급등했다. 지난 16일 기준 상하이컨테이너운임종합지수(SCFI)는 지난해 같은 주의 830 대비 241.3%나 상승한 2833을 기록했다.

해상운임이 사상 최고수준을 이어가고 있는 원인으로는 선사들이 2008년 글로벌 금융위기 이후 지속해온 보수적인 컨테이너선 운용과 더불어 코로나19 위기까지 겹쳤기 때문인 것으로 분석됐다. 또한 코로나19로 인한 항만적체와 공(空)컨테이너 수급불안정, 보복소비로 인한 수요확대 등으로 고운임상황의 장기화 가능성도 전망했다.

보고서는 "국제물류의 복잡한 구조속에서 항만근로자 및 트럭운전사의 코로나19 확진에 따른 항만적체와 공컨테이너 회수지연 등으로 이어졌다"면서 "지난달 발생한 에버기븐호의 수에즈운하 좌초 사건도 3월 초 잠시 하락하던 운임을 다시 상승세로 반전시키는데 일조할 것으로 우려된다"고 말했다.

우리 기업들의 물류비 절감방안으로는 ▲인코텀즈(Incoterms, 무역거래 시 수출자와 수입자 간 의무와 비용, 위험 등을 다루는 국제규칙) 거래조건변경을 통한 관세·부가세·운송비 등의 비용 절감 ▲품목별로 특화된 물류전문기업을 활용한 물류비 절감 및 제조·마케팅역량에의 집중 ▲정부 및 수출유관기관의 공동물류센터, 운임공동구매 등 활용 ▲관세법인 등과의 협의를 통한 통관 수수료율 할인 등을 제시했다.

인코텀즈 거래조건 병경은 수출입 모두 수출자가 책임지는 DDP 방식에서 수입자가 양하와 통관을 책임지는 DAP로 변경할 경우 현지 법인이 관세와 부가세를 납부한 후 환급받을 수 있기 때문에 비용경감가능하다.

또한 국내 선적항을 인천, 부산, 광양 등 복수로 늘리면 국내 육상운송비를 절감할 수 있다.

인코텀즈에 따른 계약조건변경을 고려할 경우 국제물류 및 계약전문가의 컨설팅·자문을 받는 것이 좋다. 물류전문기업을 아웃소싱하는 방법도 효과적이다.

코트라와 무역협회 등에서 진행하는 공동물류를 활용하고, 중소벤처기업진흥공단이 수출 중소기업 1500곳에 물류비를 지원하는 정책도 활용하면 좋다.

무역협회 조성대 연구위원은 "최근 해운업계가 늘어난 물동량해소를 위해 컨테이너선 신규 발주를 증가시키고는 있지만 선복량이 빠른 시일 내에 회복되기는 어려울 것"이라며 "우리 기업들은 고운임 상황을 새로운 표준으로 받아들이고 이에 대처하기 위한 적극적인 노력이 필요하다"고 말했다.

한편 무역협회는 지난해 12월부터 민관 합동 '수출입물류 종합대응센터'(02-6000-5754, www.ielsc.or.kr)에 참여하며 무역업계를 위한 수출입 물류정보제공, 물류애로 접수, 불공정해운거래 신고접수, 정부의 수출입물류지원대책마련지원 등의 활동을 전개하고 있다.

중소기업신문, 2021년 04월 23일, 김민준 기자

International Commercial Terms)이다. INCOTERMS는 1936년 처음 공표되었으며, 2019년 9월에 INCOTERMS 2020이 새롭게 공표되었다.

INCOTERMS 자체는 강제력을 가진 국제조약이 아니므로 계약서 등에 "INCOTERMS 2020 규정에 따른다."를 명시하거나 "거래당사자가 인코텀즈를 채택한다"는 합의문헌이 있어야 강제력을 갖고 이 규칙에 따라 해석을 할 수 있다.

정리하면, INCOTERMS는 국가 간 정치, 사회, 문화, 경제적 배경 및 상거래관습차이에 의한 거래당사자 간의 분쟁과 마찰을 제거하고 거래당사자, 거래장소, 거래물품에 관계없이 무역거래에 적용하기 위한 무역조건의 해석에 관한 국제규칙을 의미한다.

INCOTERMS는 국가 간의 거래규칙이며, 언제 의무가 넘어가고 비용을 어디까지 부담하느냐에 초점을 맞추고 있다. 따라서 INCOTERMS의 각 조건은 다음의 요소를 정의한다.

- 의무(Obligation): INCOTERMS에서는 무역거래단계의 각 조건별로 매도인과 매수인이 무엇을 해야 하는지에 대해 정의한다.
- 위험(Risk): 매도인이 언제, 어디서 물품을 인도하는지를 정의함으로써 매도인과 매수인의 위험감수지점과 책임지점을 정의한다.
- 비용(Cost): 위험을 부담하는 정도에 따라 운송료, 보험료 등 거래 당사자가 부담하는 비용은 달라질 수 있는데, 어느 당사자가 어떤 비용을 부담하는지에 대해 정의한다.

INCOTERMS는 매도인과 매수인 간 최소한의 책임과 의무한계를 규명한 개념이므로 다음의 항목은 규정하지 않으며, 관련 분쟁을 방지하기 위해 매매계약에서 구체적으로 정의해야 한다.

- 매매계약의 존재여부
- 매매물품의 사양
- 대금지급시기, 대금지급장소, 대금지급방법, 또는 대금지급통화
- 매매계약 위반에 대한 구제수단
- 계약상 의무이행의 지체와 그밖의 위반의 결과
- 정부의 재제조치의 효과
- 불가항력 또는 이행가혹
- 수출금지 또는 수입금지

- 지식재산권
- 의무위반의 경우 분쟁해결의 방법, 장소, 또는 법
- 물품의 소유권(재산권) 이전

2) INCOTERMS 2020의 특징과 조건

(1) INCOTERMS 2020의 변화사항

이전 INCOTERMS 2010에 비해 INCOTERMS 2020에서는 다음의 내용이 추가 및 변경되었다.

- 소개문 설명추가: INCOTERMS의 조건을 선택 시, 각 조건에 대한 이해를 돕기 위해 INCOTERMS의 내용과 범위가 이전보다 더욱 확대되었고, 사용자를 위한 설명이 추가되었다.
- 도착지 양하인도(DPU) 신설 : 터미널인도(DAT, Delivered at Terminal)를 도착지 양하인도(DPU, Delivered at Place Unloaded)로 변경하였다. DPU에서의 인도장소는 DAT의 터미널뿐만 아니라 다른 장소도 될 수 있으며, 도착지에서 매도인에게 물품의 양하를 요구할 수 있다.
- 운송비 · 보험료 지급인도조건(CIP)와 운임 · 보험료포함 인도조건(CIF)의 부보수준변경 : 매도인에게 적하보험계약 체결의무가 있는 규칙은 CIP와 CIF이며, 이전에는 CIP와 CIF 모두 매도인에게 ICC의 부보조건을 요구하였다. 하지만 INCOTERMS 2020에서는 CIF에서는 ICC의 부보조건을 유지하였으나, CIP에서는 ICC의 부보조건으로 부보의무를 강화하였으며, CIP와 CIF의 부보조건이 다르다.
- FCA, DAP, DDP 조건변경(자체 운송수단허용) : 운송인 인도조건(FCA), 목적지 인도조건(DAP), 도착지 양하인도조건(DPU), 관세지급인도조건(DDP)에서 매도인 또는 매수인 자신의 운송수단으로 운송할 수 있게 허용되었고, 운송의무 및 비용조항에 보안관련요건이 포함되었다. 물품을 매도인에서 매수인으로 운송 시 제3자 개입없이 매도인이 목적지까지 직접 운송하는 경우를 고려하였다.
- 운송인 인도조건(FCA)변경 : FCA에서는 매도인과 매수인의 합의로 본선적재표시(on-board notation)가 있는 선하증권을 요구할 수 있다. FCA에서는 매수인과 매도인이 합의하여 매수인은 본선적재표시가 있는 선하증권을 자신의 비용과 위험으로 매도인에게 발행하도록 운송인에게 지시하여야 하고, 이 경우 매도인은

본선적재표시가 있는 선하증권을 매수인에게 제공해야 한다.

(3) INCOTERMS 2020 상의 무역거래조건

INCOTERMS 2020의 무역거래조건은 다음과 같다.

- 공장인도조건(EXW, EX Works) : 매도인(수출업자)이 수출통관 관련 프로세스를 거치지 않고 매도인의 작업장, 공장, 창고 등 화물의 지정장소에서 매수인(수입업자)에게 현물로 인도하는 조건이다. 화물의 이동없이 인도되고, 매수인이 수출입통관, 운송 등의 모든 책임을 부담하므로 매도인의 최소한의 의무를 나타내는, 비용과 위험 등의 매도인의 부담이 가장 적은 조건이다.
- 운송인 인도조건(FCA, Free Carrier) : 매도인이 지정장소에서 약정기간 내에 매수인이 지명한 운송인 또는 그밖의 당사자에게 수출통관을 마친 화물을 인도하는 조건이다. 여기서 운송인은 여러 운송수단을 결합하여 운송하는 복합화물운송업자를 의미하며, 이 조건은 주로 복합운송을 하는 경우 사용되는 조건이다. 화물인도완료 시까지 위험과 비용을 부담하고, 수출과 관련된 관세, 제세공과금, 통관비용을 지급해야 한다.
- 선측인도조건(FAS, Free Alongside Ship) : 매도인이 선적항에서 매수인이 지정한 지정선적항, 부두 또는 부선 등의 본선선측에 수출통관을 마친 화물을 인도하는 조건이다. 매수인은 본선선측에 화물인도 이후의 모든 비용 및 위험을 부담하고, 기본적으로 매도인이 수출통관절차를 이행해야 한다.
- 본선인도조건(FOB, Free on Board) : 매도인이 화물선적항에서 매수인이 지정한 본선에 수출통관을 마친 화물을 인도하는 조건으로 본선난간을 통과할 때 매도인이 인도를 완료했음을 의미한다. 매도인은 수출통관을 해야 하고, 매수인은 본선에 화물이 인도된 이후의 모든 비용 및 위험을 부담한다. 선측인도저건(FAS) 조건보다 매도인의 책임이 선측에서 본선까지 좀 더 연장되어 적용된다.
- 운임포함 인도조건(CFR, Cost and Freight) : 화물이 선적항에서 본선의 난간을 통과할 때 매도인이 인도를 완료했음을 의미하는 조건이다. 매도인이 목적항까지 화물운송관련 운임을 지급하되 화물이 선적항에서 본선난간을 통과할 때 화물 관련 위험과 추가비용은 매수인이 인수받는 조건이다. 이 조건에서 수출통관은 매도인이 하며, 화물인도 이후 발생하는 사건에 따른 화물손상, 멸실 등의 위험과 추가적인 비용은 매수인이 가지게 된다.

• 운임 · 보험료포함 인도조건(CIF, Cost, Insurance and Freight) : 화물이 선적항에서 본선난간을 통과할 때 매도인이 매수인에게 인도를 완료하는 조건이다. 즉, 매도인은 화물멸실 및 손실의 위험을 담보하기 위해 보험계약을 체결하고 보험료를 부담한다. 매수인은 화물이 본선에 인도된 이후의 위험과 목적항까지의 해상운임비용 및 보험료를 제외한 모든 비용을 부담한다.
• 운송비 지급인도조건(CPT, Carriage Paid to) : 운송인 인도조건(FCA)에 목적지까지의 운송비를 추가하는 조건을 말한다. 운송비 지급인도조건(CPT)에서는 매도인이 지정장소에서 약정기간 내에 매수인이 지명한 운송인 또는 그 밖의 당사자에게 수출통관을 마친 화물을 인도하고, 운송하는 비용도 부담한다. 매수인은 화물이 운송인에게 인도된 이후의 위험 및 목적지까지의 운송비를 제외한 모든 비용을 부담한다.
• 운송비 · 보험료 지급인도조건(CIP, Carriage and Insurance Paid to) : 운송비 지급인도조건(CPT)에 운송도중의 위험에 대비한 보험료의 지급을 추가하는 조건을 말한다. 매수인은 화물이 운송인에게 인도된 이후의 모든 위험, 목적지까지의 운송비 및 보험료를 제외한 모든 비용을 부담한다.
• 목적지 인도조건(DAP, Delivered at Place) : 매도인이 목적지까지 화물을 운송한 후 하역하지 않은 상태에서 매수인에게 인도하는 조건을 말한다. 매수인은 화물의 하역, 수입통관 및 이후의 운송에 대한 위험과 비용을 부담한다.
• 도착지양하 인도조건(DPU, Delivered at Place Unloaded) : 매도인은 화물을 지정된 목적지에 운송하는 계약을 체결하고, 이에 발생하는 위험을 부담하고 보험계약을 체결한다. 매도인은 운송수단에서 양하하여 매수인의 처분하에 전달함으로써 화물을 인도하고 그 이후 화물의 멸실, 손상의 모든 위험은 매수인이 부담한다. 도착지 양하인도조건은 다른 조건과는 다르게 도착지에서 매도인에게 물품의 양하를 요구한다.
• 관세지급 인도조건(DDP, Delivered Duty Paid) : 매도인이 수입통관을 하는 주체이면서 관세, 부가세 등 매수인의 세금까지 모두 부담하므로 매도인의 의무가 가장 큰 조건이다. 매도인이 수입통관을 마친 화물을 하역하지 않은 상태로 매수인에게 인도하는 조건을 말한다. 매도인이 지정목적지에 도착한 후 수입통관비용, 관세 및 화물을 인도할 때까지의 모든 위험과 비용을 부담한다. 매수인은 화물인수시점에 화물멸실 및 훼손의 모든 위험을 부담한다.

3.2 신용장(L/C, Letter of Credit)

1) 신용장의 개요

(1) 신용장의 개념

신용장은 수입업자(발행의뢰인)의 거래은행(발행은행)이 수출업자(매도인)를 수익자로 발행하고 이에 기재된 일정 조건에 따라 발행은행(또는 발행은행의 지정은행) 앞으로 발행된 어음의 매입(Negotiation), 인수(Acceptance) 또는 지급(Payment)을 확약하는 증서이다. 즉 신용장은 일정 조건하에 수출업자에게 어음을 발행할 수 있는 권한을 부여하고, 신용장을 발행한 발행은행이 어음을 인수하고 대금을 지급하도록 권리가 부여된 증서를 말한다.

국제상업회의소(ICC)가 1933년 제정한 신용장 통일규칙(UCP, Uniform Customs and Practice for Documentary Credits)에 따라 신용장 업무취급 시 준수사항 및 해석기준이 국제기준으로 정해져 있다.

(2) 신용장의 기능

- 대금지급의 안전보장 : 수출업자의 대금회수불능위험, 또는 자금부족 등에 의한 대금지급거절과 같은 신용위험을 배제함으로써 수출업자에게 확실하고 안전하게 대금지급을 보장한다. 또한 대금회수불능위험과 상품입수불능위험을 해결하고 환결제위험을 회피하도록 한다.
- 국제무역촉진 : 무역거래의 확정을 통해 국제무역을 촉진한다. 신용장은 수출대금지급을 안전하게 보장하고 물품수령을 확실하게 지원하므로 국제무역을 촉진시키는 역할을 수행한다.
- 금융수단의 기능 : 특정 은행이 수입업자의 지불능력을 특정 조건에 따라 보증하는 상업신용(Commercial credits)을 은행신용(Bank credits)으로 전환시켜주는 금융수단의 역할을 한다. 수입업자의 거래은행이 수출업자로 하여금 선적서류를 담보로 화환어음을 발행하도록 하여 어음을 제시할 때 인수 또는 지불을 어음발행인(수출업자) 및 어음수취인(어음매입은행)에 대해 보증한다.

2) 신용장의 장점

(1) 수출업자 입장에서의 장점

- 수출대금지급보증: 원거리 상대방과의 수출거래에서도 수출화물의 대금회수가 은행을 통해 보장되므로 안심하고 거래할 수 있다. 그리고, 수입국의 외환시장악화 등에 따른 환결제위험을 회피할 수 있다. 수출업자는 수입업자가 지급하지 못하더라도 신용장을 발행한 금융기관을 통해 지급을 보증받는다.
- 거래확정 및 수출이행지원: 신용장을 통해 거래내용이 확정되므로 수출이행이 용이하다. 또한 신용장을 담보로 금융지원을 받아서 수출물품 또는 상품제조에 필요한 원료를 확보할 수 있다.
- 수출대금조기회수: 수출업자는 신용장을 활용하여 수출대금을 조기에 회수할 수 있다. 또한 신용장을 담보로 수출물품생산에 필요한 자금을 융자받을 수 있다. 일정 기간 및 조건에 따라 운송서류를 담보로 발행은행 또는 환거래은행을 지급인으로 하는 화환어음을 발행할 수 있는데, 수출업자는 이 어음을 제시하여 지급을 요청할 수 있다.

(2) 수입업자의 입장에서의 장점

- 계약조건의 개선: 수입업자는 발행은행으로부터 신용한도를 받아서 금융혜택을 볼 수 있다. 또한 은행신용을 통해 자기신용을 강화할 수 있으므로 유리한 조건으로 계약을 체결할 수 있다.
- 금융적 지원: 운송서류를 받으면서 개설은행으로부터 신용을 공여받아 물품이 판매되는 동안 대금결제가 연기되어 자금 유동성을 확보할 수 있다.
- 사전계획과 실행지원: 신용장에 최종 선적기일과 유효기일이 명시되어 있으므로 물품인도 시기를 예상하고 이에 따라 후속절차를 계획할 수 있다. 또한 신용장을 통해 수출업자가 계약조건대로 이행할 것을 확신할 수 있다. 물품도착 후 수출업자에게 대금을 지급하므로 금융상 유리하고 화물의 품질, 상태 등에 따른 대응이 가능하다.

3) 신용장 거래절차와 거래당사자

(1) 신용장 거래절차

계약체결 → 신용장개설의뢰 → 신용장개설 · 송부 → 신용장도착통지 → 통관 및 선적 → 환어음발행후 매입신청 → 대금지급 → 환어음 및 운송서류전달 → 운송서류도착통지 → 환어음대금결제 → 환어음대금상환

- 계약체결 : 수출업자가 수입업자와 거래물품에 대해 무역매매계약을 체결하고, 수입업자는 수입주문을 받는다.
- 신용장개설의뢰 : 수입업자는 인근의 은행(수입업자의 거래은행)과 신용장 거래약정을 체결하고 신용장개설(발행)을 의뢰한다. 수입업자는 거래은행과의 계약체결 후 의무이행을 위해 수출업자앞으로 신용장개설을 거래은행에 요청한다.
- 신용장개설 · 송부 : 수입업자의 의뢰를 받은 거래은행이 신용장개설하면 거래은행은 개설은행이 된다. 개설은행은 신용장을 발행하여 매입은행(수출업자의 거래은행)에 송부한다.
- 신용장도착통지 : 신용장을 받은 매입은행은 수출업자에게 신용장이 도착했음을 통지한다. 즉 개설은행으로부터 신용장을 송부받은 매입은행이 수출업자에게 통지하면 통지은행이 된다.
- 통관 및 선적 : 통지은행(수출업자의 거래은행)으로부터 신용장도착 통지를 받으면 수출업자는 물품을 준비하며 일정에 맞춰 통관 및 선적한다. 수출업자는 선적 후 운송회사로부터 선적증거로 선하증권을 받는다.
- 환어음발행 후 매입신청 : 선적 이후 수출업자는 선하증권 등의 신용장에서 요구하는 서류를 준비하여 매입은행에 화환어음매입(Negotiation)을 의뢰한다. 즉 수출업자는 신용장 상의 서류를 준비하여 환어음과 상업송장을 발행하고, 이를 수출업자의 거래은행에 매입요청한다.
- 대금지급 : 수출업자의 거래은행(매입은행)은 환어음 및 운송서류와 교환하여 수출업자에게 환어음대금을 지급한다. 통상 환어음매입은행은 매입은행이 되고, 통지은행과 매입은행이 동일한 경우도 있다.
- 환어음 및 운송서류전달 : 매입은행은 개설은행에 환어음 및 신용장에 기재된 서류(운송서류 등)를 전달하고 대금상환을 청구한다.

- 운송서류도착통지 : 개설은행은 수입업자가 수입대금을 결제하면 운송서류를 수입업자에게 인도한다. 또한 선사, 포워더는 화물이 항만, 공항 등에 도착하면 수입업자에게 통지한다.
- 환어음대금결제 : 수입업자는 환어음대금을 개설은행에 지급하고 선하증권 등의 운송서류를 운송업자에게 제시하고 화물을 인수한다.
- 환어음대금상환 : 개설은행은 매입은행에 환어음대금을 상환한다.

(2) 신용장 거래당사자

- 개설의뢰인(Applicant, Importer, Buyer) : 신용장개설을 의뢰 및 신청하는 주체인 수입업자(매수인)이자 환어음의 최종 결제인으로서 매매계약에 의거하여 거래은행이 수출업자 앞으로 신용장을 개설하도록 의뢰한다. 거래관계에 따라 개설의뢰인(Applicant), 수화주(Consignee), 환어음지급인(Drawee), 대금결제인(Accountee) 등으로 불린다.
- 수익자(Beneficiary, Exporter, Seller) : 수익자는 개설은행으로부터 신용장을 받아 이 조건의 서류를 제시하고 대금을 결제받는 수출업자를 말한다. 신용장개설을 통해 혜택을 받는 주체인 수출업자(매도인)로서 신용장조건을 이행하고 대금을 받는다. 거래관계에 따라 수익자(Beneficiary), 송화주(Consignor), 환어음발행인(Drawer), 대금수령인(Accounter) 등으로 불린다.
- 발행은행(Issuing Bank) : 수입업자의 신청 또는 그 자신을 위해 신용장을 개설한 거래은행을 말한다.
- 확인은행(Confirming Bank) : 신용장에 의해 발행되는 어음지급, 인수, 매입을 약속하거나 보증을 확인하는 은행을 의미한다. 신용장의 신용을 확인해 주는 수출국에 있는 제3의 은행으로 개설은행의 신용이 불확실한 경우, 신용장대금의 지급을 추가로 확약하는 당사자로서 개설은행과 지급, 인수, 매입에 동일한 책임이 있다.
- 통지은행(Advising Bank, Notifying Bank) : 개설은행의 요청에 따라 신용장을 수익자(수출업자)에게 통지하는 은행을 말한다. 수출국에 있는 개설은행의 본·지점은행으로 수익자에게 통지하는 역할을 한다.
- 매입은행(Negotiating Bank) : 수익자(수출업자)가 선적 후 제시하는 환어음을 매입하고 수출대금을 미리 지급하는 은행으로서 통상 통지은행이 같은 역할을 수행

한다. 매입은행은 만기에 지급되는 환어음의 수출대금에서 최종 지급일까지의 이자, 수수료를 공제하고 할인하여 미리 융통해 준다.

- 결제은행(Settling Bank) : 신용장의 통화가 제3국의 통화일 경우 등, 발행은행으로부터 상환수권을 받아 매입은행에 대금을 상환을 대행하는 상환은행을 의미한다.
- 지급은행(Paying Bank) : 수익자가 발행한 어음에 대해 대금을 지급하는 은행을 말한다. 즉 신용장조건과 일치하는 서류와 기한부 환어음이 제시될 때 개설의뢰인의 예금계정에서 지급액을 차감하면서 지급하는 은행을 말한다.
- 인수은행(Accepting Bank) : 신용장조건과 일치하는 서류와 기한부 환어음이 제시될 때 어음을 인수한 후 만기일에 지급이행의무를 지게 되는 은행을 말한다. 기한부 신용장에 의해 발행된 기한부어음을 인수하는 은행을 말한다.

3.3 선하증권(B/L, Bill of lading)

1) 선하증권의 개요

(1) 선하증권의 개념

선하증권은 선박회사 등 운송업체와 화주 간의 운송계약에 의해 운송업체(선박회사)가 발행하는 유가증권이다. 즉 선박회사가 화주로부터 의뢰받은 운송화물을 적재 및 영수를 증명하고, 목적지의 도착항까지 운송하여 일정한 조건 하에 수화주에게 인도할 것을 약정한 유가증권이다. 즉 선하증권은 선적화물을 대표하는 유통될 수 있는 유가증권이며, 선하증권의 보유는 화물자체의 소유를, 선하증권의 양도는 화물에 대한 권리의 이전을 의미한다. 선하증권은 운송중 분실에 대비해 통상 원본 3통을 1조로 하여 발행하며, 모두 선하증권으로써의 독립적인 효력을 가진다.

1924년에 제정된 헤이그 규칙(Hague rules)에 따라 선하증권에 관한 규칙이 국제협약으로 통일하였으며, 우리나라 상법에서도 이 규칙과 동등한 규정을 마련하여 해상운송인의 책임과 선하증권 관련 법규를 실행하고 있다.

(2) 선하증권의 기능

선하증권은 쉽게 비유하자면 택배운송장과 유사한 기능을 수행하는데, 통상 다음의 기능을 수행한다.

- 화물의 수령증: 선박회사가 선하증권을 발행하여 송화주에게 전달하는 것은 선박회사가 송화주의 물품을 인수했다는 것을 의미한다.
- 화물의 권리증권: 선하증권에는 거래물품내역이 기입되어 있는데, 선하증권은 이 물품을 대표하는 권리증권의 효력을 가진다. 선하증권을 소유한 선박회사는 물품을 처분할 수 권리를 가지게 되는데, 이 소유권은 선하증권의 배서나 양도에 따라 타인에게 이전될 수 있다.
- 운송계약조건의 증거: 선박회사와 화주 사이의 운송조건을 표시하고 운송계약의 증빙역할을 수행한다.

선하증권은 해상화물운송장과 유사한 개념으로 사용되지만, 화물수령, 증권, 운송계약 등의 기준으로 보았을 때 다음과 같이 기능상의 차이점이 있다.

표 7-2 선하증권과 해상화물운송장 비교

	선하증권	해상화물운송장
권리증권, 유가증권 기능여부	운송화물의 권리증권이자 유가증권	화물적재사실 통지문서이므로 권리증권도 유가증권도 아님
권리행사자	소지인	수화주
결제담보 여부	매입은행 결제의 물적담보	물적담보가 불가하므로 은행은 무담보 어음매입
유통기능 여부	가능함	불가능함
수화주 변경여부	가능함	불가능함
운송계약조건의 증거	수행함	수행함
화물 수령증 기능	수행함	수행함

(3) 선하증권의 주요 기재사항

선하증권의 양식과 내용은 유형에 따라 다를 수 있지만, 상법 상 반드시 기재해야 하는 내용과 상호협의에 따라 기재해야 하는 내용으로 구성된다. 선하증권에 표기되는 내용은 법적으로 이행되어야 하므로 특히 법정 기재사항은 운송계약에서 중요한 의미를 가진다.

- 법정 기재사항 : 선박명칭, 국적 및 톤수, 화물의 종류, 중량, 용적, 포장종류 및 수량, 화물의 외관상태, 운임, 송화주(용선자)의 성명 · 상호, 수화주의 성명 · 상호, 선적항과 도착항, 발행지, 발행일자 및 발행부수, 운송인의 성명 · 상호
- 임의기재사항 : 최종목적지, 항해번호, 통지처, 운임지불여부 및 환율, 면책약관 등

(4) 선하증권의 발행프로세스

서류작성 및 제출 → 검량 및 증명서 수령 → 적하예약목록 작성 및 통지 → 선적지시서 발행 → 본선수취증 전달 → 선하증권발급 → 대금회수 → 화물인도

- 서류작성 및 제출 : 송화주는 운송인에게 송장(Invoice), 포장리스트(Packing List), 선적요청서(Shipping Request) 등을 각각 작성하여 제출하고 각 사본을 소지하고 있다가 선하증권 발행시 대조 · 확인한다. 송장은 송화주가 수화주에게 화물 관련 내용을 통지하기 위해 작성하는 상업용문서를 의미하고, 포장리스트는 포장된 화물품목의 수량, 용적 및 중량을 기술한 문서를 말한다.
- 검량 및 증명서수령 : 운송인은 등록된 검량회사에 검량한 후 검량회사측의 증명서를 받는다. 검량은 화물선적 및 하역 시 화물용적, 중량을 확인받는 과정을 의미한다.
- 적하예약목록작성 및 통지 : 운송인은 적하예약목록을 작성하여 본선과 선적업자에게 통지한다.
- 선적지시서 발행 : 운송인은 선적업자 또는 송화주에게 선적지시서(Shipping Order)를 발급한다.
- 본선수취증 전달 : 송화주는 선적이 완료되면 본선수취증(M/R, Mate's Receipt)을 본선에서 수취하여 운송인에게 전달한다.
- 선하증권발급 : 운송인은 본선수취증을 받은 후 선하증권을 송화주에게 발급한다. 통상 선하증권은 3통을 발행하여 화물인도시 제시한다.
- 대금회수 : 송화주는 선하증권 등 제반서류를 갖춰 거래은행에 제출하고 대금을 회수한다. 송화주는 거래은행을 통해 신용장 개설은행에 선하증권 및 선적서류를 송부하고 상품대금을 회수한다. 또한 신용장 개설은행은 수화주에게 선하증권을 교부하고 대금을 회수한다.

- 화물인도: 수화주는 교부받은 선하증권을 운송인에게 제출하고 화물인도지시서를 발급받아 화물을 인도받는다.

토의문제

1. 우리나라가 수출강국을 유지하기 위해 물류는 어떤 역할을 해야 하는 지에 대해 생각해 봅시다.
2. 국제복합운송을 수행하는 복합운송인은 어떤 역할을 수행하는지 설명하시오.
3. 신용장으로 거래를 하기 위해서는 어떤 절차로 해야 하는지 설명하시오.
4. INCOTERMS 2020은 이전에 비해 어떤 부분이 변경되었는지 설명하시오.

제7장 물류관리사 기출문제

01 국제물류관리가 필요한 이유로 옳지 않은 것은? (20회, 2016년)

① 물류가 국내제품의 수출경쟁력 증가에 기여하기 때문이다.
② 물류정보시스템의 발전으로 물류관리가 복잡해지고 난해해짐에 따라 효율성이 저하되기 때문이다.
③ 해외고객의 다양한 요구에 신속하고 정확하게 반응하기 위해서이다.
④ 제품의 수명주기가 짧아짐에 따라 국제물류의 신속성이 요구되기 때문이다.
⑤ 해외거점확대, 해외조달, 아웃소싱이 증가함에 따라 공급망이 국내에서 해외로 확장되기 때문이다.

02 국제물류관리에 영향을 줄 수 있는 환경변화로 옳은 것을 모두 고른 것은? (20회, 2016년)

ㄱ. 해운동맹(shipping conference)의 기능이 강화되고 그 수가 증가하고 있다.
ㄴ. 항공기와 선박 등 운송수단의 효율성이 높아지고 있다.
ㄷ. 물류보안의 강화로 엄격한 통관기준이 적용되는 추세이다.
ㄹ. 탄소배출권 거래제도 참여의무와 같은 환경장벽의 확대에 따라 국제운송비가 감소하는 추세이다.

① ㄱ, ㄷ　② ㄱ, ㄹ　③ ㄴ, ㄷ
④ ㄴ, ㄷ, ㄹ　⑤ ㄱ, ㄴ, ㄷ, ㄹ

03 국제물류관리의 효율화방안으로 옳지 않은 것은? (20회, 2016년)

① 운송수단 내 적재효율을 높이고 운송경로는 최단거리를 선택한다.
② 포장은 견고하게 하되 과포장을 피한다.
③ 화물의 재고현황을 파악하기 위해 POS 시스템과 같은 IT기술을 활용한다.
④ 혼재를 통해 운송의 효율을 높인다.
⑤ 효율적인 하역작업을 위해 하역횟수를 늘리고 1회당 하역량을 줄인다.

04 **국제복합운송시스템의 유형과 경로에 관한 설명으로 옳은 것은?** (20회, 2016년)

① TCR은 연운항에서 중국대륙을 관통하여 유럽까지 연결될 수 있다.
② TSR은 1970년대 시베리아 횡단선로가 개통된 후 이용되기 시작하였다.
③ ALB는 미국 내륙지방을 목적지 또는 출발지로 한다.
④ TMR은 몽고 전구간의 단선철도로 구성되어 있다.
⑤ Land Bridge는 원래 특정 구간에 대한 해상루트의 대체경로로 등장했고, 철도관련자들의 적극적인 노력에도 불구하고 주요 경로로 자리잡지 못하고 있다.

05 **선하증권작성에 관한 설명으로 옳지 않은 것은?** (20회, 2016년)

① Container No.란에는 화물이 적입된 컨테이너 번호를 표기한다.
② Place of Delivery란에는 운송인의 책임하에 화물을 운송하여 수하인에게 인도하는 장소를 명시한다.
③ Notify Party란에는 수입업자 또는 수입업자가 지정하는 대리인이 기재된다.
④ Final Destination란에는 화물의 최종 목적지를 표시한다.
⑤ Gross Weight란에는 포장의 무게가 포함된 총중량 및 컨테이너 개수를 명시한다.

06 **신용장거래에 관한 설명으로 옳은 것은?** (20회, 2016년)

① 신용장은 취소가능 혹은 불가능에 관한 아무런 표시가 없으면 취소가능한 것으로 간주한다.
② 신용장 당사자의 합의에 의해 신용장조건을 변경하는 경우, 조건변경의 부분승낙은 허용되지 않으며 거절로 간주한다.
③ 선적일자의 표기에서 until, from, before, between은 당해 일자를 포함한다.
④ 신용장의 유효기일과 신용장에 규정된 선적기일이 지정된 은행의 휴업일에 해당하는 경우 두 기일 모두 다음 최초영업일까지 연장된다.
⑤ 신용장거래에서 은행은 무고장 운송서류만을 수리하므로 "무고장(clean)"이라는 단어가 운송서류에 명확하게 표기되어야 한다.

07 **복합운송인에 관한 설명으로 옳지 않은 것은?** (19회, 2015년)

① 복합운송인은 복합운송증권을 발행할 수 있으나, 운송주선인은 발행할 수 없다.
② 복합운송인은 실제운송인일 수도 있고 계약운송인일 수도 있다.
③ 수출업자에게 바람직한 운송경로의 선택과 소요비용을 계산하여 제시한다.
④ 선적서류의 작성이나 신용장, 외환의 매매 등에 관한 은행업무를 대행한다.

⑤ 화물의 포장 및 보관서비스를 제공한다.

08 복합운송의 요건에 관한 설명으로 옳지 않은 것은? (19회, 2015년)

① 단일운송계약 : 송화주은 각 구간운송인과 하청운송계약을 체결한다.
② 단일운임 : 전 운송구간에 대해 단일운임이 적용된다.
③ 단일책임 : 전 운송구간에 걸쳐 화주에게 단일책임을 진다.
④ 복합운송증권의 발행 : 화물을 인수한 경우 복합운송증권을 발행한다.
⑤ 운송수단의 다양성 : 서로 다른 2가지 이상의 운송수단에 의해 운송된다.

09 국제복합운송에 관한 설명으로 옳지 않은 것은? (19회, 2015년)

① 국제복합운송이란 두 개 이상의 상이한 운송수단을 이용하는 것으로 오늘날 일반적인 국제운송형태이다.
② 국제복합운송의 기본요건은 일관운임(through rate) 설정, 일관선하증권(through B/L) 발행, 단일운송인 책임(single carrier's liability) 등이다.
③ Buyer's Consolidation은 단일 송하인의 화물을 다수의 수하인에게 운송해 주는 형태이다.
④ NVOCC는 운송수단을 직접 보유하지 않은 계약운송인형 국제복합운송업자를 말한다.
⑤ Land Bridge란 육·해 복합일관 운송이 실현됨에 따라 해상－육로－해상으로 이어지는 운송구간 중 육로운송구간을 말한다.

10 국제물류관리의 특징에 관한 설명으로 옳은 것은? (19회, 2015년)

① 국내물류보다 운송절차가 단순하여 관리가 용이하다.
② 신제품을 해외시장에 공급하는 경우 리드타임을 감소시키는 것이 수익창출과 밀접한 관계가 있다.
③ 국가 간 물류시스템, 설비, 장비가 표준화되어 있어 관리상 제약이 거의 없다.
④ Point－to－Point 운송방식이 확대되고 있는 반면 Hub & Spoke 방식은 축소되는 추세이다.
⑤ 국제물류는 국가 간 수출입 통관절차가 단순하여 국내물류와 비교할 때 물류관리에 큰 차이가 없다.

11 항공화물운송장(AWB)과 선하증권(B/L)에 관한 설명으로 옳지 않은 것은? (23회, 2019년)

① AWB는 유가증권이 아니고 화물수령증 역할을 한다.
② B/L은 일반적으로 지시식으로 발행되며 유통성을 갖는다.
③ AWB는 화주이익보험을 가입한 경우 보험금액 등이 기재되어 보험가입증명서 내지 보험계

약증서 역할을 한다.

④ B/L은 일반적으로 본선선적 후 발행하는 선적식으로 발행된다.

⑤ AWB는 항공사가 작성하고 상환증권의 성격을 갖는다.

12 **선하증권에 관한 설명으로 옳지 않은 것은?** (23회, 2019년)

① Straight B/L은 송화주에게 발행된 유통성 선하증권을 송화주가 배서하여 운송인에게 반환함으로써, 선하증권의 유통성이 소멸된 B/L을 말한다.

② Clean B/L은 선박회사가 인수한 물품의 명세 또는 수량 및 포장에 하자가 없는 경우 발행되는 B/L이다.

③ Long Form B/L은 선하증권의 필요기재사항과 운송약관이 모두 기재되어 발행되는 B/L을 말한다.

④ Custody B/L은 화물이 운송인에게 인도되었으나 당해 화물을 선적할 선박이 입항하지 않은 상태에서 발행되는 B/L을 말한다.

⑤ Stale B/L은 선하증권의 제시시기가 선적일 후 21일이 경과하는 등 필요 이상으로 지연되었을 때 그렇게 지연된 B/L을 말한다.

13 **무역계약의 주요 조건에 관한 설명으로 옳은 것은?** (23회, 2019년)

① 표준품매매(Sales by Standard)는 주로 전기, 전자제품 등의 거래에 사용되는 것으로, 상품의 규격이나 품질수준을 국제기구 등이 부여한 등급으로 결정하는 방식이다.

② M/L(More or Less) clause는 Bulk 화물의 경우 계약 물품의 수량앞에 about 등을 표기하여 인도수량의 신축성을 부여하기 위한 수량표현방식이다.

③ COD(Cash on Delivery)는 양륙지에서 계약물품을 매수인에게 전달하면서 현금으로 결제받는 방식이다.

④ D/A(Documents Against Acceptance)는 관련 서류가 첨부된 일람불 환어음을 통해 결제하는 방식이다.

⑤ M/T(Mail Transfer)는 지급은행에 대하여 일정한 금액을 지급하여 줄것을 위탁하는 우편환을 수입상이 거래은행으로부터 발급받아 직접 수출상에게 제시하여 결제하는 방식이다.

14 **Incoterms® 2020에 관한 설명으로 옳지 않은 것은?** (24회, 2020년)

① Incoterms는 이미 존재하는 매매계약에 편입된(incorporated) 때 그 매매계약의 일부가 된다.

② 대금지급의 시기, 장소, 방법과 관세부과, 불가항력, 매매물품의 소유권 이전문제를 다루고 있다.

③ 양극단(two extremes)의 E규칙과 D규칙 사이에, 3개의 F규칙과 4개의 C규칙이 있다.
④ CPT와 CIP매매에서 위험은 물품이 최초운송인에게 교부된 때 매도인으로부터 매수인에게 이전된다.
⑤ A1/B1에서 당사자의 기본적인 물품제공/대금지급의무를 규정하고, 이어 인도조항과 위험이전조항을 보다 두드러진 위치인 A2와 A3으로 각각 옮겼다.

15 **Incoterms® 2020의 CIF 규칙에 관한 설명으로 옳지 않은 것은?** (24회, 2020년)

① 물품의 멸실 및 손상의 위험은 물품이 선박에 적재된 때 이전된다.
② 매수인은 자신의 운송계약 상 목적항 내의 명시된 지점에서 양하에 관하여 비용이 발생한 경우에 당사자 간에 달리 합의되지 않는 한, 그러한 비용을 매도인으로부터 별도로 상환받을 권리가 없다.
③ 해상운송이나 내수로운송에만 사용된다.
④ 해당되는 경우에 매도인이 물품의 수출통관을 해야 한다.
⑤ 매수인은 매도인에 대하여 운송계약을 체결할 의무가 없다.

16 **국제물류의 기능에 관한 설명으로 옳은 것을 모두 고른 것은?** (24회, 2020년)

구 분	기 능	내 용
ㄱ	수량적 기능	생산수량과 소비수량의 불일치를 집화, 중계, 배송 등을 통해 조정
ㄴ	품질적 기능	생산자가 제공하는 재화와 소비자가 소비하는 재화의 품질을 가공, 조립, 포장 등을 통해 조정
ㄷ	가격적 기능	생산자와 소비자를 매개로 운송에서 정보활동에 이르기까지의 모든 비용을 조정
ㄹ	시간적 기능	생산자와 소비자가 인적으로 다르고 분업으로 발생하는 복잡한 유통경제조직을 운송과 상거래로 조정
ㅁ	장소적 기능	재화의 생산시기와 소비시기의 불일치 조정

① ㄱ, ㄴ, ㄷ
② ㄱ, ㄴ, ㄹ
③ ㄱ, ㄷ, ㄹ
④ ㄴ, ㄷ, ㅁ
⑤ ㄷ, ㄹ, ㅁ

17 **복합운송주선인(Forwarder)에 관한 설명으로 옳지 않은 것은?** (25회, 2021년)

① 송화인으로부터 화물을 인수하여 수화인에게 인도할 때까지 화물의 적재, 운송, 보관 등의 업무를 주선한다.
② 우리나라에서 복합운송주선인은 해상화물은 물론 항공화물도 주선할 수 있다.
③ 복합운송주선인 스스로는 운송계약의 주체가 될 수 없으며, 송화인의 주선인으로서 활동한다.

④ 복합운송주선인의 주요 업무는 화물의 집화, 분류, 수배송 및 혼재작업 등이다.
⑤ 복합운송주선인은 화주를 대신하여 보험계약을 체결하기도 한다.

18 관세법상 보세운송에 관한 설명으로 옳지 않은 것은? (25회, 2021년)

① 보세운송을 하려는 자는 물품의 감시 등을 위하여 필요하다고 인정하여 대통령령으로 정하는 경우 세관장에게 보세운송신고를 하여야 한다.
② 보세운송의 신고는 화주의 명의로 할 수 있다.
③ 세관장은 보세운송물품의 감시 · 단속을 위하여 필요하다고 인정될 때에는 관세청장이 정하는 바에 따라 운송통로를 제한할 수 있다.
④ 보세운송신고를 한 자는 해당 물품이 운송목적지에 도착하였을 때 도착지의 세관장에게 보고하여야 한다.
⑤ 수출신고가 수리된 물품은 관세청장이 따로 정하는 것을 제외하고는 보세운송절차를 생략한다.

정답

01 ② 02 ③ 03 ⑤ 04 ① 05 ⑤ 06 ② 07 ① 08 ① 09 ③ 10 ② 11 ⑤ 12 ① 13 ③ 14 ② 15 ② 16 ① 17 ③ 18 ①

P·A·R·T

03

물류관리의 혁신과 지원

제8장 공급사슬관리

제9장 물류혁신관리

제10장 물류성과 및 물류비용관리

제 1 부
물류관리의 개요

제 1 장 물류의 개념
제 2 장 물류전략과 물류관리

제 2 부
물류관리의 실행

제 3 장 운송의 개념과 육상화물운송관리
제 4 장 항공, 해상화물운송관리
제 5 장 하역관리
제 6 장 보관관리 · 재고관리
제 7 장 국제물류관리

제 3 부
물류관리의
혁신과 지원

제 8 장 공급사슬관리
제 9 장 물류혁신관리
제10장 물류성과 및 물류비용관리

제 4 부
디지털시대의 물류관리

제11 장 물류정보시스템
제12 장 물류관련 정보인프라
제13 장 디지털시대의 물류관리

CHAPTER

08

공급사슬관리

1. 공급사슬관리의 이해
2. 공급사슬관리의 산업별 적용

코로나19 이후의 글로벌 공급사슬 변화

코로나19의 아이러니 … 신선식품 공급망은 붕괴, 콜드체인 수요는 증가

코로나19 팬데믹으로 글로벌 공급망일부의 가동중단을 겪은 기업이 적지 않다. 그동안 특정 지역에 편중돼 운영되던 공급망의 약점이 이번 사태로 여실히 드러난 것이다. 이에 따라 공급망의 불확실성과 빠른 변화에 대처할 수 있는 공급망 재설계의 중요성이 주목받고 있다. 기업들은 유연하고 민첩하며 지속가능한 공급망 재설계에 눈을 돌리고 있다.

글로벌 회계법인인 KPMG는 2020년 5월 발표한 'Supply Chain New World Order' 자료에서 앞으로 많은 기업이 코로나19와 같은 위기에서 공급망 네트워크의 복원력을 높이는 데 주안점을 둘 것으로 전망했다.

데이터분석 및 통찰력을 바탕으로 미래 공급망중단을 예상하고 공급망흐름 및 네트워크를 설계하는 것이 중요하다. 공급망 관련 업무를 맡은 리더는 데이터분석, 머신러닝(Machine Learning) 및 고도화된 기술을 활용하여 공급중단 및 제반 리스크를 예측해야 한다. 아울러 공급망 리스크 예측 및 시나리오 플래닝접근방식을 활용하여 발생 가능한 잠재적 재해의 영향을 최소화해야 한다.

KPMG는 원자재의 글로벌 공급망 및 완제품 핵심 요소수급문제의 해결 방안으로 '마이크로공급망(Micro Supply Chain)' 확보를 제시했다. 마이크로공급망은 소규모의 다양한 공급망을 의미한다. 운영전략관점에서 볼 때, 마이크로공급망은 제조 및 조립공장과 판매처 등을 세분화하는 것이다.

KPMG는 미래의 공급망모델에서는 최저비용과 효율성만을 강조하지 않는 것이 중요하다고 강조한다. 이제는 리스크노출 가능성, 공급망의 대안확보, 세무이슈, 채널의 복잡성 또한 염두에 두고 공급망구축을 해야 한다는 것이다.

물류기업 공급망 위기 벗어나려면 … "경쟁업체와도 협력해라"

물류기업이 코로나19 팬데믹의 위기에서 벗어나려면 기존 공급사슬위험관리 전략을 재검토해야 한다는 게 전문가들의 의견이다.

세계 4대 컨설팅회사 중 하나인 롤랜드 버거의 일본법인 파트너인 물류/공급망 전문가 오노츠카 마사시(小野塚征志)는 일본 온라인 매체 MONOist에 기고한 글에서 "조달처와 납품처는 물론 심지어 경쟁업체와도 협력해야 할 필요가 있다"고 지적했다.

팬데믹 위기상황에서 기업이 관리해야 할 범위는 현저히 확대된다. 오노츠카 마사시는 "조달처나 납품처가 사업활동을 계속할 수 없으면 공급사슬이 끊어지기 때문에 직접적인 조달처뿐 아니라 '조달처의 조달처'나 '납품처의 납품처'도 사업활동을 계속할 필요가 있으며, 이같은 관점에서 대체조달처 · 납품처의 사전확보가 중요하다"고 강조했다. 또한, 공급사슬은 기본적으로 물품공급과정이기 때문에 기존 인프라를 정확히 파악한 뒤 물품운송업체와의 제휴를 통해 유사시 신속한 협력이 가능한 시스템을 구축하는 게 요구된다고 밝혔다.

오노츠카 마사시가 제안하는 솔루션은 '서플라이 웹(supply web)'이다. 기존의 공급사슬이 '체인(chain)=사슬' 개념이었다면 앞으로의 공급사슬은 '웹(web)=거미줄' 개념으로 바뀌어야 한다는 것이다. 서플라이 웹은 불특정다수의 조달처 · 납품처와 자유롭게 연결되는 환경을 말한다. 조달처 · 납품처 수는 큰 폭으로 증가하고 대상 지역도 넓어지면서 위험관리는 더욱 복잡해지고 어려워지기 때문에 아날로그적 사고로는 대응할 수 없다는 게 문제인식의 출발점이다. IT 디지털 도구를 이용해 광범위한 정보를 수집·분석한 뒤 대응하는 전략이 바람직하다는 게 오노츠카 마사시의 주장이다. (후략)

개도국 중심으로 콜드체인 수요 촉발시켜

코로나19 이전에 아프리카 돼지열병(ASF)이 세계를 강타한 적이 있다. 2019년, 중국과 베트남에서는 ASF로 인해 각각 200만 마리와 600만 마리의 돼지를 살처분하면서 돼지고기공급이 수요를 현저하게 밑도는 사태가 발생했다. 양국 정부는 수급불균형 해소를 위해 돼지고기수입을 확대했지만 문제는 해결되지 않았다. 왜일까? 수입한 돼지고기를 적절하게 운송·저장할 콜드체인 시스템이 구축되어 있지 않았기 때문이다. 이로 인해 가격이 폭등하면서 국민들의 불만이 폭발직전까지 이르렀으며 결국 ASF가 진정되면서 가까스로 위기를 넘길 수 있었다.

이번 코로나19 사태에서도 생산된 식품이 소비자에게 원활하게 연결되지 않으면서 수급불균형이 심화되고 있다. 미국 농림부는 이런 수급불균형을 해소하기 위해 5월초, 식품수급불균형 완화를 위해 4억 7,000만 달러 상당의 식품구매를 결정하기도 했다.

코로나19 같은 신종 감염병이나 기후변화로 인한 자연재해 등 식품산업에 부정적 영향을 미칠 요인들은 앞으로도 계속 발생할 것이다. 따라서 이러한 외부충격에도 견딜 수 있는 효율적이고 견고한 콜드체인 시스템을 구축하는 게 무엇보다 중요해졌다.

코로나19로 인해 산업구조가 오프라인에서 온라인위주로 재편될 것이란 전망과 함께 콜드체인 시장 역시 이런 변화에 힘입어 성장에 속도를 낼 것으로 기대된다. 코로나19와 기후변화 등 외부 충격이 앞으로도 계속 나타날 것이란 점에서 물적 인프라(포장, 창고, 운송 등)와 관리인프라(표준, 가이드라인, 인증 등)가 적절히 조합·보완되고 안정성을 담보하는 콜드체인 시스템의 중요성은 더욱 커져갈 것이다.

코로나19는 콜드체인 시스템을 식품뿐 아니라 여러 다양한 분야로 확대시켜 관련 기업이 높은 부가가치를 창출할 수 있는 도구가 될 것이다.

한편, 코로나19 확산이전에 발표된 콜드체인 시장규모전망 자료는 현 시점에서는 큰 의미가 없게 됐다. 하지만 코로나19가 콜드체인 시장성장에 부정적 영향보다는 긍정적 영향을 미칠 거라는 전망이 대세라는 점을 근거로 미래시장규모가 기존 전망치를 웃돌것으로 기대된다.

미국의 시장조사업체인 그랜드 뷰 리서치(Grand View Research, GVR)가 2019년 3월 발표한 콜드체인 시장동향 분석 보고서에 따르면 글로벌 콜드체인 시장규모는 지난 2018년 1,680억 달러에서 연평균 15%를 상회하는 초고속 성장을 지속, 오는 2025년에는 4,500억 달러에 도달할 것으로 전망됐다.

콜드체인 시장은 식생활수준의 전반적인 향상과 쓰레기절감 등에 대한 사회적 요구가 높아지면서 지속적으로 확장될 것으로 예측되고 있다. 여기에 코로나19가 촉발시킨 식품안전요소가 더해져 시장확대를 견인할 것으로 보인다.

콜드체인 수요증가는 일반적으로 국민소득증가와 비례한다. 특히, 중국·인도·브라질 등 개도국 경제성장으로 소비자 소득수준이 높아 지면서 콜드체인 시장성장을 견인할 것으로 예측된다.

이들 개도국은 신선식품의 생산량과 수요가 많은 반면 이를 저온으로 보관·유통하는 시스템은 제대로 갖춰져 있지 않아 콜드체인의 잠재적 성장 가능성이 많은 것으로 전망돼 왔다. 코로나19의 확산은 이들 개도국에서 콜드체인에 대한 관심과 수요를 더욱 촉발시킬 것으로 예상된다.

물류신문, 2021년, 02월 18일

01 공급사슬관리의 이해

1.1 공급사슬관리(Supply Chain Management)의 개요

1) 공급사슬관리의 등장배경

기업 간의 경쟁심화에 따른 비용절감과 납기개선의 중요성이 증대되고 있다. 기존의 혁신 및 관리활동으로 재고절감, 납기단축 등에 한계가 발생하면서 새로운 관리기법이 필요해졌다. 즉 기존 경영방식의 한계, 리드타임단축, 재고절감 등의 한계를 해결하고 소비자의 니즈에 맞춘 생산, 물류체계를 갖추기 위해 공급사슬관리가 필요해지고 있다. 이에 따라 개별기업의 경쟁력이 중시되었던 사회가 협력업체와의 긴밀한 협조를 통한 경쟁력이 필요한 사회로 변화하였다.

다양한 고객의 니즈에 맞추면서 생산, 납품 등의 활동을 해야 할 필요성 또한 증대되었다. 다품종 소량생산 및 소량 다빈도 배송체계의 효율적인 구축도 필요해 졌는데, 사회구조, 기업 간의 경쟁구도가 복잡해지고 고객의 성향과 요구조건이 다양해지면서 이전의 물류관리 개념만으로는 고객들의 요구사항의 변화속도를 따라가지 못하게 되었다.

그리고, 기업활동이 글로벌환경으로 확장되고 아웃소싱이 활발해지면서 이들 기업 간의 시간적, 공간적 거리를 단축하고, 기업활동을 체계적인 계획, 관리 및 통제하는 것이 필요해졌다.

시장이 글로벌화되면서 글로벌마케팅, 소싱, 제조, 지역별 특성화 및 전세계 제품전략수립이 필요해졌다.

2) 공급사슬관리의 개념

공급사슬관리(SCM, supply chain management)는 기업내의 부문별 또는 개별기업 내부에 한정된 혁신활동의 한계를 극복하기 위해서는 원재료 공급업체에서 출발하여 최종 소비자에게 제품이 전달되는 모든 과정인 공급사슬을 하나의 통합된 개체로 보고

이를 최적화하고자 하는 경영방식을 말한다.

즉 공급과정에 관련된 모든 공급사슬 구성원 간의 전체 물류흐름을 계획하고 통제하는 통합적인 관리방법을 말한다.

기타 국내 · 외 기관에서는 공급사슬관리를 다음과 같이 정의하고 있다.

- 미국 공급사슬협회(Supply Chain Council) : 생산으로부터 소비까지의 모든 단계를 연결하는 고리로서 구성원들이 서로 공급자이면서 수요자의 관계를 맺고 관리하는 기법
- 마이클 포터(Michael Porter) : 가치사슬(Value Chain)의 관점에서 원자재로부터 소비에 이르기까지의 구성원들을 하나의 집단으로 간주하여 물류와 정보의 흐름을 체계적으로 관리하는 최적화 기법

3) 공급사슬관리의 핵심요소

공급사슬을 효율적으로 관리하기 위해서는 이를 위한 관리체계가 필요한데, 이중 가장 핵심적인 요소는 다음과 같다.

- 기업 간의 협업(Collaboration) : 공급사슬 파트너간 정보공유와 협업을 통한 전체 공급사슬의 최적화가 필수적이다. 공급사슬 파트너 간의 협업체계와 원활한 소통이 가장 먼저 선행되어야 하고, 이를 통해 소비자의 니즈에 부합하는 고객의 가치를 제공할 수 있다. 즉 공급사슬관리는 고객의 가치와 욕구를 이해하는 데서 출발하므로 공급사슬 파트너 간의 상호협력과 원활한 커뮤니케이션은 반드시 필요하다. 따라서 공급사슬관리의 성공을 위해서는 기업간 통합을 위한 협력체제에 주력해야 한다.
- 수평적 프로세스 통합(Horizontal Process Integration) : 공급사슬의 최적화를 위해서는 기업간, 업무기능간 프로세스가 연계되어 있어야 한다. SCM, ERP 등의 어플리케이션과 EDI(Electronic Data Interchange) 등 IT기술을 활용하여 기업간 연계된 프로세스가 잘 통합되도록 하는 것이 중요하다. 전체 공급사슬간 프로세스를 통합하여 그 길이를 단축함으로써 그 사이에 존재할 수 있는 시간과 재고를 줄일 수 있다.
- 정보왜곡의 개선과 공유(Information Sharing) : IT기술을 기반으로 보관, 재고관리, 운송관련 물류서비스를 온라인 상에서 구현하는 관리체계의 등장으로 공급사

슬 전체의 정보공유를 효율적으로 지원할 수 있게 되었다. 이러한 기술은 정보전달지연 및 수요왜곡 현상에 따른 비효율성을 제거하여 수요에 따른 공급의 실시간 동기화 등 공급사슬관리 체계를 개선하였다. 예를 들어 유통산업에서는 카테고리관리(Category Management) 등의 기법을 통해 매장 등에서 수집된 수요정보를 공급업자와 공유함으로써 이를 통해 공급업체의 공급물량을 동기화할 수 있다.

- 재무, 물류, 정보의 동시화(Synchronization) : 물류실적과 재무정보를 통합하고 공급사슬 파트너에게 실시간 정보를 연계하여 신속한 업무의사결정을 지원할 수 있다. 또한 통합된 정보를 통해 정보의 정합성을 높일 수 있고, 이에 따라 보다 정확한 의사결정을 내릴 수 있다.
- 기술혁신과 시스템적용(IT System Infra) : 공급사슬 전체를 하나의 시스템으로 관리할 수 있는 체계가 필요하고 경로전체를 통합하는 정보시스템이 개발되어야 한다. 정합성 높은 정보공유를 위해서는 ERP 등의 정보시스템이 미리 구축되어야 하며, 이를 위해 사전에 업무프로세스를 잘 정립해야 한다.

4) SCM 구현전략유형

수요에 따른 공급방식과 공급사슬 파트너 간의 협업체계를 어떻게 정의할 것인지에 따라 공급사슬을 구현하는 전략이 달라진다.

(1) 공급의 방향에 따른 전략유형

- Push전략 : 과거 판매정보를 활용해 수요예측한 후 제품을 대량생산 및 공급하는 방식으로 공급측면에서 규모의 경제를 활용할 수 있다.
- Pull전략 : 수요가 발생하는 시점에 제품생산 및 공급이 동시에 이루어지는 것으로 이 전략에서는 재고와 채찍효과를 줄일 수 있고 고객수요에 맞춘 서비스를 제공할 수 있다. Pull전략은 Push전략보다 재고를 더 줄일 수 있고, 물류비용을 절감할 수 있는 반면 리드타임이 길어서 수요정보에 즉각 대응하기 어렵다.
- Push－Pull전략 : Push, Pull전략의 장점만을 활용하고자 하는 것으로 Pull전략만을 통해선 고객대응시간을 맞추지 못하므로 일정단계까지는 Push전략을 운용하고 나머지 단계에서는 Pull전략을 운영하는 전략이다.

(2) 협업체계 구성에 따른 전략유형

- 공급네트워크전략(Supply Network Strategy) : 상호이익을 창출하기 위해 공급사슬 상의 파트너들과의 협업하여 공급네트워크를 구축하는 전략을 말한다. 공급업체가 수요에 따라 재고를 공급하는 공급업체 관리재고(VMI), 공급업체들이 공동으로 재고를 관리하는 공급업체 재고허브(Supplier Inventory Hub) 등의 다양한 전략으로 적용될 수 있다.
- 지연전략(Postponement Strategy) : 지연전략은 공용부품을 사용하여 모듈화, 표준화된 반제품상태로 생산, 보관, 운송하여 현지에 공급하고 최종 조립 및 제품의 차별화는 최종소비자가 있는 현지에서 하도록 차별화시점을 지연하여 물류프로세스를 단순화시키는 전략을 말한다. 반제품으로 제공된 창고에서 개별 차별화를 하여 형태를 지연시키는 형태지연(Form Postponement), 중간 도·소매상에서 고객화시점을 지연하는 물류지연(Logistics Postponement), 대량맞춤화를 통해 제조업체에서 Push를 Pull로 전환되는 시점을 지연하는 완전지연(Pull Postponement)으로 구분된다.

5) 채찍효과(Bullwhip effect)

(1) 채찍효과의 개념

채찍효과는 유통현장 등 공급사슬 하류의 작은 수요변화가 원자재공급, 생산현장 등의 상류로 올라가면서 주문량 및 재고량의 변동폭이 커지는 수요왜곡현상을 말한다. 주로 리드타임이 긴 제품이나 공급사슬상 파트너 간의 협업이 약한 경우에 많이 발생한다. 채찍효과를 효과적으로 관리함으로써 공급사슬 상의 불확실성을 줄이고 그에 따른 비용, 리드타임, 수요변동성 등을 감소시켜 궁극적으로 고객서비스 수준을 높일 수 있다.

(2) 채찍효과의 발생원인

- 부문별 부정확한 수요왜곡 : 원자재공급, 제품생산, 유통·물류 등 공급사슬의 각 부문에서의 중복된 또는 부정확한 수요예측에 따라 수요왜곡이 발생한다.
- 실제 수요와 다른 대단위주문 : 실제 필요량과 다르게 특정한 로트단위 또는 대단위로 주문할 경우, 주문량의 변동폭이 증가하면서 채찍효과가 발생한다. 특히 주

기적 주문, 파렛트 · 컨테이너 단위포장 등 운송요구 시 수요왜곡은 커지게 된다.

- 결품관리에 따른 수요왜곡 : 고객서비스 수준에 대한 관리가 중요한 경우, 결품관리가 중요해지는데, 이와 같이 결품에 대한 우려는 경쟁적인 주문에 따른 가수요를 발생시키며 이는 수요왜곡으로 이어지게 된다.
- 가격변동에 따른 선행구입 : 판촉, 가격인상 등과 같이 가격정책에 의한 선행구입과 가격변동은 채찍효과를 야기한다.

(3) 채찍효과 대처방안

- 수요예측의 불확실성 감소 : 수요관련 정보를 공급사슬 전반에 걸쳐 통합관리하고, 대응방향에 대해 공유함으로써 각 단계별로 일관성 있는 대응을 할 수 있다.
- 일괄주문제거 및 변동성 감소 : 최종소비자의 수요변동을 일정하게 유지시킬 수 있는 영업전략을 선택함으로써 공급사슬 파트너 간의 물량변동을 줄일 수 있다.
- 리드타임단축 : 납품주기단축, 납품횟수증대 등 물량공급 리드타임을 줄여서 수요변동에 대응할 수 있는 수준을 높일 수 있다.
- 전략적 파트너십 구축 : 공급업체관리재고(VMI, Vender Managed Inventory) 등 공급사슬 구성원 간에 전략적 관계를 강화하여 채찍효과에 따른 수요변동에 공동대응할 수 있다.

1.2 SCOR(Supply Chain Operations Reference) 모델을 통한 공급사슬관리

1) SCOR 모델의 개요

SCOR 모델은 1996년에 공급사슬협의회(SCC, Supply Chain Council)에 의해 개발되었는데, 미국, 유럽을 중심으로 기업들에 도입 적용되고 있다. SCOR 모델은 기업 간의 공급사슬관리를 위한 표준방법론이라고 할 수 있으며, 전체 공급사슬 체계를 정의, 측정, 평가하기 위한 모델이다. 생산에서 유통까지의 고객과의 모든 상호작용, 공급업체의 공급업체로부터 고객의 고객까지 발생하는 모든 물리적 거래활동, 각 이해관계자들 간의 복합적인 수요에 대한 이해로부터 각 주문의 실행까지의 모든 상호작용들을 포함한다.

2) SCOR 모델의 프레임워크

(1) SCOR 모델의 구성

SCOR 모델에서 공급사슬관리는 다음의 프로세스로 구성된다.

- 계획(Plan) : 수요와 공급의 균형을 맞추는 수요·공급계획, 전체 공급사슬관리를 위한 통합계획으로 구성된다. 공급사슬계획 프로세스를 관리하기 위해 필요한 정보수집, 관리규칙(Rule & Policy), 성과지표(KPI) 등에 대한 내용을 포함하고 있다.
- 구매(Source) : 공급업체의 원자재구매와 관련한 공급사슬관리 전반에 대한 프로세스에 대해 관리한다. 구매에서는 공급업체 분석과 선정, 공급업체 발주, 대금지급, 공급업체 평가 등의 내용을 포함한다.
- 생산(Make) : 재고생산방식(Make-to-stock), 주문생산방식(Make-to-order), 주문설계생산방식(Engineer-to-order) 등의 생산프로세스 관리에 대한 내용을 포함한다. 즉 계획 또는 수요에 따라 생산을 위해 완제품을 만들어서 시장에 출시하는 프로세스를 포함한다.
- 운송(Deliver) : 생산에 따른 후속 프로세스를 지원하기 위한 활동으로 구성된다. 완제품과 서비스를 인도하는 프로세스로 주문, 운송, 유통관리 등의 내용을 포함하고 있다.
- 반품(Return) : 구매한 원자재를 공급업체로 반품, 고객으로부터의 반품, 불량품의 반품 등 다양한 역방향의 물류에 대한 활동으로 구성된다. 또한 관련하여 발생하는 반품실행, 반품재고의 관리 등의 내용도 포함하고 있다.

(2) SCOR 모델의 구조

SCOR 모델은 크게 3레벨의 위계구조로 구성되어 있다. 1레벨은 영역, 2레벨은 프로세스 유형별 세분화, 3레벨은 유형별 상세 프로세스를 정의하고 있다. 하지만 실제 실행과 관련된 구현레벨인 4레벨은 SCOR 모델의 구조에 포함되어 있지 않다. 각 기업별 실행을 위한 상황과 전략이 상이하고 하나의 모델로 정의하기는 어려우므로 기업별 상황에 적합한 구현을 하는 것이 필요하다.

- 1레벨 : 어떤 활동이 어디에 포함되는지 등 적용범위 및 내용이 정의되고, 수행목

표가 설정된다. 앞서 설명한 구성요소에 해당하는 계획(Plan), 구매(Source), 생산(Make), 운송(Deliver), 반품(Return)의 주요 프로세스로 구성된다.

- 2레벨 : 1레벨에서 정의한 영역별로 추가 프로세스 유형을 세분화하여 전체 공급사슬을 구성하고 있다. 계획(Plan)에서는 수요와 공급계획을 수립하고, 수요와 공급의 균형을 유지하며, make-or-buy에 관련된 의사결정이 포함된다. 구매(Source)에서는 수요를 만족시키기 위한 재화와 서비스의 조달과 이를 위한 인프라의 관리가 포함된다. 생산(Make)에서는 유형별 생산관리가, 운송(Deliver)에는 주문관리, 운송관리, 배송관리가 포함되어 있다.
- 3레벨 : 2레벨의 프로세스 유형에 대한 상세한 설명으로서 전체 공급사슬의 구체적인 프로세스 구성요소를 보여준다. 또한 프로세스 구성요소의 입력(Input), 출력(Output), 그리고 기본적인 흐름을 정의하고, 각 구성요소의 성과측정 매트릭스(Metrics), 목표치, 벤치마킹 프로세스, 그리고 이를 구현할 수 있도록 해주는 솔루션을 제시한다.

02 공급사슬관리의 산업별 적용

공급사슬관리는 산업별로 산업의 다양한 특성과 니즈에 적합한 형태로 발전되어 적용되고 있다. 물론 시기에 따라 적용되어 왔다고도 볼 수 있으며, 하나의 산업에 적용된 이후 그 사상이 관련 및 유사산업으로 확산되어 적용되고 있다.

2.1 패션산업

1) 신속대응(QR, Quick Response)의 개요

(1) 신속대응의 개념

패션산업은 다른 산업과 달리 고객의 수요변화와 트렌드변화가 더욱 심하고, 디자인에서 생산까지의 리드타임이 다소 길고, 유통업체와 제조업체 간 재고에 대한 리스크가 큰 산업특성을 가지고 있다. 이러한 패션산업에서는 시장의 상황에 대해 예의주시하면서 소비자의 수요변화에 대해 신속하게 추가생산 등의 대응을 하는 것이 중요하다. 이러한 산업적인 특성과 요구사항을 반영하기 위해 등장한 것이 바로 신속대응(QR, Quick response) 이다.

신속대응은 반응생산이라고도 불리며, 소비자니즈에 맞춰 신속하게 반응생산하고자 원부자재공급업체, 생산업체, 유통업체가 협업하여 공급사슬 파트너 및 소비자에게 상호이익을 주는 활동을 의미한다. 즉 원재료 구매에서 최종 완제품생산에까지 이르는 리드타임 단축과 재고의 절감, 효율적인 상품기획 등의 활동을 통해 원가절감 및 수익성개선을 달성하고자 하는 혁신활동을 의미한다. 소비자의 니즈에 대응하기 위해서는 제품설계와 유통에 적합한 Pull시스템을 설계하는 것이 중요하다.

(2) 신속대응의 특징

- 리드타임단축 : 의류 등의 패션제품은 유행에 민감하므로 원재료에서 최종제품에 이르는 리드타임단축에 초점을 둔다. 리드타임단축을 통한 신속한 상품기획과 생산대응을 통해 제품의 판매가격 인하와 수익향상을 동시에 달성할 수 있다.
- 정보공유와 협업 : 리드타임단축을 위해 공급사슬 파트너 간 커뮤니케이션과 파트너십을 중요하게 생각한다. 생산업체는 원단, 원자재에 대한 정보를 유통업체에 공유하고, 유통업체는 완제품의 판매, 재고정보를 생산업체와 공유한다. 정보공유를 통해 유통업체는 신속한 보충의 의사결정이 가능해진다.
- Pull 전략을 통한 수요대응 : 고객수요에 적절한 대응을 위한 제품설계와 유통에 맞는 Pull전략을 적용한다. 과잉재고는 수익성에 직접적으로 영향을 주므로 적시생산(JIT)의 개념을 포함하고 있다.
- 공급사슬 낭비제거 : 생산에서 유통까지의 재고와 반품을 줄임으로써 공급사슬 각 단계에서의 낭비요소를 줄일 수 있고, 효율화를 추구할 수 있다.

2) 신속대응을 통한 효과

(1) 유통업체 측면

- 고객서비스 개선 : 생산업체가 고객수요에 맞는 제품을 즉각 생산하여 제공하므로

고객서비스를 개선할 수 있다. 재고소진예상 시 즉시 반응생산하므로 판매기회상실을 최소화하여 매출실적을 개선할 수 있다.

- 수익률 개선 : 필요한 물량을 신속하게 보충받게 되므로 과다재고를 보유할 필요가 없고 이에 따른 각종 비용을 절감할 수 있다. 또한 과다재고에 의한 가격할인을 최소화하여 수익률을 개선할 수 있다.
- 보충리드타임단축 : 생산에서부터 유통업체의 매장까지의 리드타임을 단축시키고 상품의 재고회전율을 높일 수 있다.

(2) 생산업체 측면

- 실수요기반의 생산 : 실제 유통업체의 정확한 소비자 판매정보와 주문정보가 생산업체에 공유되므로, 이에 근거한 수요예측과 생산이 가능해진다.
- 수요에 근거한 원부자재재고관리 : 소비자수요에 따른 생산으로 원부자재재고를 필요량만 관리함으로써 원부자재재고를 줄이면서도 결품을 최소화할 수 있다. 따라서 불필요한 원부자재재고와 비용을 절감함으로써 생산단가를 낮출 수 있다.

2.2 소비재 · 유통산업

1) 효율적 소비자 대응(ECR, Efficient Consumer Response)

(1) ECR의 개념

효율적 소비자 대응(ECR)은 1990년대 초 미국 유통업체에서 공급사슬을 개선하기 위한 노력에서부터 시작되었다. 일반적으로 유통업체는 많은 소비재 상품을 소수의 직원으로 관리하기 어렵고, 소비재 제조업체는 정확한 소비자들의 판매정보를 확인하기 어렵다. 이러한 유통 · 소비재 산업의 이슈로 인해 효율적인 소비자 대응방안이 등장하게 되었다.

효율적 소비자대응은 생산, 물류, 판매에 이르는 전체 공급사슬과정을 일관된 흐름으로 보고 각 공급사슬 파트너들이 참여하여 보다 낮은 비용으로 보다 빠르게, 소비자 만족을 달성하는 데 초점을 둔 전략을 의미한다. 즉 효율적 소비자대응은 유통업체와 공급업체 간의 실시간 정보교환으로 최적의 상품구색 및 재고준비, 판매보충, 판매촉진을 실행하고, 소비자에게 보다 좋은 상품을, 보다 좋은 품질로, 보다 저렴한 가격으로 제공하는 것을 의미한다.

효율적 소비자대응의 핵심적인 개념은 카테고리관리(Category Management)이다. 카테고리(Category)는 소비자의 가치창출을 위해 유통업체와 공급업체가 매출, 수익률 향상을 위한 전략적 비즈니스 단위 또는 제품군을 말한다. 제조업체와 유통업체간 협력을 통한 카테고리 관리로 구색, 판매, 마케팅(제품믹스) 등의 업무에 기여할 수 있으며, 이는 효율적 소비자대응(ECR)의 핵심체계이다. 유통업체는 공급업체와 구매, 물류 및 판매영역의 통합경영계획을 수행하고 이를 통해 전략적인 관점에서 협업할 수 있다.

(2) ECR의 구현전략과 목표

효율적 소비자 대응(ECR)은 공급사슬 상 기업들의 효율적인 운영을 지원함으로써 소비자에게는 더 큰 가치를 제공할 수 있는 기반이 되며, <표 8-1>의 구현전략과 목표를 달성할 수 있다.

표 8-1 ECR의 구현전략과 목표

구현전략	목표
효율적인 상품보충	• 연속적인 상품보충으로 유통효율화 • 상품조달시스템 활용으로 시간과 비용최적화
효율적인 매장진열	• 진열대에서의 공간활용을 통해 상품구색관리 최적화 • 재고관리 최적화 • 고객접점에서의 매장공간활용 최적화
효율적인 판매촉진	• 소비자를 대상으로 적극적인 구매유도 • 판매촉진 효율성 극대화
효율적인 상품개발	• 신상품개발 및 상품출시의 효율성 극대화

(3) ECR구축과 운영의 기본원칙

- 공급사슬 상의 협업관계: ECR은 유통업체와 공급업체 간의 상호이익을 위한 협업관계를 구성하고 정보를 공유해야 한다. 또한 이러한 협업관계는 생산, 물류, 판매와 연계된 의사결정을 효과적으로 지원하여 소비자에게 부가가치를 제공하는데 초점을 두어야 한다.

- IT기술을 활용한 업무지원 : 생산, 물류 및 판매영역에서 효율적인 의사결정을 지원하기 위해 IT기술을 활용하여 공급사슬정보의 신속성과 정확성을 지속적으로 개선해야 한다.
- 전체 물류흐름과 연계 : 공급업체의 생산에서 유통업체의 소비자에 이르는 전체 상품흐름을 효율적으로 지원해야 한다. 이를 위해서는 업체들 간의 통합을 위한 표준화와 프로세스 연계가 선행되어야 한다. 또한, 전체 ECR전략의 효과성을 일관된 공통 성과측정 및 보상체계로 평가해야 한다.

(4) ECR의 효과

ECR을 통해 유통업체와 공급업체 측면에서 다음의 효과를 달성할 수 있다.

■ 유통업체 측면의 효과

- 공간 효율성 증대 : 소비자반응에 근간한 상품보충으로 과다재고를 방지하여 재고량을 줄이면서도 품절을 감소시킬 수 있으며, 이에 따라 매장공간의 효율적인 활용이 가능해진다.
- 관리비용절감 : 수발주업무시간 및 업무노력을 줄임으로써 관리비용을 절감할 수 있다.

■ 제조 · 공급업체 측면의 효과

- 주문비용절감 : 자동주문과 판매보충체계를 활용하므로 주문관련 비용을 감소시킬 수 있다.
- 재고비용절감 : 판매동향에 따라 적절한 양만 생산함으로써 최소수준의 원부자재 및 제품재고를 보유할 수 있어서 각종 비용을 절감할 수 있고, 궁극적으로는 생산도 절감할 수 있다.

2) 지속적 상품보충(CRP, Continuous Replenishment Programs)

(1) CRP의 개념

지속적 상품보충(CRP)은 유통업체의 소비자수요에 기초한 Pull전략으로 소비재업체에서 상품을 지속적으로 공급하는 방식이다. 전통적인 EOQ 등의 Push전략의 주문방식을 실제 판매와 예측정보를 활용한 Pull전략의 보충방식으로 수행한다. 유통업체는 자동으로 필요할 때 지속적으로 재고보충을 받으므로 수 · 발주 등에서의 운영비용을 줄이면서 공급사슬 상의 재고수준을 낮출 수 있다. 즉 유통업체 주도의 발주에서 제조업체의 유통업체 재고확인 및 보충으로 재고관리체계를 개선함으로써 공급사슬 상의 재고효율성을 높일 수 있다.

지속적 상품보충이 성공적으로 관리되기 위해서는 다음 조건이 먼저 충족되어야 한다.

- 상품코드 표준화: 상품코드의 체계화 및 동일 바코드사용이 선행되어야 한다. 유통업체와 공급업체는 동일한 코드를 운영함으로써 정보공유 및 활용이 가능해야 한다.
- 공급사슬 정보공유: 유통업체와 공급업체간 실제 생산, 판매정보가 공유되어야 하고, 특히 공급사슬 단계별 정확한 재고정보가 시스템으로 관리되어야 한다.
- 시스템기반의 협업체계: 정보시스템을 활용하여 관련업체들 간의 정보를 공유하고, 보충요청과 출하 등의 업무를 시스템으로 지원해야 한다.

CRP를 위해 사전에 재고정보는 유통업체와 제조업체가 상호 공유해야 하는데, 공유하는 재고정보의 관리방식에 따라 공급업체 관리재고와 공동관리재고로 나누어 볼 수 있다.

(2) 공급업체 관리재고(VMI, Vender Managed Inventory)

공급업체 관리재고(VMI)를 통해 공급업체가 유통업체의 판매정보를 확인하면서 생산, 재고보충하며 과다재고를 생산, 보관하는 비효율을 줄일 수 있다. 즉 공급업체와 유통업체가 재고, 주문, 예측 등의 정보공유를 통해 공급사슬 상의 흐름을 관리하는 방식을 의미한다. 상품보충의 책임이 공급업체에 있으며, 공급업체가 발주확정한 후 바로 유통업체로 상품배송이 이루어진다. 공급업체 관리재고는 물리적으로 유통업체에 재고가 있더라도 통상 재고소유권 및 관리책임은 공급업체에 있다.

공급업체 관리재고(VMI)가 효율적으로 운영되기 위해서는 다음 과제를 선결해야 한다.

- 공급업체의 역량확보: 공급업체가 원활하게 공급할 수 있는 역량을 확보해야 하고, 안정적인 납기, 품질, 비용을 관리하고 시스템을 통한 재고관리를 할 수 있어야 한다.
- 장기적인 업체간의 관계구축: 공급업체가 자주 바뀌거나 단기적으로 성과평가로

변동가능성이 높은 경우는 장기적인 공급업체관계형성이 어렵다. 공급업체 재고관리를 위해서는 시스템연계 등 많은 투자가 필요하므로 상호 장기적인 관계에 대한 의지를 확인하는 것이 필요하다.

- 업체간 상호 신뢰성 확보 : 상호 신뢰협력관계를 구축하여 관련 정보를 신뢰할 수 있도록 해야 한다.
- 공급사슬 상의 네트워크 범위설정 : 공급사슬 상에서 정보를 공유하여 업체간의 업무를 수행하는 범위를 상호 협의하여 설정해야 한다.

(3) 공동관리재고(CMI, Co-Managed Inventory)

공동관리재고(CMI)는 재고관리를 공급업체와 유통업체가 공동으로 관리한다는 방식을 말한다. 판매・재고정보는 유통업체에서 공급업체로 전송되고, 유통업체로부터 전송된 판매・재고정보는 공급업체에서 수요예측을 위한 정보로 활용되며 생산관리에도 활용된다. 공급업체가 유통업체의 창고 또는 매장의 보충수량을 산정하여 유통업체에 전달하면 이를 유통업체가 확정하는 절차로 수행된다.

공동관리재고는 VMI에서 발전된 개념으로 유통업체와 공급업체가 판촉행사, 경쟁상황 등을 공동으로 고려하면서 재고를 적정수준으로 관리하는 것을 의미한다.

3) 자동발주시스템(CAO, Computer Assisted Ordering)

(1) 자동발주시스템의 개요

자동발주시스템(CAO)은 시스템을 통해 자동으로 공급업체에 발주를 하는 체계를 의미한다.

즉 유통업체에서 POS판매 등의 판매정보와 재고 및 보충정보를 연계함으로써 자동으로 발주가 생성되도록 하고, 재고 및 판매공간의 효율적인 활용으로 비용을 줄이면서 수익률을 개선할 수 있으며 상품수요에 즉각 대응할 수 있게 된다.

자동발주시스템에서 발주량을 자동으로 결정하기 위해서는 정확한 POS 판매정보와 매장의 정확한 재고정보가 먼저 준비되어 상품에 대한 판매예측모델을 구성하는 것이 필요하다. 매장의 상품별 판매예측모델은 적정수준의 재고목표를 설정하는 데 사용되며, 시계열판매정보, 계획된 판촉행사, 계절별조정을 연계하여 운영된다. 또한 날씨, 행사 등 수요에 영향을 주는 외부요인에 대해서도 시스템을 통해 감안함으로써 보다 정확한 발주량을 산정할 수 있다.

(2) 자동발주시스템을 통한 효과

- 공급사슬 전체의 재고감소 : 판매, 재고에 근거하여 발주량을 산정하므로 주문문서작성 및 발송비용은 절감하고, 주문실수 및 전체공급사슬 상의 재고는 감소하게 된다.
- 공급사슬 효율성 증대 : 유통업체 입장에서는 적정재고가 관리되면 과다재고에 따른 할인을 줄일 수 있고, 공급업체 입장에서는 일일 판매실적을 기초로 한 예측으로 생산량을 조절할 수 있게 된다.
- 정확한 소비자 수요분석 : POS 등을 통해 발생하는 판매정보를 분석하여 소비자에 대해 이해하고 결과적으로 수요에 대한 신뢰수준을 향상시키게 된다.
- 주문실수 최소화 : 과다발주, 발주누락 등의 주문실수를 줄여주므로 공급업체와 유통업체 간 분쟁을 줄일수 있다.
- 재고운영 효율화 : 유통업체의 결품을 줄이고 원활한 상품배송을 지원할 수 있으므로 매출을 늘릴 수 있다.

4) 협업계획예측 및 보충(CPFR, Collaborative Planning Forecasting and Replenishment)

(1) 협업계획예측 및 보충의 개요

협업계획예측 및 보충(CPFR)은 유통업체와 공급업체를 연결해 생산계획과 수요예측, 재고처리 등 협업을 가능하게 해주는 전략으로 기존의 효율적 소비자 대응(ECR)을 공동상품기획, 생산계획, 수요예측, 재고관리 등의 협업영역까지 확장한 전략을 말한다.

즉 유통업체와 공급업체가 협업하여 고객서비스를 개선하고 파트너들 간의 공급사슬 상의 정보흐름을 신속화하여 재고를 절감하는 경영전략을 말한다.

웹, 모바일 등의 기술을 활용하여 판매정보 등의 시장정보를 실시간으로 공유하여 공급업체의 생산일정에 반영함으로써 공급사슬변화에 대한 적응력을 높일 수 있다. 이로써 전체공급사슬 상의 이해관계자들은 공통된 하나의 스케줄에 따라서 공급사슬관리 활동을 수행할 수 있다.

(2) 의약품유통의 구조와 특징

의약품유통은 다음과 같은 특징이 있다.

- 법적 · 윤리적 유통관리 : 의약품은 생명과 질병치료에 직접적인 영향을 미치므로 법적, 윤리적 의무에 따른 엄격한 유통관리가 필요하다.
- 수요처의 협상력이 큰 시장 : 병원, 약국 등 구매자의 협상력이 압도적으로 크므로 수요처의 요구에 맞춘 공급체계를 관리하는 것이 중요하다.
- 다품종소량 유통방식 : 수요처는 다품종소량 및 품질우선의 구매방식으로 운영하므로 이에 부합하는 유통관리체계를 갖추는 것이 필요하다.
- 높은 직거래방식의 유통구조 : 의약품유통은 크게 제약회사에서 약국, 병원을 거쳐 소비자에게 전달되는 직거래방식과 제약회사에서 도매상과 약국, 병원을 거쳐 소비자에게 전달되는 도매거래방식으로 나눌 수 있다. 전문성을 갖춘 도매상이 많지 않은 관계로 직거래방식의 비중이 높은데 이는 유통구조를 복잡하게 만들고, 물류비를 포함한 유통비용을 증가시킨다.

(3) EHCR 구현전략과 시스템

EHCR을 구현하기 위해 필요한 전략과 시스템은 다음과 같다.

표 8-2 EHCR 구현전략과 시스템

구현전략	구현시스템	구현기술
효율적 운송관리	• 재고관리시스템 • 연속재고보충시스템 • 제품포장 및 분류	EDI, 물류단계별 추적관리, 유니트로드시스템, 창고관리시스템
효율적 주문관리	• 온라인 계약 및 가격관리 • 온라인 주문 및 지불	EDI, 마켓플레이스
효율적 정보공유	• 제품인식 및 기준정보관리 • POS판매정보관리 • 협업파트너정보관리	바코드/RFID, EDI/VAN, 마켓플레이스

(4) EHCR을 통한 효과

- 의약품 환경변화대응 및 소비자만족 극대화 : 의약품 공급사슬 상 협업파트너 간의 판매정보공유로 의약품 유통환경변화에 적절히 대처하고 물류비부담을 개선해

고객만족을 높일 수 있다.

- 의약품 공급사슬 효율성 증대 : 의약품 재고관리와 물류프로세스 통합을 통해 협업 파트너와 동기화한 확장된 공급사슬을 구축하여 고객서비스 개선, 재고수준감소, 납기단축 등의 정량적인 공급사슬 효율성을 달성할 수 있다.
- 환자관리로의 확대적용 : 의료산업의 경쟁력 강화와 소비자가치의 증대 및 향후 마켓플레이스 기반 인프라구축 차원에 머물지 않고 환자관리로 확대적용할 수 있다.
- 일하는 방식의 변화 : 의약품 공급사슬 참여기업들은 문서작업의 감소, 정보의 정확성 향상, 인력절감, 효과적 커뮤니케이션 촉진 등을 달성함으로써 일하는 방식을 획기적으로 개선하게 되었다.

2.4 산업공통

1) JIT(Just in Time)

(1) JIT의 개념

JIT(Just in Time)는 무재고를 지향하는 적시공급기법으로 1970년대 일본 도요타 자동차를 시작으로 1980년대 이후 많은 국가에서 광범위하게 도입된 공급사슬혁신기법이다. JIT는 적시에 필요한 양만큼의 원부자재를 공급함으로써 공급사슬 상의 불필요한 재고를 줄여 재고비용과 낭비요소를 줄이고 고객서비스를 높이는 전략이다. 즉 공정에서 필요한 수량만큼의 원자재를 조달받아 생산함으로써 재고를 최소화하고 적시공급하여 생산과정에서의 낭비요소를 제거하여 생산효율성을 개선할 수 있다.

(2) JIT의 목적

- 재고비용절감 : 공정에서 필요한 만큼의 재고만 Pull방식으로 공급받으므로 생산공정 상의 불필요한 원부자재재고를 줄여서 재고비용을 절감하고, 제품생산에 있어 낭비를 제거하여 생산원가를 절감한다.
- 품질개선 : 필요한 양만큼 후속공정으로 제공하므로 로트단위는 작아지게 되므로

보다 빠른 피드백을 받게되므로 불량을 줄이고, 품질을 개선할 수 있게 된다.

(3) JIT II와 개선방안

JIT II는 JIT의 문제점을 해결하기 위한 새로운 방안으로 제시되었다.

JIT는 공급사슬 참여기업들 중에서 공급업체가 재고관리의 부담을 많이 가지게 되므로 공급사슬 참여기업들 간의 신뢰관계와 전체 효율성을 낮추고 궁극적으로 고객서비스를 하락시킬 수 있다.

따라서 JIT II전략에서는 공급사슬 협업기업들이 단순한 거래계약 관계가 아닌 상호 파트너십 관계를 구축하여 고객의 요구에 효율적으로 대응하도록 한다. 공급업체의 영업부서와 유통업체의 구매부서의 기능을 하나로 연결하여 가상기업을 구성하는 형태로서 협업계획예측 및 보충(CPFR)과 유사한 개념으로 운영된다.

2) 크로스도킹(CD, Cross Docking)

(1) 크로스도킹의 개요

창고의 보관시설에 많은 재고를 보관하는 것은 재고자체의 금융비용뿐만 아니라 관리비용을 증가시킨다. 또한 신선식품의 경우, 보관기간이 길어질수록 신선도 관리가 어려워진다. 이러한 문제를 해결하기 위해 등장한 개념이 크로스도킹이다.

크로스도킹은 창고에 입고된 상품을 즉시 출고하도록 하는 전략을 말하며, 중간저장 단계가 없으므로 재고를 최소화할 수 있고, 고객수요에 맞추어 배송의 동시화시스템을 갖출 수 있게 된다. 창고내 입·출고에 걸리는 시간과 비용을 제거할 수 있으며, 상품흐름을 원활화함으로써 상품공급 용이성을 증대시키고, 결과적으로 전체재고수준은 감소시키면서도 결품을 줄일 수 있다.

(2) 크로스도킹의 유형

- 기(旣) 포장 크로스도킹: 유통업체의 요구에 따라 공급업체가 미리 파렛트 등 포장용기를 받아서 매장 등 최종 도착지별로 구분 및 포장하여 배송함으로써 창고에서의 작업을 최소화하는 유형을 말한다.
- 중간처리 크로스도킹: 파렛트, 케이스 등 패키지를 수령하여 창고에서 소분하고 소분된 패키지에 다시 라벨을 붙여 새로운 패키지로 만들어 매장으로 배송하는

것을 말한다.

(3) 크로스도킹을 통한 효과

- 납기단축 및 재고절감: 상품흐름을 원활하게 하므로 공급사슬 전체에서의 재고정체를 최소화할 수 있고, 공급사슬 전체의 재고를 줄일 수 있다.
- 창고재고관리 효율성 증대: 창고에서 물품이 정체하는 시간과 공간을 최소화함으로써 창고에서의 재고관리 효율성 및 재고회전율을 높일 수 있다.
- 상품신선도 개선: 유통업체로의 신속한 운송으로 유통업체에서의 결품을 줄일 수 있다. 또한 신선식품 등 신선도관리가 중요한 상품의 경우, 소비자까지의 신선도를 유지할 수 있다.

토의문제

1. 코로나 판데믹으로 발생한 급격한 공급사슬의 위기를 해결하기 위해서 어떻게 해야 하는지에 대해 생각해 봅시다.
2. SCOR 모델의 구성과 구조에 대해 설명하시오.
3. 효율적 소비자대응(ECR, Efficient Consumer Response)을 통해 얻을 수 있는 효과를 유통업체와 공급업체 측면에서 설명하시오.
4. 효율적인 공급사슬관리 기법들을 많이 확산하기 위해서는 어떻게 해야 하는지에 대해 생각해 봅시다.

제 8 장 물류관리사 기출문제

01 **SCM의 응용기법에 관한 설명으로 옳은 것은?** (19회, 2015년)

① ECR(Efficient Consumer Response) : 유통업체와 제조업체가 고객에게 저렴한 가격으로 상품을 제공하고 고객만족도를 높이기 위해 공급망을 push방식으로 변화시키고 제품을 보충하는 기법이다.

② QR(Quick Response) : 미국 식료품 업계에서 개발한 공급망관리기법으로써 유통업체의 물류센터에 있는 각종 데이터가 제조업체로 전달되면 제조업체가 주관하여 물류센터로 제품을 배송하고 관리하는 기법이다.

③ Mass Customization : 비용, 효율성 및 효과성을 희생하여 개별고객들의 욕구를 파악하고 충족시키는 전략이다.

④ Postponement : 공장에서 제품을 완성하는 대신 시장 가까이로 제품의 완성을 지연시켜 소비자가 원하는 다양한 수요를 만족시키는 전략적 지연을 의미한다.

⑤ VMI(Vendor Managed Inventory) : 수요자 주도형 재고관리로써 효율적 매장구색, 효율적 재고보충, 효율적 판매촉진 및 효율적 신제품개발 등이 핵심적 실행전략이다.

02 **크로스도킹(cross-docking)에 관한 설명으로 옳지 않은 것은?** (19회, 2015년)

① 미국의 K마트에서 최초로 개발하고 실행하여 성공을 거둔 공급망관리기법이다.

② 크로스도킹은 주문한 제품이 물류센터에서 재분류되어서 각각의 점포로 즉시 배송되어야 하는 신선식품의 경우에 보다 적합하다.

③ 크로스도킹 시스템이 도입되면 물류센터는 보관거점의 기능에서 탈피할 수 있다.

④ EDI, 바코드, RFID 등과 같은 정보기술의 활용을 통해 크로스도킹 시스템은 보다 효과적으로 실현될 수 있다.

⑤ 크로스도킹을 통해 물류센터에서 제품이 머무르는 시간을 감소시킬 수 있는 장점이 있다.

03 **공급사슬의 활동을 계획, 구매, 제조, 배송, 반품의 범주로 구분하여 활동주체들의 업무프로세스 연계 정도를 분석하는 것은?** (17회, 2013년)

① BSC(Balanced Score Card)   ② SCOR(Supply Chain Operations Reference)

③ TQM(Total Quality Management)
④ EVA(Economic Value Added)
⑤ CMI(Co-Managed Inventory)

04 **다음은 무엇에 대한 설명인가?** (17회, 2013년)

> 소비자의 요구가 개별화됨에 따라 종래의 표준화된 제품을 대량생산해서 판매하던 방식에서 개별고객의 요구에 맞춰 제조·납품하는 방식으로 변화하여 유통대상 품목이 많아지고 재고 및 물류관리가 복잡해지고 있다.

① 대량고객화(Mass Customization)
② 공급자 재고관리(Vendor Managed Inventory)
③ 시장실험(Test Marketing)
④ 판매시점관리(Point of Sales)
⑤ 신속대응(Quick Response)

05 **SCM의 응용기법에 관한 설명으로 옳은 것은?** (17회, 2013년)

① CRP(Continuous Replenishment Program)는 물류센터에 재고를 보관하지 않고 바로 거래처로 배송하는 것이다.
② CAO(Computer Assisted Ordering)는 소비자의 구매형태를 근거로 상품을 그룹화하여 관리하는 것이다.
③ ERP(Enterprise Resource Planning)는 제조-유통업체가 공동으로 생산계획, 수요예측, 재고보충을 구현하는 것이다.
④ 크로스도킹(Cross Docking)은 기업 내의 자원을 효율적으로 관리하기 위한 통합정보시스템이다.
⑤ VMI(Vendor Managed Inventory)는 공급자가 유통매장의 재고를 주도적으로 관리하는 것이다.

06 **e-SCM의 도입효과가 아닌 것은?** (20회, 2016년)

① 공급자와 구매자간 신속한 의사소통이 가능하여 중간유통업체의 배제를 통해 제품의 리드타임을 단축할 수 있다.
② 전략적 제휴, 장기거래 등이 늘어나면서 거래비용이 증가한다.
③ 가상네트워크를 통해 수평적 사업기회의 확대가 가능하다.
④ e-SCM의 효과적 운영을 위해서 ERP, CRM 등의 지원이 필요하다.
⑤ 원자재 공급업체, 생산업체, 물류업체 간에 핵심정보의 피드백이 원활하게 된다.

07 JIT와 MRP의 비교 설명으로 옳은 것은? (20회, 2016년)

구 분	JIT	MRP
① 관리	계획에 의한 소요개념	주문이나 요구에 의한 소요개념
② 거래	경제적 구매위주의 거래	구성원 입장에서 장기거래
③ 목표	낭비제거	계획수행시 필요량 확보
④ 통제순위	작업배경순서	간판의 도착순서
⑤ 시스템	Push시스템	Pull시스템

08 물류관련 용어에 관한 설명으로 옳은 것은? (20회, 2016년)

① 6 시그마(6-Sigma) : 기업간 상호장점을 결합시킨 전략적 비즈니스를 의미하며 산업의 규모를 키우는데 서로 협력하는 기법

② BPR(Business Process Reengineering) : 대량생산의 장점인 저렴한 가격과 차별화전략의 장점을 합친 기법

③ 벤치마킹(Bench-marking) : 경쟁기업이나 업계 선두기업, 혹은 타 기업의 성공사례를 기초로 자사의 혁신을 추구하는 기법

④ Mass Customization : 정보기술을 창의적으로 활용하고 기존의 업무프로세스를 혁신적으로 설계하여 고객만족 및 내부효율성을 극대화하는 기법

⑤ Co-petition : 고도의 통계기법을 활용하고 업무처리 프로세스를 종합적으로 개혁하여 제품의 불량률을 혁신적으로 개선하는 기법

09 공급망관리(SCM: Supply Chain Management)의 등장배경으로 옳지 않은 것은? (19회, 2015년)

① 제조업체의 경우 전체 부가가치의 약 60~70%가 제조과정 내부에서 발생하고 있어 공장자동화를 통한 기업내부혁신의 필요성이 커졌기 때문이다.

② 수요정보의 왜곡현상을 줄이고 그에 따른 안전재고의 증가를 예방하기 위해서이다.

③ 인터넷, EDI 및 ERP와 같은 정보통신기술의 발전으로 인해 공급망관리를 통한 기업 간 프로세스통합이 가능하게 되었다.

④ 기업의 경영환경이 글로벌화 되고 물류관리의 복잡성이 증대되고 있기 때문에 통합적 물류관리의 필요성이 높아졌다.

⑤ 기업경쟁력을 높이기 위해서 기업내부 최적화보다는 공급망전체의 최적화를 통한 물류관리가 중요해졌다.

10 채찍효과(bullwhip effect)에 관한 설명으로 옳지 않은 것은? (19회, 2015년)

① 시장에서의 수요정보가 왜곡되는 현상을 말한다.
② 채찍효과가 발생하는 이유중의 하나는 수요예측이 소비자의 실제 수요에 기반하지 않고 거래선의 주문량에 근거하여 이루어지기 때문이다.
③ 일괄주문(batch order)은 수요의 왜곡현상을 발생시키고 채찍효과를 유발할 수 있다.
④ 공급망전반에 걸쳐 수요정보를 중앙집중화하고 상호 공유한다면 채찍효과를 줄일 수 있다.
⑤ 공급망 내 각 주체 간의 전략적 파트너십보다는 단순계약관계의 구축이 채찍효과감소에 도움이 된다.

11 JIT-II 시스템에 관한 설명으로 옳은 것은? (19회, 2015년)

① 도요타(Toyota)식 생산방식이라고도 한다.
② 칸반(Kanban)시스템이라고도 한다.
③ 미국에서는 낭비가 없거나 적다는 의미로 린(Lean) 생산방식으로도 부른다.
④ 미국의 보스(Bose)사에서 처음 도입한 시스템이다.
⑤ Push 전략에 기반한 생산방식으로 IT활용을 중심으로 개발된 공급망관리기법이다.

12 CPFR(Collaborative Planning Forecasting & Replenishment)에 관한 설명으로 옳지 않은 것은? (18회, 2014년)

① 결품으로 인한 고객만족도 저하현상에 대응하기 위한 안정적인 재고관리의 수단이다.
② 수요예측이나 판매계획정보를 유통업체와 제조업체가 공유하여, 생산－유통 전 과정의 자원 및 시간의 활용을 극대화하는 비즈니스모델이다.
③ 유통업체인 Wal－Mart와 Warner－Lambert 사 사이에 처음 시도되었다.
④ 유통비용절감 및 고객서비스 향상을 위하여 출하데이터를 근거로 재고를 즉시 보충하는 유통시스템이다.
⑤ 생산 및 수요예측에 대하여 제조업체와 유통업체가 공동으로 책임을 진다.

13 QR(Quick Response)의 구현원칙에 관한 설명으로 옳지 않은 것은? (18회, 2014년)

① 생산 및 포장에서부터 소비자에게 이르기까지 효율적인 제품의 흐름을 추구한다.
② 제조업체와 유통업체 간에 표준상품코드로 데이터베이스를 구축하고, 고객의 구매성향을 파악 공유하여 적절히 대응하는 전략이다.
③ 조달, 생산, 판매 등 모든 단계에 걸쳐 시장정보를 공유하여 비용을 줄이고, 시장변화에 신속하게 대처하기 위한 시스템이다.

④ 저가격을 고수하는 할인점, 브랜드상품을 판매하는 전문점, 통신판매 등을 연계하여 철저한 중앙관리체제를 통해 소매점업계의 경영합리화를 추구하는 전략이다.

⑤ 고객정보의 신속한 파악을 통하여, 필요할 때에 소량을 즉시 보충할 수 있도록 개발된 식품 유통분야의 대응시스템이다.

14 **다음 설명에 해당하는 공급사슬관리(SCM) 기법의 명칭을 바르게 연결한 것은?** (23회, 2019년)

> ㄱ. 물류센터 도착 즉시 점포별로 구분하여 출하하는 시스템으로 적재시간과 비용을 절감할 수 있다.
> ㄴ. 공급업자와 소매업자 간에 POS 정보를 공유하여 별도의 주문없이 공급업자가 제품을 보충할 수 있다.
> ㄷ. 수요예측이나 판매계획 정보를 유통업체와 제조업체가 공유하여, 생산-유통 전 과정의 자원 및 시간의 활용을 극대화하는 비즈니스 모델이다.

① ㄱ: QR　ㄴ: CRP　ㄷ: CPFR
② ㄱ: Cross-docking　ㄴ: BPR　ㄷ: CPFR
③ ㄱ: Cross-docking　ㄴ: CRP　ㄷ: CPFR
④ ㄱ: QR　ㄴ: ECR　ㄷ: VMI
⑤ ㄱ: QR　ㄴ: Cross-docking　ㄷ: VMI

15 **다음 기업사례에서 설명하는 공급사슬관리(SCM) 기법은?** (23회, 2019년)

> 의류업체 A기업은 원사를 색상별로 염색한 후 직조하는 방식으로 의류를 생산하였으나 색상에 대한 소비자기호의 변동성이 높아서 색상별 수요예측에 어려움을 겪었다. 이후 염색이 되지 않은 원사로 의류를 직조한 이후에 염색하는 방식으로 제조공정을 변경하여 예측의 정확성을 높이고 재고를 감소시켜 고객서비스를 향상시킬 수 있었다.

① Risk Pooling
② Exponential Smoothing
③ Postponement
④ Vendor Managed Inventory
⑤ Sales and Operation Planning

16 **공급자 재고관리(VMI: Vendor Managed Inventory)에 관한 설명으로 옳지 않은 것은?** (24회, 2020년)

① 유통업자가 생산자에게 판매정보를 제공한다.

② 구매자가 공급자에게 재고주문권을 부여한다.
③ 공급자가 자율적으로 공급스케줄을 관리한다.
④ 생산자와 부품공급자는 신제품을 공동개발한다.
⑤ 생산자는 부품공급자와 생산계획을 공유한다.

17 **공급사슬 통합의 효과가 아닌 것은?** (24회, 2020년)

① 생산자와 공급자 간의 정보교환이 원활해진다.
② 생산계획에 대한 조정과 협력이 용이해진다.
③ 공급사슬 전·후방에 걸쳐 수요변동성이 줄어든다.
④ 물류센터통합으로 인해 리스크풀링(Risk Pooling)이 사라진다.
⑤ 공급사슬 전반에 걸쳐 재고품절 가능성이 작아진다.

18 **공급사슬 상에서 발생하는 경영환경변화에 관한 설명으로 옳지 않은 것은?** (25회, 2021년)

① 공급사슬 상에 위치한 조직 간의 상호 의존성이 증대되고 있다.
② 정보통신기술의 발전은 새로운 시장의 등장과 기업경영방식의 변화를 초래하고 있다.
③ 기업 간의 경쟁심화에 따라 비용절감과 납기개선의 중요성이 증대되고 있다.
④ 물자의 이동이 주로 국내나 역내에서 이루어지고 있다.
⑤ 고객의 다양한 니즈에 맞추기 위해 생산, 납품 등의 활동을 해야 할 필요성이 증대되고 있다.

19 **공급사슬관리(SCM)에 관한 설명으로 옳지 않은 것은?** (25회, 2021년)

① 원자재를 조달해서 생산하여 고객에게 제품과 서비스를 제공하기 위한 프로세스 지향적이고 통합적인 접근 방법이다.
② ABM(Activity Based Management)을 근간으로 하여 각 공급사슬과 접점을 이루는 부문에서 계획을 수립하는 시스템이다.
③ 가치사슬의 관점에서 원자재로부터 소비에 이르기까지의 구성원들을 하나의 집단으로 간주하여 물류와 정보흐름의 체계적 관리를 추구한다.
④ 전체 공급사슬을 관리하여 비용과 시간을 최소화하고 이익을 최대화하도록 지원하는 방법이다.
⑤ 정보통신기술을 활용하여 공급자, 제조업자, 소매업자, 소비자와 관련된 상품, 정보, 자금흐름을 신속하고 효율적으로 관리하여 부가가치를 향상시키는 것이다.

정답

01 ④ 02 ① 03 ② 04 ① 05 ⑤ 06 ② 07 ③ 08 ③ 09 ① 10 ⑤ 11 ④ 12 ④ 13 ⑤ 14 ③ 15 ③ 16 ④ 17 ④ 18 ④ 19 ②

CHAPTER

09

물류혁신관리

1. 물류혁신의 개요
2. 인프라(Infrastructure)혁신
3. 조직(Organization)혁신
4. 프로세스(Process)혁신

디지털 전환 시대의 글로벌 공급사슬 & 물류 기술 트렌드

예측하고, 분석하고, 배송하는 모든 프로세스에서 'DX' 기술 사용

현대물류는 스마트폰·IoT·첨단센서 등의 기술발전으로 막대한 데이터가 생성되는 초연결 시대를 맞았다. 글로벌 공급사슬 및 물류업계는 지금과는 전혀 다른 새로운 모습으로 변화하지 않으면 생존을 담보할 수 없게 됐다. 유럽계 화물운송 컨설팅업체인 트랜스메트릭스는 올해 2월 발표한 <Top 10 Supply Chain and Logistics Technology Trends in 2020> 자료에서 이러한 변화의 시대에 글로벌 공급사슬 및 물류업계가 직면하고 있는 10가지 기술트렌드를 제시했다.

트렌드 1 : 인공/증강지능(Artificial and Augmented Intelligence) 사용 확산

창고 자동피킹 시스템과 적정재고예측 소프트웨어에서부터 라스트마일 배송에 이르기까지 인공지능은 이미 물류업계에 커다란 영향을 미치고 있다. 미래에는 한 걸음 더 나아가 인공지능 자동화 프로세스가 인간지능과 결합되어 오류를 줄이고 비용을 절감하는 '증강지능(Augmented Intelligence)' 기술사용이 확산될 것으로 예상된다. 트랜스메트릭스 사는 "물류산업에서 인간작업자의 책임과 권한 및 유연성을 대체할 수 있는 인공지능기술에 증강지능 기술이 접목된다면 인공지능만을 사용할 때 보다 훨씬 효율적"이 될 것이라고 강조했다. 한편, 글로벌 컨설팅 업체 가트너(Gartner)는 증강지능이 2021년까지 전 세계적으로 2조9,000억 달러의 시장 규모를 창출하고, 연 620억 시간의 근로자 생산성을 높일 것으로 전망했다.

트렌드 2 : 디지털 트윈(Digital Twins) 중요성 강조

디지털 트윈은 물리적 사물과 환경의 외관과 기능을 그대로 두면서도 현실 세계의 변화를 반영한 데이터로 미래 상황을 시뮬레이션하는 기술이다. 특정 프로젝트를 추진하려는 기업에서 이를 이용할 경우 타당성 분석 등 의사결정과정에 투입되는 비용과 시간을 절감할 수 있다. 예를 들어 선적 부문에서는 제품과 포장데이터를 수집, 분석해 잠재적 문제점과 반복적 추세를 파악한 뒤 이를 반영해 운영 프로세스를 개선시킬 수 있다. 또 배송부문에서는 최적경로를 탐색해 배송시간을 단축함으로써 소비자 만족도를 제고할 수 있다. 디지털 트윈은 다양한 시나리오를 검증하면서 시행착오를 예방할 수 있다. 3D 디지털 가상모델과 결합하면 컨테이너 관리·화물추적·허브구축 등 물류운영 시스템 전 과정에 적용할 수 있다. 트랜스메트릭스 사는 디지털트윈이 물류산업에 획기적 개선을 가져올 것으로 기대되면서 그 중요성이 더욱 강조될 것이라고 전망했다.

트렌드 3 : 실시간 공급사슬 가시성(Real-Time Supply Chain Visibility) 제고

날씨와 기온, 도로와 항만 상황 등 실시간 교통/물류 데이터에 대한 고객과 운송업체의 수요가 급증함에 따라 물류기업은 공급사슬 가시성 제고에 힘을 쏟을 것으로 예상된다. 실시간 데이터는 물류기업이 적절한 조치를 취하거나, 수요를 재구성(reshape) 혹은 공급을 전환(redirect)하며, 경로를 최적화하는 데도 활용된다. 이와 관련, 트랜스메트릭스 사는 완전통합 공급사슬을 이용하는 물류기업은 그렇지 않은 기업보다 생산성이 20% 정도 더 높은 것으로 파악된다고 설명했다. 한편, 사물인터넷(IoT)을 이용한 컨테이너 관리는 실시간 모니터링으로 작업의 효율성을 높이고 예방적 차원에서의 유지보수를 구현할 수 있다. 컨테이너 운송업체 독일 하파그로이드(Hapag-Lloyd)가 IoT 스타트업 덴마크 글로브 트래커(Globe Tracker)와 제휴를 맺고 실시간 컨테이너 모니터링 시스템을 강화한 것이 대표적인 사례이다. 트랜스메트릭스 사는 IoT 스타트업과 물류기업 간 파트너십은 앞으로 관심을 갖고 지켜보아야 할 또 하나의 큰 트렌드라고 강조했다.

트렌드 4 : 블록체인(BlockChain) 개발 · 도입 확대

블록체인은 시스템해킹이 원천봉쇄되고 정보를 쉽게 공유할 수 있어 거래 투명성을 제고할 수 있다. 머스크와 IBM은 블록체인 활용 무역금융 및 공급사슬 솔루션 '트레이드렌즈(TradeLens)'를 구축했다. 현재 글로벌 해상 컨테이너 화물이동 데이터의 절반 이상이 트레이드렌즈 상에서 공유되고 있다. 또 UPS-워런 버핏의 BNSF 레일웨이가 '트랜스포트 얼라이언스(Transport Alliance)'에 합류하는 등 블록체인 개발과 도입이 확대될 전망이다.

트렌드 5 : 데이터 표준 및 고급 분석(Data Standards and Advanced Analytics) 사용 확산

전통적으로 물류산업에서는 조직장벽과 부서 이기주의로 데이터를 공유하기 어려워 업무가 비효율적이고 디지털화가 어려웠다. 하지만 최근에는 데이터 표준 및 고급분석사용이 확산되면서 이를 극복할 수 있을 것으로 기대된다. 트랜스메트릭스 사는 디지털화 및 상호 운용성을 위한 공통 정보기술표준을 제정하는 디지털 컨테이너운송협회(Digital Container Shipping Association, DCSA)의 출현이 이 같은 전망을 뒷받침하는 사례라고 말한다. 또 공급사슬 고부가가치 데이터 및 서비스를 제공하는 IoT 업체 프랑스 트라셍(Traxens)이 유엔전자거래무역촉진센터가 개발한 스마트 컨테이너 데이터 교환을 위한 국제표준작업을 주도적으로 진행하는 것도 데이터 표준 및 고급 분석 사용이 확산될 것임을 예고하는 것이라고 밝혔다.

트렌드 6 : 산업 이민자(Industry Newcomers)의 영향력 강화

트랜스메트릭스 사는 업계에 새로 발을 들여 놓는 산업 이민자들이 물류의 미래를 형성하는 신규 기술원이 될 것이며, 이들이 새로운 비즈니스 모델 및 산업 플레이어로의 영향력을 더욱 강화해 나갈 것이라고 전망했다. 특히 공유경제요소가 통합된 첨단 물류시스템이 이민자 신생기업주도로 구축되는 가운데, 기술력으로 무장한 스타트업들이 화주대신 화물운송 주선이나 운송행위를 전자적으로 수행하는 '디지털 프레이트 포워더(digital freight forwarder)'로 변신하고 있음을 주목해야 한다고 지적했다.

트렌드 7 : 벤처캐피탈 · 기업의 물류 스타트업 투자(Investment into Logistics Startups from VCs and Enterprises) 증대

벤처캐피탈 · 기업들은 유망 물류 스타트업에 대한 투자로 수익성을 높이거나 완전 인수해 R&D 역량을 강화하고 있는데 이 같은 추세는 당분간 계속될 전망이다. 2019년 미국의 스타트업인 플렉스포트(Flexport)가 10억 달러, 킵트럭킨(KeepTruckin)이 1억 4,900만 달러의 투자 유치를 한 것과 싱가포르 국부 펀드 테마섹(Temasek)이 운송 및 공급사슬 스타트업을 대상으로 5,000만 달러 규모의 벤처펀드 조성을 위해 스위스 퀴네나겔(Kuehne+Nagel) 사와 제휴를 추진한 것 등이 대표적인 사례다.

트렌드 8 : 기술로 실현되는 지속가능성(Sustainability Powered by Technology) 강조

지속가능한 환경보호는 물류산업 전반에 중요한 테마로 등장했다. 예를 들어 기업들은 라스트마일 배송이 환경에 미치는 부정적 영향을 줄이기 위해 전기차부터 AI 기반 소프트웨어에 이르기까지 탄소 배출량이 가장 적은 경로를 설정할 수 있는 다양한 기술을 개발해 활용 중이다. 트랜스메트릭스 사는 아마존이 전기차 스타트업 미국 리비안(Rivian)에 10만 대의 전기밴을 주문하고, 도이치포스트가 경화물 전기차 및 마이크로 e-모빌리티 유닛 생산에 5억 5,500만 달러를 투입하는 데서 나타나듯 기술을 통한 지속적 환경보호는 그 중요성이 계속 강조될 것이라고 전망했다.

트렌드 9 : 자율주행차(Autonomous Vehicles) 개발 현실화

자율주행 트럭이나 드론 등 시험단계에 있는 자율주행차가 가까운 미래에 물류의 모습을 변모시킬 것이다. 특히 자율주행 트럭이 현실화되면 24시간 활용할 수 있어 물류속도가 증가하고 화물비용은 감소하게 된다. 특히 육상운송비용의 1/3이 연료비이고 운전습관에 따라 연비가 최대 30%까지 차이난다는 점을 감안하면 연료비 절감효과가 적지 않을 것이다. 자율주행차의 잠재력은 차량 정비 같은 간과하기 쉬운 분야에서도 확인된다. 예를 들어 오스트리아 항공은 격납고에 배치된 드론으로 표준유지작업을 수행해 관리비용을 절감하고 기술자 작업부하를 완화시키고 있다.

트렌드10 : 창고로봇(Warehouse Robotics) 가동 증대

물류기업들은 근로자 고령화와 노동력 부족문제를 해소할뿐 아니라 보다 신속한 배송을 희망하는 소비자요구에 부응하기 위해 창고작업 자동화작업에 속도를 낼 전망이다. 미국 보스턴에 위치한 다이나믹스 사는 장거리 비전 시스템을 갖춘 완전자율 로봇으로 트럭에서 팔렛트를 내리고 박스를 이동시키는 등 자동화 기술개발로 창고운영을 크게 개선시켰다. 물류기업들은 웨어러블 기술 · 무인차량 · 기능로봇 등을 활용해 창고 프로세스의 효율성과 속도를 크게 향상시키고 있다. 아마존은 패키지 분류용 창고로봇 '페가수스(Pegasus)'를 개발, 제품분류오류를 50% 줄이는데 성공했다. 물류창고에서 AI를 바탕으로 인간 작업자와 로봇의 협업이 일반화되면 창고공간문제가 해결되면서 숙련자는 물론, 무숙련자 혹은 저숙련자도 창고작업을 효율적으로 수행할 수 있어 물류 생산성이 크게 제고될 것이다.(후략)

물류신문, 2020년 09월 01일, 신인식 기자

01 물류혁신의 개요

1.1 혁신의 개념

모든 조직과 영역에서 혁신을 추구하듯이 물류영역에서도 혁신은 조직성패에 큰 영향을 주고 있다. 혁신은 기존의 관습, 조직, 방법 등을 새롭게 변화시키는 경영활동을 말한다.

영어로 Innovation은 '안에서 밖으로'를 뜻하는 in과 새롭다는 뜻의 nova가 결합한 것으로 이를 해석하면 안에서부터 시작해서 새롭게 만든다는 것을 의미한다. 피터 드러커는 혁신을 "소비자들이 이제껏 느껴온 가치와 만족에 변화를 일으키는 활동"으로 정의하였다.

물류에서는 혁신이라는 표현보다는 합리화라는 표현을 많이 사용하고 있다. 9장에서는 일반적으로 물류합리화라고 일컫는, 물류의 각 업무영역을 혁신할 수 있는 다양한 기법들에 대해 정리하고자 한다.

1.2 물류영역별에서의 혁신유형

물류라는 개념자체가 기업의 가치사슬과 관련된 모든 물적유통업무와 연결되어 있다. 연결된 각 업무 영역별로 물류혁신을 설명하기 위해서 크게 인프라, 조직, 프로세스 영역으로 나누었다. 기업은 기업의 가장 근간이 되는 체제 또는 산업차원의 기반인 인프라(Infrastructure) 영역, 이 인프라를 기반으로 각 운영활동이 움직이는 프로세스(Process) 영역, 시스템과 인프라를 움직이고 혁신을 실행할 수 있는 조직(Organization) 영역으로 나누어 볼 수 있다.

인프라, 조직, 프로세스 관점에서 물류를 혁신하기 위한 다양한 방안이 등장하고 있다.

- 인프라(Infrastructure)혁신 : 인프라는 기업과 산업의 근간이 되는 영역을 의미하며, 인프라혁신은 기업범위를 벗어난 산업적·사회적 차원에서 물류업무를 혁신하는 것을 의미한다. 물류활동과 관련된 산업 전체적인 제도, 체제 등을 변화시켜서 기업의 물류혁신을 가져오는 유형을 말한다.
- 조직(Organization)혁신 : 조직은 인프라와 프로세스를 움직이는 주체이자 구조를 의미한다. 물류 아웃소싱 등 기존의 물류조직구조를 변화시켜 물류업무를 수행하는 조직체계, 팀 등의 변화를 가져오는 유형을 말한다.
- 프로세스(Process)혁신 : 프로세스는 업무를 수행하는 절차로써 프로세스 혁신은 일하는 방식의 혁신이자 관련된 규정, 역할 및 시스템을 혁신하는 것을 의미한다. 프로세스 혁신은 기업의 가치창출을 위해 특정 기능이나 프로세스를 혁신하는 활동으로서 기업 내외부를 걸치는 물류관련 업무기능이나 프로세스를 단순화, 표준화, 통합화하여 혁신하는 유형을 말한다.

02 인프라(Infrastructure)혁신

2.1 물류표준화

1) 물류표준화의 개요

(1) 물류표준화의 개념

물류표준화는 운송, 보관, 포장, 하역 및 정보 등 전체물류기능 및 프로세스에서 공통적으로 적용되는 표준을 정하고, 이를 기준으로 업무를 혁신하는 방법을 말한다. 예를 들면 물류현장에서 물동량 취급단위를 규격화 및 표준을 정하고, 이에 사용되는 운송 및 하역기기, 용기, 설비 등의 규격, 강도, 재질 등을 통일하는 것을 의미한다.

물류표준화는 물류의 시스템화를 전제로 단순화(Simplification), 규격화(Standardization), 전문화(Specialization)를 통해 물류현장에 공통기준을 부여하여 물류업무효율화, 화물유통 원활화, 수급합리화, 물류비절감 등의 국가경쟁력 기반을 강화할 수 있다.

물류표준화를 적용하는 영역에는 물류기기, 자재·물품, 시설의 표준화, 물류정보시스템의 표준화, 유닛로드시스템 등이 있다. 일반기업들은 물류표준화를 적용함으로써 하역작업의 기계화를 통한 생산성 향상, 물류전체 프로세스에서 처리시간의 단축, 창고 등 보관시설의 표준화를 가져올 수 있어서 전체물류의 효율성을 증가시킬 수 있다. 또한 물류정책기본법에서는 공공기관 및 물류기업 등에게 물류표준장비의 사용자 또는 물류표준에 맞는 규격으로 포장하는 사업자 등에게 운임·하역료·보관료 등의 물류비할인 및 우선구매 등의 우대조치를 할 것을 요청하거나 권고할 수 있도록 되어 있다. 물류관련 부문의 모든 관계자, 즉 제조업체, 물류업체, 유통업체, 소비자가 협업하여 수행해야 일관된 표준화를 수행할 수 있다.

고객의 다양한 요구에 신속하게 대응하기 위해서는 환경변화에 따른 표준화의 기준변경에 유연히 대응할 수 있도록 장기적이고 지속적인 개선작업이 필요하다.

(2) 물류표준화의 필요성

- 물류수요대응 : 물류수요의 폭발적인 증대에 대응하고, 전체 프로세스에서 물류의 일관성을 확보하기 위해 물류표준화는 반드시 필요하다. 표준화를 적용함으로써 인력이 아닌 기계화 및 합리화를 추구할 수 있는데, 결과적으로 이는 물류 생산성을 개선할 수 있다.
- 물류비용절감 및 효율화 : 물류표준화를 통해 신속하게 물류업무를 처리하게 됨으로써 전체 물류비를 절감할 수 있다.
- 신기술적용 : 무인자동차 등 최근 기술의 발전은 급격하게 빨라지고 있는데, 보관, 하역의 기계화, 자동화, 수·배송의 합리화 등을 최신기술을 활용하여 기술적으로, 경제적으로 적용하기 위해 물류표준화가 필요하다. 표준화된 체계를 적용하기 위해서는 적용되는 범위나 파급효과가 큰 것이 필요할 수 있다.
- 국제화대응 : 국제화 및 시장개방으로 국제표준에 부합하는 물류표준화가 필요하다.
- 국가차원의 효율 : 국가차원에서 물류에 관한 국가표준을 확산, 보급해야 한다. 물류현장의 기계화, 자동화로 국가 전체차원의 효율성 개선 및 표준화에 대한 요구가 증대되고 있다. 물류합리화는 적용영역이 특정 기업이나 산업에만 국한되는 것이 아니라 전체산업에 파급효과를 가져온다. 따라서 국가차원에서의 생산성향상을 위해 표준화작업은 필요하다.

2) 물류표준화의 대상

물류활동은 장비, 설비 등의 물류관련 시설을 표준화할 수 있을 뿐만 아니라 업무관점에서도 표준화할 수 있다. 업무관점에서의 표준화를 소프트웨어 측면의 물류표준화라 하고, 시설, 기기측면의 표준화를 하드웨어 측면의 물류표준화라고 구분할 수 있다.

물류정책기본법에서는 물류표준화을 적용하는 영역을 ① 시설 및 장비의 종류 · 형상 · 치수 및 구조, ② 포장의 종류 · 형상 · 치수 · 구조 및 방법, ③ 물류용어, 물류회계 및 물류관련 전자문서 등 물류체계의 효율화에 필요한 사항으로 정의하고 있다.

(1) 소프트웨어 측면의 물류표준화

업무관점의 표준화대상은 물류용어 표준화, 거래단위 표준화, 문서양식의 표준화, 포장규격 표준화, 물류정보 표준화로 정리할 수 있다.

- 물류용어 표준화 : 물류관련 전문용어에 대해 업계 공통표준을 정의함으로써 물류계획과 현장에서의 물류실행 간의 업무혼선을 최소화할 수 있다.
- 거래단위 표준화 : 동종업계에서의 동일 상품인 경우에는 거래단위를 조정하여 표준화해야 한다. 단위포장의 중량, 부피, 수량단위 등을 표준화하고, 이에 따라 단가, 할인조건, 결제조건, 배송방법, 운임, 발주 및 반품방법 등을 표준화하여 물류생산성을 향상시킬 수 있다.
- 문서양식의 표준화 : 업종과 지역별로 물류과정에 사용되는 거래명세서 등의 문서양식을 통일하여 사용하는 것을 의미한다. 물류공동화를 위해서는 물류현장에서 사용되는 문서규격, 양식, 기재내용 등 필요한 자료 등을 각 거래단계에 따라 상호 협의하여 표준화된 물류전표를 사용하도록 해야 한다.
- 포장규격 표준화 : 각종 박스 및 파렛트 등 포장단위규격을 표준화함으로써 포장의 모듈화를 적용한 유닛로드시스템을 구축할 수 있다. 포장과 관련해서는 포장치수, 표시, 기법, 재료, 강도 등의 영역에서 포장규격을 표준화할 수 있다.
- 물류정보 표준화 : 온라인주문, 생산, 판매 등의 영역에서 EDI데이터 교환양식을 표준화함으로써 사무처리 및 물류활동을 효율화할 수 있다. 물류업무 자체가 한 기업에 국한되어 적용되지 않고, 화물은 여러 기업, 지역 및 국가를 거치면서 적용된다. 따라서 여러 기업에 동일하게 적용할 수 있는 바코드 표준규격, 운송, 재고정보공유를 위한 EDI 데이터양식을 표준화하는 것이 필요하다. 바코드 등의 표

준화된 기준정보를 물류현장에서 활용해야 한다. 기준정보의 표준화를 통해 재고, 운송, 생산, 판매 등의 각종 물류관련 활동데이터를 전사차원에서 실시간으로 처리 및 분석할 수 있다.

(2) 하드웨어 측면의 물류표준화

물류현장에서 사용되는 장비, 기기 및 설비 등의 표준화를 의미하며, 물류기능 중 운송장비, 하역기기, 보관설비의 일관된 규격을 확보하는 것이 하드웨어 측면의 물류표준화이다.

- 포장용기의 표준화 : 파렛트, 컨테이너 등의 포장용기에 대해 표준화를 선행해야 물류현장에서의 기계화가 가능해 진다.
- 운송, 하역기기의 표준화 : 제조업체와 업무특성에 따라 운송, 하역기기가 다를 수 있는데, 안정성이나 작업효율을 고려하여 하역기기, 운송차량 적재함의 높이, 폭과 길이 등의 표준화를 추진해야 한다.
- 물류시설의 표준화 : 운송차량 및 창고시설도 포장용기 표준화에 따라 대응할 수 있는 표준화된 체계가 필요하다. 즉, 창고시설의 랙과 통로폭, 바닥강도, 출입구 크기, 도크높이 등 건물사양의 시설 및 설비의 표준화가 필요하다.

(3) 물류표준화의 효과

- 국가차원의 산업효율화 : 특정 영역이나 기업에서의 표준화가 아닌 국가 또는 산업전체의 표준화를 달성할 수 있고, 산업전체의 효율성을 높일 수 있다.
- 물류효율성 향상 : 파렛트 등 포장용기를 표준화하여 하역, 운송 및 보관하게 되면 운송 및 적재효율이 향상된다. 물류업무의 기계화, 자동화, 표준화를 통해 물류비용의 절감 및 수익성을 개선할 수 있다. 기계화, 자동화를 현장에 적용함으로써 물류활동을 간소화하고 물류처리시간을 단축할 수 있다.
- 새로운 물류혁신연계 : 지게차, 운송차량 등의 물류장비활용을 극대화할 수 있고, 물류공동화, 일관수송 및 연계운송을 실현할 수 있다.

(4) 물류모듈(Module)시스템

물류모듈은 유통과 물류의 합리화와 표준화를 위해 물류시스템의 주요 요소를 계량적으로 체계화한 것을 말한다. 물류모듈은 물류표준화 체계의 근간이 되는 것으로 물류시스템을 구성하는 각종 요소인 화물의 유닛로드에 대한 하역 및 운반기기, 트럭, 철도화차, 컨테이너 선박 등 운송을 위한 장비, 보관용기기나 시설 등의 치수나 사양에 관한 기준척도를 의미한다. 즉 운송수단뿐만 아니라 물류기기 및 시설도 규격이 일정한 배수나 분할관계로 조합되어 있는 집합체로서 물류표준화를 위한 기준치수가 될 수 있다.

따라서 물류모듈은 물류전반에 걸쳐 치수를 정합화할 수 있도록 포장규격의 표준화, 유닛로드치수의 표준화, 운송수단 적재함 표준화, 운송・하역장비의 표준화, 보관・운송시설의 표준화가 먼저 이루어져야 한다.

2.2 유닛로드시스템(ULS, Unit Load System)

1) 유닛로드시스템의 개요

(1) 유닛로드시스템의 개념

유닛로드시스템은 전체 물류활동의 표준화와 합리화를 위해 파렛트, 컨테이너 등의 용기를 활용하여 화물을 일정한 중량이나 크기로 단위화하여 기계화된 하역작업과 일관된 운송방식으로 운송, 보관, 하역 등 여러 물류과정들을 표준화하는 것을 말한다. 상・하역작업의 혁신을 통해 운송 합리화를 도모하기 위한 것으로 화물을 일정한 표준의 중량 또는 부피로 단위화하여 기계를 이용하여 하역, 수송하는 시스템을 말한다.

한국산업규격(KS)의 정의에서는 운송, 보관, 하역 등의 물류활동을 합리적으로 처리하기 위해 여러 물품이나 포장된 화물을 기계화를 통한 취급에 적합하도록 하나의 단위로 정리한 화물을 관리하는 체계를 유닛로드시스템으로 정의하고 있다.

(2) 유닛로드시스템의 목적

- 물류비용절감 : 화물취급, 보관, 운송, 하역 등의 물류업무가 단순화와 표준화를 통해 기계화될 수 있고, 인건비 등을 줄임으로써 물류비용을 절감할 수 있다. 파렛트 등의 포장용기를 활용하게 되면 포장비용 또한 절감될 수 있다. 그리고 특히 하역, 운송능력을 향상시킴으로써 상・하역, 운송관련 비용을 절감할 수 있다.

- 물류효율증대 : 효율적인 운송 및 보관업무와 운송포장의 간이화를 지원한다. 그리고, 단위화된 화물을 단위화된 차량 등으로 단위화하여 운송함으로써 전체 물류활동의 효율을 높일 수 있다.
- 화물파손방지 : 파렛트, 컨테이너 등의 단위로 화물을 일관운송하게 되므로 운송과정 중 소분작업 등의 수작업을 줄이게 되고, 화물을 안전하게 목적지까지 운송할 수 있게 된다.

(3) 유닛로드시스템의 선결조건

- 포장단위 표준화 : 파렛트, 컨테이너 등 포장단위별 치수를 표준화해야 한다.
- 운송수단 적재함 표준화 : 운송수단 적재함의 규격을 표준화해야 하며, 도로운송 비중이 높은 우리나라에서는 트럭 적재함의 효율이 중요하다. 특히 파렛트와 컨테이너는 국제표준규격으로 정해져 있으며, 이에 따라 트럭 등 운송장비의 적재함도 이 표준을 기준으로 설계되어 있다.
- 운송 · 하역장비 표준화 : 파렛트, 컨테이너 단위로 포장되어 추가적인 포장변환없이 운송되는 경우, 함께 사용되는 운송 · 하역장비도 표준화해야 한다.
- 보관시설 표준화 : 상 · 하역장비 및 창고보관설비를 표준화해야 한다. 한국산업규격에서는 창고의 랙에 보관할 수 있는 깊이, 길이 등의 치수가 정의되어 있으며, 지게차뿐만 아니라 창고시설의 높이, 기둥간격, 통로너비 등도 정의되어 있다.

2) 유닛로드시스템의 장 · 단점

(1) 장점

- 상 · 하역 및 보관의 기계화 : 상 · 하역 또는 보관 시 지게차 등을 활용한 기계화된 물류작업으로 인건비상승에 따른 부담을 덜 수 있다.
- 파손, 분실방지 : 파렛트, 컨테이너 등 단위화된 화물을 처음 적재상태 그대로 목적지까지 운송할 수 있고, 운송과정 중의 수작업을 최소화함으로써 파손 및 분실을 방지할 수 있다.
- 포장효율화 : 파렛트, 컨테이너를 활용하여 포장하면 포장업무가 간단해지고, 포장비가 절감된다.
- 운송수단 효율화 : 운송수단에 최적화된 화물단위별로 운송하게 되므로 운송 및

포장 시 운용효율이 높다.

- 적재효율성 증대 : 고단적으로 높게 적재할 수 있어 창고 등 적재공간의 효율성이 증대된다. 특히 여러 종류의 물품도 동일 규격의 파렛트에 적재할 수 있게 되면서 창고 등의 공간활용 및 효율성이 높아지게 되었다.

(3) 단점

- 포장용기 비용발생 : 컨테이너, 파렛트 등 포장용기확보에 비용이 발생한다. 단위화된 화물을 기계를 통해 처리해야 하므로 컨테이너, 파렛트를 사전에 준비해야 하며, 이를 확보하지 못할 경우, 물류활동에 차질이 발생할 수 있다.
- 각종 기계화 장비필요 : 지게차 등 상·하역기기에 고정시설투자가 발생하고 시설관리가 어렵다. 기계화를 통해 업무가 효율화되지만, 이를 준비하기 위해 비용적인 부담이 발생할 수 있고, 이러한 기계를 원활하게 활용할 수 있는 전문인력의 확보도 필요하다.
- 넓은 공간확보필요 : 지게차 등 상·하역기기가 작업할 수 있는 넓은 공간을 확보해야 하므로 창고 내 보관효율이 떨어진다. 차량에 적재할 때에도 파렛트부피와 무게만큼의 비효율이 발생할 수 있다. 또한 창고에서는 지게차 등의 기계를 운용하기 위한 통로너비가 산업표준으로 정의가 되어 있는 등 통로공간 이상의 공간확보가 필요하다.

(3) 유닛로드시스템을 통한 효과

- 인건비의 절감 : 파렛트, 컨테이너를 이용하여 운송단위를 정형화함으로써 하역작업 등의 물류업무가 기계화되므로 인력과 인건비를 줄일수 있다.
- 상·하역 작업의 신속화 : 하역단위가 대형화되어 빠른 속도로 상·하역이 가능하므로 물동량의 유통속도가 빨라지게 되어 물류비용의 절감과 물류 생산성이 향상된다.
- 상·하역 작업의 간소화 : 표준화된 단위로 운송, 포장, 하역, 보관되므로 물류의 전 과정에서 작업의 표준화가 가능하여, 재고파악이 쉬워지고, 서류절차를 간소화할 수 있다.
- 운송장비의 효율증대 : 트럭, 철도, 선박 등 운송장비에 상·하차 작업이 신속하게 이루어지므로 상·하역 작업대기 시간이 단축되고 운송장비의 운행시간이 증가하

여 운송비의 절감과 운송장비의 운행회전율이 향상된다.

- 포장비용의 절감: 화물을 파렛트 등 단위화된 크기로 작업하므로 포장이 간편해지고, 수작업에 비해 포장비용을 절감할 수 있다.
- 자동화기기의 이용: 대부분의 화물을 단위화하면 운송하역장비, 보관시설, 포장기계 등의 자동화기기 이용이 더욱 확대될 수 있다.
- 적재효율의 향상: 파렛트에 따라 운송차량의 적재함 또는 창고 랙을 표준화된 단위규격으로 설정하게 되므로 차량 및 창고내부 적재공간의 효율을 향상시킬 수 있고 운송장비의 적재효율을 제고시킬 수 있다.

2.3 일관 파렛트화

1) 일관 파렛트화의 개요

(1) 일관 파렛트화의 개념

일관 파렛트화는 최초 출발지로부터 최종 목적지까지 운송, 하역, 보관 등의 과정을 거치면서도 파렛트에 적재된 화물형태를 변형 및 환적하지 않고 일관되게 운송하는 기법을 말한다. 일관 파렛트화를 통해 파렛트단위의 화물로 운송 및 하역함으로써 화물취급횟수와 처리시간을 단축하여 물류 효율성을 증진시킬 수 있다.

(2) 일관 파렛트화 추진의 선행조건

- 물류업체 간의 사전합의: 운송, 하역, 보관 활동을 수행하는 물류업체 간 일관 파렛트를 적용하기 위한 사전합의가 선행되어야 한다.
- 파렛트규격의 표준화: 파렛트규격의 표준화가 선행되어야 하고 수출입 시 파렛트의 국제적 교환을 고려해야 하여 화물포장방식과 규격을 정의해야 한다.
- 관련기기의 개발: 일관 파렛트화에 적합한 운송수단, 시설 및 관련기기의 개발이 필요하다.
- 운송수단의 적재함설계: 파렛트자체가 일정한 부피와 중량을 차지하므로 파렛트 규격을 고려한 운송수단의 적재함을 설계해야 한다.

- 운임체계의 개선 : 파렛트단위를 기반으로 한 운임체계를 설계하고, 이에 따른 거래체계를 정립해야 한다.
- 파렛트풀시스템의 구축 : 공파렛트회수와 비용분담의 기준과 역할을 정의한 파렛트풀시스템 구축이 필요하다.

2) 일관 파렛트화를 통한 효과와 문제점

(1) 일관 파렛트화를 통한 효과

- 물류효율증대 : 파렛트단위의 표준화로 기계화가 용이하다. 기계화를 통해 하역, 운송 등에서의 인력과 비용을 절감함으로써 물류효율을 증대시킬 수 있다.
- 포장 및 검수간소화 : 파렛트단위로 화물을 단위화하므로 포장이 간소화되고 검수가 용이하다. 포장 간소화에 따라서 포장비 또한 절감할 수 있다.
- 상 · 하역시간단축 : 파렛트단위로 신속하게 상 · 하역하므로 트럭 등의 상 · 하차 대기시간을 단축시켜 운행효율을 개선할 수 있다. 또한 입 · 출하장의 혼잡도 완화시킬 수 있다.
- 보관비용절감 : 신속한 보관 및 하역을 통한 보관능력향상, 재고절감 등으로 보관비를 절감할 수 있다.
- 화물보호 및 안전성 강화 : 재포장 등에 따른 화물손상을 사전에 예방할 수 있으며, 적재공간도 미리 계획할 수 있다.

(2) 일관 파렛트화에 따른 문제점

- 넓은 창고공간확보필요 : 파렛트단위로 지게차를 활용한 상 · 하역 기계화작업을 위해서는 창고에서의 넓은 통로 및 공간을 확보해야 한다.
- 전용설비확보필요 : 파렛트 랙 등 파렛트단위로 화물을 보관, 운송하기 위한 별도의 설비를 구축해야 하고 투자비용도 발생한다.
- 적재비 효율발생 : 파렛트에 해당하는 면적만큼 운송기관의 적재효율이 감소할 뿐만 아니라, 포장모듈화가 완벽하지 못할 경우 빈공간의 발생으로 적재효율이 낮아질 가능성이 있다.
- 파렛트관리 노력증가 : 파렛트회수가 안될 경우, 파렛트회전율이 낮아지고, 파렛트 필요량이 증가하여 공파렛트의 회수비용이 추가로 발생할 수 있다. 또한 파렛

트의 임대, 회수, 보관 등의 관리업무가 추가로 발생한다.

- 파렛트해체 시 하역불가 : 파렛트화된 화물이 운송·하역 중 충격에 의해 파렛트가 손상되거나 해체될 수 있으며, 이 경우 기계에 의한 운송·하역이 어려워 진다.
- 이익배분의 불균형 발생 : 일관 파렛트화에 의한 효과는 화주기업과 운송업체 모두에게 이익을 주지만, 경제적인 부담은 일반적으로 화주기업만 지게 되므로 이익배분상의 문제가 발생할 수 있다.

2.4 파렛트풀시스템(PPS, Pallet Pool System)

1) 파렛트풀시스템의 개요

(1) 파렛트풀시스템의 개념

파렛트풀시스템은 파렛트를 공유함으로써 파렛트회수의 시간과 비용, 수요변동 및 분실 등에 대비한 과다한 투자비 발생 등의 문제점을 극복하기 위한 방안으로 도입되었다. 즉 개별기업이 물류에 사용되는 모든 파렛트를 준비하고 회수하기 위해서는 많은 시간, 비용 및 노력이 발생할 수 있는데, 파렛트풀시스템은 이러한 비효율을 해결하기 위한 수단으로 등장하게 되었다. 파렛트풀시스템은 여러 화주기업과 물류업체들이 공동으로 표준화된 파렛트를 이용 및 교환하는 제도로서 파렛트를 다량 확보하고 있는 풀(Pool) 기업이 파렛트에 대한 대여, 납품, 회수, 수리 등을 담당하는 파렛트 공동이용 제도이다. 이를 위해서는 파렛트에 대한 규격과 관련 운송수단의 모듈화가 선행되어야 한다.

(2) 파렛트풀시스템의 필요성

파렛트풀시스템을 도입하게 되면 다음의 효과를 기대할 수 있다.

- 국가적 차원의 물류 효율화 : 특정 기업차원이 아닌 국가적 차원에서 파렛트를 사용할 수 있도록 인프라를 갖춤으로써 일관 파렛트화 및 유닛로드시스템을 실현시키는 수단이 된다. 통합적인 차원에서 파렛트관리를 통해 사회간접자본투자부담을 줄이고, 물류기기 및 시설의 규격화와 표준화를 촉진한다.

- 파렛트수요 변동성 대응 : 운영업체가 전국적으로 대여 및 회수시스템을 구축함으로써 지역간 또는 계절적 수요에 따른 파렛트수급의 불균형을 해소하고 효율적으로 파렛트를 관리할 수 있다. 계절적 수요변화에 대해서도 대응이 가능하므로, 업종간 성수기와 비수기의 파렛트 수요변동에 대해 대응할 수 있다.
- 일관 파렛트화 가속화 : 파렛트이용을 확대함으로써 파렛트기반의 일관 파렛트화가 더욱 확산되도록 한다. 파렛트단위의 일관 파렛트화의 실현으로 생산에서 최종 소비지까지 일관운송이 가능하게 된다.
- 파렛트관리 비용절감 : 파렛트를 임대하여 사용하므로 파렛트제작, 구매, 관리, 분실 등에 대한 이용기업의 비용부담과 위험을 절감할 수 있다. 또한, 공동 집배소를 활용하여 회수관리시스템을 구축할 경우, 회수가 용이해지고, 이에 따른 회수 운임도 절감된다.
- 파렛트운영 효율성 증대 : 파렛트운영 효율화를 통해 추가적인 비용을 절감할 수 있다. 포장간소화에 따라 포장비를 절감하고, 파렛트단위 업무로 운송 · 하역의 작업능률이 향상되며, 운임 및 부대비용을 절감할 수 있다.

(3) 파렛트풀시스템의 특징

- 전국적 파렛트 집배시스템 : 전국적으로 파렛트집배망이 구축되어 공급과 회수가 용이하다.
- 표준파렛트의 활용 : 파렛트풀시스템에서는 파렛트의 규격, 재질 등을 표준화하고 상호교환성이 있도록 한 후 파렛트를 공유한다.
- 개방된 파렛트공유체계 : 표준파렛트를 대량으로 보유하여 불특정다수의 화주기업에게 파렛트를 공급할 수 있다.

(4) 파렛트풀시스템의 운영방식에 따른 분류

- 교환방식 : 교환방식은 철도망이 잘 발달된 유럽에서 채용된 방식으로써 운송업체가 파렛트화된 화물을 철도에 인도하는 시점에 동일한 수의 파렛트를 철도회사에 인수하며, 반대로 수요처는 파렛트화된 화물을 인수할 때 동일한 수의 파렛트를 철도회사에 인도하는 방식이다. 교환방식에서는 철도역이 파렛트교환의 중심이 된다.
- 리스 · 렌탈방식 : 리스 · 렌탈방식은 파렛트 렌탈업체에서 표준파렛트를 필요로

하는 기업에 필요로 하는 장소로 공급해주고 회수하는 방식이다. 개별기업에서 각각 파렛트를 보유하지 않고 파렛트풀회사가 규격화된 파렛트를 수요처인근의 데포(Depot)에 공급하는 방식이다. 파렛트를 공급받은 기업은 도착지근처의 파렛트풀 회사에 반납하는 방식으로 운영된다. 파렛트이용 수급조정, 파렛트품질유지가 쉽고, 최소량의 파렛트사용 등의 장점이 있지만 인도, 반환 시 업무처리와 임대금액산정이 복잡하다는 단점이 있다.

- 교환 · 리스병행방식 : 교환방식과 리스 · 렌탈방식을 절충하여 각각의 장점을 적용한 방식이나 교환파렛트와 대여파렛트를 모두 관리해야 하므로 업무처리가 복잡하다.
- 대차결제방식 : 대차결제방식은 교환방식을 개선하기 위해 나온 방식으로 현장에서 즉시 교환하지 않고 일정시간 내에 철도역에 동일 수량의 파렛트를 반환하는 방식이다.

2.5 물류공동화

1) 물류공동화의 개요

(1) 물류공동화의 개념

생산 등의 기업업무규모가 증가하면 단위당원가가 절감되면서 이익은 늘어나는 규모의 경제효과가 발생한다. 물류업무에서도 규모의 경제효과를 가져올 수 있는데, 대표적인 개념이 바로 물류공동화이다. 따라서 물류공동화의 가장 큰 목적은 대량의 물동량처리를 통한 물류비절감이라 하겠다. 물류공동화는 유사한 업종의 인근기업들이 물류인프라를 공동으로 설치, 운영, 관리하여 여러 화주기업의 물량까지 통합 운영함으로써 물류처리물량을 대량화하는 전략을 말한다. 물류업무에 소요되는 인력 등의 인적자원, 운송수단, 보관설비, 정보시스템 등의 물적자원을 복수의 물류파트너와 함께 운영하는 방식으로 물류운영에 소요되는 비용을 효율화하는 방안이다. 대표적인 물류공동화 활동으로는 공동수 · 배송체제, 공동물류회사, 공동집배송단지 등의 구축, 재고공동화 등이 있다.

(2) 물류공동화의 필요성

- 물류서비스 요구수준상향 : 다빈도 소량생산 및 물류가 활발해지면서 물류사업자 간의 경쟁이 치열해지고, 소비자의 물류서비스 요구수준이 높아지고 있다. 즉 소비자들은 더욱 빠른 배송서비스를 저렴하게 이용하고자 하고 있으며, 물류기업들은 경쟁심화로 압박을 크게 받고 있다.
- 낮은 물류고정비용 : 스타트업, 온라인 쇼핑몰 등 독자적인 물류시스템을 구축할 수 없는 기업의 물류효율화를 위한 최적의 방법으로서 물류공동화가 필요하다. 그리고 개별기업이 창고, 차량 등의 물류인프라를 보유 및 운영하기 위해서는 많은 고정비용이 소요되므로 이를 해결할 수 있는 방안이 필요한 상황이다.
- 경쟁방지를 통한 전략적 협력 : 안정적이면서 작은 시장에서 관련 화주기업 간의 물류관련한 과다투자와 과당경쟁을 방지하기 위해 전략적인 협력차원에서 물류공동화는 필요하다. 특히 물류관련 신규시설과 설비 등의 투자를 상호 자제하면서 재무적 위험부담을 감소시킬 수 있다.

(3) 물류공동화의 전제조건

물류공동화를 통한 물류합리화를 위해서는 참여기업들은 상호 전제조건에 대해 먼저 합의하고 각 조건에 대해 상호 충족해야 한다.

- ■ 다수기업의 참여와 협력 : 일단 공동목적을 가진 복수의 화주기업 및 물류기업이 있어야 하며 이들 기업 간의 이해관계가 맞아야 한다. 특정 지역 내에 여러 화주기업이 있어야 하며, 주도하는 기업중심으로 상호 협조적이어야 한다. 하지만 물류공동화에 참여하는 개별기업의 수주, 운영 등 기업활동 관련한 보안이 필요한 정보의 기밀유지가 어렵고 이해관계가 상충될 수 있다. 따라서 협력과 개별기업의 보안을 반영하는 상호 협력체계가 선행되어야 한다.
- ■ 유사운송방식 및 조건유지 : 참여기업들은 유사한 하역시스템, 제품특성, 운송체계 및 조건을 가지고 있어야 한다. 특히 포장단위를 모듈화함으로써 상호 호환되는 용기의 사용과 포장모듈화가 추진되어야 한다. 따라서 운송수요의 세분화, 개별화 요구에 대해 대처하기 어려울 수 있고, 참여기업 간에는 물류서비스 차별화가 어려워질 수 있다. 따라서 이를 해결할 수 있는 상호 협력방안이 선행되어야 한다.

■ 물류표준화 선행: 물류공동화을 하면서 기존 물류업체와의 계약, 시설운영 상의 표준화와 관련한 문제가 발생할 수 있다. 물류공동화에 참여하는 화주기업 및 물류업체 간의 화물규격, 포장, 파렛트의 규격, 트럭적재함의 크기 등의 물류표준화가 선행되어야 한다.

- 서비스 표준화: 외장표시, 화인, 전표양식 등의 업무표준, 공동규칙제정 및 준수가 필요하며, 서비스내용의 명확화와 표준화가 필요하다.
- 보관기기 표준화: 화물을 취급하기 위해서는 공동배송센터가 필요하며, 공동의 표준화된 설비를 사용함으로써 설비의 운영효율을 높일 수 있다.

■ 시스템 통합을 통한 정보공동화: 참여기업들 간 VAN, EDI 등 데이터형태 및 처리방식이 유사해야 하고 이를 한 회사의 시스템처럼 움직일 수 있도록 시스템 통합이 필요하다. 통상 EDI 등의 시스템은 범용성을 기본으로 개발 및 운영되어야 하므로 이를 처리할 수 있는 데이터구조를 사전에 정의하는 것은 무엇보다 필요하다.

■ 물류비산정방식 정의: 회계기준에 근거한 물류비 산정방식을 체계화해야 한다. 운송량 및 보관량, 운송거리 등에 따라 물류비용은 참여기업에게 투명하게 공지, 부과 및 납부될 수 있도록 관리되어야 한다.

(4) 물류공동화의 유형

- 수평적 물류공동화: 동종 또는 유사업종의 여러 기업들과 이들과 거래하는 여러 협력업체가 물류정보 네트워크와 물류시스템을 공동으로 운영하는 형태이다.
- 물류기업 동업자 공동화: 물류기업들 간의 전략적 제휴를 맺고, 동업형식으로 운송수단, 물류시설 또는 물류시스템을 공동화하는 유형이다. 경쟁물류기업들 간의 물류공동화이므로 상호간의 갈등관리가 중요하다.
- 유통업체에 의한 계열적 공동화: 시장통제권을 가지고 있는 대형유통기업이 납품업체나 제조업체의 물류를 통합하여 각 업체와 매장의 상호이익을 도모하기 위해 운영하는 방식이다. 주로 대형유통기업이 주관하는 방식으로 공동창고와 공동운송체계를 구성하여 각 참여기업에 비용을 부과하는 형태로 운영한다. 수직적인 관계를 통해 물류활동에서의 갈등을 해결할 수 있는 장점이 있다.
- 경쟁기업 간의 공동화: 물류효율화를 위해 서로 경쟁관계에 있는 기업들이 모여 공동화하는 것으로 자동차 전용운송차, 대형가전제품, 기계류의 대형제조업체들의 공장과 창고 간 공동운송을 예시로 들 수 있다.

- 제조업체에 의한 계열적 공동화: 수직적 공동화의 형태로 제조업체중심의 물류공동화를 의미한다. 시장을 주도할 수 있는 대형 제조업체가 원재료, 부품의 공급기업 및 협력공장에 공동납품센터를 건설하여 특정 운송업체를 통해 공동배송하는 유형이 대표적이다.
- 화주기업과 물류기업의 파트너십: 물류전문업체가 여러 화주 또는 특정 화주기업의 물량을 확보하여 물류업무를 공동화하는 방식이다. 물류전문업체는 전문화된 서비스를 통해 화주기업의 물류합리화나 시스템화에 적극 참여 및 제안하여 상호 신뢰를 확립할 수 있다.

2) 물류공동화를 통한 혁신

(1) 물류공동화의 장점

- 물류비절감: 인력, 자금, 시간 등 각 참여기업들의 물류자원을 최대한 활용하여 참여 화주기업들이 공동운영함으로써 기업별 물류비를 절감할 수 있다. 그리고, 수·배송효율과 물류작업 생산성을 향상시킬 수 있다.
- 물류서비스 수준관리: 화주기업들에게 물류서비스를 안정적으로 공급하여 물류서비스 수준을 유지 및 향상시킬 수 있다.
- 시스템 운영효율성 개선: EDI, VAN 등 물류활동을 지원하는 정보시스템을 공동으로 구축함으로써 공동시스템 구축 및 운영에 따른 효율성을 향상시킬 수 있다.
- 물류투자비 절감: 운송, 보관 등 각종 물류활동을 공동화함으로써 운송장비, 보관시설 등에서의 업체별 중복적인 물류투자를 줄일 수 있다.
- 사회적 문제해결: 공동운송 등을 통해 환경오염, 교통정체 등의 사회적 문제를 해결하는 데에 기여할 수 있다.

(2) 물류공동화의 성공요건

물류공동화가 성공하기 위해서는 다음과 같은 조건들이 충족되어야 한다.

- 물류공동화에 대한 강한 의지: 참여기업 전체가 공동화에 대한 욕구가 충만하여 원만한 상호 간의 합의가 이루어져야 하고, 물류관련 환경조건, 행정지원 등이 충족되어야 한다.
- 전체적 관점에서의 합리성: 참여기업은 자사만의 이해가 아닌 전체적인 관점에서

의 합리성을 추구해야 한다. 또한, 참여기업 자사의 개별이익보다는 전체이익을 위한 물류공동화추진기관의 중립적인 역할이 필요하다.

- 공동물류운영규칙 표준화: 참여기업의 물류체계연계를 위해 공동규칙을 정의하고 표준화해야 한다. 특히 시스템 연계운영 시 어떤 표준 및 규칙으로 하느냐에 따라 데이터 인터페이스 등에 많은 시간과 노력이 들 수 있다. 따라서 상호협조를 위한 표준을 사전에 정의하는 것은 갈등을 사전에 정리한다는 차원에서 반드시 필요하다.
- 기계화를 통한 물류인프라구축: 물류혁신을 위해 공동화에 앞서 구조적인 노동력 부족에 대비하여 기계화 등의 물류인프라를 사전에 구축해야 한다.

(3) 물류공동화 추진상의 문제점

물류공동화를 추진하면서 참여기업들이 직면할 수 있는 문제점은 다음과 같다.

- 참여기업별 업무기밀관리의 어려움: 참여기업별 물동량, 운송화물유형, 배송거래처 등의 기본적인 정보부터 업체별 차별화된 물류서비스 및 노하우까지 보안관리가 어려워서 참여기업 간의 기밀유지문제가 발생할 수 있다.
- 갈등조정 어려움: 수평적인 물류공동화를 추진하는 경우, 참여기업들 간의 갈등을 해결할 수 있는 리더 및 조정자를 확보하기 어렵다. 참여기업 간의 이해관계가 불일치할 경우 장기간 물류공동화를 유지하기 어렵다.
- 물류서비스의 비차별화: 참여기업들이 취급하는 여러 유형의 제품, 포장규격과 취급특성을 해결해야 한다. 이를 해결하지 못하면 참여기업들에게 차별화된 물류서비스 제공에 문제가 생길 수 있고, 이는 물류서비스의 질적인 저하가 될 수 있다.
- 비용·이윤배부 어려움: 책임소재 불분명 및 이윤배분의 충돌이 발생할 수 있다. 특히 물류비를 참여기업 간에 어떤 기준으로 배부할 것인지가 큰 이슈가 될 수 있으며, 기업 간 운임 및 요금형평문제가 발생할 수 있다.

3) 공동수·배송관리

(1) 공동수·배송관리의 개념

공동수·배송은 여러 화주기업이 공동으로 여러 화주기업의 화물을 혼적·운송하여 운송단위를 대형화함으로써 적재효율을 제고하고 운송비용을 절감하는 물류공동화 활동을 말한다. 최근 온라인 커머스에 따른 다빈도 소량배송이 증가하면서 고객지향적인 수·배송서비스에 대한 수요가 증가하고 있다. 이러한 고객수요와 경제성을 동시에 만족시키기 위해 여러 화주기업의 운송물량을 통합함으로써 수·배송비용을 절감할 수 있다. 또한 화주기업의 물류비용절감, 물류업체의 운송효율성 제고, 환경오염 및 교통체증 등의 사회적 문제를 해결하기 위해 공동수·배송이 필요하다.

(2) 공동수·배송의 유형

공동수·배송은 공동수행업무영역을 어느 정도로 할 것인지에 따라 다음 형태로 나뉜다.

① 배송공동형

화물을 수·배송하는 거점까지 송화주와 운송사업자가 각각 화물을 운송하고 수화주 또는 수요자에게로의 배송만 공동화하는 것을 말한다. 이 유형은 화주들의 차량 등을 배송에 공동으로 활용하는 화주주도방식과 운송사업자의 차량을 공동으로 활용하는 운송사업자 주도방식으로 구분된다.

② 집배송 공동형

집배송공동형은 수·배송 업무영역 중 집하와 배송을 공동화하는 유형을 말한다. 즉, 화주기업의 수·배송물량에 대해서는 각자가 수주하고, 확보된 물량을 공동의 창고 또는 공간에서 집하하고, 이를 수요자에게 운송하는 방식이다.

- 특정 화주공동형 : 동일업종의 화주가 협동조합 등의 협의체를 결성하여 화주기업 주도로 집하 및 배송의 공동화를 추진하는 유형을 말한다. 각자 수주를 통해 확보한 물량을 공동으로 집하 및 배송하는 방식으로 운영된다. 화주기업 간의 협력관계가 좋거나 운송화물 자체의 공동운영 복잡도가 높지 않은 경우, 이 유형이 적합할 수 있으나, 운송사업자 공동형보다는 확장성 측면에서 제한적이다.
- 운송사업자 공동형 : 화주가 불특정다수이고, 이들 화주기업을 대상으로 여러 운송사업자가 지역을 나누어 집하 및 배송의 공동화를 추진하는 유형이다. 운송사업자가 가지고 있는 전문화된 창고 등 수·배송 거점시설을 활용하여 집하 및 배송의 효율을 높일 수 있고, 전문적인 영업인력을 활용하여 신규로 참여할 화주기업을 모집할 수 있다.

③ 공동수주, 공동배송형

운송사업자가 협동조합을 설립하여 화주기업의 운송요청을 협동조합을 통해 공동으로 수주하고 공동으로 배송하는 유형을 말한다. 운송사업자가 화주기업으로부터 수주에 기초하여 조합원에게 배차하는 유형이다. 화물운송수주부터 집하, 배송을 협동조합을 통해 공동으로 수행하는 방식을 의미한다.

④ 노선집하 공동형

노선집하 공동형은 단순하게 보면 화물운송 노선의 집하영역만을 공동화하는 것으로 화주기업이 사전에 지정한 노선사업자에게 화물을 전달하는 방식으로 각 노선사업자가 운송하는 특정 노선화물의 집하만 공동화하는 유형이다.

⑤ 공동납품 대행형

공동납품 대행형은 유통업체 등의 수화주주도로 화물운송을 공동화하는 방식을 의미하며, 수화주기업이 유통가공, 품질검사 및 검수 등의 기능을 대행하여 수행한다.

즉 백화점 등 유통업체에서 수·배송을 공동화하는 유형으로서 수·배송거점을 정하고 공동화에 참여하는 공급업체가 납품한 상품을 운송사업자 또는 수화주가 집화, 분류, 포장 및 라벨링 등을 대신 수행하고 납품하는 유형을 말한다.

(3) 공동수·배송을 통한 효과

공동수·배송을 통한 효과는 다음과 같다.

■ 공동조합, 공동배송센터 설치에 따른 공동수·배송

이 방식은 공동수·배송을 운영하는 주체로써 공동조합을 운영하거나 공동수·배송을 위한 창고를 설치하는 방식이다.

- 물류인력 및 비용절감 : 공동조합을 운영하게 되면 기업별로의 중복된 인력과 기능을 줄일 수 있고, 전문물류인력의 양성이 용이해지면서 물류서비스를 유지 및 향상시킬 수 있다. 공동수·배송 참여기업이 늘어날수록 기업별 운송비부담과 물류인력은 줄일 수 있다.
- 창고 생산성 향상 : 충분한 물동량을 확보하고, 물류시설을 활용하게 되므로 창고의 작업생산성을 향상시킬 수 있다.
- 효율적인 물류정보망 구축 : 여러 참여기업들과 시스템을 통한 업무를 하게 되므로 물류정보망 구축과 활용에서의 효율을 향상시킬 수 있다.

■ 차량, 화물의 공동화에 따른 공동수・배송

운송관점에서 공동으로 수・배송할 수 있도록 하는 차량을 공동으로 운영하거나 화물운송물량을 공동화함으로써 운송의 효율성을 높이는 방식을 말한다.

- 수・배송 효율향상: 공동수・배송을 통해 다수의 화주기업화물이 모이고, 전체 운송물량이 증가하면서 차량이 대형화되고, 전체 운송차량운행대수가 감소하여 수・배송효율이 향상된다.
- 단위당 운송비용절감: 차량이 대형화되면 화물단위당 비용은 절감될 수 있고, 하나의 운송차량으로 다수의 화주기업에 운송하게 되므로 물류서비스 수준은 유지 또는 개선될 수 있다.
- 물류시설 가동율 향상: 공동으로 차량을 운행함으로써 공차율을 감소시킬 수 있게 되어 운송차량의 적재율 및 물류시설의 가동율을 높일 수 있다.
- 다품종 소량운송: 하나의 차량에 다수 화주기업의 다양한 상품을 취급하게 되므로 화주기업 측면에서 보면 다빈도 다품종 소량화물의 집하배송이 가능해 진다.
- 사회적 공익추구: 전체 사회적 관점에서 보면 물류운송 차량운영을 줄여서 에너지, 교통혼잡과 환경오염을 줄일 수 있다.

03 조직(Organization)혁신

3.1 3자 물류(3PL, 3rd Party Logistics)

1) 물류아웃소싱의 개요

(1) 물류아웃소싱의 개념

화주기업에게 필요한 창고관리, 운송관리 등의 전문적인 물류운영기능을 전문물류업체(Logistics Service Provider)에게 맡기고 화주기업은 사업의 핵심역량에 집중하는 개념으로 물류조직 간소화와 물류업무의 유연성을 확보할 수 있다.

물류 아웃소싱은 하나의 물류기능을 단기적으로 구매하는 단순한 외주물류로부터 3

구 분	내 용
1자 물류	• 자사물류 • 물류 관련 자산을 확보하여 전반의 업무를 직접 수행하는 물류서비스
2자 물류	• 자회사물류 • 물류전문 자회사를 설립하여 물류를 담당하는 방식의 물류서비스
3자 물류	• 3자 물류 • 화주기업이 제3의 물류전문업체에 물류업무를 위탁하는 방식의 물류서비스
4자 물류	• 4자 물류(풀필먼트 서비스) • 물류전략에서부터 실행까지 공급사슬관리 영역으로 확대하여 물류컨설팅 업무를 포괄하여 수행하는 물류서비스

자 물류 또는 4자 물류 등 전문물류업체를 전략적으로 활용하는 방안까지 다양한 형태로 운영된다.

물류 아웃소싱 서비스범위에 따라 다음의 형태로 구분할 수 있다.

(2) 물류아웃소싱을 통한 효과

물류아웃소싱을 통해 화주기업과 전문물류업체는 다음의 효과를 볼 수 있다.

- 핵심역량에 집중: 물류업체가 가지는 차별화된 전문성을 이용함으로써 화주기업은 기업의 핵심역량에 주력할 수 있다.
- 물류서비스 수준 고도화: 화주기업은 물류기반 구축과 고객서비스 제공에 소요되는 비용 및 인력을 절감할 수 있으며, 물류서비스 수준을 높일 수 있다.
- 물류경쟁력 강화: 물류업체는 전체 화주기업의 물량을 전문적으로 취급하면서 규모의 경제를 활용한 물류효율성을 증진시킬 수 있다. 또한 이러한 효율화를 통해 물류업체는 전체 화주기업의 물류비용을 줄이면서도 물류서비스를 개선하여 물류경쟁력을 향상시킬 수 있다.

2) 3자 물류의 개요

(1) 3자 물류의 개념

글로벌화에 따른 경쟁심화, 고객들의 물류서비스 요구증가, 화주기업들의 국제화에 따른 고도화된 물류전략 필요성 대두 등으로 3자 물류에 대한 수요가 등장하게 되었다. 3자 물류는 기업에서 운영중이던 물류활동의 일부 혹은 전부를 외부 물류서비스 전문회사에 위탁함으로써 결과적으로는 물류기능을 아웃소싱하는 방식이다. 3자 물류업체는 다양한 물류기능을 전문적인 서비스로 제공하여 화주기업의 물류혁신을 제안하고 포괄적인 물류서비스를 수탁하는 업무를 수행한다. 통상적으로 화주기업에 맞춤형 물류서비스를 제공하는 등 장기적, 전략적 관점에서 물류업무를 개선하는 데에 적용되는 기법이다.

(2) 3자 물류와 아웃소싱의 차이점

3자 물류는 물류의 일부를 외부에 이관하는 일반적인 물류아웃소싱과 다음 측면에서 다르다.

표 9-1 일반적인 물류아웃소싱과 3자 물류의 차이점

구 분	일반적인 물류아웃소싱	3자 물류
목 표	비용절감	비용절감 경쟁우위 확보
운영기간	단기위주	중장기위주
관 계	일시적인 느슨한 협력관계	밀접한 협력관계
서비스	수동적 서비스 공급 기능별 서비스(운송, 보관 등)	능동적, 적극적 서비스 제안 종합물류서비스 지향
자 산	내부 자산소유 필수(인력지원 등)	외부 자산활용

(3) 3자 물류의 다양한 유형

- 자산기반 물류업체 : 물류업체가 차량 · 선박 등의 운송수단, 창고 등 혼재된 물류관련 자산을 보유하면서 물류서비스를 제공하는 형태로 자산기반의 수익모델로 운영한다.
- 관리기반 물류업체 : 물류업체가 물류관련 자산을 보유하지 않고 창고관리시스템(WMS), 운송관리시스템(TMS) 등 정보시스템을 활용하여 물류서비스를 제공하는 시스템기반의 수익모델로 운영한다.
- 통합물류업체 : 자산기반 물류업체와 관리기반 물류업체의 혼합형으로 다른 물류업체와의 계약을 통해 통합적인 물류서비스를 제공한다.

(4) 3자 물류의 기대효과

- 물류산업 경쟁력 상승 : 산업측면에서는 물류합리화 및 고도화가 실현된다. 전문적인 물류업체가 서비스를 제공함으로써 전체산업의 경쟁력이 상승하는 효과를 가져온다. 물류전반에 대한 개선을 통해 화주기업의 공급사슬관리 체계도입 및 확산을 촉진하는 매개역할을 한다.
- 물류비용절감 : 3자 물류업체가 전문적인 물류자산을 활용하는 경우, 화주기업은 물류시설에 대한 고정비부담이 경감된다. 3자 물류업체는 많은 화주기업을 모집함으로써 규모의 경제효과에 따라 비용이 절감된다.
- 핵심역량집중 : 화주기업 측면에서는 3자 물류업체가 제공하는 종합물류서비스를 체계적으로 활용할 수 있고 본인의 핵심역량에 자금, 인력 등을 보다 집중할 수 있다. 또한 화주기업은 시간, 인력, 비용의 절감 및 유연성 향상효과를 가질 수 있다.
- 물류서비스 수준개선 : 3자 물류업체는 화주기업과 물류서비스 계약을 통해 서비스 수준을 관리하므로 화주기업의 적시배송, 시스템을 통한 화물추적체계가 개선되며, 고급물류 서비스제공으로 물류경쟁력이 강화된다.

3.2 4자 물류(4PL, 4th Party Logistics)

1) 4자 물류의 개요

(1) 4자 물류의 개념

4자 물류는 3자 물류에서 확장된 개념으로 더욱 복잡해진 공급사슬을 효율적으로 관리하면서 기업의 핵심역량에 집중하고자 물류업무를 아웃소싱하는 과정에서 등장하였다. 4자 물류사업자는 물류아웃소싱을 수행하는 사업자로서, 전체적인 공급사슬 솔루션을 제공하는 공급사슬통합자로서 역할을 수행한다. 4자 물류에서 제공하는 서비스는 공급사슬 내 관련기업들의 물류활동을 단일계약으로 계획, 관리하고 전체적인 물류망을 개선하는 컨설팅업무를 수행하는 물류서비스를 말한다.

(2) 4자 물류의 등장배경

- 전체 공급사슬관리 성과한계 : 3자 물류가 물류기능의 아웃소싱으로 물류비절감 등 일부 가시적인 성과를 거두고 있으나 화주기업 위주대상으로의 효과에 그치고 있을뿐 전체적인 공급사슬관리는 한계가 있었다. 공급사슬은 여러 단계와 파트너 간의 협업을 통해 효율화되는데, 3자 물류는 화주기업과 물류업체 간의 업무협력에만 주로 영향을 주고 있다.
- 전략적 관계구축한계 : 화주기업과 3자 물류업체도 전략적 제휴단계로의 진입에 어려움이 있었다. 화주기업 입장에서는 물류업무를 하청으로 운영하는 아웃소싱 파트너 이상으로 물류업체를 보지 않았고, 3자 물류업체도 물류업무를 대행하는 사업자 이상으로 공급사슬 전체관점에서의 효과를 확대하지는 못하였다.
- IT기반의 공급사슬통합관리 필요 : 화주기업의 물류부문 컨설팅과 IT기반의 공급사슬 물류서비스 솔루션을 제공할 수 있는 공급사슬 통합자의 필요성이 대두되었다. 최근 4차산업 혁명의 다양한 기술이 적용되면서 IT 시스템과 솔루션을 활용하는 것이 화주기업의 새로운 경쟁우위요소가 되었으나 많은 비용을 투자해서 시스템을 개발 및 운영하는 것이 부담이 되고 있다.

(3) 3자 물류와의 차이점

- 종합적인 서비스 : 4자 물류는 3자 물류보다 지리적 측면, 조직적 측면, 기능적 측면에서 광범위하고 종합적인 물류서비스를 제공한다. 4자 물류는 지리적으로는 글로벌관점에서 물류흐름에 대해 모니터링하고, 조직적으로는 물류실행뿐만 아니라 물류계획과 모니터링에 추가인력을 투입한다. 기능적으로는 단순한 물류실행에서 관리 및 모니터링까지 물류 전체적인 관점에서 기능을 제공한다.
- IT기반 시스템기반의 물류컨설팅 : 4자 물류는 IT업체, 물류서비스 솔루션제공업체, 컨설팅업체 등이 전문물류업체와 컨소시엄을 구축하여 서비스를 제공할 수 있다. 4자 물류전문업체는 화주기업에 IT솔루션을 제공하여 이를 기반으로 업무를 운영하도록 하고, 모니터링함으로써 물류비용절감 및 최적화를 위한 여러 컨설팅서비스를 제공한다.
- 공급사슬전략과 연계운영 : 4자 물류는 공급사슬관리의 다양한 유형과 부합하는 전략개념으로 확장되었다. 공급사슬관리는 산업별로 QR, ECR, CPFR 등의 형태로 확장되어 기업에서 운용하고 있는데, 이러한 개념을 4자 물류의 IT 시스템을 연결

함으로써 공급사슬전략과 연계하여 운영할 수 있다.

04 프로세스(Process)혁신

물류영역의 프로세스 실행관점에서 지속적으로 혁신기법이 발전되어 왔으며, 이를 통해 기업들은 물류운영체계를 혁신할 수 있게 되었다. 대표적인 물류프로세스 혁신기법은 전사적 품질관리(TQM, Total Quality Management), 업무프로세스 재설계(BPR, Business Process Reengineering), 6시그마(6 Sigma) 등이 있다.

4.1 전사적 품질관리(TQM, Total Quality Management)

1) TQM의 개념

물류는 단순한 운송, 보관의 수준에서 고객만족으로 적용범위와 목적이 변화하고 있으며 고객의 요구수준 또한 높아지고 있다. 이러한 변화에 대응하기 위해서는 물류조직과 관련된 인력을 지속적으로 교육 및 변화시켜야 하며, 작업과정, 문제인식과 해결, 자료수집 및 의사결정과정을 개선해야 한다. 또한 이러한 혁신사상을 제대로 유지할 수 있도록 전사적 차원에서 품질을 향상시키는 활동이 필요한데 이것이 TQM에서 추구하는 사상이다.

전사적 품질관리(TQM, Total Quality Management)는 전사적인 관점에서 전체 조직 차원에서 제품, 서비스와 관련된 모든 과정을 지속적으로 개선하여 고객만족을 달성해 나가는 경영혁신기법을 의미한다.

참고로 QC(Quality Control)와 TQM은 근본적으로 접근방식에서부터 차이가 있다. QC는 생산의 마지막 공정에서 결과적으로 품질불량여부를 측정하는 방식인 반면 TQM은 초기의 제품설계단계부터 결함발생 가능성을 최소화하고 각 업무단계별로의 품질관리활동을 유지하는 방식이다.

2) TQM의 특징

- 시각적인 지표관리 : 통계적 품질관리기준을 관리하고 평가지표를 시각화한다.
- 고객기준의 품질목표 : 기업에서 달성하고자 하는 품질수준을 고객입장에서 고객의 욕구에 부합하는 수준으로 정의한다.
- 전사직원에 의한 혁신 : 특정 부서주도가 아닌 전체직원에 의해 품질혁신을 추진함으로써 개선효과를 극대화한다.
- 품질관리 대상의 확대 : 품질관리 대상을 제품뿐만 아니라 조직 내 모든 활동과 서비스로 확대하여 적용한다.
- 무결점의 추구 : 품질관리수준은 제품 및 서비스의 무결점을 추구한다.

3) TQM의 철학

TQM에서는 다음의 철학으로 품질을 개선하고 문제를 해결하고자 한다.

- 장기적 관점의 경영 : 단기적 경영성과가 아닌 장기적 성장관점에서 경영성과에 집중한다. 즉 단기적인 비용절감과 수익보다는 인적자원, 설비 등의 지속적인 투자를 통해 미래 성장기회를 확보하도록 한다.
- 직원의 자부심 독려 : 직업의 안정감을 높여 직원의 자부심을 높여 회사와 함께 장기적으로 성장해 가도록 독려한다.
- 현장리더십 : 현장에 나가 직접 문제를 해결해 나가는 자세를 중요하게 생각한다.
- 유연한 사고 : 새로운 시각과 열린마음으로 품질을 개선하고 문제를 해결하도록 한다.
- 공동체적 파트너십 : 소수의 협력사와의 장기적인 신뢰관계를 구축하여 품질경쟁력을 확보하도록 한다.
- 학습조직 : 직원들의 자발적인 학습과 지식을 교류하는 문화를 조성함으로써 품질개선에 대한 자율적인 소통을 강화한다.
- 지속적인 개선 : 지속적인 품질개선활동을 통해 품질의 완성도를 높여 나간다.

4.2 업무프로세스 재설계(BPR, Business Process Reengineering)

1) BPR의 개념

마이클 해머와 제임스 챔피에 의해 제시된 BPR은 기능중심의 업무체계를 프로세스 중심으로 변화시킴으로써 파괴적 혁신을 달성하기 위한 경영혁신기법을 말한다. 즉 BPR은 비즈니스 프로세스의 근본적인 재설계를 통해 품질, 원가, 서비스, 납기 등 주요 성과지표 측면에서 극적인 개선을 달성하도록 한다. 또한 ERP 등의 정보시스템을 활용하여 근본적으로 재조정된 업무프로세스를 시스템으로 구축함으로써 고객만족을 추구하는 상품과 서비스의 프로세스가 정착되도록 한다.

물류영역의 업무를 전사관점에서 프로세스 중심으로 재설계함으로써 비용을 절감하고 업무효율을 개선할 수 있다.

2) BPR의 특징

BPR은 다음의 특징을 가지고 있다.

- 근본적인 재검토(Fundamental rethinking) : BPR은 현재 업무를 왜 하는지에 대해 질문하고 재검토하며, 근본적인 해결을 추구한다.
- 파괴적 재설계(Radical redesign) : 기존의 체계와 프로세스를 버리고 파괴적인 새로운 업무방식을 재설계하는 것을 의미한다.
- 극적인 향상(Dramatic improvement) : BPR은 일부업무를 대상으로 업무성과의 점진적인 개선이 아니라, 극적인 혁신을 추구한다.
- 프로세스 중점(Process driven) : BPR의 분석 및 개선대상은 프로세스이며, 전사적인 관점에서 프로세스를 재설계한다.

3) BPR의 구현방법

- 하향식접근 : 프로세스의 근본적인 재설계를 위해서는 관리자 수준이 아닌 최고경영자 수준의 지원이 있어야 가능하다. 따라서 성공적인 BPR을 위해서는 하향식 접근방식으로 최고경영자의 리더십과 적극적인 관심을 보여야 한다.

- 정보기술활용 : BPR로 프로세스를 재설계한 후 IT기술을 활용하여 프로세스 혁신 성과를 극대화해야 한다. ERP 등의 어플리케이션을 활용하여 설계된 프로세스를 구현함으로써 프로세스 개선의 효과가 지속되도록 할 수 있다.
- 프로세스 중심설계 : 기능중심의 분업화된 조직과 업무구조는 부서 간의 벽을 만들고 기업의 업무효율성을 저해할 수 있다. BPR은 프로세스 중심으로 조직과 업무를 설계함으로써 전사적인 관점에서의 최적화를 추구한다.
- 업무담당자 권한부여 : 전사적인 관점에서의 프로세스 설계 시 많은 갈등과 이슈가 발생하게 되는데, 이를 해결하기 위해서는 임직원들의 자율적인 개선의지와 함께 권한부여가 중요하다. 즉 프로세스를 개선하기 위해서는 업무담당자가 권한을 가지고 상호협의하고 조정할 수 있어야 한다.
- 동시작업 : 업무프로세스에서의 처리시간을 단축하고 품질을 개선하기 위해서는 연속적인 절차의 한계를 뛰어 넘어 동시 병행적인 업무처리도 필요하다. BPR에서는 전사에 동시 공유된 정보를 기반으로 상호 협조함으로써 상호 의사소통을 효율적으로 할 수 있다.

4) BPR의 효과

- 조직구조의 변화 : 기능적인 부서단위 조직에서 프로세스 중심조직으로 재설계할 수 있다. 또한 조직구조도 수직적인 계층구조에서 수평적 구조로 전환할 수 있다. 이를 통해 전사관점에서 납기, 고객서비스 등의 성과지표를 개선할 수 있다.
- 업무담당자의 역할전환 : 업무담당자의 권한이 위임되고, 업무담당자의 역할도 통제에서 자율적인 책임중심으로 변화한다. 이에 따라 업무담당자의 과업도 단순한 작업에서 다차원적인 작업으로 변화하게 된다.
- 기업경영방식의 변화 : 전사관점에서 기업전반에 걸친 혁신효과를 달성할 수 있다.

4.3 6시그마(6 Sigma)

1) 6시그마의 개념

6시그마는 전사 각 부문에서 발생하는 업무오류, 제품불량을 통계적으로 관리하여 무결점수준을 의미하는 6시그마 수준을 목표로 지속적으로 개선하는 경영혁신기법이다. 즉 전략적으로 완벽의 제품, 서비스를 제공하는 것을 목적으로 정립된 경영혁신기법으로 기업의 다양한 문제를 구체적으로 정의하고 계량적으로 평가한 후 개선하고 이를 관리하도록 지원한다.

2) 6시그마의 특징

- 기업문화혁신 : 블랙벨트 등의 등급을 조직원에 부여함으로써 모든 조직원의 공감과 자발적 참여를 이끌어 내어 지속적인 혁신을 유도한다.
- 전사적 프로세스 혁신 : 기업업무 프로세스를 분석하여 전사적 관점에서 프로세스를 근본적으로 개선하도록 지원한다.
- 과학적 기법 : 통계적, 과학적 기법을 활용하여 정량적으로 프로세스를 개선하고 평가하도록 지원한다.
- 고객만족도 향상 : 고객에게 더 좋은 품질로, 더 빠르고 저렴하게 제품, 서비스를 제공하여 궁극적으로 고객만족을 달성하도록 한다.

3) 6시그마 구현방법

6시그마는 업무상황에 적합한 방법론을 적용하는 정량적 기법으로 DMAIC 방법론과 DMADV 방법론을 통해 구현할 수 있다.

(1) DMAIC 방법론

DMAIC 방법론은 통상 제조영역에서 제품과 관련된 문제해결에 집중하는 방법론이다. 이 방법론은 통계기법에 근거하여 체계적으로 문제해결하기 위해 필요하며, 정의(Define), 측정(Measure), 분석(Analyze), 개선(Improve), 관리(Control) 단계로 진행된다.

- 정의(Define) : 기업전략과 고객요구 사항을 만족시킬 수 있는 경영활동의 목표를 선정하고 품질혁신이 필요한 문제를 정의한다.
- 측정(Measure) : 현재 프로세스 능력, 제품수준, 위험수준을 측정하고 어떤 요소(CTQ, Criticals to Quality)가 품질에 결정적인 영향을 미치는지를 분석하고 도출한다. 즉 현재 품질수준을 분석하고 현재의 문제를 야기한 잠재적 원인을 통계기

법을 활용하여 도출한다.

- 분석(Analyze) : 측정단계에서 수집된 각종 정보를 근거로 문제의 근본원인을 도출하고, 목표품질수준을 맞추기 위해 여러 개선대안을 평가하고 이를 상세화한다.
- 개선(Improve) : 분석에 따라 프로세스를 혁신하거나 개선방안들을 적용함으로써 목표수준을 달성하는지를 관리하고, 조정발생 시 잘 반영되도록 피드백한다.
- 관리(Control) : 개선결과를 문서화하고 지속적인 피드백을 위한 계획을 수립한다. 개선된 프로세스나 구현방안이 목표로 하는 성과를 달성하도록 다양한 도구와 통계기법을 사용한다.

(2) DMADV 방법론

DMADV 방법론은 통상 서비스영역에서 디자인과 관련된 서비스품질 극대화에 집중하는 방법론이다. 이 방법론은 통계기법에 근거하여 체계적으로 서비스문제를 해결하기 위해 필요하며, 정의(Define), 측정(Measure), 분석(Analyze), 디자인(Design), 검증(Verify) 단계로 진행된다.

- 정의(Define) : 기업전략과 고객요구사항을 만족시킬 수 있는 디자인활동의 목표를 선정하고 품질혁신이 필요한 문제를 정의한다.
- 측정(Measure) : 현재 프로세스 능력, 제품수준, 위험수준을 측정하고 어떤 요소(CTQ, Criticals to Quality)가 품질에 결정적인 영향을 미치는지를 분석하고 도출한다. 즉 현재 품질수준을 분석하고 현재의 문제를 야기한 잠재적 원인을 통계기법을 활용하여 도출한다.
- 분석(Analyze) : 측정단계에서 수집된 각종 정보를 근거로 문제의 근본원인을 도출하고, 목표수준을 맞추기 위해 여러 디자인대안을 평가하고 이를 상세화한다.
- 디자인(Design) : 분석에 따라 개선된 디자인대안을 적용하고 시뮬레이션 함으로써 목표수준을 달성하는지를 관리하고, 조정발생 시 잘 반영되도록 개선한다.
- 검증(Verify) : 디자인, 시험작동, 제품개발프로세스를 적용하고, 개선된 결과를 문서화하고 프로세스 담당자에게 결과를 전달한다.

토의문제

1. 물류인프라를 혁신하여 물류생산성을 높이는 방안은 어떤 것들이 있는지 설명하시오.
2. 3자 물류와 4자 물류가 다른 점에 대해 설명하시오.
3. 기업의 일반적인 물류프로세스 중에서 어떤 프로세스가 개선이 필요한지에 대해 생각해 봅시다.
4. 물류공동화를 추진하면서 발생할 수 있는 문제점을 생각해 보고, 이 문제들을 어떻게 해결할 것인지도 생각해 봅시다.

제9장 물류관리사 기출문제

01 일관 파렛트화의 장 · 단점에 관한 설명으로 옳지 않은 것은? (17회, 2013년)

① 작업능률의 향상으로 인력이 절감된다.
② 넓은 작업공간 및 통로가 필요없다.
③ 작업의 표준화, 기계화를 촉진한다.
④ 제한된 공간을 최대한 이용할 수 있다.
⑤ 파렛트 자체의 체적 및 중량만큼 적재량이 줄어든다.

02 파렛트풀시스템(Pallet Pool System)에 관한 설명으로 옳지 않은 것은? (17회, 2013년)

① 파렛트풀시스템의 성공적인 운영을 위해서는 파렛트규격이 표준화되어야 한다.
② 파렛트풀시스템을 운영하면 수송 후 공파렛트 회수문제를 해결할 수 있다.
③ 교환방식풀시스템은 이용자가 가까운 데포(Depot)에서 파렛트를 빌려서 사용하는 방식이다.
④ 기업단위 파렛트풀시스템은 기업이 자사파렛트를 파렛트대여 전문회사로부터 일괄 대여하여 자사거래처의 유통단계까지 독점적으로 이용하는 것이다.
⑤ 파렛트풀시스템을 통해 지역간 수급을 해결하고 계절적 수요에 효과적으로 대응할 수 있다.

03 유닛로드시스템(Unit Load System)에 관한 설명으로 옳지 않은 것은? (17회, 2013년)

① 하역작업의 혁신을 통해 수송합리화를 도모하기 위한 방안 중 하나이다.
② 호환성이 증대되어 다른 회사와 공동으로 파렛트를 사용하는 등 시스템 연계성을 높일 수 있다.
③ 화물취급단위에 대한 단위화와 표준화를 통하여 기계하역을 용이하게 하며 하역능력향상과 비용절감의 이점이 있다.
④ 우리나라에서는 일관수송용 평판렛트에 관한 KS규격이 제정되어 있다.
⑤ 세계의 모든 나라가 T11형 파렛트를 표준으로 삼고 있기 때문에 국제교역 시 일관수송을 위해 T11형 파렛트를 사용하여야 한다.

04 공동수배송의 유형에 관한 설명으로 옳지 않은 것은? (17회, 2013년)

① 배송공동형 : 배송은 공동화하고 화물거점시설까지의 운송은 개별화주가 행하는 것
② 집화·배송공동형 : 집화와 배송을 공동화하는 것
③ 노선집화 공동형 : 노선의 집화망을 공동화하여 화주가 지정한 노선업자에게 화물을 넘기는 것
④ 공동납품 대행형 : 화주의 주도로 공동화하는 것으로 가공, 포장, 납품 등의 작업을 대행하는 것
⑤ 공동수주 공동배송형 : 화주가 협동조합을 설립하여 공동수주 및 공동배송을 하는 것

05 물류공동화 추진상의 문제점이 아닌 것은? (17회, 2013년)

① 물류비 절감에 따른 소비자가의 하락
② 배송순서조절의 어려움 발생
③ 물류서비스 차별화의 한계
④ 매출, 고객명단 등 기업비밀노출우려
⑤ 비용배분에 대한 분쟁발생

06 물류표준화에 관한 설명으로 옳은 것은? (17회, 2013년)

① 기업마다 고유한 규격의 물류기기와 설비를 활용해야 한다.
② 포장의 표준화를 위해서는 강도표준화에 앞서 치수표준화가 이루어져야 한다.
③ 국가차원의 표준화는 개별기업의 표준화가 정착된 이후에 시행하는 것이 바람직하다.
④ 화물이 규격화되어 효율적 일관운송이 어렵다.
⑤ 우리나라의 표준파렛트인 T−11의 규격은 1,200mm × 1,000mm이다.

07 물류공동화를 위한 전제조건에 해당되지 않는 것은? (17회, 2013년)

① 자사의 물류시스템과 외부의 물류시스템과의 연계가 필요하다.
② 표준물류심벌 및 업체통일전표, 외부와의 교환이 가능한 파렛트 등 물류용기를 사용하여야 한다.
③ 서비스내용을 명확하게 하고 표준화시켜야 한다.
④ 통일된 기준에 근거하여 물류비를 명확하게 산정하고 체계화해야 한다.
⑤ 단일화주와 복수의 물류업체가 참여하여야 한다.

08 4PL(4th Party Logistics)에 관한 설명으로 옳지 않은 것은? (20회, 2016년)

① 3PL(Third Party Logistics), 물류컨설팅 업체, IT업체 등이 결합한 형태이다.

② 솔루션 제공자, 공급체인의 통합자로 다양한 모델을 운용하여 수입을 창출하고 비용을 절감한다.

③ 합작투자 또는 장기간의 제휴형태이다.

④ 공급체인의 효율화를 위한 발전적인 방안이다.

⑤ 대표적인 형태는 그리드형 물류조직이다.

09 **3자 물류도입으로 인해 화주기업이 얻는 직접적인 기대효과로 옳은 것은?** (19회, 2015년)

① 물가상승억제 ② 배송구역의 밀도증가 ③ 핵심역량에 집중가능

④ 교통체증감소 ⑤ 배송구역축소

10 **TQM(Total Quality Management)에 관한 설명으로 옳지 않은 것은?** (20회, 2016년)

① 품질관리활동이 전사적으로 이루어져야 한다.

② 고객중심의 품질개념을 도입한 것이다.

③ 품질에 대해 지속적인 개선이 이루어진다.

④ 관리대상은 최종제품뿐만 아니라 조직 내의 모든 활동과 서비스가 포함된다.

⑤ 고객의 범위는 외부고객으로 한정한다.

11 **사업부제 물류조직에 관한 설명으로 옳지 않은 것은?** (20회, 2016년)

① 기업규모가 커지면서 각 사업단위의 성과를 극대화하기 위해 생긴 조직이다.

② 상품별 사업부형과 지역별 사업부형 등이 있다.

③ 각 사업부내에 라인과 스태프조직이 있다.

④ 각 사업부간 수평적 교류가 용이하여 인력의 교차활용이 가능하다.

⑤ 사업부별로 모든 물류활동을 책임지고 직접 관할하므로 물류관리의 효율화 및 물류전문인력 육성이 가능하다.

12 **물류자회사에 관한 설명으로 옳지 않은 것은?** (20회, 2016년)

① 모회사의 물류관리업무의 전부 또는 일부를 수행하기 위해 설립된 회사이다.

② 독립채산제를 취함으로써 물류비용관리를 철저히 할 수 없다.

③ 제3자 물류회사와 같은 물류전문기업으로 발전가능하다.

④ 모회사의 물류관리업무 외에도 외부로 물류업무를 확대하여 수익성을 추구하기도 한다.

⑤ 물류자회사를 위한 SBU(Strategy Business Unit), VBU(Venture Business Unit)제도 등이 있다.

13 **유닛로드시스템(Unit Load System)에 관한 설명으로 옳지 않은 것은?** (23회, 2019년)

① 모든 국가에서 사용하는 표준파렛트의 종류와 규격은 동일하다.
② 포장단위치수, 파렛트, 하역장비, 보관설비 등의 표준화가 전제되어야 한다.
③ 작업효율의 향상, 운반활성화, 물류비용감소 등을 기대할 수 있다.
④ 하역을 기계화하고 운송, 보관 등을 일관화 · 합리화할 수 있다.
⑤ 파렛트화 또는 컨테이너화에 의해 적재효율이 감소하고 추가비용이 발생할 수 있다.

14 **물류공동화의 목적으로 옳지 않은 것은?** (23회, 2019년)

① 대량처리를 통한 물류비 절감
② 인력부족에 대한 대응
③ 수 · 배송 효율의 향상
④ 중복투자의 감소
⑤ 참여기업별로 차별화된 물류서비스 제공

15 **운송사업자 관점의 수 · 배송 공동화의 장점에 해당하는 것을 모두 고른 것은?** (23회, 2019년)

ㄱ. 운송차량의 적재 · 운행효율향상
ㄴ. 소량화물의 수 · 배송 용이
ㄷ. 운송화물의 대단위화로 인한 규모의 경제성
ㄹ. 물류시설의 효율적 이용과 작업의 기계화 및 자동화 가능

① ㄱ, ㄷ　　② ㄴ, ㄷ　　③ ㄴ, ㄹ
④ ㄱ, ㄷ, ㄹ　　⑤ ㄱ, ㄴ, ㄷ, ㄹ

16 **물류공동화에 관한 설명으로 옳지 않은 것은?** (25회, 2021년)

① 물류활동에 필요한 인프라를 복수의 파트너와 함께 연계하여 운영하는 것이다.
② 물류자원을 최대한 활용함으로써 물류비용절감이 가능하다.
③ 자사의 물류시스템과 타사의 물류시스템을 연계시켜 하나의 시스템으로 운영해야 하지만 회사 보안을 위해 시스템개방은 포함하지 않는다.
④ 물류환경의 문제점으로 대두되는 교통혼잡, 차량적재 효율저하, 공해문제 등의 해결책이 된다.
⑤ 표준물류심벌 및 통일된 전표와 교환가능한 파렛트의 사용 등이 전제되어야 가능하다.

17 **물류공동화 방안 중 하나인 공동 수 · 배송 시스템의 도입 필요성에 해당하는 사항을 모두 고른 것은?** (25회, 2021년)

ㄱ. 다빈도대량 수 · 배송의 확대	ㄴ. 주문단위의 소량화
ㄷ. 물류비용의 증가	ㄹ. 배송차량의 적재효율저하

① ㄱ, ㄴ ② ㄷ, ㄹ ③ ㄱ, ㄴ, ㄷ
④ ㄴ, ㄷ, ㄹ ⑤ ㄱ, ㄴ, ㄷ, ㄹ

18 **수 · 배송 공동화의 유형에 관한 설명으로 옳지 않은 것은?** (25회, 2021년)

① 배송공동형은 배송만 공동화하는 것을 의미하며, 화물거점시설까지의 공동화는 포함하지 않는다.
② 집배송공동형 중 특정 화주공동형은 동일화주가 조합이나 연합회를 만들어 공동화하는 것이다.
③ 집배송공동형 중 운송업자 공동형은 다수의 운송업자들이 불특정 다수 화주들의 집배송을 공동화하는 것이다.
④ 노선집화공동형은 노선업자가 화물들을 공동집화하여 각지로 발송하는 것이다.
⑤ 납품대행형은 화주가 납입선에 대행으로 납품하는 것이다.

19 **BPR에 관한 설명으로 옳은 것은?** (19회, 2015년)

① BPR은 Business Process Replenishment의 약자이다.
② BPR의 성공을 위해서는 최고경영층의 주도와 구성원의 공감대가 필요하다.
③ BPR은 정보시스템 부서를 주축으로 해야 하며 대상 프로세스에 관련된 부서는 배제해야 한다.
④ 업무프로세스를 변화시키는 것이며 혁신이 아닌 개선의 형태를 취하는 것이 특징이다.
⑤ BPR의 궁극적인 목적은 고객보다는 기업중심의 경영체제를 만드는 것이므로 기업효율성 극대화를 최우선으로 한다.

정답

01 ② 02 ③ 03 ⑤ 04 ⑤ 05 ① 06 ② 07 ⑤ 08 ⑤ 09 ③ 10 ⑤ 11 ④ 12 ② 13 ① 14 ⑤ 15 ④ 16 ③ 17 ④ 18 ⑤ 19 ②

CHAPTER

10

물류성과 및 물류비용관리

1. 물류비관리
2. 물류예산관리와 채산성 관리

수출기업의 비명 "화물선 동났다…납기 못맞춰 계약 끊길 판"

수출기업 물류대란

국내 타이어 제조업체 A사. 최근 수출제품을 선적하기 위한 빈 컨테이너를 구하지 못해 전전긍긍하다 결국 운송비가 훨씬 비싼항공기로 보냈다. 비용이 해운보다 수십 배 더 들어 이익이 남지 않는데도 납기를 맞추기 위해 '울며 겨자 먹기'로 보낸 것이다.

산업용 기계부품업체 B사는 고객사로부터 물류비를 대신 내라는 요청을 받았다. 계약상 물류비는 고객사 부담이지만, 운임이 오르고 납기지연이 반복되자 일방적으로 통보받은 것이다. 혹여나 거래가 끊길까 싶어 어쩔 수 없이 받아들였다.

6일 해운운임을 나타내는 상하이컨테이너운임지수(SCFI)가 사상 최고치인 3613.1(지난 4일 기준)까지 치솟았다. 1년 전인 작년 6월 5일(925.5)과 비교하면 4배가량 오른 것이다. 이러한 추세라면 조만간 4000선 돌파가 유력해 보인다.

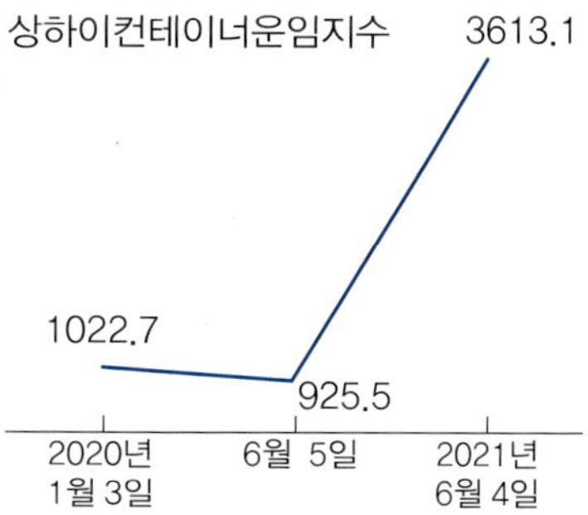

자료 : 한국관세물류협회

'물류비폭탄'에 수출기업들이 발을 동동 구르고 있다. 컨테이너를 실어 나를 배는 물론이고 제품을 담을 빈 컨테이너조차 구하지 못하고 있다. 웃돈을 줘서라도 구하면 다행이다. 컨테이너선 대신 자동차운반선(PCTC)이나 고기잡이 배에 보내는 사례도 적지 않다. 대기업은 그나마 사정이 낫다. 선사와 장기계약을 맺고 있는 경우가 많고, 정 안되면 항공 운송을 택하면 된다. 중견·중소기업에 항공운송은 그림의 떡이다. 충남 소재 한 중소기업 관계자는 "정보기술(IT) 기기처럼 대기업의 고부가가치 제품은 항공기로 보내도 이익이 남지만, 중소기업이 주로 납품하는 부품이나 자재는 항공운송이 사실상 불가능하다"고 하소연했다.

판매단가는 낮고 무게가 많이 나가 항공기로 보내면 비용이 어마어마하게 드는 탓이다. 물류비는 나날이 오르는데 제품판매가를 올리지 못해 애태우는 기업도 상당수다. 수출기업의 물류비부담이 가중되면 국가수출경기도 영향을 받게 된다. 올해 들어 빠르게 회복중인 수출경기에 과도한 물류비는 부담이 될 수 있다.

신유란 현대경제연구원 선임연구원은 "최근 수출경기 회복은 글로벌 물동량이 늘어난 영향이 크기 때문에 물류비가 급증한다고 해서 기업들이 갑자기 수출물량을 줄이거나 수출경기가 급격히 꺾이지는 않을 것"이라고 말했다. 그러면서도 "(물류비가 계속 오르면) 수출경기가 덜 좋아지거나 기업실적이 예상보다 나빠질 수 있다"고 분석했다.

유럽행 해운운임 1년새 6배 … "글로벌선사 담합아니냐" 아우성

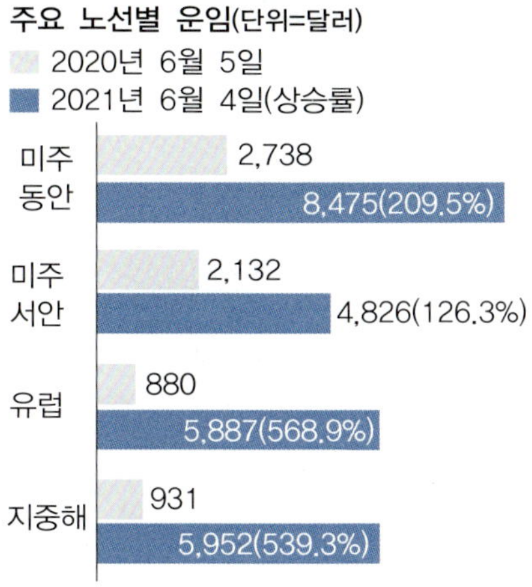

미주 동안 · 서안은 1FEU, 유럽 · 지중해는 1TEU 기준.

지난 4일 오후 부산신항의 한 터미널. 컨테이너 야적장엔 수천 개의 컨테이너(박스)가 줄지어 쌓여 있었다. 야적장 곳곳에 컨테이너가 6개까지 겹겹이 올려져 있는 모습이 눈에 띄었다. 컨테이너는 통상 3~4개까지 쌓아두는데, 물량이 많다 보니 최대치인 6개까지 쌓아 올려놓은 것이다.

터미널관계자는 "항만의 컨테이너 적재정도를 의미하는 장치율이 90% 안팎에 달해 터미널운영에 어려움을 겪고 있다"며 "장치율이 80%만 넘어가도 항만운영은 정상이 아닌 상태"라고 말했다. 이 관계자는 "컨테이너를 쌓을 공간이 부족해 이리저리 옮기며 재조정하는 '리핸들링' 작업이 계속되고 있다"면서 "미국 서안 일부항만의 경우 컨테이너선이 입항하려면 5~7일은 대기할 정도"라고 덧붙였다. 국내수출기업들이 초유의 물류대란을 겪고 있다. 전 세계 물동량이 빠르게 증가하고 있지만 이를 운반할 선박이 턱없이 모자란 상황이 지속되고 있다. 심지어 해결될 기미조차 보이지 않는다. 특히 중국화주들이 높은 값을 불러 글로벌선사들의 선박을 선점하면서 배를 구하는 일 자체가 '하늘의 별 따기'가 되고 있다. 수출물량이 늘어나고 있다지만 '속 빈 강정'이 될 수도 있다는 지적이다. 운임이 최근 3배 이상 오르면서 수익성을 깎아먹고 있기 때문이다. 이 같은 물류대란은 국내로 수입되는 화물도 마찬가지다. 6일 인천국제공항 화물터미널 보세창고에는 중국에서 항공편으로 수입된 흑연이 야적돼 있었다. 납기를 지키기 위해 비싼 항공화물료를 감수한 것으로 보인다. 이날 해운업계에 따르면 상하이컨테이너운임지수(SCFI)는 3월 26일(2570.7)부터 지난 4일(3613.1)까지 매주 상승했다. 주요 노선별로 보면 미주동안 운임은 1FEU(40피트 컨테이너 1개)당 8475달러까지 치솟았다. 1년 전(2738달러)보다 3배 이상 올랐다. 같은 기간 미주 서안노선도 1FEU당 2132달러에서 4826달러로 126.3% 급등했다. 유럽과 지중해 노선 운임 상승세는 더 가파르다. 현재 1TEU(20피트 컨테이너 1개)당 유럽 노선은 5887달러, 지중해 노선은 5952달러에 달한다. 1년 전만 해도 각각 880달러, 931달러에 불과했는데 무려 6배 이상 올랐다.

(후략)

매일경제신문, 2021년 06월 07일, 송광섭, 박동민 기자

01 물류비관리

1.1 물류비의 개요

관리회계기준에서 기업내부의 보고회계를 위해서는 각종 업무에서 발생하는 비용을 산출하고 이를 통해 내부통제하는 것이 필요하다. 이러한 비용을 내부관리목적으로 분리된 여러 기준에 따라 세분화하여 관리함으로써 물류활동에서의 보이지 않는 비용을 관리할 수 있다. 즉 물류비는 기업내부의 관리자가 물류활동과 관련하여 경영목적의 달성을 위해 적절한 의사결정을 내리는데 필요한 기초자료가 된다. 또한 물류비용, 효율성 등을 분석하여 물류성과를 관리함으로써 지속적인 물류개선에 반영할 수 있다.

물류정책기본법 제26조 및 제18조의 규정에 따라 기업물류비 산정지침이 제정되어 있다. 기업물류비 산정지침은 물류기업 및 화주기업의 물류비계산을 위한 절차와 방법에 대한 기준을 제공함으로써 개별기업의 물류회계 표준화를 도모하고 물류비산정의 정확성과 관리의 합리성을 제고하는 데에 기여하고 있다.

1) 물류비의 개념

영업창고, 운송사업자 등 물류업을 수행하는 사업자의 경우, 영리를 추구하는 목적으로 물류활동을 수행한다. 하지만 대부분의 기업에서는 영업, 생산 등을 위해 물류가 지원적인 활동으로 인식되고 수행된다. 따라서 기업 내부적으로 물류는 기업의 수익을 창출하기 보다는 비용을 절감함으로써 수익창출과 동일한 효과를 발생하도록 하는 활동으로 인식되고 있다. 이에 중요한 관리항목으로 등장한 것이 바로 물류비이다.

물류비는 영업, 구매 등의 물류활동에서 발생하거나 사용된 모든 경제적 가치를 원가 또는 비용으로 산정하는 것을 말한다.

물류비는 화물의 물리적 이동에 따른 비용과 물류활동에 필요한 시설과 관련한 비용, 물류정보의 전송·처리 및 이를 위해 필요한 서버 등의 시설과 관련한 비용, 그리고 이들을 종합적으로 관리하는데 소요된 직접 또는 간접비용 등으로 구성되어 있다.

기업, 기관에서는 정확한 물류비를 산정함으로써 어떤 물류활동에서 비효율이 발생하고 수익이 발생하는지를 산정해 볼 수 있다. 하지만 물류비는 정확한 산정에 인력, 시간과 노력이 많이 발생할 수 있다.

2) 물류비 산정목적

- 물류활동의 경제적 가치산정 : 물류활동의 규모와 활동을 경제적 가치로 파악하기 위해 산정한다. 기업의 모든 물류활동 및 프로세스에 관련된 비용을 정확하게 파악하기 위해 산정한다.
- 물류문제점 파악 : 물류 프로세스와 활동을 분석하여 물류활동의 문제점을 파악하기 위해 산정한다. 비용관점에서 물류활동을 분석함으로써 물류활동의 비효율성과 수익창출역량을 검증할 수 있다.
- 정확한 가격 및 수익산정 : 정확한 제품가격을 산정하기 위해 제조원가 뿐만 아니라 운송비 등의 물류비를 모두 감안함으로써 안전마진을 확보할 수 있다. 정확한 제품가격을 결정할 때, 정확한 물류비정보를 입수하는 것은 향후 수익관리에 매우 중요하다.
- 물류예산산정 및 통제 : 물류활동에 사용된 비용을 정확하게 산정함으로써 차후 물류예산을 편성하고 적절하게 통제하기 위한 원가실적과 기타 자료를 제공하기 위해 필요하다.
- 물류계획 및 실적평가 : 물류의 기본계획을 설정하고 물류업무가 비용을 기준으로 통제 및 관리하고 있는지를 판단하는 근거를 확인하기 위해 물류비를 산정한다. 또한 물류팀, 운송조직 등 물류관련 조직의 실적평가에 필요한 근거 또는 실적정보를 제공하기 위해 필요하다.

1.2 일반기준에 의한 물류비의 계산

기업의 물류비 산출방법은 크게 재무회계방식(간이기준)과 관리회계방식(일반기준)으로 나눌 수 있다.

일반기준에 의한 물류비산출은 관리회계방식이라고도 하며, 원가계산제도에 의거하여 물류활동에 소요된 비용만을 측정하는 방식으로 비교적 정확한 물류비를 구할 수 있다. 기업에서 물류비관리에 필요한 정보, 즉 제품별, 고객별, 지역별로 운송비 또는 보관비 등과 같은 상세한 물류비정보를 입수하기 위해 사용되는 기준이다. 관리회계방식은 별도의 복잡한 원가계산제도를 개발해야 하는 부담이 있어 일정 이상의 물류비관리수준을 가지고 있는 기업에서 활용할 수 있다.

1) 영역별 물류비

물류는 조달물류, 판매물류, 생산물류, 사내물류, 역물류영역으로 구분되는데, 영역별 물류비는 이러한 물류영역별로 발생하는 비용을 의미한다. 영역별 물류비는 조달물류비, 사내물류비, 판매물류비, 역물류비(회수, 폐기, 반품)로 구분되며 생산물류비는 생산원가에 포함되므로 생산물류비는 제외된다.

(1) 조달물류비

자재가 공급업체로부터 운송되어 구매자의 보관창고에 입고, 관리되어 생산공정에 투입되기 직전까지의 물류활동에 따른 물류비를 말한다. 생산공정에 투입되기 직전까지의 물류활동은 원자재 등의 자재가 구매자에게 정상적으로 도착하여 사내에서 생산, 가공, 판매 등의 목적을 위해 물리적인 이동하기 이전의 자재유통과정을 말한다. 조달물류비에는 운송, 하역, 검수, 입고, 보관 등의 조달물류과정에 관련되어 발생하는 비용을 포함한다.

(2) 사내물류비

사내물류비는 보관창고에서 제품판매를 위한 매장, 창고 등의 장소까지의 물류활동에 따른 비용을 말한다. 단, 생산공정 내 물류활동에서의 비용은 생산원가에 반영되므로 사내물류비에는 제외한다.

사내물류비에는 생산 이후 판매전까지의 포장, 운송, 하역, 분류, 재고관리 등 사내에서 발생한 물류비를 포함한다. 이 과정의 비용분류는 사내의 조직단위별, 물류경로별, 보관장소나 위치, 보관방식 등과 같이 물류의 흐름을 보다 구체화할 경우 사내물류비가 명확하게 관리된다.

(3) 판매물류비

판매물류비는 생산된 완제품 또는 판매목적으로 구매한 상품을 창고에서 보관하는 활동부터 이후 고객인도까지의 물류활동에 따른 물류비를 말한다. 판매물류는 사내물류활동이 종료되는 완제품 보관에서부터 소비자에게 판매하는 과정에서 발생하는 물류활동이라고 할 수 있다. 주문이행에 따른 판매물류비에는 출고지시에 따른 피킹, 상차, 출고, 운송, 하차 등의 관련비용이 포함된다. 예를 들어, 생산업체공장 등에서 고객에게 직송하는 경우나 유통업체에게 있어서 공급업체의 상품보관 창고에서 고객에게 직송하는 경우는 고객으로의 출고 이후 비용을 판매물류비로 인식한다.

(4) 역 물류비

역 물류비는 반품물류비, 회수물류비, 폐기물류비로 세분화한다.

- 반품물류비 : 판매한 제품의 반품물류에 따라 발생하는 물류비를 말한다. 반품은 제품의 하자 등에 따라 발생할 수도 있지만 고객의 요청에 따라 발생할 수 있다. 반품물류비에는 반품과정에서 발생하는 운송, 보관, 하역 등의 물류활동과 관련한 비용을 포함한다. 하지만, 반품거래에 따른 환불, 위약금 등의 비용은 반품물류비에 해당하지 않는다.
- 회수물류비 : 판매물류시 사용되는 파렛트, 컨테이너 등과 같은 빈 물류용기와 전자제품 등 파손, 리콜 등에 따른 폐급제품의 회수관련 물류비용을 말한다. 빈 물류용기에서의 물류비는 판매에 따라 발생하는 포장자재 등의 회수 및 재사용까지의 물류비를 말한다. 회수물류비는 음료산업, 전자산업 등에서 중요하게 관리되는 비용 중의 하나이고, 환경보호와 관련한 사회적 요구사항이 커지면서 그 중요성은 더욱 더 커지고 있다.
- 폐기물류비 : 손상되거나 이월된 제품, 포장용 또는 운송용 용기나 자재 등을 회수하여 폐기할 때 발생하는 물류비를 말한다. 폐기는 제품 또는 포장용기 등의 물류기기가 제 기능을 수행할 수 없는 상황을 의미한다.

2) 기능별 물류비

기업물류비 산정지침에서는 기능별 물류비 분류를 운송비, 보관비, 포장비, 하역비, 물류정보·관리비로 구분하고 있다.

(1) 운송비

운송비는 화물을 물류거점 간 및 물류거점에서 고객으로 수·배송하면서 발생하는 비용을 말한다. 운송비는 해당 기업의 물류특성이나 운송경로 등 물류비 계산목적에 따라 수송비와 배송비로 구분할 수 있다.

- 수송비 : 수송은 물류거점 간의 이동을 의미하므로, 화물을 한 물류거점에서 다른 물류거점까지 이동시키는 물류비를 말한다. 공장, 창고, 물류센터 등 물류거점 간 이동에 의해 발생한다.
- 배송비 : 배송은 물류거점에서 지점 등 세부적인 물류장소으로의 이동을 의미한다. 따라서 배송비는 자재를 물류거점에서 고객에게 배송시키는 활동에 소요되는 비용으로서, 창고로부터 수요자인 고객에게 전달하는 과정에서 발생하기 때문에 주로 판매물류비에 해당한다. 또한 고객으로부터의 반품이나 회수 등에 따른 비용도 여기에 포함된다.

(2) 보관비

보관비는 창고 등의 보관시설에 보관하는 활동에 따른 비용을 말하며, 시간에 의한 제품의 효용가치를 창출하는 목적에서 발생한다. 일반적으로 창고비라고도 하며 자재의 단순보관비용 뿐만 아니라 재고물품에 대한 이자도 포함한다. 즉 제품을 일정기간 동안 창고에 보관하는데 소요되는 보관비와 제품을 일정기간 보관함으로써 발생하는 자본비용인 재고부담이자, 그리고 적정재고를 유지하기 위한 재고유지비나 적정발주량을 유지하기 위한 재고관리비용 등이 여기에 포함된다.

(3) 포장비

포장비는 자재이동과 보관을 용이하게 하기 위해 실시하는 상자, 골판지, 파렛트 등의 물류포장활동에서 발생한 비용을 말한다. 즉 자재, 제품 등을 운송, 하역, 보관하기 위한 물류포장에 소비되는 비용이라고 말할 수 있다. 제품이 생산되는 과정인 생산물류에서 소비된 비용은 제조원가에 귀속되므로 포장비에는 포함시키지 않는다.

(4) 하역비

하역은 화물운송과 보관에 따라 화물을 상하좌우로 이동하면서 발생하는 활동으로, 하역비는 운송, 보관, 포장 등의 업무에 수반하여 동일시설 내에서 화물을 이동시키면서 발생한 비용을 의미한다. 하역비는 상차비용, 하역비용, 저장·분류비용 등을 포함하며, 주로 운송이나 보관기능을 수행하면서 발생한다.

(5) 유통가공비

자재의 유통과정에서 물류효율을 향상시키기 위해 가공하는 단계가 추가될 수 있는데 여기서 발생한 비용을 말하며, 물류활동 상의 효율증대를 위해 발생하는 비용이라고 할 수 있다.

(6) 물류정보·관리비

물류활동 및 물류기능과 관련된 정보처리와 관리에 따른 물류비로써 계산목적에 따라 다음과 같이 구분된다.

- 물류정보비 : 물류정보비는 물류정보를 수집, 가공, 전달하기 위해 필요한 입력, 처리, 출력, 제어, 통신 등의 제반활동을 시스템으로 수행하면서 발생하는 비용을 의미한다. 즉 시스템구축, IT 장비연결 및 운영과 관련한 투자 및 인력과 관련된 활동으로 비용이 발생한다.
- 주문처리비 : 주문처리비는 자재 등의 발주, 수주, 출하지시 및 이와 관련한 업무처리와 분석 등의 업무를 처리하는데 소요되는 비용 중 물류와 관련된 비용을 말한다. 수주 시 영업사원의 계약과정에서 발생하는 비용은 제외되며, 재고가용성을 점검하거나, 납품을 준비하는 데에 소요되는 인력, 장비 등의 사용비용을 의미한다.
- 고객서비스비 : 물류는 기업내의 대표적인 지원부서로서 영업, 생산, 구매에 따른 운송과 보관업무를 수행한다. 타 부서 또는 고객들로부터의 출하문의에 대한 회신, 출하촉진 등의 업무에 소요되는 비용으로 이외에도 보관, 운송 등의 업무처리와 관련하여 정보교환 등을 위해 소비되는 비용을 의미한다.
- 물류관리비 : 물류관리비는 물류활동 및 물류활동에 대한 개선과 전반적인 계획, 조정, 통제 등에서 발생하는 비용을 의미한다. 물류비관리 조직단위에 따라 공장이나 사업장별로 발생하는 현장 물류관리비와 물류스탭 조직의 업무수행에서 발생하는 본사 물류관리비로 나누어 볼 수 있다.

3) 지급형태별 물류비

지급형태별 물류비 분류는 개별기업의 입장에서는 물류활동을 누가 수행하고, 물류대금을 누구에게 지불하였는가에 대한 상세한 정보를 알 수 있도록 하는 목적으로 분류하는 방식이다. 그리고 정부입장에서 물류비를 집계할 때 물류서비스 공급업체와 이용업체간 중복집계를 방지하기 위해서 사용하는 분류방법이다. 물류의 행위주체가 자사인지 외부 위탁물류 업체인지에 따라 자가물류비와 위탁물류비로 구분하고, 위탁물류비는 물류자회사 지급분과 물류전문회사 지급분으로 구분할 수 있다.

(1) 자가물류비

물류서비스 이용업체와 공급업체가 동일한 경우로, 자사의 설비나 인력을 사용하여 물류활동을 수행함으로써 발생하는 비용을 말한다. 자가물류비 전체를 정확하게 파악하기 위해서는 자가물류비의 분류나 산정을 구체적으로 해야 한다. 사내에서 실시하는 물류활동과 관련된 비용을 조달, 사내, 판매, 역물류 등의 영역으로 구분하고 재료비, 노무비, 경비, 이자의 세목별 계정과목을 통해 세분화함으로써 기업내부에서 발생한 자가물류비를 명확하게 분석할 수 있다.

(2) 위탁물류비

위탁물류비는 물류활동의 일부 또는 전부를 외부물류업체나 물류자회사에 위탁하여 수행함으로써 발생한 비용을 의미한다. 위탁물류비는 주로 포장, 운송 및 보관 등의 활동을 위탁하는 경우에 발생한다. 또한, 위탁물류비는 지분을 보유하고 있는 물류자회사 지불분과 3자물류 또는 4자물류 등 물류전문업체에 위탁한 물류전문업체 지불분으로 구분할 수 있다. 위탁물류비의 경우, 위탁받은 사업자가 물류비를 산정하여 청구하므로, 명확하게 산정할 수 있지만, 물류비의 과다계상을 방지하기 위해 내부적으로 검증할 수 있는 체계를 갖추는 것도 필요하다.

4) 세목별 물류비

세목별 분류는 회계부문의 비용계정과목을 기준으로 재료비, 노무비, 경비, 이자 등으로 물류비를 나누는 방식이다. 세목별 물류비에서 비용계정과목의 분류 및 정의는 기업회계기준체계를 적용한다. 즉 해당 기업의 물류비 관리실무에 적절한 비용계정과목을 중심으로 구분하여 물류비를 상세화시키며 계정과목의 분류 및 정의 등은 기업회계기준 및 원가계산준칙의 비용계정과목과 동일한 체계를 준용하여 적용한다.

(1) 재료비

재료비는 화물 또는 물품의 가치를 높이기 위해 물류와 관련된 원재료의 소비에 의해서 발생되는데, 주로 포장이나 운송과정에서 발생한다. 물류관련 재료비에는 포장재료비, 연료비 외에 물류활동 수행을 위한 소모용공구비, 비품비 등이 포함된다. 예를 들어, 파렛트와 같은 포장용기 등은 물류자산에 속하므로 재료비의 산정에는 제외되지만, 운송기기 사용 시 소모되는 연료비는 재료비에 포함된다.

(2) 인건비

인건비는 물류활동을 수행하기 위해 발생하는 노동력에 대한 비용으로서 운송, 보관, 포장, 하역 및 관리 등의 전반적인 기능과 조달, 사내, 판매 등의 전 영역에서 발생한다. 인건비에는 임금이외에도 물류관련 수당, 퇴직금 및 복리후생비 등이 포함되는데, 기업활동의 효율성이나 생산성 향상을 도모하기 위해서는 공장 · 사업장별, 지역 · 고객 · 제품별 등의 관리단위에 따라 인건비 관련 비용을 세분화하여 파악해야 한다.

(3) 경비

경비는 재료비, 인건비 이외에 물류활동과 관련하여 발생하는 제반비용으로서 주로 물류관리활동에서 발생된다. 경비에 대한 세부적인 비목구분은 없으나 주로 다음과 같이 구분하여 정의한다.

- 공공서비스비 : 공공기관에서 제공하는 서비스에 대해 발생하는 비용으로서 고속도로 통행비, 전기세, 가스, 수도광열비, 통신비 등이 이에 해당된다.
- 관리유지비 : 물류관련 고정자산의 운용, 가동, 보전 등을 위해 발생하는 비용으로서 수선비, 운반비, 세금, 공과금, 장비임차료, 보험료 등이 포함된다.
- 감가상각비 : 물류관련 고정자산의 시간경과에 따른 가치감소분의 비용으로서 건물, 설비, 차량 등의 상각비용이 해당된다. 감가상각비는 현금지출을 수반하지 않는다는 점에 유의해야 하며, 자산의 실제 사용분만큼에 대한 가치감소를 화폐가치로 나타낸다.

- 일반경비 : 물류관리를 목적으로 지출하는 일반적인 물류비로서 교통비, 교육훈련비, 소모품비 등과 같은 비용항목, 운송이나 보관이 아닌 기타 물류과정에서 발생하는 손실 및 폐기비용 등이 포함된다.

(4) 금융비용

금융비용은 경제적 부가가치(EVA, Economic Value Added) 개념을 포함하고 있는 개념으로 금융비용 중 가장 일반적인 항목은 이자로써 물류시설투자나 재고자산보유에 대한 이자발생분을 의미한다. 물류시설과 재고자산에 대한 금융비용을 포함하는 것은 자본비용을 원가계산에 정확하게 반영함으로써 원가정보의 정확성과 유용성을 높이기 위해서이다. 물류시설투자에 따른 이자는 물류시설의 경제성을 반영하며, 재고자산보유에 따른 이자는 물류운영의 효율화를 의미하므로, 이러한 비용을 반영하는 것은 보다 정확한 비용을 산정하는 데에 의의가 있다.

- 물류시설투자이자 : 물류시설에 투자된 자금에 대한 이자부담분만큼의 기회손실을 말한다. 즉 해당물류설비 및 시설을 직접 운영하는 방식(자가물류비)과 외부아웃소싱방식(위탁물류비)과의 경제성을 비교 검토하여 물류운영방식을 의사결정하기 위해서 이를 분석한다.
- 재고자산보유이자 : 재고자산보유로 인해 발생하는 재고자산의 가치에 대한 이자부담분만큼의 기회손실을 말한다. 재고자산보유이자는 재고자산의 보유를 최소화하는 것이 물류를 효율화한다는 점에서 재고를 어떻게 유지하고 있는지를 재무적으로 표시하여 재고관리수준을 파악할 수 있어 물류정보를 보다 유용하게 활용할 수 있게 해 준다.

5) 관리항목별 물류비

관리회계는 기업의 내부통제 및 관리를 목적으로 수행하는 회계로써 내부관리에 사용할 여러 기준에 따라 비용을 분석하는 회계를 의미한다. 관리회계에서 사용하는 관리항목별 분류는 제품별, 지역별, 고객별 등과 같은 특정 물류관리 단위별로 물류비를 구분하는 것으로서 관리목적별 분류라고 한다.

관리항목은 기업의 관리회계 목적에 따라 다음과 같이 구분한다.

- 부문별 : 물류비가 발생하는 발생부문 등의 조직계층 단위에 따른 기준을 의미하

며, 예를 들어 본사와 현장의 인건비를 비교할 때 사용하는 기준이다.

- 지역별: 물류비 발생지역 또는 조직단위에 따른 물류비용 분석을 의미한다. 지역별로 위치한 창고에서의 하역비를 비교하거나, 해외와 국내에서 발생한 물류비용을 분석하는 등의 지역별분석을 수행할 때 필요한 기준이다.
- 운송수단별: 철도, 해상, 육로, 항공 등의 운송수단별로의 운송비와 운송효율성을 비교할 때 사용하는 기준으로, 철도운송과 도로운송을 비교하여 최적의 운송수단을 선택할 때 사용할 수 있는 분석기준이다.
- 자재별: 물류활동 대상이 되는 원재료, 제품 등의 자재유형에 따른 보관, 운송 등의 물류비용을 분석할 때 사용할 수 있다.
- 물류거점별: 물류활동이 발생하는 장소로서 창고 등의 효율성을 비교하고자 할 때 사용할 수 있는 기준이다. 물류거점별로의 물류비비교, 고객의 위치와 화물량에 따른 물류비를 물류거점별 비교 등을 통해 물류거점의 효율성을 분석할 수 있다.
- 위탁업체별: 물류활동을 여러 외부물류 업체에 위탁할 경우 업체별 운송비, 하역비 등 물류업체별로의 우수성을 평가할 수 있다.

6) 조업도별 물류비

물류비에 관한 계획을 수립하고 통제하기 위해서는 물류비가 물류조업도에 따라서 어떻게 발생하는가를 파악하는 것이 중요하다. 물류조업도는 최대 실행가능한 물류역량 대비 실제 물류역량을 비율로 정의한 개념이다. 조업도별 물류비는 물류활동에 비례하여 발생하는 변동비와 물류활동량과 상관없이 일정액이 지불되는 고정비로 구분할 수 있다. 즉, 물류고정비는 물류활동의 범위 내에서 물류조업도의 증감과 관계없이 발생하는, 비용이 일정한 물류비를 가리키며, 물류변동비는 물류활동의 범위 내에서 물류조업도의 증감에 따라 발생하는 물류비를 가리킨다.

조업도별 물류비산정을 통해 물류환경 및 물류전략에 따른 기업물류비를 예측함으로써 합리적인 물류의사결정에 유용한 정보를 제공할 수 있다. 또한 물류손익분기점(CVP, Cost, Volume, Profit for Logistics) 분석을 가능케 하여 물류목표 및 전략을 수립하고 물류성과를 평가하는데 기초정보로 활용할 수 있다.

1.3 간이기준에 의한 물류비의 분류

간이기준에 의한 물류비산출은 재무회계방식이라고도 하며, 기업이 외부 이해관계자를 위해 매년 작성, 보고하는 재무제표 또는 회계장부를 이용하여 물류부분에 관련된 비용만을 역으로 추적해 산출하는 것을 말한다.

간이기준에 의한 물류비계산은 물류비에 대한 현상파악을 위해 실적물류비를 대략적으로 추산하는 것을 목적으로 한다.

물류비는 일반기준에 의해 원천자료로부터 구분하여 집계해야 하지만, 전사적으로 물류비를 계산하지 못하는 기업이나 상세한 물류비 분석정보를 필요로 하지 않는 기업 등에서는 회사전체에서의 물류비파악을 목적으로 간이기준에 의해 간략하게 계산한다. 이 기준에 따라서는 정확하고 상세하게 물류비를 계산할 수는 없으나, 물류비계산의 경제성을 고려하여 기업규모가 작거나 일반기준을 적용하기 위한 물류정보시스템을 구축하지 못한 기업 등에서 활용할 수 있다.

이를 요약하면 <표 10-1>과 같다.

표 10-1 일반기준과 간이기준에 의한 물류비계산

구 분	관리회계방식(일반기준)	재무회계방식(간이기준)
기본적 관점	• 물류목표를 달성에 관여된 인력, 자금, 시설 등의 계획 및 통제에 유용한 회계정보의 제공 • 기능, 관리목적에 따라 실적평가 및 계획	• 재무제표를 중심으로 회계제도의 범주에서 물류활동에 사용된 비용항목으로 물류비를 계산
계산 방식	• 물류활동관리 및 의사결정에 필요한 회계정보를 입수하기 위해 영역, 기능, 관리목적 등으로 구분하여 비용집계	• 재무회계의 비용항목 중 물류비용을 항목별 배부기준을 근거로 회계기간의 물류비를 추정하여 비용계산
장점	• 필요시기, 장소에 따라 영역, 기능, 관리목적별 물류비계산 • 물류활동의 개선안과 개선항목을 보다 정확하게 파악 가능	• 개략적 물류비 총액계산에서 별도의 물류비분류, 계산절차 등 불필요 • 전문적인 전담인력이 부족해도 계산가능
단점	• 물류비분류 및 계산을 위한 절차와 작업량이 많아 IT시스템구축 선행 필요	• 구체적 물류비산정이 어려워 업무평가나 개선목표달성에 한계 • 물류비절감효과 측정에 한계

간이기준에 의한 물류비계산은 다음 기업의 경우 유용하게 활용할 수 있다.

- 물류관리의 초기단계에 있는 기업 : 내부적으로 물류관리기준인 비용분류기준이 없거나 내부관리수준이 높지 않은 기업은 일반기준에 의한 상세한 물류비산정이 어려울 수 있다.
- 물류비계산시스템이 확립되어 있지 않은 기업 : 관리기준이 있더라도 물류비계산을 위한 관리시스템이 없는 경우, 물류비를 산출하기 위해 수작업 또는 산출비용이 과다하게 발생할 수 있다.
- 물류비의 상세한 정보보다 개략적인 총액정보에 만족하는 기업 : 내부적으로 상세한 물류비산정이 필요없는 경우나 재무회계기준에 따른 물류비산정에 대해 만족을 하는 기업의 경우, 물류비를 일반기준으로 계산할 필요는 없다.

1.4 물류비 계산방법과 절차

1) 물류비 계산방법

(1) 현상분석을 위한 물류비계산

물류비는 기업의 물류환경과 물류활동 자체의 특성으로 인해 보편타당한 물류비를 계산하는 데에는 많은 시간과 노력이 소요된다.

물류비는 물류서비스를 제공하는 기업과 이용하는 기업 간의 기준과 활동이 다르고, 물류프로세스 및 세부절차도 기업마다 상이하여 물류비를 취합하고, 재정리하기가 어렵다. 또한 물류비 계산규정이 미비하고 통합된 배부기준도 없을 경우, 물류비계산 또한 어렵다. 이에 기업물류비 산정지침에서는 합리적인 물류비계산을 위해 고려해야 할 요소들을 다음과 같이 규정하고 있다.

- 분석대상 : 기업의 정상적인 물류활동과 관련하여 발생한 것을 대상으로 한다. 기업목표에 부합하고 예측할 수 있는 물류활동에서 발생된 검증가능한 물류비여야 한다. 비정상적인 물류활동이나 관련범위 내에서 예측이 불가능한 물류활동에서 발생된 비용을 제외함으로써 기간별 물류비의 비교가 용이하게 된다.
- 발생기준 : 일반적인 물류비의 측정을 기업회계기준에서 사용하고 있는 발생기준

에 따라 측정함으로써 기업물류비 산정지침에서 규정하지 못하고 있는 세부사항에 대해 보완하고 있다. 물류 및 물류비가 가진 특성을 고려하여 기회원가인 금융비용과 같이 특별한 규정이 있는 경우에는 예외로 하였고, 물류비분류형태로는 영역별, 기능별, 지급형태별 등으로 하였다. 참고로 자가물류비중 시설부담이자와 재고부담이자는 제조원가명세서 및 손익계산서와는 별도로 자산명세서와 재고명세서를 기초로 하여 계산한다.

- 활동목적 : 기업의 다양한 물류활동은 물류목적에 적합한 본원적인 물류활동과 부수적인 물류활동으로 구분된다. 부수적인 물류활동은 주된 물류활동과의 관련성을 고려하여 물류인원, 물류관련시설 면적, 물류활동시간, 물류빈도, 물동량, 물류비의 규모, 물류자산의 규모, 물류자산의 이용도 등의 적합한 기준으로 합리적인 배부기준을 설정하고, 이에 따라 배부한다.

(2) 관리목적을 위한 물류비계산

기업전체의 물류환경에 대한 의사결정뿐만 아니라 부분적이고 제한된 물류자산 및 활동에 대한 의사결정을 위해 물류비를 계산한다. 관리목적에 따라 기회비용 등 보편타당성이 다소 떨어지는 물류비계산도 필요시 계산해야 한다.

- 물류전략수립지원 : 기업의 물류환경이 다변화되면서 효율적인 기업물류전략을 수립하는 것이 복잡해졌고 시간도 많이 소요되고 있다. 물류활동 및 물류기능과 관련하여 신속한 의사결정을 위해 기능별 물류비를 관련범위 내에서의 물류조업도에 따라 물류고정비와 물류변동비로 구분하여 물류손익분기점 및 물류환경을 분석할 수 있다.
- 관리항목별 분석 : 물류전략을 수행하기 위해서는 관리항목별 물류비 계산이 필요하다. 물류의사결정에 필요한 대표적인 관리항목으로는 조직, 지역, 고객, 활동 등이 있으며, 개별기업의 상황에 따라 다양하게 설정할 수 있다. 간접비 또는 공통비에 대한 배부기준을 적용하며, 기회비용적 성격인 금융비용은 객관적인 자료와 검증가능한 이자율을 고려하여 계산할 수 있다.

2) 물류비 계산절차

물류비는 현재 운영상태를 상세히 분석하여 다음과 같이 계산한다.

(1) 제1단계 : 물류비 계산목표의 명확화

물류비계산의 목표를 해당 기업의 물류비관리 필요성이나 목표에 의거하여 명확하게 결정해야 한다. 물류비계산을 왜 하는지, 이를 통해 산출된 정보를 어떻게 활용할 것인지에 대한 계산목표를 명확하게 정의해야 한다.

(2) 제2단계 : 물류비 데이터확인 및 확보

물류비계산을 위해 물류활동에서 발생한 기본적인 회계자료 등 관련 데이터를 계산대상별로 확인 및 확보해야 한다. 물류활동에 관련된 기초회계자료는 회계부문으로부터 받게 되는데, 해당 물류비관련 자료는 해당 기업의 계정과목을 중심으로 제공된다. 물류부문에서 발생하는 업무자료는 다음과 같은 것들이 있다.

- 운송관련 : 영역별 · 제품별 · 지역별 운송거리, 운송량(Ton, ㎞) 등
- 보관관련 : 창고 · 지역 · 제품별 보관수량(개, 일, ㎡), 입출고빈도 등
- 하역관련 : 물류인원의 영역 · 기능 · 제품별 작업시간, 상하차수량 등
- 포장관련 : 센터별 · 지역별 · 제품별 포장수량(개, ㎥) 등
- 기회원가관련 : 시설이나 재고의 부담이자를 계산하기 위한 기회원가 관련 자료도 별도로 산정해야 한다. 이 자료는 기본적으로 회계부문의 자산명세서 및 재고부문의 재고명세서를 통해 확보할 수 있으며, 필요에 따라서는 물류부문에서 적절하게 관련 자료의 수정, 보완작업을 통해 추출해 낼 수 있다.

(3) 제3단계 : 물류비 배부기준의 선정

회계부문으로부터 물류비 관련 회계자료를 확보하면 계산대상별로 물류비를 계산하기 위해 물류비의 배부기준과 배부방법을 결정해야 한다. 영역별, 기능별, 관리항목별로 물류비를 계산하기 위해서는 우선 물류비를 직접 물류비와 간접 물류비로 구분해야 한다. 직접 물류비는 계산대상별로 직접 부과하며, 간접 물류비는 적절한 배부기준과 배부방법에 의거하여 물류비를 계산대상별로 일정액 또는 일정율을 배부한다.

(4) 제4단계 : 물류비의 배부와 집계

제2단계에서 확보된 물류비 관련 데이터를 사용하여 제3단계의 배부기준 및 배부방법에 의해 물류비를 배부하여 산정한다. 이 중 직접 물류비는 물류비용으로 발생한 전체금액을 해당 계산대상에 직접부과하고, 간접 물류비는 선정된 배부기준과 배부방법

에 의거하여 물류비의 일정액 또는 일정율을 계산대상별로 배부, 집계 및 합산한다.

(5) 제5단계 : 물류비계산의 보고

물류비계산에 따른 보고서를 계산대상별로 작성함과 동시에 이 내용을 종합하여 물류활동에 관한 물류비 보고서를 제출하는 단계이다. 물류비 보고서는 전사차원에서 합산하여 전사물류비 보고서를 작성하면 된다. 필요에 따라서는 영역별, 기능별, 지급형태별 보고서를 비롯하여 창고별, 제품별, 지역별 등의 관리항목별, 조업도별로 물류비 보고서를 작성하게 되면 산출된 물류비정보를 이용하여 물류의사결정이나 물류실적평가에도 활용할 수 있다. 월·분기별로 기간별 물류비자료를 구분하여 물류비 보고서를 작성하는 것도 필요하며, 이때 물류비 보고서에는 반드시 계산결과에 따른 문제점의 지적이나 필요에 따라서는 이에 대한 대안을 제시하는 것도 필요하다.

물류비계산을 체계적이고 전사적으로 실시하기 위해서는 기업의 물류활동 특성에 적합한 물류비지침이나 물류비 계산기준 등의 물류비 산정기준을 활용하는 것이 필요하다.

1.5 물류활동기준 경영관리

1) 물류활동기준 원가계산(ABC, Activity Based Costing)

(1) 물류활동기준 원가계산의 개념

기업의 업무 프로세스는 가치사슬의 단계별로 자원을 투입하여 가치를 창출하는 과정이며, 제품설계, 원자재구매, 생산관리, 품질관리, 판매물류, 고객관리 등의 주요 활동과 세부과정으로 구성된다.

활동기준원가계산(ABC, Activity Based Costing)은 기업내부의 활동과 원가구성요소 간의 관계를 정의하여 활동에 따른 원가대상별 원가를 분석하여 정확한 비용 및 수익을 분석하는 원가계산방법이다. 물류비용을 분석할 때 물동량단위에 한정하지 않고 활동별로도 분석함으로써 물류업무의 효율성을 분석하거나 공급사슬의 최적화를 위한 비용평가가 가능해진다.

다품종 소량생산, 소량운송 등 보다 세밀한 물류관리가 요구되면서 기업의 원가구조에서 간접 원가비중을 효과적으로 배부관리하는 것이 필요해졌고, 전통적인 원가계산방법으로는 정확한 물류비산정이 어려워지면서 이를 보완하기 위해 만들어졌다.

(2) 물류활동기준 원가계산의 기본요소

물류활동기준원가는 자원(Resource), 활동(Activity), 원가대상(Cost Object), 활동동인(Activity Driver), 자원동인(Resource Driver)을 고려하여 계산한다.

- 자원(Resource) : 물류활동을 수행하기 위해 사용되는 경제요소를 원가로 환산한 단위를 의미하며, 총계정원장 상의 비용 또는 원가항목으로 집계된다.
- 활동(Activity) : 특정 목적을 달성하기 위해 기업내부 프로세스에서 수행되는 일련의 업무를 말하고, 역으로 이러한 활동의 집합을 프로세스라고 한다.
- 원가대상(Cost Object) : 물류활동에서의 원가를 산정하고자 하는 최종 단계의 측정대상을 말하는 것으로 일반적으로 제품 또는 서비스가 원가대상이 된다. 예를 들어, 제품의 수익성을 분석할 때는 제품을 원가대상으로 설정하여 원가계산을 해야 한다. 특히 ERP나 WMS 등의 시스템 상에서 어떤 항목을 원가대상을 설정하느냐에 따라 분석하고자 하는 원가정보의 종류가 결정되므로 원가분석 및 관리체계를 정의할 때 가장 중요하게 고려해야 하는 요소이다.
- 활동동인(Activity Driver) : 원가대상에 따라 사용된 활동량을 측정하기 위한 기준으로 검사시간, 작업시간, 작업준비시간 등을 예로 들 수 있다. 활동동인을 결정할 때는 원가대상과 활동동인 간의 인과관계성, 활동동인 데이터의 이용가능성, 활동동인 데이터의 계량화 가능성, 활동동인 측정의 용이성 등을 고려해야 한다.
- 자원동인(Resource Driver) : 활동에 따라 사용된 자원의 양을 측정하기 위한 기준으로 인원수, 급여, 전력소비량, 재료비소비량, 면적 등을 예로 들 수 있다. 자원을 활동별로 할당하여 활동원가를 산출하며, 자원동인은 소비된 자원과 활동 간의 인과관계에 의해 결정된다.

(3) 활동기준 원가계산도입에 따른 기대효과

- 정확한 원가계산 : 회계계정이나 배부기준에 따른 원가산정이 아닌 활동량을 기반으로 정확하게 원가를 측정할 수 있도록 함으로써 이익에 대한 정확한 정보를 제공할 수 있다.

• 내부관리회계의 기반구축: 활동기준 원가계산은 ERP 등의 시스템지원이 필요하며, 이러한 시스템을 통해 보다 신속정확한 원가계산이 가능해 진다. 또한 활동기준 원가계산을 위한 업무기준을 정의함으로써 ERP에서의 정확한 관리회계시스템을 구축할 수 있다.
• 성과관리기반구축: 조직내부 원가발생원인에 대해 정확하게 분석함으로써 성과평가를 위한 인프라를 구축하고,나아가 전략적 분석정보를 제공할 수 있다.
• 경영의사결정의 품질개선: 투입된 자원의 할당과 사용을 기반으로 보다 정확한 정보를 경영자 및 관리자에게 제공함으로써 경영의사결정을 질적으로 개선할 수 있다.

2) 물류활동기준 경영관리(ABM, Activity Based Management)

활동기준 원가계산(ABC)은 물류업무에서만 사용되는 것은 아니며, 경영전반에 걸쳐 보다 정확한 원가산정을 위해 적용할 수 있다. 활동기준경영관리(ABM)는 기업의 여러 프로세스에서 수행되는 활동을 체계적으로 구분, 관리함으로써 정확하게 원가를 산정하고, 이를 활용함으로써 고객가치를 높여가는 경영혁신기법이다. 결과적으로 원가를 절감하고 가치를 개선함으로써 이익을 증가시키기 위한 성과관리기법이라 할 수 있다.

(1) ABC와 ABM의 차이

구 분	ABM	ABC
주요목적	원가발생 원인에 대한 분석과 개선: 프로세스 개선으로 기업가치 증대를 위한 의사결정	활동별 정확한 원가분석: 원가대상별 정확한 원가분석로 원가체계 개선을 위한 의사결정
활용방향	원가정보 활용	원가정보 분석
관리수준	상세 수준	개략적 수준

(2) 물류활동기준 경영관리를 통한 효과

• 원가관리수준개선: ABC에 기초한 원가산출정보를 활용하여 원가동인과 활동을 성과평가와 연결해서 업무평가 및 개선에 반영할 수 있다. 따라서, 물류, 관리활동 등에서 발생하는 원가를 정확하게 계산한 판매가격결정, 제품배합, 제품설계 등의 의사결정에 필요한 정보를 제공할 수 있다.

• 프로세스 혁신 : 원가정보, 활동분석, 원가유발요인 등의 ABM정보를 이용하여 프로세스 혁신이 필요한 프로세스 상의 비효율영역을 개선함으로써 효율적으로 업무를 수행할 수 있다. 이를 통해 품질, 시간, 서비스, 원가, 유연성 및 수익성을 지속적으로 개선하는데 기여할 수 있다.

02 물류예산관리와 채산성 관리

1) 물류예산관리

(1) 물류예산관리의 개념

예산은 특정 기간 동안 전사 또는 부문의 자원을 종합적으로 계획, 통제하는 활동으로 통상 1년 단위로 물량위주의 사업계획과 연계하여 금액단위로 수립한다. 물류 등 특정 부서별로 예산을 편성하고 회사전체로 통합하여 예산을 통제관리한다. 특정 기간 동안 예측가능한 물류활동과 관련된 비용을 미리 배정함으로써 향후 업무를 추진 시 신속하고 효율적으로 업무를 수행하도록 한다.

물류예산관리는 체계적으로 물류예산을 편성하여 계획을 수립하고, 이에 근거하여 집행하고 관련비용지출을 조정, 통제하는 활동을 말한다. 정의된 물류관련 내부규정 및 지침에 따라 물류예산과 지출에 대해 계획을 수립하고 이에 따라 지출을 통제하고 또한 물류 각 부문별예산도 조정한다.

물류예산편성은 물류환경을 분석하고 물류목표를 설정한 후 경영층으로부터 가이드받은 물류예산편성방침에 따라 물류비 예산안을 작성한다. 이후 여러 관련 부서 및 경영층의 검토 및 심의조정과정을 거치면서 최종 물류비예산을 확정한다.

(2) 물류예산의 유형

예산관리는 자원을 종합적으로 계획, 통제하는 활동이며, 물류활동의 자원유형에 따라 다음의 유형으로 나눌 수 있다.

• 물류자본예산 : 물류시설투자 및 운영과 관련된 예산으로 창고, 물류설비 등의 시

설투자의사결정시 반영해야 한다.

- 물류인력예산 : 물류인력의 채용 및 임금과 관련된 예산으로서 고용과 관련된 예산이다.
- 물류손익예산 : 물류활동을 통한 물류수익 및 물류비용지출과 관련된 예산을 말한다. 물류수익예산은 물류부문이 사업부 등 독립채산제로 운영할 경우. 타 사업부로부터 받아들이는 사내물류청구금액을 대상으로 하는 예산을 말한다. 또한 물류비용예산은 물류활동을 통해 수익을 창출하기 위해 지출되는 각종 비용지출과 관련된 예산항목이다.

(3) 물류예산관리의 특징

- 예산편성의 근거기준 : 객관적인 활동규범, 예산편성근거 등을 예산수립 시 제시해야 한다. 제한된 자원으로 예산을 편성하는 것이 일반적이므로 합리적인 예산편성 근거를 제시해야 여러 부서 간의 갈등을 해소할 수 있고, 우선 순위에 따라 자원을 할당할 수 있다.
- 예산편성의 방식 : 예산은 경영층의 의견이 반영되는 하향방식, 실무층의 의견이 전달되는 상향방식, 경영층의 수립과 부문별조정을 적용하는 절충방식으로 구분된다. 물류담당 임원 및 관리자는 전사가이드에 맞춰 다양한 물류정보를 활용하여, 창고 등 물류 현장인력의 의견을 충분히 수렴해서 편성하는 것이 바람직하다.
- 예산의 조정기능 : 통상 경영층은 예산의 방침을 정하고 계획을 수립하고, 이에 따라 물류사업 부문별로 예산안을 작성한 결과를 예산부서에서 조정함으로써 종합적인 예산안을 수립한다.
- 예산의 통제기능 : 사전통제와 사후통제를 통해 물류예산을 통제할 수 있다. 사전통제는 기안 · 승인 등 원인행위를 통제하거나 승인한도를 통해 지출한도액을 통제할 수 있다. 예산편성시 물류 현장인력이 예산목표의 설정에 참여함으로써 이후 예산통제에 관해서도 동기를 부여한다. 그리고, 승인된 예산범위 내에서는 자율적으로 사용하게 한 후 오류여부를 사후적으로 통제할 수 있다. 통상 예산범위 내에서 조직목표달성을 유도하고, 예산집행 후에는 예산계획과 예산실적의 차이 분석을 실시하여 물류활동의 성과를 평가한다.

2) 물류채산성 분석

(1) 물류채산성 분석의 개념

물류에서는 도로, 항만 등의 사회적 차원의 대규모투자나 운송수단, 물류시설, 창고 등 일반 기업차원의 많은 투자가 발생한다. 물류채산성 분석은 특정 물류업무 프로세스 적용에 대한 타당성 분석이나 신규 물류시설투자 등에 대한 경제성 분석을 하는 의사결정기법을 말한다. 사업의 수익성을 측정하는 중요한 항목이므로 투자의사결정 시에는 반드시 채산성분석이 필요하다. 물류비관리와는 다음의 측면에서 차이가 있다.

물류채산성 분석은 다음 측면에서 중요하다.

구 분	물류채산성 분석	물류비 관리
목적	물류활동의 의사결정	물류활동의 실적평가
대상	물류투자 및 개선안평가	일반적 물류활동 평가
시기	투자의사결정 시	예산수립 시
지속여부	임시적으로 계산	반복적으로 계산
원가유형	미래원가	표준원가, 실제원가

물류시설 등의 투자안이나 물류프로세스 개선안의 타당성을 분석할 때, 예상비용요소와 수익요소를 정확하게 반영한 채산성 분석을 함으로써 물류업무의 효율이나 물류비절감 등의 효과를 사전에 분석 및 예측할 수 있다. 또한 장기관점에서 물류투자 등에 따른 경제성 및 채산성 분석을 통해 기업의 물류전략이나 재무정책관련 투자효율을 측정할 수 있으므로 합리적인 투자관련 의사결정을 지원한다.

(2) 물류채산성 분석방법

① 원가분석방법

원가분석방법은 비교대상 투자안 간의 전체 또는 영역별 비용을 비교하여 채산성을 분석하는 방법이다. 총비용관점에서 어떻게 비용을 절감할 것인가에 대한 전체적인 관점에서 분석하는 방법을 말한다.

② 경제성 분석방법

경제성 분석방법은 물류관련 투자에 대해 경제적 효과를 투입비용과 비교하여 평가하고 투자금액의 채산을 판단한다. 화폐의 시간적 가치를 고려한 내부수익률법과 순현재가치법이 가장 대표적인 경제성 분석기법으로 장기간에 걸쳐 투자에 따른 가치를 분석한다.

구 분	원가분석방법	경제성분석방법
분석대상	전체 물류활동을 대상	특정 투자안을 대상
분석기간	특정 기간(통상 1년)에 걸쳐 산정	투자안의 전체 기간에 걸쳐 산정
평가기준	원가절감액 또는 최소 투자원가금액	현금유입 및 투자수익금액

토의문제

1. 일반기준에 의해 물류비를 계산하는 방법에 대해 설명하시오.
2. 기업에서 정확한 물류비를 산정하기 위해 어떻게 해야 하는지에 대해 설명하시오.
3. 물류활동기준 원가계산(ABC)에서 활동별 원가를 정확하게 분석하기 위해서는 어떤 방식으로 해야 하는지에 대해 생각해 봅시다.

제 10 장 물류관리사 기출문제

01 세목별 물류비 분류항목으로 옳지 않은 것은? (20회, 2016년)

① 재료비　② 노무비　③ 경비
④ 이자　⑤ 유통가공비

02 운송비에 관한 설명으로 옳지 않은 것은? (20회, 2016년)

① 운송비는 화물량의 증감에 영향을 받지 않는 고정비이다.
② 용차운송비는 부정기차량에 의해서 발생되는 비용이다.
③ 노선운송비는 정해진 노선일정(schedule)에 의해 정기적인 운행으로 발생되는 비용이다.
④ 공간 · 시간적 이동에 의한 효용과 가치를 창조하기 위해서 발생되는 비용이다.
⑤ 화물을 특정 지점에서 특정 지점까지 운송하는데 발생하는 비용이다.

03 제품 A, B, C를 취급하는 어느 물류업체에 지불한 6월 물류비가 항목별로 다음과 같다. A, B 제품별 물류비는 각각 얼마인가? (20회, 2016년)

구 분	하역비	운송비	보관비	기타물류비
금액(만원)	2,000	5,000	1,500	1,500
배부기준	하역건수(건)	톤 · km	부피(㎥)	입 · 출고수(회)

제 품	하역건수(건)	무게(톤)	거리(㎞)	부피(㎥)	입 · 출고수(회)
A	200	100	350	2,000	100
B	300	150	200	2,000	150
C	500	350	100	1,000	250

① A : 3,050만원 B : 3,150만원　② A : 3,050만원 B : 3,800만원
③ A : 3,150만원 B : 3,050만원　④ A : 3,150만원 B : 3,800만원
⑤ A : 3,800만원 B : 3,150만원

04 물류비를 계산하고 관리하는 목적으로 옳지 않은 것은? (19회, 2015년)

① 물류예산을 편성하고 통제한다.
② 물류활동의 문제점을 파악한다.
③ 물류활동의 규모를 파악하고 중요성을 인식시킨다.
④ 주주들에게 공정한 회계자료제공을 위한 재무제표를 작성한다.
⑤ 관리자 또는 의사결정자에게 유용한 물류비정보를 제공한다.

05 물류비산정의 일반기준에 해당하지 않는 것은? (18회, 2014년)

① 인력, 자금, 시설 등의 회계정보작성
② 영역별, 기능별, 관리목적별 구분집계
③ 손익계산서와 대차대조표 활용
④ 운영을 위한 정보시스템 구축필요
⑤ 물류활동의 개선방안도출 용이

06 물류비산정의 일반기준에 해당하지 않는 것은? (18회, 2014년)

① 인력, 자금, 시설 등의 회계정보작성
② 영역별, 기능별, 관리목적별 구분집계
③ 손익계산서와 대차대조표 활용
④ 운영을 위한 정보시스템 구축필요
⑤ 물류활동의 개선방안도출용이

07 물류비계산의 일반기준인 관리회계방식의 특징으로 옳지 않은 것은? (16회, 2012년)

① 물류활동에 투입되는 인력, 자금, 시설 등의 계획 및 통제에 유용한 회계정보의 작성
② 물류비계산이 필요한 시기, 장소에 따라 가능
③ 물류비절감 효과의 측정이 어려움
④ 물류활동의 개선안과 개선항목의 명확한 파악이 가능
⑤ 상세한 물류비분류 및 계산을 위한 사무절차와 작업량이 복잡하고 많음

08 **물류비의 비목별 계산과정이 올바르게 나열된 것은?** (15회, 2011년)

> ㄱ. 물류비 배부기준의 선정
> ㄴ. 물류비계산욕구의 명확화
> ㄷ. 물류비자료의 식별과 입수
> ㄹ. 물류비배부와 집계
> ㅁ. 물류비계산의 보고

① ㄱ－ㄴ－ㄷ－ㄹ－ㅁ
② ㄱ－ㄷ－ㄴ－ㄹ－ㅁ
③ ㄱ－ㄷ－ㄹ－ㄴ－ㅁ
④ ㄴ－ㄱ－ㄹ－ㄷ－ㅁ
⑤ ㄴ－ㄷ－ㄱ－ㄹ－ㅁ

09 **다음의 총비용분석에 관한 설명으로 옳은 것만을 고른 것은?** (17회, 2013년)

> ㄱ. 값싼 운송수단일 경우, 마케팅부문에는 영향이 없지만 생산부문에는 원자재부족에 의한 생산중단이 발생한다.
> ㄴ. 창고에서 사용하는 파렛트가 고객이 요구하는 규격과 상이할 경우, 고객에게 인도할 때 추가비용이 발생할 수 있다.
> ㄷ. 기업은 낮은 비용을 지불하는 운송수단을 사용할 경우, 운송비는 절약할 수 있지만 서비스 수준이 낮아질 수 있다.
> ㄹ. 물류서비스 수준을 높여서 물류 각 기능의 총비용을 최소화할 수 있다.

① ㄱ, ㄴ
② ㄱ, ㄹ
③ ㄴ, ㄷ
④ ㄴ, ㄹ
⑤ ㄷ, ㄹ

10 **물류비계산의 일반기준인 관리회계방식의 특징으로 옳지 않은 것은?** (16회, 2012년)

① 물류활동에 투입되는 인력, 자금, 시설 등의 계획 및 통제에 유용한 회계정보의 작성
② 물류비계산이 필요한 시기, 장소에 따라 가능
③ 물류비 절감효과의 측정이 어려움
④ 물류활동의 개선안과 개선항목의 명확한 파악이 가능
⑤ 상세한 물류비분류 및 계산을 위한 사무절차와 작업량이 복잡하고 많음

11 **활동기준원가계산(Activity-Based Costing)에 관한 설명으로 옳지 않은 것은?** (17회, 2013년)

① 업무를 활동단위로 세분하여 원가를 산출하는 방법이다.
② 활동별로 원가를 분석하여 낭비요인이 있는 물류업무영역을 알 수 있다.
③ 노무비, 재료비 및 경비로 나누어 계산한다.

④ 산정원가를 바탕으로 원가유발 요인분석이나 성과측정을 할 수 있다.
⑤ 물류서비스별, 활동별, 유통경로별, 고객별, 프로세스별 수익성을 분석할 수 있다.

12 **간이기준에 의한 물류비산정 방식에 관한 설명으로 옳은 것은?** (17회, 2013년)

① 영역별, 관리항목별, 조업도별로만 간단하게 구분하고 있다.
② 원가회계방식에 의한 원가자료로부터 실적물류비를 발생요인별로 계산한다.
③ 실적물류비는 현재까지 물류활동에 투입된 비용을 말한다.
④ 기업물류비 산정지침(국토해양부 고시, 2009년)에 의해 리버스물류비가 관리항목별 분류에 포함되었다.
⑤ 제조원가명세서 및 손익계산서의 계정항목별로 물류비를 추계하여 계산한다.

13 **다음의 총비용분석에 관한 설명으로 옳은 것만을 고른 것은?** (17회, 2013년)

ㄱ. 값싼 운송수단일 경우, 마케팅부문에는 영향이 없지만 생산부문에는 원자재부족에 의한 생산중단이 발생한다.
ㄴ. 창고에서 사용하는 파렛트가 고객이 요구하는 규격과 상이할 경우, 고객에게 인도할 때 추가비용이 발생할 수 있다.
ㄷ. 기업은 낮은 비용을 지불하는 운송수단을 사용할 경우, 운송비는 절약할 수 있지만 서비스 수준이 낮아질 수 있다.
ㄹ. 물류서비스 수준을 높여서 물류 각 기능의 총비용을 최소화할 수 있다.

① ㄱ, ㄴ　　② ㄱ, ㄹ　　③ ㄴ, ㄷ
④ ㄴ, ㄹ　　⑤ ㄷ, ㄹ

14 **활동기준원가계산(ABC: Activity Based Costing)기법의 구성요소에 포함되지 않는 것은?** (16회, 2012년)

① 활동(Activity)　　② 자원(Resource)　　③ 원가동인(Cost Driver)
④ 활동동인(Activity Driver)　　⑤ 자원동인(Resource Driver)

15 **물류비의 분류에 관한 설명으로 옳지 않은 것은?** (15회, 2011년)

① 기능별 물류비는 운송비, 보관비, 포장비, 하역비 등으로 구분한다.
② 지급형태별 물류비는 자가물류비와 위탁물류비 등으로 구분한다.
③ 세목별 물류비는 재료비, 노무비, 경비, 이자 등으로 구분한다.

④ 관리항목별 물류비는 제품별, 지역별, 고객별 등으로 구분한다.
⑤ 조업도별 물류비는 조달, 생산, 판매물류비 등으로 구분한다.

16 **물류비의 정의와 분류에 관한 설명으로 옳지 않은 것은?** (23회, 2019년)

① 원재료조달, 완제품 생산, 거래처납품 그리고 반품, 회수, 폐기 등의 제반 물류활동에 소요되는 모든 경비이다.
② 세목별로 재료비, 노무비, 경비, 이자 등으로 구분된다.
③ 판매물류비는 생산된 완제품 또는 매입상품을 판매창고에 보관하는 활동부터 고객에게 인도할 때까지의 비용을 의미한다.
④ 조달물류비는 자재창고에서 원재료 등을 생산에 투입하는 시점부터 완제품을 창고에 보관하기까지의 물류활동에 따른 비용을 의미한다.
⑤ 물류비를 상세하게 파악하기 위해 개별기업의 특성에 적합하도록 제품, 지역, 고객, 운송수단 등과 같은 관리항목을 정의하여 구분한다.

17 **물류비에 관한 설명으로 옳지 않은 것은?** (23회, 2019년)

① 물류비산정을 통해 물류의 중요성을 인식한다.
② 물류활동의 계획, 관리 및 실적평가에 활용된다.
③ 재무회계방식은 관리회계 방식보다 상세하고 정확하게 물류비를 산정할 수 있다.
④ 경영관리자에게 필요한 원가자료를 제공한다.
⑤ 물류비분석을 통하여 물류활동의 문제점을 파악할 수 있다.

18 **역물류비에 관한 설명으로 옳은 것은?** (24회, 2020년)

① 반품물류비는 판매된 상품에 대한 환불과 위약금을 포함한 모든 직접 및 간접비용이다.
② 반품물류비에는 운송, 검수, 분류, 보관, 폐기비용이 포함된다.
③ 회수물류비는 판매된 제품과 물류용기의 회수 및 재사용에 들어가는 비용이다.
④ 회수물류비에는 파렛트, 컨테이너, 포장용기의 회수비용이 포함된다.
⑤ 제품이 정상적으로 사용된 후 소멸처리하는 것은 폐기비용으로 간주하지 않는다.

19 **물류비의 분류체계에서 기능별 비목에 해당하지 않는 것은?** (25회, 2021년)

① 운송비 ② 재료비 ③ 유통가공비
④ 물류정보/관리비 ⑤ 보관 및 재고관리비

20 **물류분야의 활동기준 원가계산(ABC: Activity Based Costing)에 관한 설명으로 옳지 않은 것은?**

(25회, 2021년)

① 재료비, 노무비 및 경비로 구분하여 계산한다.
② 업무를 활동단위로 세분하여 원가를 산출하는 방식이다.
③ 활동별로 원가를 분석하므로 낭비요인이 있는 물류업무영역을 파악할 수 있다.
④ 산정원가를 바탕으로 원가유발요인분석과 성과측정을 할 수 있다.
⑤ 물류서비스별, 활동별, 고객별, 유통경로별, 프로세스별 수익성 분석이 가능하다.

정답

01 ⑤ 02 ① 03 ① 04 ④ 05 ③ 06 ③ 07 ③ 08 ⑤ 09 ③ 10 ③ 11 ③ 12 ⑤ 13 ③ 14 ③ 15 ⑤ 16 ④ 17 ③
18 ④ 19 ② 20 ①

P·A·R·T

04

디지털시대의 물류관리

제11장 물류정보시스템

제12장 물류관련 정보인프라

제13장 디지털시대의 물류관리

제 1 부
물류관리의 개요

제 1 장 물류의 개념
제 2 장 물류전략과 물류관리

제 2 부
물류관리의 실행

제 3 장 운송의 개념과 육상화물운송관리
제 4 장 항공, 해상화물운송관리
제 5 장 하역관리
제 6 장 보관관리 · 재고관리
제 7 장 국제물류관리

제 3 부
물류관리의 혁신과 지원

제 8 장 공급사슬관리
제 9 장 물류혁신관리
제10장 물류성과 및 물류비용관리

제 4 부
디지털시대의 물류관리

제11 장 물류정보시스템
제12 장 물류관련 정보인프라
제13 장 디지털시대의 물류관리

CHAPTER

11

물류정보시스템

1. 물류정보와 물류정보시스템의 개념
2. 물류정보시스템의 구성

CJ대한통운, 스마트 물류시스템 전국 확대

CJ대한통운이 자동화 로봇 및 설비를 통합 제어할 수 있는 스마트 물류 시스템 'WCS (Warehouse Control System · 물류센터 제어시스템)'를 전국 물류센터에서 가동한다.

CJ대한통운은 이송로봇, 로봇팔, 자동분류기 등 여러 종류의 자동화 로봇 및 설비를 통합 관리하는 제어시스템 'WCS'을 전국 물류센터에 확대 적용하고 있다고 밝혔다.

CJ대한통운이 도입한 오픈소스 신기술 기반 WCS는 CJ대한통운의 TES물류기술연구소와 정보전략팀의 협업을 통해 자체개발된 시스템으로 지난 7월 국내 특허를 취득했다.

WCS는 자동화 물류센터에서 중추신경과 같은 역할을 담당한다.

"서울 중구 소재 A사에 B상품 3개 배송"과 같은 오더정보는 WMS(Warehouse Management System · 물류센터 관리시스템)에서 송출되어 WCS로 가장 먼저 보내진다. WCS는 WMS에서 받은 정보를 식별하고 구분해 여러 물류 설비 중 AGV에게 "B상품이 적재된 선반을 작업자가 있는 작업장소로 이동"이라는 지시를 내리는 방식으로 운영된다.

특히 자동화 물류센터의 규모가 커지고 복잡해지면서 제어시스템의 중요성도 함께 부각되고 있다. 모양, 무게, 부피 등 특성이 다른 수천가지의 상품들을 처리하기 위해서는 AGV(Automated Guided Vehicle · 고정노선이송 로봇), AMR(Autonomous Mobile Robot · 자율주행이송 로봇), 디팔레타이저(Depalletizer) 등 다양한 자동화 설비를 동시에 제어하고 운영해야하기 때문이다.

WCS의 도입으로 CJ대한통운은자동화 프로세스의 전과정을 실시간으로 모니터링하고 통합 관리할 수 있게 됐다. 이로써 체계적인 관리아래 운영효율을 획기적으로 증대시킬 수 있게 됐으며, 디지털 트랜스포메이션(Digital Transformation)의 속도도 한층 높일 수 있을 것으로 기대하고 있다.

이외에도 WCS에 사용되는 모든 인터페이스를 표준화하는 'ESP(Equipment Standard Protocol · 설비 표준 프로토콜)' 작업을통해 관리시스템 및 자동화 설비와의 호환성을 높였다. 기존에는 고객사마다 다른 관리시스템을 사용하거나 제조사가 상이한 자동화 설비를 사용할 경우 제어시스템과의 연동성이 떨어지는 경우가 많았다. 하지만 모든 인터페이스를 WCS로 표준화하면서 운영 안전성이 확보되었으며, 새로운 시스템 및 자동화설비의 도입 기간도 단축됐다. (후략)

스마트시티투데이, 2021년 11월 26일, 지혁민 기자

01 물류정보와 물류정보시스템의 개념

기업에서는 원재료의 조달부터 생산, 판매를 거쳐 최종 소비자에 이르기까지의 물류과정에서 물류활동과 관련하여 종합적으로 의사결정하고 적시에 실행할 것인가는 중요하다. 이를 위한 관리수단으로 데이터를 활용한 정보시스템이 활용되고 있으며, 이러한 시스템을 통해 정보를 수집, 처리, 제공하는 일련의 규칙화된 흐름을 어떻게 체계적으로 관리하는가는 기업의 존재와 경영활동에 매우 중요한 요소로 작용하고 있다. 이에 물류업무지원을 위한 시스템과 활용방안에 대해 이해해 보고자 한다.

1.1 물류정보와 물류정보시스템 개요

1) 정보와 정보시스템의 개요

(1) 정보의 개념과 특징

정보는 목적을 가진 이용자에게 의미있는 형태로 처리되고 현재와 미래의 활동이나 결정에 가치를 주는 자료라고 정의할 수 있다. 즉 정보는 일정한 의도를 가지고 정리해 놓은 자료의 집합을 의미하는데, 특정 목적을 가진 이용자를 위해 일정한 규칙에 따라 재배열, 요약, 삭제하는 행위를 거쳐야 한다.

기업에서 정보로써 유용성을 가지기 위해서는 정보는 다음의 특성을 갖추어야 한다.

- 관련성(Relevance) : 정보는 특정 목적에 맞도록 관련성이 있어야 한다. 정보사용 목적에 따라 관련성의 정도가 달라지므로 특정 정보로 인해 의사결정의 결과가 향상되어야 관련성이 있다고 할 수 있다.
- 적시성(Timeliness) : 정보는 시간적 가치를 가지고 있으며, 적시성 여부에 따라 정보의 가치는 바뀐다. 의사결정소요 시간이 길어질수록 정보가치는 떨어지고, 정보이용자의 필요에 따라 적시성의 정도가 다르다.
- 정확성(Accuracy) : 정보는 항상 정확성을 갖추어야 한다. 관련성이 적거나 긴급한 정보는 정확도가 약간 떨어질 수 있더라도 정보로서의 가치를 가진다.

- 검증가능성(Verifiability) : 정보의 정확성을 확인할 수 있는 능력인 검증가능성이 있어야 한다. 정보의 정확성을 검증할 수 없다면 신뢰할 수 없으므로 아무리 그 정보가 적시성과 관련성이 높더라도 정보의 가치는 낮다.

(2) 정보시스템의 개념

정보시스템(Information system)은 데이터를 입력받아서 이를 가공 및 처리함으로써 업무처리나 경영의사결정에 필요한 정보를 출력하는 시스템을 의미하며, 기업조직의 각 계층별 경영활동을 지원하기 위한 통합된 자료 및 정보시스템으로 정의된다. 통상 기업에서의 업무처리나 의사결정을 위해 IT기술을 활용하여 자료를 처리하고 이를 정보화하여 조직의 목표달성에 이바지하는 시스템을 의미하지만, 조직원들의 커뮤니케이션, 협업 또는 통제의 목적으로도 활용된다.

정보시스템은 다음의 기능을 수행해야 한다.

- 입력(Input) : 물류업체에서의 입출고, 유통업체 계산대에서의 스캐닝, 은행에서의 입출금, 인터넷쇼핑몰에서의 주문 등의 데이터가 발생하는 시점에 정보시스템으로 입력이 발생한다.
- 처리(Processing) : 정보사용자가 원하는 형태로 데이터를 가공하는 과정으로 추출, 계산, 송수신 등의 작업이 대표적인 처리활동이다. 예를 들어 데이터조회요구 시 컴퓨팅기기를 통해 데이터검색, 추출 및 송/수신되어 정보사용자에게 전달하는 처리 과정을 거치게 된다.
- 출력(Output) : 정보사용자의 목적에 따라 처리된 정보는 문서나 모니터화면 등을 통해 사용자에게 출력되어 전달된다. 통상 정보시스템에서는 입력된 정보를 컴퓨팅기기에서 처리하여 그 결과를 출력한다.
- 저장(Store) : 데이터는 많이 저장되어 연결 및 활용될수록 정보로서의 가치가 높아지게 되며, 통상 데이터베이스에 질서 있게 저장함으로써 추후분석 등의 목적으로 활용할 수 있다. 정보시스템 내 모든 데이터들은 데이터베이스로 구성되어야 통합시스템이라 할 수 있다. 저장은 처리과정에서 수행하는 중요한 기능으로 볼 수도 있다.
- 통제 및 피드백(Control & Feedback) : 출력된 정보가 정보사용자의 목적에 적합하지 않을 경우, 입력이나 처리과정을 조정함으로써 최대한 목적에 적합한 정보로 추출할 수 있다.

2) 물류정보의 개요

(1) 물류정보의 개념

물류정보는 운송, 보관, 하역, 포장 및 유통가공과정에서 생성되는 다양한 종류의 정보를 의미하며, 영업 등 상적유통을 원활하게 실행하기 위해서는 물류정보를 관련 담당자에게 신속정확하게 전달해야 한다. 시스템과 정보가 중요한 시대에서는 물류정보가 고객서비스를 향상시키고, 물류비를 절감하기 위해 중요한 역할을 수행한다.

(2) 물류정보의 유형

물류현장에서 활용되는 물류정보에는 다음 유형의 정보가 있다.

- 화주정보 : 물류서비스를 제공하는 고객으로서의 화주에 대한 정보를 말하며, 화주업체명 등을 포함한 화주관련 속성정보, 취급화물, 도착지주소 등의 정보를 포함한다.
- 화물운송기기정보 : 화물운송수단, 컨테이너 번호 등의 화물운송에 사용되는 기기와 관련된 정보를 의미한다.
- 화물운송정보 : 화물운송과정에서 화물운송을 추적하는 용도로 사용되는 정보를 말하며, 통상 육상, 항공 및 해상운송에서의 화물의 집하, 운송, 보관 등에 따른 이동정보가 가장 대표적이다.
- 화물하역정보 : 화물하역진행과 관련된 정보로써 선적정보, 하역진척 및 실적정보, 운송수단별로의 상하차정보 등이 있다.
- 항만정보 : 항만과 관련된 화물의 위치정보나 창고 등의 정보를 의미한다. 항만출입, 작업지시 등에 따른 항만작업정보, 컨테이너의 이동정보, 선박도착정보, 항만과 관련된 보세창고, 장치장정보 등을 포함한다.
- 수출입 화물검사정보 : 수출입통관 시 화물검사에 사용되는 검량정보, 검수정보, 선적검량정보 등이 있다.
- 화물통관정보 : 화물통관 시 사전에 통지되는 정보로써 수출입 신고정보, 관세환급정보, 통관정보 등의 정보가 있다.
- 보험정보 : 화물의 파손, 분실 등에 대응하기 위한 보험에 대한 정보로써 컨테이너 화물 등의 화물보험정보, 철도운송 등의 운송수단별로의 운송보험정보가 있다.

(3) 물류정보의 특징

- 광범위한 지역에서의 물류정보발생 : 물류현장이 광범위하므로 다양한 정보가 다양한 장소에서 생성된다. 물류활동에서 운송이 차지하는 비중이 큰데 이러한 물류운송이 증가하게 되면 여러 지역에서의 물류이동과 관련한 정보가 추가적으로 발생한다. 따라서 물류정보는 정보발생원, 처리장소, 전달장소 등에 따라 광역으로 분산되어 발생한다.
- 정보량의 편차 : 산업적인 수요, 소매물류수요 등의 증감이 발생하는 물류성수기와 비수기에 따라 정보량의 편차가 크게 발생한다. 예를 들어 미국의 경우, 추수감사절, 크리스마스 등 소매유통이 늘어날 경우, 물류활동이 증가하고 이에 따라 정보량도 평소와 다르게 크게 증가한다.
- 실물과 정보의 일치필요 : 물류흐름과 정보가 일치되어 관리되는 것이 필요하다. 실물물류이동과 전산상의 정보는 동시에 처리될수록 실시간 의사결정과 관리가 가능해 진다.
- 물류정보의 연계성 : 기업업무를 수행하면서 많은 양의 다양한 물류정보가 발생하며, 이러한 정보는 구매, 생산, 영업 등 기업 내외부의 다양한 부문과의 연관성이 크다. 따라서 재고, 이동 등의 물류정보를 공유함으로써 타 영역의 효율적인 업무수행에 기여할 수 있다.

3) 물류정보시스템의 개요

(1) 물류정보시스템의 개념

물류정보시스템은 물류활동을 구성하는 운송, 보관, 하역, 포장 등의 전체 물류기능을 유기적으로 결합하여 효율적인 물류관리를 수행하게 해주는 정보시스템을 의미한다. 또한, 생산에서 소비까지의 물류활동을 구성하고 있는 운송, 보관, 하역 등의 제 기능을 유기적으로 결합하여 전체적인 물류관리를 효율적으로 수행하는 정보시스템을 의미한다. 기업은 물류정보시스템을 통해 물류자료를 수집, 저장, 가공, 유통할 수 있게 되며, 이를 위해 컴퓨터 하드웨어, 소프트웨어, 업무프로세스 및 조직을 운영해야 한다.

(2) 물류정보시스템의 특징

- 원격연결시스템 : 원거리에 위치한 발주자와 수주자 또는 송화주와 수화주 간의

시스템을 연결하여 정보를 공유한다. 물류관리시스템은 고객주문에 즉시 대응하고 창고 및 운송업무를 합리화하며, 물류기능 효율화 또는 물류비절감 등의 물류관리목표를 달성하기 위해 물류의 전체과정을 하나의 통합시스템으로 관리하는 시스템이라 할 수 있다.

- 다수주체 간의 시스템: 물류정보는 본사/지점, 공장, 창고, 유통기관, 그 외 관련기관사이에서 이동하고 관리된다. 물류정보시스템은 물류업무를 수행하는 주체들이 생성하는 정보를 수집, 처리, 공급, 관리하여 물류활동의 효율성, 경제성, 안전성을 높이는 시스템을 말한다.
- 대량정보처리 및 유연한 시스템: 물류정보시스템에서는 주문, 분류, 피킹, 수·배송 등 대량의 정보를 처리해야 하며, 계절적 변동요인 및 긴급주문을 수용해야 한다. 물류정보는 시기, 장소 등에 따라 발생되는 정보량의 편차가 크게 발생하므로 이를 고려하여 대량의 정보를 신속하고 유연하게 처리할 수 있는 시스템을 설계해야 한다.
- 현장중심의 지능형시스템: 물류현장에서는 각종 물류기기와 연동하여 기계화 및 자동화를 수행한다. 이러한 기반이 구축되면 지능형 알고리즘 등을 적용함으로써 스마트한 의사결정과 업무수행을 지원할 수 있다.
- 사전처리형시스템: 물류의 선행업무라고 할 수 있는 영업, 생산현장에서는 수주정보, 재고정보, 여신정보 등을 파악하여 물류현장에서의 원활한 업무수행을 사전에 준비해야 한다. 따라서 물류정보시스템을 적용하기 위해서는 상류정보의 시스템화가 선행되어야 한다.
- 서비스 수준형시스템: 물류비용과 고객서비스를 고려하여 적절한 수준을 설정하여 물류활동을 운영한다. 물류현장에서 시스템을 통해 수행한 각종 실적정보를 전체 기업운영관점에서 분석함으로써 최적의 서비스수준을 관리하고, 이를 통해 서비스수준과 비용의 상충관계에서의 균형점을 유지할 수 있다.

(3) 물류정보시스템을 통한 효과

- 물류가시성 제고: 물류계획 및 실행영역에서 시스템을 활용한 물류가시성을 제공함으로써 전체적인 시각에서 업무를 처리할 수 있도록 지원한다.
- 고객서비스 수준개선: 물류정보서비스를 이용하는 내·외부 고객에게 실시간의 개별화된 정보서비스를 제공함으로써 고객서비스 수준을 향상시킬 수 있다.

- 물류전반의 생산성 향상: 물류정보시스템에서의 정보처리를 통해 업무수행에 소요되는 시간을 단축하고 업무효율을 증대할 수 있다.
- 정확한 물류관련 의사결정: 물류 프로세스에서 발생하는 정보의 정합성이 개선되면 이러한 정보를 활용한 의사결정의 신뢰성과 정확성이 높아질 수 있다.
- 물류비용절감: 물류정보시스템을 통해 현장에서 발생하는 물류정보를 공유하고 처리함으로써 공급사슬 파트너 간의 소통, 거래에서 발생하는 각종 물류비용을 절감할 수 있다.
- 재고관리 효율성 증대: 정확한 재고정보, 입·출고예정정보 등을 통해 재고관리를 하고, 이를 기반으로 보충 등의 업무를 수행함으로써 공급사슬 상의 재고와 물류비용을 절감할 수 있다.

02 물류정보시스템의 구성

물류정보시스템은 IT기술을 활용하여 공급업체, 생산업체, 유통업체, 고객 등과 관련된 물동량, 정보, 자금 등의 흐름을 효율적으로 관리한다. 물류를 공급사슬관리영역으로 확대해서 시스템으로 적용해 보면 물류정보시스템은 공급사슬 전반을 관리하는 시스템으로 확장하여 볼 수 있다. 따라서 물류정보시스템은 물류네트워크를 계획하고 설계하는 공급사슬계획 시스템과 물류현장의 운영과 관리를 지원하는 공급사슬실행 시스템으로 구분할 수 있다. 정리하면 광의의 물류정보시스템은 공급사슬계획 시스템과 공급사슬실행 시스템으로 정의할 수 있고, 협의의 물류정보시스템은 공급사슬실행 시스템으로 정의할 수 있다.

2.1 공급사슬계획(SCP, Supply Chain Planning) 시스템

1) 공급사슬계획 시스템의 개요

공급사슬계획 영역에서 요구되는 기능은 수요 및 공급사슬계획 수립을 지원하고, 기업간 공급사슬조율과 협력이 가능해야 하며, 환경변화에 탄력적인 공급사슬 네트워크를 구현할 수 있어야 한다. 또한 고객의 요청과 시장의 변화에 민감하고 신속하게 반응할 수 있어야 하고 적시에 원활하게 재고를 보충할 수 있는 기능이 실현되어야 하며 최적화 및 제어기술을 제공함으로써 상황변화에 전체 공급사슬이 빠르고 일관되게 적응할 수 있는 인프라가 구축되어야 한다.

공급사슬계획은 수요예측, 생산계획, 수・배송계획, 할당계획 등 공급사슬의 운영을 위해 최적화된 계획을 지원하는 영역을 말한다. 이 계획은 공급사슬관리에서 계획수립과 의사결정공급사슬 최적화 등의 업무를 지원한다. 공급사슬을 구성하는 다양한 요소, 즉 공장, 물류센터, 공급업자의 관계를 파악하고 즉 수요를 예측하여 공급사슬 전체에 대한 계획을 최적화하며 공급사슬관리의 운영방향을 제시한다. 공급사슬에 대한 전체적 관점에서 상품과 서비스의 배송, 공급업자로부터 고객까지의 정보흐름, 수요와 공급조정의 최적화계획을 지원하는 개념이다.

2) 공급사슬계획 시스템의 구성

공급사슬계획 시스템은 수요계획(Demand Planning), 운영계획(Operation Planning), 운송계획(Distribution Planning) 등으로 구성된다.

- 수요계획(Demand Planning) : 공급업체, 생산업체 및 유통업체 등을 전체적으로 고려하여 수요예측하는 영역으로 정확한 수요계획을 통해 전체 공급망의 효율적인 재고관리를 지원한다. 통계적 예측기법을 활용하여 여러 원인변수와 매출데이터에 기초한 예측을 수행할 수 있다. 또한 마케팅활동 및 관리조정 등을 통하여 예측을 변경할 수 있으며 판촉계획을 통해 수요자체를 조정할 수 있다.
- 운영계획(Operation Planning) : 전사수요계획의 결과를 토대로 각 생산업체 또는 공장별로 생산계획을 수립하는 것으로 최적의 중장기생산 및 공급계획을 지원한다. 전체 공급사슬에서의 거점의 위치를 결정하는 네트워크 설계를 하고 수요에

대한 중장기 공급계획을 세우는 데에 영향을 줄 수 있다. 또한 공급사슬계획에서는 공급사슬 전반에 걸친 물류이동경로, 요구량에 대한 로케이션 간의 관계 등을 고려하여 다양한 수요(주문, 구매요청 등)에 대한 공급계획(구매, 물량이동 등)을 수립한다.

- 운송계획(Distribution Planning) : 물류업체 및 유통업체를 통해 매장 및 소비자들에게 재고를 어떻게 배분하고 배송할 것인지에 대한 계획을 재고와 매출을 기반으로 수립한다. 운송계획은 전략적으로 설계된 공급사슬을 기반으로 전사차원의 운송가용자원(트럭, 선박, 항공기 등)에 대한 활용극대화 및 공급사슬 전체의 수/배송상황을 관리할 수 있도록 지원한다. 이를 통해 일정계획기간에 대한 가용운송자원과 운송자원소모 내역에 대한 현황정보를 제공하며 이를 통해 예상되는 자원과부하를 즉시 파악할 수 있다.

2.2 공급사슬실행(SCE, Supply Chain Execution) 시스템

1) 공급사슬실행 시스템의 개요

공급사슬실행 시스템은 현장에서 고객주문에 대한 출하요청, 피킹 및 포장, 상차, 출고 등의 업무실행을 위한 시스템을 의미한다. 공급사슬실행 시스템은 창고 내 입출고관리, 재고관리를 지원하는 창고관리시스템(WMS, Warehouse Management System) 운송과 관련된 업무를 지원하는 운송관리시스템(TMS, Transportation Management System)으로 구성된다.

공급사슬실행 시스템은 물류현장의 업무가 잘 처리될 수 있도록 하는 것이 목적이므로, 데이터를 입력하고 처리하는 기능이 주된 기능이라고 할 수 있다. 또한 공급사슬계획 시스템과 연계하여 공급사슬실행 시스템이 운영되며, 공급사슬계획 대비 실적을 모니터링하고 관리할 수 있다.

2) 공급사슬실행 시스템의 구성

공급사슬실행 시스템의 가장 핵심적인 시스템은 창고관리시스템과 운송관리시스템이다.

- 창고관리시스템(Warehouse Management System) : 창고관리시스템은 주로 창고에서 수행하는 입고, 보관, 출고, 관리(재고실사, 재고통제 등)의 업무를 지원한다. 창고공간, 하역설비 및 작업자 일정 등을 관리하는 시스템으로 창고 내 입출고활동 및 재고관리활동을 지원하는 역할을 수행한다. 창고관리시스템은 재고관리업무도 지원한다. 재고를 유형별로 나누어 재고정보를 공급사슬에 공유하여 재고관련 의사결정에 활용하도록 지원한다. 주문 등의 수요에 따라 적정재고를 유지하면서 불필요한 재고를 억제하는 역할을 수행한다.
- 운송관리시스템(Transportation Management System) : 운송관리시스템은 운송차량관리, 화물운송경로설계, 화물추적 등 화물운송업무를 지원한다. 주문에 대한 운송차량배차관리, 운송차량의 선적관련된 업무를 실행하는 시스템을 말한다.

3) 창고관리시스템(WMS, Warehouse Management System)

(1) 창고관리시스템의 개념

창고관리시스템은 창고에서의 물류업무를 원활하게 지원하기 위해서 사용하는 시스템을 말한다. 즉 화물의 상·하역, 입·출고, 보관, 이동, 피킹, 분류, 포장, 상차 등의 활동과 재고관리를 통해 효율적으로 창고를 관리하는데 사용하는 시스템으로서 대표적인 공급사슬실행시스템 중의 하나이다. 창고관리시스템은 기본적으로 물류업무를 실행하는 과정을 지원해야 하며, 전사적 자원관리시스템(ERP), 운송관리시스템(TMS), 공급사슬계획시스템(SCP) 등과 연계되어 운영된다. 또한 창고에서는 피킹, 포장 등을 위한 다양한 기기가 사용되는데, 이러한 기기들과 연동된 정보처리 역시 창고관리시스템에서 지원하고 있다.

최근 온라인쇼핑이 더욱 활발해지면서 소량 다품종화물이 확대되고 있고, 운송, 포장 등에서의 소비자들의 요구사항이 다양해지고 있다. 이러한 변화 속에서 신속한 물류대응이 더욱 중요해지고 있어 창고관리시스템을 통한 차별화가 절실히 요구되고 있다.

(2) 창고관리시스템의 주요 목적

- 재고관리 효율화 : 창고관리시스템을 통해 창고 내의 랙과 빈(Bin, Cell)별 재고를 실시간으로 상세히 관리할 수 있다. 특히 작업자가 피킹, 상·하역작업에서는 위

치별 정확한 재고정보를 확인하는 것은 중요하고, 이러한 정확한 재고가용성(Availability)을 통해 생산, 영업 등 전사차원의 효율적인 재고운영이 가능해 진다.

- 물류작업의 정확도 향상: 실시간 재고수량 및 정확한 위치정보를 기반으로 창고 내에서의 피킹, 포장작업을 지원함으로써 선입선출 등의 효율적인 물류작업을 지원할 수 있다.
- 창고공간 효율성 향상: 입고 후 창고 내 공간에 재고를 보관할 때 보관의 원칙에 따라 최적의 장소를 선정하여 저장할 수 있다. 또한 출고 시에는 작업자에게 정확한 재고정보를 제공함으로써 피킹작업의 정확도를 향상시키고, 최적의 위치의 재고를 피킹하도록 관리할 수 있다.
- 타 물류관련시스템과의 연계 및 통합: 구매, 영업 등 창고업무와 연관된 영역을 ERP와 연계하고, 운송관련 영역은 운송관리시스템(TMS), 그리고 HHT(Hand-Held Terminal) 등의 각종 기기와 연계함으로써 전사차원에서 물류정보를 활용할 수 있도록 한다. 이를 통해 전사업무를 지원함으로써 단절없는 정보교환과 사용을 지원할 수 있다.

(3) 창고관리시스템의 주요 기능

창고관리시스템은 창고에서의 입고관리(Inbound logistics), 출고관리(Outbound logistics), 재고관리 프로세스 및 창고관리에 대한 포괄적인 범위의 기능을 제공한다.

- 창고운영계획 및 모니터링: 창고에서는 많은 작업자가 근무하면서 신속하게 물동량을 처리해야 하므로 사전에 시간대별 정밀한 창고운영계획을 세우고 이를 관리해야 한다. 창고관리시스템은 창고 내 물동량의 증감에 따라 작업자의 인력계획(작업조정 및 할당 등)을 스케줄링하도록 지원하고 작업이 일정대로 잘 수행되고 있는지를 모니터링 기능을 통해 지원한다.
- 입고(Goods Receipt) 프로세스 지원: 구매 이후 입고예정정보를 관리함으로써 물류운송내역을 효율적으로 관리 및 모니터링할 수 있다. 즉 입고예정정보를 통해 입고대상화물을 확인하고 입고를 준비한다. 입고예정품목, 공급업체, 입고 예정일 및 수량 등의 정보를 ERP 등 연계 시스템에서 전송받아 관리된다. 창고관리시스템은 작업자배치, 저장공간확보 등 입고 전 필요한 입고관련 물류작업을 사전 모니터링을 통해 지원한다. 그리고 입고 후 보관할 공간은 보관의 원칙에 근거한 할당 로직에 따라 신속하게 최적의 보관위치를 제안하고 작업자에게 입고작업을 지

시한다. 예를 들면 ASN(Advanced Shipping Notification) 등의 입고예정물량에 따라 하역인력근무 스케줄링, 하역공간 확인 등의 업무를 시스템차원에서 지원한다.

- 재고관리 : 대규모 창고의 경우, 기능에 따른 구역뿐만 아니라 랙, 빈 등의 명확한 위치와 연계한 재고를 관리하는 것이 중요하다. 또한 재고의 물리적·화학적 변화가 발생한 경우, 재고상태를 정확하게 관리하는 것도 중요하다. 창고관리시스템에서는 창고의 각 저장위치 및 공간을 번호화하고, 이 위치별 재고를 관리함으로써 정확한 위치별 재고관리를 지원한다. 또한 위탁재고, 가용 및 품질검사재고, 불용재고 등 다양한 종류의 재고를 시스템 내에서 관리하도록 하고, 정확한 상태를 반영한 재고가용정보를 제공한다.
- 재고실사지원 : 재고실사는 시스템 상 재고수량과 실제 재고수량과의 차이를 파악하는 활동이다. 창고에서는 정확한 재고정보를 확인하기 위해 주기적인 재고실사를 실시해야 한다. 이러한 재고실사를 위해 창고관리시스템에서는 위치별 품목별 재고를 정확하게 제공하고, 이를 기준으로 작업자가 재고를 조사하도록 지원한다. 즉 월, 분기 등 정기적인 재고실사 시 이를 작업자가 신속·정확하게 할 수 있도록 재고조사 대상목록 등을 출력 및 입력하는 기능을 제공한다.
- 출고(Goods Issue) 프로세스 지원 : 출고예정정보를 통해 출고대상 화물을 확인하고 출고를 준비한다. 사전에 출고예정 리스트를 작성하고 이를 통하여 출고가정확히 이루어지도록 준비한다. 창고관리시스템은 판매에 따른 재고이동 및 출고와 그에 따른 피킹업무를 지원한다. 또한 동일배송지에 대해서는 일괄배송하거나 재고가용성 점검(ATP, Available to promise)체크 등을 통한 출고가능일정 등을 제시하는 등 출고관련기능을 제공한다. 출고할 품목의 최적의 재고위치에 대해서는 피킹의 원칙에 근거하여 시뮬레이션을 적용으로써 피킹위치 선정로직에 따라 신속하게 최적의 피킹위치를 제안하고 작업자에게 작업을 지시한다.
- 피킹(Picking) 및 포장(Packing) 관리 : 최근 온라인쇼핑이 활발해지면서 고객별 포장에 대한 요구사항이 다양해지고 있고, 창고에서의 차별화된 물류업무를 지원하기 위해서는 고객별 수요에 적합한 자동화된 포장작업지시가 필요하다. 이를 위해 창고관리시스템에서는 포장의 룰을 정의하거나 고객의 주문에서 요구한 복잡한 포장요구사항을 피킹 및 포장에 반영함으로써 물류출고 프로세스 자동화를 지원한다.
- 창고공간관리 : 적재공간적재율, 적재공간의 특성과 취급물품의 특성을 고려하여

창고의 각 적재공간을 효율적으로 관리할 수 있다. 특히 적재공간관리를 통해 창고 내 적재공간을 공간적으로 구분 및 관리하고 창고동선과 업무시간을 효율적으로 관리함으로써 처리물동량을 향상시킬 수 있다. 즉, 적재율이 낮은 물품은 할당된 적재공간을 축소하고 적재율이 높은 물품은 할당된 적재공간을 확대하는 등 적정한 적재공간의 적재율을 전략적으로 관리할 수 있다.

- 창고운영관리 : 창고관리시스템은 창고운영과 관련된 인력과 장비의 가동상황을 확인하고 물동량 계획에 따라 작업계획을 수립할 수 있다. 또한 각종 창고운영과 관련된 지표를 분석하여 창고운영 효율성 분석을 지원한다. 창고관리시스템은 물류업무를 수행할 때 정확한 정보입력을 필요로 하고, 이를 통해 각종 창고에서의 서류작업을 제거하도록 지원한다. 이러한 정보의 입력을 통해 창고관리시스템에서는 각종 업무정보를 조회할 수 있게 되었고, 전사적자원관리시스템(ERP), 운송관리시스템(TMS) 등의 시스템과 연계하여 다양한 분석할 수 있다.
- 창고작업자 동선관리 : 적재공간과 재고회전율 관리에 따라 창고작업자의 동선관리가 결정된다. 물품의 입출고빈도, 운송량 등을 파악하고 이를 기반으로 물류작업 효율성 및 편의성 측면에서 작업을 효율화하는 방향으로 물품의 저장위치선정을 할 수 있다.
- 타 시스템과의 통합 : 창고관리시스템은 피킹할 화물을 컴퓨터와 디지털표시기에 의해 작업전표없이 피킹하도록 지원하는 DPS(Digital Picking System), 이를 작업지시서없이 거래처별로 분배하는 DAS(Digital Assorting System), 창고 내 작업자에게 입출고활동을 지원하는 RF 단말기 등 외부 어플리케이션과의 통합을 지원한다. 무선장비지원, 바코드, 기타 장비와 연결함으로써 물류업무를 편리하게 지원한다. 창고에서는 DAS, DPS 등 작업자를 지원하기 위한 다양한 기기가 사용되는데, 이 기기와 창고관리시스템을 연결함으로써 업무가 끊김없이 수행되도록 하는 것을 지원한다.

4) 운송관리시스템(TMS, Transportation Management System)

(1) 운송관리시스템의 개념

운송관리시스템은 입출고되는 화물의 물리적 이동을 계획, 실행 및 최적화하도록 지원하는 물류시스템을 의미한다. 일상적인 운송작업, 무역규정준수 정보 및 문서에 대한 가시성을 제공하고 화물 및 상품의 적시배송을 지원하며, 운송프로세스를 간소화하고 기업이 육상, 항공 또는 해상운송을 보다 쉽게 관리하고 최적화할 수 있도록 한다.

또한, 운송관리시스템은 공급사슬실행에서 중심적인 역할을 하며 계획, 조달, 물류, 영업에 이르기까지의 전체 프로세스에 영향을 준다. 이 시스템을 통해 물류가시성을 확보하고 적시배송을 지원함으로써 보다 효율적인 운송계획 및 실행을 가능하도록 한다.

(2) 운송관리시스템의 구성

운송관리시스템은 주문 이후 운송오더가 들어오면 이에 따른 운송계획을 수립하고, 현장에서 운송 및 단계별 처리결과를 실시간으로 관리하는 시스템이다.

- 운송계획: 운송계획은 화주기업이나 영업팀으로부터의 운송오더가 들어오면 이를 어떻게 운송할 것인지에 대해 계획한다. 복잡한 알고리즘이나 여러 기준에 따라 운송계획이 수립되기도 하고, 차량배차 및 경로분석과 함께 계획이 수립된다. 운송계획에서는 운송경로수립, 대체경로준비, 경로에 따른 운송비 및 소요시간산출 등이 함께 수행된다.
- 운송실행: 운송실행은 운송계획에 따라 운송업무를 관리하는 것을 의미하고, 실제 현장에서 운송업무가 실행되고 완료되는 단계이다. 효율적인 운송을 위해 다양한 기술이 적용될 수 있다. 최근 라스트마일 운송(Last mile delivery)이 미들마일 운송(Middle mile delivery)보다 부가가치가 높아지면서 많은 기업들의 관심이 높고, GPS, 로봇기술 등을 활용하여 어떻게 실행할 것인지에 대한 물류업체의 관심이 높아지고 있다. 또한 운송실행 영역에서는 자율주행자동차 등을 활용하여 운송을 실행하고 실시간으로 운송흐름 및 화물추적관리를 지원할 수 있다,
- 운송분석: 실시간 운송관리를 통해 현재 차량 및 화물위치를 파악하고 상황에 적합한 실시간 대응을 유연하게 할 수 있도록 지원한다. 즉 운송경로변경, 운송상황조회, 실시간 위치확인 등이 실시간으로 이루어지도록 관리할 수 있다.
- 운송관리: 운송관리시스템을 통해 물류전반에 효율화된 물류프로세스를 구축하고, 이를 위한 다양한 피드백을 지원한다.

(3) 운송관리시스템의 주요 기능

운송은 물류네트워크를 구성하는 여러 이해관계자 사이에서 화물을 운송하면서 발

생하는 물류업무영역이다. 운송관리시스템은 이러한 물류운송을 지원하기 위한 시스템으로 화물운송과 관련한 운송계획, 운송관리 및 운송효율화 향상을 위한 목적으로 사용된다.

운송관리시스템은 고객의 다양한 주문에 대해 최고의 서비스수준을 유지한 운송실행과 최적의 운송을 위한 운송관리를 지원한다. 즉 적시 운송체계를 확립하고 최적의 운송계획을 수립함으로써 고객만족과 물류비용절감을 달성할 수 있도록 한다.

이를 위해 출하계획의 수립, 관련 출하서류의 출력 및 전송, 화물추적 및 운송차량의 확보, 최적의 운송경로의 설정, 차량적재효율의 분석, 정확한 운임관리 등을 운송관리시스템은 지원한다. 또한 운송관리시스템은 전사적자원관리시스템(ERP), 창고관리시스템(WMS) 등과 통합되어 효율적인 운송업무를 실행한다.

- 통합된 운송스케쥴링 : 최적의 운송계획을 위해서는 고객주문과 목적지 등의 기준에 따라 선적 및 운송을 통합한 스케줄링이 필요하다. 운송관리시스템은 신속하고 정확한 스케쥴을 수립함으로써 신뢰성 있는 물류서비스를 제공할 수 있도록 지원하고, 여러 최적화 프로그램과 연계하여 공급사슬 최적화를 지원한다.
- 운송경로(Routing) 최적화 : 고객주문내역 상의 목적지를 고려하여 최적의 운송경로를 세우고 운송계획을 수립해야 한다. 운송관리시스템은 운송경로를 다양한 기준에 따라 시뮬레이션함으로써 최적의 운송경로를 설계하고, 이에 따른 각종 비용과 시간을 절감할 수 있다.
- 효율적 운송자원관리 : 효율적인 운송을 지원하기 위해서는 운송에 필요한 자원을 관리하는 것이 필요하다. 운송관리시스템은 운전자와 차량의 현황, 이력정보 및 가용성정보를 항상 관리함으로써 운송스케줄에 따라 필요한 자원을 신속하게 활용할 수 있도록 지원한다.
- 공급사슬 파트너와의 협업 : 운송활동을 최적으로 관리하기 위해서는 화주기업뿐만 아니라 운송업체 등 공급사슬협업 파트너와의 지속적인 커뮤니케이션과 정보공유가 필요하다. 운송관리시스템은 이러한 정보공유를 위해 IT기술을 활용한 선적/운송관리, 운송업체와의 연결을 통한 화물추적을 지원한다.
- 가용성점검(ATP, Available To Promise) : 운송관리시스템은 정확한 재고정보와 함께 운송일정정보를 제공함으로써 정확한 재고가용성 정보를 제공한다. 고객입장에서는 화물을 수령할 수 있는 정확한 배송일시를 확인할 수 있어서 정확한 재고가용성에 근거한 물류운영이 가능해진다.

• 신속한 물류비관리 : 운송과정중에는 운송수단, 통관 등의 기준에 따라 물류비용이 발생한다. 운송관리시스템에서는 운송거리, 운송수단, 운송관련 세금 등의 다양한 물류비용에 영향을 주는 요소를 시스템에 입력 또는 계산할 수 있도록 하여 정확하고 신속한 물류비용산정 및 계산이 가능해진다. 또한 ERP의 회계관리시스템과 연계할 경우, 신속·정확하게 물류비정산관련 업무를 수행할 수 있다.

토의문제

1. 물류정보시스템의 특징에 대해 설명하시오.
2. 창고관리시스템에서 갖춰야 하는 주요 기능에 대해 설명하시오.
3. 물류정보시스템을 활용하여 물류현장의 업무를 효율적으로 하는 사례에 대해 생각해 봅시다.

블록체인, 물류혁명 가져다줄까

블록체인(분산형 거래장부) 기술이 21세기 유통혁신을 견인할 강력한 도구로 떠오르고 있다. 블록체인이 먼저 이름을 알린 건 가상화폐인 비트코인이 은행을 비롯한 기존의 인프라없이도 전 세계에서 안전하게 금융거래가 가능하도록 한 보안기술로지만, 적용 가능한 범위는 훨씬 넓다. 5G 상용화 및 사물인터넷(IoT) 기술과 함께 물류를 바꿔 놓을 커다란 지렛대가 될 것으로 전문가들은 내다본다.

새 프로젝트 나선 세계 거대기업들

국경 간 무역은 더 신속해질 수 있다. 예로 네덜란드 화훼농가에서 튤립 1만송이를 쿠웨이트의 한 꽃도매상에 수출한다고 치자. 농가와 판매상 사이에는 꽃을 실어 나를 컨테이너와 화물차, 바닷길로 이동할 선박, 컨테이너가 짐을 풀 항만, 각국의 세관 및 검역당국이 켜켜이 존재한다. 화물보험 및 꽃의 대금을 결제 및 지급하는 해당 국가의 은행들도 있다. 현재의 방식에서는 각 단계를 거치는 과정에서 상당분량의 서류작업이 필요하다. 일반적인 무역거래는 10곳이 넘는 관계당사자들이 30종이 넘는 두꺼운 서류를 검토해야 하는 것으로 알려져 있다. 서류 한 가지라도 분실할 경우 부두에 며칠씩 발이 묶이기 십상이다.

하지만 블록체인을 통해 거래장부가 저장된다면 컨테이너에 적재된 꽃이 네덜란드 육로를 움직이고, 항만에서 선박에 적재되고, 선박이 바닷길 어디쯤을 움직이고, 항만에 언제 도착해서 통관처리가 되는지 실시간 온라인확인이 가능하다. 컨테이너에는 사물인터넷 센서를 부착해 이동상태를 추적한다. 꽃이 목적한 주소지에 도착하면 전체 시스템에 내용이 공유되면서 자동으로 대금정산까지 마칠 수 있다.

중간에서 서류를 위·변조하는 것은 커다란 블록체인 시스템에서는 사실상 불가능하다. 블록체인 시스템 참여자 50% 이상의 컴퓨터를 해킹해야 하기 때문이다. 과거에 권위를 가진 제3자 기업이나 보증기관이 하던 '인증'의 역할을 블록체인은 기술 알고리즘과 다자 간 투명성을 통해 확보하는 것이다.

업계거인들은 재빠르게 움직이는 중이다. 미국의 최대 물류회사 UPS는 지난 11월 블록체인 트럭운송 얼라이언스(BiTA) 합류를 공식발표하면서 블록체인 기반의 업계표준을 만드는 데 뛰어들었다. 물류를 흔들 신기술이 몸통을 흔들기 전에 승기를 잡겠다는 것이다. 투자회사 스티펠의 애널리스트 존 라킨은 "블록체인을 이용하면 거래의 신속성과 안전성이 보장되는 동시에 오류가능성이나 전체적인 인건비가 줄어들게 된다"면서 "고객들은 물건을 더 빨리 정확하게 저렴한 비용으로 받아볼 수 있게 될 것"이라고 전망했다. "앞으로는 BiTA 표준을 따르지 않거나 불투명한 거래를 고집하는 회사들이 패자가 된다"는 것이다.

세계 최대 해상운송업체 머스크(Maersk)는 지난해 3월 IBM 왓슨 기반 블록체인 기술을 컨테이너 화물추적시스템에 본격 적용하겠다고 밝혔다. 우리나라 SK C&C는 한국발 상하이 도착 컨테이너 화물을 대상으로 글로벌 블록체인을 테스트했고, 삼성SDS는 정부·국책연구기관과 함께 '해운물류 블록체인컨소시엄'을 론칭했다.

기술 과대평가로 거품 지적도

블록체인을 유통부문에 적용하면 식품 안전성에 대한 신뢰도를 더 높일 수 있다. 지난 12월 미국 최대 소매유통업체 월마트와 IBM은 중국 칭화대와 중국 최대 소매유통업체 JD.com과 손잡고 '블록체인 식품안전연합' 출범을 발표했다. 농장에서부터 식탁에 이르기까지 식재료의 원산지와 안전성, 위조여부 등을 실시간으로 추적할 수 있는 블록체인 기술표준을 만들기 위해서다. IBM이 블록체인 플랫폼 및 기술인력을 제공하고, 칭화대가 현지적용을 돕는 방식으로 미국과 중국의 유통거인들이 블록체인을 선도하는 것이다. 실제 미국 월마트에서 이 기술을 열대과일 망고에 시범적용해본 결과 과거 최장 몇 주씩 걸리던 망고의 이력추적기간이 단 2초밖에 걸리지 않았다고 한다. 중국에서는 돼지고기 생산농가에서 도축 · 가공을 비롯한 유통망에 참여하는 모든 이들이 블록체인에 내용을 기록하도록 실험했는데, 중앙집중적인 데이터베이스없이도 충분히 기능할 수 있다는 점을 증명했다고 한다.

식품 안전에 대한 소비자들의 불안이 높은 요즘 이같은 투명성은 시장에서 확실한 차별점이 된다. 대규모 식중독이나 위해성분이 든 식품을 신속하게 추적해 대응할 수 있다. 김종승 SK텔레콤 IoT신규사업기획팀장은 "온 · 습도 이외에도 미생물번식, 가스오염, 물리적 충격 등 식품의 신선도를 측정, 모니터링하는 다양한 보급형 센서들이 개발되고 사물인터넷망으로 연결되고 블록체인으로 저장관리하는 게 가능해질 때 식품 안전과 유통 효율화를 위한 푸드테크의 도약이 본격화될 것"이라고 공저 <로지스타 포캐스트>에서 전망했다.

블록체인 전망에 거품이 끼었다는 얘기도 있다. 시장조사 전문기관 가트너는 지난해 5월 보고서에서 블록체인 기술이 과대평가되고 있으며, 현재 진행 중인 프로젝트 중 블록체인 기술없이도 구현 가능한 게 90%에 이른다고 지적했다. 가상화폐에 맞물린 블록체인의 경우 수많은 참가자들이 참여하기 때문에 위조가 어렵지만, 소수만 참여하는 보안형 블록체인의 경우 해킹이 가능할 수도 있기 때문에 보안이슈가 발생할 수 있다. 블록체인이라고 무조건 보안성이 보장되지는 않는 것이다. 예를 들어 세계 최고가의 미술품이 운송되는 정보를 입수한 해커들이 당사자들의 정보를 정교하게 위조해 컨테이너를 중간에 빼돌릴 경우에는 속수무책이 된다.

(후략)

경향신문, 2018년 01월 16일, 최민영 기자

제11장 물류관리사 기출문제

01 물류정보의 특징으로 옳지 않은 것은? (20회, 2016년)

① 정보의 절대량이 많고 단순하다.
② 성수기와 평상시의 정보량 차이가 크다.
③ 정보의 발생원, 처리장소, 전달대상 등이 넓게 분산되어 있다.
④ 상품의 흐름과 정보의 흐름에 동시성이 요구된다.
⑤ 기업 내 영업, 생산 등 다른 부문과의 관련성이 크다.

02 물류정보시스템의 종류로 옳지 않은 것은? (19회, 2015년)

① WMS(Warehouse Management System)
② TMS(Transportation Management System)
③ ASP(Application Service Provider)
④ CVO(Commercial Vehicle Operation)
⑤ OMS(Order Management System)

03 창고관리시스템(WMS : Warehouse Management System)에 관한 설명으로 옳지 않은 것은? (20회, 2016년)

① WMS는 입고관리, 위치관리, 재고관리, 출고관리 등의 기능을 수행한다.
② WMS를 활용하면 재고정확도, 공간과 설비의 활용도가 향상된다.
③ WMS가 유통중심형 물류시설을 위한 차별화전략의 핵심요인으로 등장했다.
④ WMS는 물류센터의 시설운영기기 등의 제어가 가능하다.
⑤ WMS는 다른 시스템과의 원활한 인터페이스가 제한적이므로 실시간 정보관리에 한계가 있다.

04 물류시스템의 구축방향에 관한 설명으로 옳지 않은 것은? (19회, 2015년)

① 수배송, 포장, 보관, 하역 등 주요 부문을 유기적으로 연계하여 구축하여야 한다.
② 물류제도나 절차를 개선하는 것보다는 기술혁신을 중심으로 하여 추진하는 것이 바람직하다.
③ 기업이익을 최대화할 수 있는 방향으로 설계되어야 한다.

④ 장기적이고 전략적인 사고를 물류시스템에 도입하여야 한다.
⑤ 물류전체를 통합적인 시스템으로 구축하여 상충관계에서 발생하는 문제점을 해결하는 방안을 모색하여야 한다.

05 물류정보시스템의 구축요건에 관한 설명으로 옳은 것은? (19회, 2015년)

① 대량정보를 즉시 입력하는 실시간 입력시스템이 필요하지만 그 처리결과에 대한 정보를 실시간으로 제공할 필요는 없다.
② 물류계획과 실행을 위한 시스템이므로 다른 시스템의 간섭없는 독자적인 처리프로세스를 갖추어야 한다.
③ 물류정보시스템은 재고관리 정확도향상, 결품율 감소, 배송시간 정확도 보장 등과 같은 효과를 기대하지만 비용절감을 목표로 하지는 않는다.
④ 물류정보시스템 구축은 패키지솔루션(package solution)을 도입하는 방법과 자체적으로 개발하는 방법이 있지만 자체적으로 개발하는 것보다는 표준화된 패키지 솔루션을 도입해야 한다.
⑤ 물류정보를 효율적으로 입력하고 관리하기 위해서는 바코드나 RFID정보 등을 활용하는 물류기기와 연동되게 할 필요가 있다.

06 물류정보시스템의 도입효과로 옳지 않은 것은? (18회, 2014년)

① 재고관리의 정확도 향상
② 영업부서 요청에 따른 초과재고보유로 판매량 증가
③ 신속하고 정확한 재고정보파악으로 생산・판매활동조율
④ 효율적 수・배송관리를 통한 운송비절감
⑤ 수작업 최소화로 사무처리 합리화가능

07 물류정보시스템의 목표에 해당하지 않는 것은? (18회, 2014년)

① 기업 간 정보공유로 유통재고 최소화
② 효율적인 물류의사결정을 위한 지원
③ POS를 통해 획득한 실시간 정보에 기초하여 PUSH 방식의 유통망지원
④ 조달, 생산, 판매 등을 포괄적으로 연결하여 전체 물류흐름을 효율적으로 관리
⑤ 환경변화에 신속히 대응하여 기업경쟁력 향상

08 **물류시스템의 구축순서를 올바르게 나열한 것은?** (18회, 2014년)

ㄱ. 시스템평가 유지관리	ㄴ. 목표설정	ㄷ. 데이터수집 및 분석
ㄹ. 시스템구축	ㅁ. 전담조직구성	

① ㄱ－ㄷ－ㄹ－ㄴ－ㅁ
② ㄴ－ㅁ－ㄷ－ㄹ－ㄱ
③ ㄴ－ㄷ－ㅁ－ㄱ－ㄹ
④ ㅁ－ㄴ－ㄹ－ㄷ－ㄱ
⑤ ㅁ－ㄱ－ㄴ－ㄷ－ㄹ

09 **물류시스템설계 시 일반적으로 고려해야 할 사항으로 옳지 않은 것은?** (17회, 2013년)

① 배송차량의 대형화와 화물의 혼적을 통해 서비스수준은 개선되지만 물류비용은 증가한다.
② 대고객서비스 수준을 중요하게 고려한다.
③ 고객의 수요에 따라 재고수준이 결정되고, 이는 운송수단과 경로결정에 영향을 미친다.
④ 물류정보시스템 구축을 통해 물류비용의 감소와 서비스수준 개선을 달성할 수 있다.
⑤ 고객서비스 관점에서 미배송잔량을 체크하여 주문충족의 완전성을 확보해야 한다.

10 **최저비용으로 창고의 공간, 작업자, 하역설비 등을 유효하게 활용하여 서비스수준을 제고시키는데 목적이 있으며, 입출고정보, 재고관리, 재고이동정보 등을 포함하는 시스템은?** (16회, 2012년)

① 정보통제시스템
② 주문관리시스템
③ 창고관리시스템
④ 수·배송관리시스템
⑤ 수주출하처리시스템

11 **창고관리시스템(WMS; Warehouse Management System)의 정량적 효과로 옳지 않은 것은?** (18회, 2014년)

① 입·출고 운영측면에서는 피킹, 패킹의 오류를 감소시키고, 입고검품시간을 단축시킨다.
② 재고측면에서는 재고를 감축시키고, 재고파악의 정확성을 높인다.
③ 비용측면에서는 노무비용, 클레임비용 및 사무비용을 감소시킨다.
④ 공간측면에서는 IT(Information Technology)를 활용한 창고관리에 중점을 두기 때문에 공간활용도와 가용공간이 감소된다.
⑤ 작업측면에서는 생산성이 증가된다.

12 **물류정보의 종류에 관한 설명으로 옳지 않은 것은?** (23회, 2019년)

① 화물운송정보에는 화물보험정보, 컨테이너 보험정보, 자동차운송보험정보 등이 포함된다.
② 수출화물검사정보에는 검량정보, 검수정보, 선적검량정보 등이 포함된다.

③ 화물통관정보에는 수출입신고정보, 관세환급정보, 항공화물통관정보 등이 포함된다.
④ 화주정보에는 화주성명, 전화번호, 화물의 종류 등이 포함된다.
⑤ 항만정보에는 항만관리정보, 컨테이너 추적정보, 항만작업정보 등이 포함된다.

13 **물류정보시스템에 관한 설명으로 옳지 않은 것은?** (23회, 2019년)

① 물류정보시스템은 운송, 보관, 하역, 포장 등의 전체 물류기능을 효율적으로 관리할 수 있도록 해주는 정보시스템이다.
② 물류정보시스템의 정보는 발생원, 처리장소, 전달대상 등이 넓게 분산되어 있다.
③ 물류정보시스템의 수·배송관리기능은 고객의 주문에 대하여 적기배송체계의 확립과 최적운송계획을 수립한다.
④ 물류정보시스템의 재고관리기능은 최소의 비용으로 창고의 면적, 작업자, 하역설비 등의 경영자원을 배치한다.
⑤ 물류정보시스템의 주문처리기능은 주문의 진행상황을 통합·관리한다.

14 **물류시스템의 기능별분류에 해당하는 것은?** (24회, 2020년)

① 도시물류시스템, 지역 및 국가물류시스템, 국제물류시스템
② 구매물류시스템, 제조물류시스템, 판매물류시스템, 역물류시스템
③ 운송물류시스템, 보관물류시스템, 하역물류시스템, 포장물류시스템, 유통가공물류시스템, 물류정보시스템
④ 농산물물류시스템, 도서물류시스템, 의약품 물류시스템,
⑤ 냉장(냉동)물류시스템, 화학제품물류시스템, 벌크화물물류시스템

15 **물류정보의 특징으로 옳지 않은 것은?** (24회, 2020년)

① 관리대상 정보의 종류가 많고, 내용이 다양하다.
② 성수기와 비수기의 정보량 차이가 크다.
③ 정보의 발생원, 처리장소, 전달대상 등이 한 곳에 집중되어 있다.
④ 상품과 정보의 흐름에 동시성이 요구된다.
⑤ 구매, 생산, 영업활동과의 관련성이 크다.

16 **물류정보시스템에 관한 설명으로 옳지 않은 것은?** (24회, 2020년)

① EDI(Electronic Data Interchange)는 표준화된 상거래 서식으로 작성된 기업 간 전자문서교환시스템이다.

② POS(Point of Sales)는 소비동향이 반영된 판매정보를 실시간으로 파악하여 판매, 재고, 고객관리의 효율성을 향상시킨다.

③ 물류정보시스템의 목적은 물류비가 증가하더라도 고객서비스를 향상시키는 것이다.

④ 물류정보의 시스템화는 상류정보의 시스템화가 선행되어야만 가능하며, 서로 밀접한 관계가 있다.

⑤ 수주처리시스템은 최소의 주문입력(order entry)비용을 목표로 고객서비스를 달성하는 것이 목적이다.

정답

01 ① 02 ③ 03 ⑤ 04 ② 05 ⑤ 06 ② 07 ③ 08 ② 09 ① 10 ③ 11 ④ 12 ① 13 ④ 14 ③ 15 ③ 16 ③

CHAPTER

12

물류관련 정보인프라

1. 물류정보관련 기반기술
2. 물류정보관련 기반 및 네트워크

'7초만에 박스 검사 완료'…RFID로 패션 물류혁신

"RFID를 도입해 물류과정에 적용을 하다보니 옷 박스 1상자당 180초 정도 걸리던 검사시간을 단 7초로 줄일 수 있었습니다. 또 입고 때도 최대 700~800명 정도의 인력이 투입돼 검수를 했었는데 지금은 1명이 모니터앞에서 검수를 할 정도로 물류에서 혁신이 일어났습니다."

4월 30일 만난 김문환 한세엠케이 대표는 RFID를 활용한 물류혁신에 대해 큰 만족감을 표했다. RFID(Radio Frequency identification)는 무선 주파수인 RF를 사용해 물건이나 사람 등을 식별할 수 있게 해 주는 기술을 말한다. 칩과 안테나로 구성돼 있고 RFID태그를 물건 등에 부착하면 리더기를 통해 정보를 받는다. 한세엠케이는 현재 자사의 7개 브랜드(TBJ, 버커루, 앤듀, NBA, NBA키즈, LPGA, PGA투어)의 제품에 모두 RFID태그를 옷에 부착해 생산부터 최종 소비자 판매단계까지의 물류 과정을 관리하고 있다. 도입은 2015년에 1개의 브랜드부터 시작했고, 현재는 7개 브랜드에 모두 RFID시스템을 적용 중이다.

한해 900만장 의류…RFID로 공장부터 매장까지 관리

한세엠케이는 한해 900만장의 의류를 생산한다. 현실에서 900만장의 의류가 제대로 생산이 돼 매장까지 전달되는지를 검사하는 것은 불가능하다. 예를 들어 100사이즈의 특정 옷이 100벌 들어가 있어야 하는 박스가 있는데, 여기에 95사이즈나 90사이즈가 섞여 있을 수도 있어 검사를 하려고 하면 전수검사는 불가능해 일부 박스만 사람이 수작업으로 열어야 하는 번거로움이 필연적으로 발생한다.

김 대표는 "제품이 생산돼 물류센터로 들어가고, 그 후 그 제품이 각 매장으로 출고되고, 반품되면 다시 물류센터로 돌아가는 과정이 기본인데 반품된 상품도 분류를 다시해서 다음 시즌에 재출고 하는 프로세스가 있다"면서 "이런 과정에서 RFID를 제품에 부착하게 되면 정확한 제품정보데이터를 모을 수 있어 업무효율화를 꾀할 수 있다"고 말했다. 한마디로 생산공장부터 매장에 전달되는 박스까지 제품정보가 정확하게 파악돼 물류과정에서 발생할 수 있는 불필요한 시간낭비와 비용 등을 줄일 수 있다는 것이다.

김 대표는 이런 시스템으로 인해 생산공장부터 매장판매원, 소비자까지 모두가 윈윈(Win－Win)하고 있다고 강조했다. 그는 "물류센터에서 매장으로 옷이 담긴 박스가 나갈 때 RFID게이트를 통과하면 그 박스에 어떤 제품이 들어있다는 것을 알리는 스티커가 자동으로 프린트돼 부착이 된다"면서 "매장서도 일일이 손으로 송장과 상품을 대조하는 과정이 사라지게 돼 일선 판매원들도 삶의 질이 더 높아지고 있다고 말하는 등 긍정효과가 나타나고 있다"고 말했다. 소비자들도 제품교환시 구입매장이 아니더라도 바로 RFID태그를 스캔하면 전국 어느 매장에서도 제품을 바꿀 수 있다.

한세엠케이에 따르면 이런 과정을 통해 현재까지 약 20억원의 비용절감 효과가 발생했다. 김 대표는 "일본의 유니클로에서도 한세엠케이의 RFID물류혁신에 대해 관심을 갖고 직접 보러 오고 있다"면서 "여러 업체들의 RFID견학에 대해 적극적으로 지원하고 있다"고 말했다.

한단계 더 진화한 RTLS로 더 큰 혁신노린다

한세엠케이는 RFID도입으로 인한 장점을 바탕으로 한 단계 더 진화한 매장관리시스템 적용을 준비 중이다. RTLS(Real Time Location System)이라고 불리는 시스템인데 말 그대로 실시간 매장에서 발생하는 제품의 이동경로 등을 파악하는 것이다. RFID태그가 부착된 제품을 들고 소비자가 피팅룸으로 들어가 옷을 입어보고, 그것을 실제로 구매하는지까지 파악을 할 수 있는 것이다. 현재 이 시스템은 경기도 이천 롯데아울렛 TBJ매장에서 테스트가 진행되고 있다.

김 대표는 "RTLS를 통해 고객이 매장 내에서 제품을 들고 어디로 이동하는지가 점으로 표시된다"면서 "스마트코디(가칭)를 통해 피팅 룸 안에 있는 디스플레이에 현재 구매를 고려하고 있는 제품과 어떤 옷이 잘 어울리는지 보여주는 시스템도 만들고 있다"고 말했다. 어떤 옷과 어떤 옷이 잘 어울리는지에 대한 판단은 한세엠케이의 빅데이터가 활용된다. 김 대표는 "RTLS를 잘 활용하면 예를 들어 작년에는 체크무늬가 유행했는데, 올해는 그 유행이 지속되고 있는지 아닌지를 빨리 파악해 기획이나 디자인쪽에서 제품전략을 짜는데 참조할 수 있게 되는 것이다"라고 설명했다.

김 대표는 패션 비즈니스쪽에서 RTLS와 같은 시스템이 많이 보급됐으면 한다는 바람을 내비쳤다. 물류・재고관리의 혁신뿐만 아니라 일선에서 일하는 사람들의 효율성까지 높일 수 있다는 확신에서다. 그는 "패션쪽에서 많은 기업이 이런 시스템을 도입해 비용절감도 이루고, 감정노동에 지친 일선 판매원의 업무효율도 높아졌으면 한다"면서 "현재 외국 브랜드들이 많이 들어와 경쟁을 하고 있는 국내 패션시장에서 국내 패션브랜드들이 업그레이드 될 수 있는 기회로 이런 시스템이 많이 보급됐으면 한다"고 말했다.

한편 한세엠케이의 RTLS에는 IoT기업인 모직스(Mojix)의 리테일 플랫폼인 비직스(Vizix)가 사용된다. 모직스 관계자는 "스마트 스토어 솔루션을 통해 매장 내 실시간 재고수량파악, 스마트피팅룸 솔루션제공, 매장 디스플레이 가이드라인 제공 등 여러 서비스를 제공 중"이라고 말했다.

이코노믹리뷰, 2019년 05월 15일, 김동규 기자

01 물류정보관련 기반기술

물류정보시스템이 원활하게 작동하기 위해서는 원천적인 정보기술관련 인프라가 잘 구성되어 있어야 한다. 특히 물류는 다른 기업 및 업무영역과 밀접한 연관성을 가지고 운영되므로 시스템과 기반기술에 대한 이해는 중요하다. 물류관련 기술적인 측면에서의 인프라와 네트워크 구조에 대해 이해해 보고자 한다.

1.1 바코드(Bar code)와 GS1 표준코드

1) 바코드의 개요

(1) 바코드의 개념

바코드란 정보를 기계가 광학적으로 판독할 수 있도록 막대굵기와 막대사이 여백너비를 변화시켜 만든 막대모양의 인식코드를 의미한다. 굵기가 서로 다른 검정색바(Bar)와 여백공간(Space)의 조합에 의해 상품코드에 관한 정보를 표시하고 이러한 문자나 숫자를 기계가 읽을 수 있도록 하는 식별체계를 말한다.

(2) 바코드의 장점

- 광범위 활용 : 상품, 화물 등을 구분하기 위해 광범위하게 적용할 수 있으며, 인식구분자의 표시 및 판독이 용이하여 응용범위가 넓다. 미리 인증되기만 하면 상품의 제조과정에서 바코드를 인쇄하여 부착할 수 있으며, 현재 표준화된 인식기기가 광범위하게 확산되어 사용이 편리하다.
- 신속한 입력 : 상품, 화물 등에 부착된 바코드를 바코드 리더기를 활용하여 신속하게 데이터를 입력할 수 있다. 유통, 물류 등 많은 물량을 신속처리해야 하는 현장에서 활용함으로써 현장에서의 고객 서비스수준을 높일 수 있다. 또한 컨베이어 벨트 등에서는 고속스캐너를 활용할 경우, 신속하게 데이터를 수집할 수도 있다.
- 정확도 향상 : 작업자가 수기로 입력하는 것이 아니라 스캐너를 통해 입력함으로

써 정확한 데이터입력이 가능하여 현장에서의 입력오류를 낮출 수 있다.

- 높은 경제성 : 바코드는 제조과정에서 프린트하여 물류과정에 투입되거나 바코드 프린터를 통해 현장에서 바로 출력할 수 있어서 제작 및 출력비용이 저렴하고 인건비와 관리유지비가 RFID 등 다른 수단에 비해 낮다.

(3) 바코드의 단점

- 적은 정보량 : 1차원 바코드의 경우, 정보량은 일반적으로 15개 미만의 바(Bar)에 담겨지므로 정보량이 적다. 통상 1차원 바코드에는 상품식별 코드에 해당하는 자리수 만큼의 숫자위주의 정보만 제공되고, QR코드 등의 2차원 바코드는 1차원 바코드보다는 많은 정보를 담을 수는 있지만 RFID에 비하면 정보량은 적다.
- 낮은 유연성 : 제조과정에서 출력 및 부착되어 물류현장에 투입되므로 통상 정보의 변경이나 추가가 어렵다. 정보가 추가되어야 할 때는 추가표시를 위한 별도의 라벨을 출력 및 부착해야 한다.
- 오염 및 파손가능성 : 바코드는 물류과정 중에 오염 및 파손될 위험이 높다. 특히 물류과정 중 현장에서 부착하는 바코드의 경우, 떼어지기도 쉽고, 가열 시 오염될 가능성이 높으므로 물류환경에 적합한 바코드를 도입해야 한다.

2) GS1 표준체계

(1) GS1의 개념

GS1(Global Standard 1)은 전세계 110여개국 네트워크로 구성되어 상품식별과 거래정보교환을 위해 설립된 글로벌 민간표준기구로써 국제표준식별코드, 바코드 및 전자문서의 개발, 보급, 관리를 전담하고 있다. GS1 표준바코드는 국제적으로 합의된 표준방식으로 전 세계 유통·물류현장에서 가장 널리 사용되고 있다.

(2) GS1 표준체계

GS1 표준은 전 세계에서 활용되고 있는 표준식별 코드로 하나의 상품에는 유일한 GS1 표준식별 코드가 부여된다. GS1표준은 GS1 식별표준, GS1 바코드 및 EPC/RFID 표준, GS1 정보공유 표준을 제시한다.

- GS1 식별표준 : 상품, 위치, 자산 등 고유한 실제 개체를 식별하기 위한 고유식별

코드 솔루션을 제공한다.

- GS1 바코드 및 EPC/RFID 표준 : GS1 식별코드를 실제 개체에 부착하고, 바코드리더기 및 기타 장비와의 지원한다.
- GS1 정보공유표준 : 기준정보, 거래정보 및 이벤트정보에 대한 데이터표준, 응용프로그램과 파트너 간 정보공유를 위한 통신표준을 제공한다.

(3) GS1 식별코드

공급사슬 네트워크에서 단품, 박스 등의 운송단위가 바뀌면서 다양한 형태의 GS1 식별코드가 사용된다.

- GLN(Global Location Number) : 공급사슬 파트너의 실체를 인식할 때 사용되는 13자리 코드로 국제표준 법인식별코드이다. 공급사슬 파트너의 위치, 부서 등을 식별할 때 물리적, 기능적, 법적개체를 고유하게 인식하도록 한다.
- GTIN(Global Trade Item Number) : 공급사슬에서 품목을 식별하는 8 · 12 · 13 · 14자리 국제표준상품코드로 GS1 표준의 핵심정보이다.
- SSCC(Serial Shipping Container Code) : 박스, 파렛트 등 포장된 화물운송단위를 인식하기 위한 18자리 국제표준물류코드이다. 파렛트, 컨테이너 등 포장단위별로 일련번호를 부여할 수 있어서 식별 및 추적관리가 가능하다.
- GRAI(Global Returnable Asset Identifier) : 파렛트 등 회수필요한 자산을 식별하기 위한 최대 16자리 코드를 의미한다.
- GIAI(Global Individual Asset Identifier) : 한 기업의 고정자산을 구분 및 인식하기 위한 최대 30자리 코드를 의미한다.
- GSRN(Global Service Relation Number) : 고객관리 등 특별한 서비스관계를 표시하기 위한 목적으로 개별기업에서 임의로 채번하는 18자리의 코드를 의미한다.

(4) GS1 바코드 및 EPC/RFID 표준

GS1 식별코드를 실제 개체에 직접 부착하고, 바코드리더기 및 기타 장비와의 지원한다.

- EAN/UPC : GS1이 개발한 국제표준 바코드로 일반 소매유통현장에서 가장 많이 사용한다. 사용용도에 따라 EAN-13, EAN-8, UPC로 구별된다.
- GS1-128 : 파렛트, 컨테이너 등 물류운송단위에 사용되는 국제표준 바코드로 식

별코드 이외에도 유통기한, 중량, 원산지 등 추가정보입력이 가능하다.

- ITF-14 : 통상 골판지 상자에 직접 인쇄하는 표준물류 바코드를 의미한다.
- GS1 DataBar : 의약품 등 인쇄 및 부착공간이 없는 소형상품에 적합한 바코드로 화물이동, 추적 등에서 필요한 속정정보를 표현할 수 있다.
- GS1 DataMatrix : 매트릭스 형의 2차원 바코드로서 GS1 응용식별자(AI) 등을 지원, 전세계 의료분야에서 널리 활용되고 있다.

(5) GS1 정보공유표준

GS1은 공급사슬의 다양한 거래파트너들과의 기준정보, 거래정보, 이벤트정보 등을 공유하기 위한 목적으로 통신표준을 제공한다.

- 기준정보 : GS1 식별키로 식별되는 단품, 업체 등의 실제 대상의 속성을 나타낸다.
- 거래정보 : 거래계약에 따라 구매, 영업 등 업무 프로세스 안에서 공유되는 정보를 의미한다.
- 이벤트정보 : 공급사슬에서 품목과 특정 자산활동에 관한 세부정보를 제공한다.

4) 2차원 바코드

(1) 2차원 바코드의 개념

1980년대에 등장한 2차원 바코드는 한 방향으로만 출력된 1차원 바코드의 적은 정보량에 따른 데이터표현의 제한을 보완하기 위해 등장하였다. 2차원 바코드는 가로 및 세로방향으로 바(Bar)를 배열하여 문자, 숫자, 사진 및 그래픽까지 포함할 수 있으며, 파손이나 위·변조위험을 사전에 예방할 수 있다.

(2) 데이터 구성방법에 따른 분류

■ 다층형 바코드(Stacked Bar Code) : 다층형 바코드는 1차원 바코드와 같이 몇 개의 문자가 모여 수평방향으로 열(Row)을 구성하며, 최소 2개 이상의 열을 포함하는 구조이다. 1차원 바코드의 확장판이므로 별도장비가 아닌 일반 범용스캐너로 판독이 가능하다. 다층형바코드에는 Codeone Code, Code49 Code, PDF-417 등이 있다.

- Codeone Code : 빠른 인식을 위한 중앙인식패턴(Center Pattern)이 있는 것이

특징이다.

- Code49 Code : PCB, 실험실 시험관, 알약 등 작은 품목에 바코드라벨 데이터 표기를 위해 개발되었으며, 128개의 모든 ASCII문자를 표현할 수 있다.
- PDF-417 : 가변적인 길이와 높이를 가진 코드로 많은 데이터를 포함할 수 있고, 다양한 스캐너로 판독이 가능한 개방형 체계이므로 쉽고 편리하게 응용분야에 적용할 수 있다.

■ 매트릭스형 바코드(Matrix Bar Code) : 매트릭스형 바코드는 바코드 정방형의 동일한 폭의 흑백요소를 모자이크 식으로 배열하여 데이터를 구성하므로 다층형 바코드보다 인쇄나 판독이 더 쉬운 장점이 있다. QR Code, Maxi Code가 가장 대표적인 매트릭스형 바코드이다.

- QR(Quick Response) Code : 코드의 좌측상단과 우측하단에 별도 표시가 있어 코드방향을 빠르게 파악할 수 있어서 신속한 판독이 필요한 물류현장, 공장자동화에 적합하다.
- Maxicode Code : UPS에 의해 개발된 매트릭스형 바코드로 화물의 분류와 추적관리, 대금청구를 신속·정확하게 지원하여 내부물류효율을 높이기 위해 개발되었다. 작은 바코드에 수취인 주소와 화물고유 ID, 발송자 ID 등을 포함하고 있어서 화물운송 및 추적관리에 적합하다.

(3) 2차원 바코드의 특징

- 대량정보저장 : 1차원 바코드에 비해 많은 정보를 저장할 수 있어서 정보표현이 보다 자유롭다. 1차원 바코드가 숫자위주의 정보를 표현하는 데에 비해 2차원 바코드는 한글, 영어, 특수문자 등을 상대적으로 자유롭게 표현할 수 있다.
- 대량정보처리 : 바코드 스캐너를 통해 대량의 정보를 신속하게 읽을 수 있어서 저장된 대량정보를 처리할 수 있다.
- 작은 정보표현공간 : 여러 숫자와 문자를 2차원으로 구성하여 고밀도 데이터를 표현하기 때문에 작은 표현공간이 필요하다. 따라서 작은 품목에 많은 정보를 담아야 할 경우, 2차원 바코드가 효율적이다.

5) 소스마킹(Source marking)

(1) 소스마킹의 개념

소스마킹은 제조업체가 제품을 생산하고 생산이나 포장단계에서 바코드를 붙이거나 인쇄하여 출시하는 것을 말한다. 통상 소스마킹은 국제표준규격에 따른 바코드 양식을 준수하여 정의되는데, 상품의 겉면, 용기에 함께 인쇄되어 광범위하게 현장에서 통용될 수 있다.

소스마킹은 유통·물류단계에서 정보를 입력, 처리 및 공유를 위해 필수적으로 필요하다. 즉 공급사슬의 단계별 각 기업의 업무시스템을 활용하여 구매, 생산, 물류업무를 처리하고, EDI시스템을 통한 데이터교환, 유통업체의 POS 데이터활용을 위해서는 제품의 품목코드가 동일해야 한다. 따라서 소스마킹은 바코드제작 및 부착의 편의성뿐만 아니라 공급사슬 전체적인 관점에서 데이터처리 및 분석을 위해 필요하다.

(2) 소스마킹과 인스토어 마킹의 비교

창고를 기준으로 창고로 들어오기 전 소스마킹이 되는 경우도 있지만, 창고에서 자체적인 기준에 따라 바코드를 출력하여 이를 부착하여 처리할 수도 있다. 이렇게 물류 및 유통현장에서 자체적으로 바코드 생성기준을 정의하고 이에 따라 채번 및 출력하여 화물, 상품에 부착하여 운영하는 방식을 인스토어 마킹(In-store marking)이라고 한다.

소스마킹과 인스토어 마킹은 다음과 같이 비교할 수 있다.

표 12-1 소스마킹과 인스토어 마킹의 비교

구 분	소스마킹	인스토어 마킹
마킹 시점	• 생산 · 포장단계(생산업체)	• 가공 · 진열단계(매장, 창고 등)
표시 내용	• 일반적인 바코드의 표시내용(국가식별코드, 제조업체코드, 상품품목코드, 체크디지트)	• 자체 표준코드체계에 따라 정의 (유통/물류업체가 자체기준에 따라 정의)
대상 품목	• 가공식품, 잡화 등 일반적으로 공장에서 제조되거나 수입되는 품목	• 정육, 생선, 청과 등 규격화가 어려운 신선식품 • 소스마킹이 안되는 가공식품, 잡화 • 운송단위별로 별도 코드화가 필요한 화물
활용 지역	• 전세계적으로 공통으로 상용가능	• 사전협의된 인스토어 마킹을 실시하는 해당업체에서만 사용가능

비용	• 제조업체에서 생산 시 포장지에 직접 인쇄하기 때문에 인쇄에 따른 추가비용이 거의 없음	• 유통/물류현장에서 바코드라벨을 발행하여 상품이나 화물에 부착하므로 출력/부착인원이 필요함
포장 이미지	• 인쇄하기 때문에 모든 색상을 전부 사용할 수 있으므로 포장지 전체의 이미지를 손상치 않음	• 바코드 색상이 백색 바탕에 흑색바만을 사용하여 전용 라벨기기에서 발행하므로 포장이미지를 손상시킬 우려가 있음
판독률	• 포장지에 직접 인쇄하므로 오손이나 지워질 우려가 전혀없고 판독오류가 거의 없으나 포장재, 인쇄방법, 인쇄색에 대한 주의가 필요함	• 라벨을 상품/화물에 붙이므로 라벨이 떨어질 경우가 있음 • 장기간 경과 시, 바코드의 흑색바가 퇴색되므로 판독 시 오독할 수 있음

1.2 무선주파수 식별체계(RFID, Radio Frequency Identification)

1) RFID의 개념

무선주파수 식별체계(RFID)는 상품이나 화물정보를 저장한 태그를 부착한 후 근거리에 떨어진 환경에서 무선주파수를 이용하여 태그를 인식하는 기술이다. 기술적으로 보면 RFID 리더기에서 무선신호를 송신하여 상품이나 화물에 부착된 태그를 식별하고 정보를 호스트 PC로 전송하는 방식으로 작동한다.

- ■ RFID의 구성 : RFID를 운용하기 위해서는 태그뿐만 아니라 안테나, 리더, 그리고 태그와 리더 사이의 교환되는 정보를 받아 서버나 네트워크로 전달해 주는 미들웨어 등을 구성해야 한다.
- ■ RFID의 작동원리 : RFID태그는 메모리에 암호화된 정보를 가지고 있는데, 이태그의 작동방식에 따라 수동형태그와 능동형태그로 구분된다.
  - • 수동형태그 : 수동형태그는 리더기의 안테나전파영역 내에 들어오면 RFID 태그칩에 전원이 공급되고 태그메모리의 저장정보를 리더기로 전송한다. 이후 리더기는 RFID 네트워크를 통해 정보처리용 미들웨어가 탑재된 호스트 PC로 전달하여 저장된 정보를 제공한다.
  - • 능동형태그 : 수동형태그와 작동원리는 동일하나, 배터리를 자체전력으로 저장정보를 전송한다는 부분만 차이가 있다.
- ■ RFID 주파수 대역별 물류서비스 : 화물의 자동입 · 출고, 재고관리 및 이력관리에는 UHF(Ultra High Frequency, 433MHz, 860~960MHz) 주파수대역이 적용되고,

항공수화물의 판독 및 분류에는 2.45GHz 대역이 주로 적용된다.

2) RFID의 특징

- 다수, 대량의 판독 및 저장 : 일시에 다수의 태그판독이 가능하므로 대량의 자료인식과 화물위치추적이 가능하다. 또한 충돌방지기능이 있어 동시에 여러 화물을 인식할 수 있다. 즉 바코드는 판독 시 하나의 바코드만 인식하나, RFID는 여러 개를 동시에 인식할 수 있어서 신속한 정보처리가 가능하다.
- 높은 판독율 : 냉온, 습기. 먼지 등의 열악한 판독환경에서도 판독율이 높다. 단 금속, 물 등 주변환경에 따라 인식성능이 저하될 수 있으므로 주변환경에 대한 고려가 필요하다.
- 원거리인식 : RFID는 높은 투과성을 가지며 가시거리에 제한되지 않고, 주파수 범위 내 위치, 방향 등이 문제가 되지 않으므로 원거리에서도 태그인식이 가능하다.
- 정보저장 및 재활용 : 태그 내의 데이터변경 및 재사용이 가능하고, 정보저장능력이 크고 수명도 길어서 각종 정보의 저장 및 활용이 용이하다. 또한 RFID 태그에 많은 정보를 저장할 수 있어서 생산에서 소비까지의 물품이력을 실시간으로 추적할 수 있고 위 모조품관리에도 효과적이다.
- 높은 태그비용부담 : 예전보다 저렴해졌지만 바코드에 비해 태그는 높은 가격이다. 이차원 바코드 등 많은 정보를 저장할 수 있는 기술이 등장하면서 RFID에 위협이 되고 있다.
- 높은 인프라 구축비용 : RFID를 사용하기 위해서는 태그뿐만 아니라 리더, 미들웨어 등 IT 인프라를 구축해야 하는데, 이를 구축하는 비용이 바코드에 비해 상대적으로 많이 발생한다.

1.3 전자문서교환(EDI, Electronic Data Interchange)

1) EDI의 개념

전자문서교환(EDI)은 서로 다른 기업 간에 상거래를 위한 데이터를 합의한 규격에 의해 교환하는 방식으로 VAN으로 전달하는 정보의 양식이자 내용물을 말한다. 다품종 소량화가 진행되면서 소량유통이 빈번해지고 납품요구가 많아지면서 입출고에 대한 정보전달량 및 빈도도 증가하게 되었다. 정보를 거래하는 업체들 간에 상호 합의된 규격의 전자문서표준을 이용하여 각 업체들의 시스템 간 주문, 배송 등에서 발생하는 데이터를 구조화하여 정확하게 데이터전송하는 것을 의미하며, 정보교환에 소요되는 시간이 적게 걸리고 관련 인력소요를 최소화할 수 있다.

2) EDI를 통한 도입효과

- 업무생산성 향상: 서류없이 업무가 처리되므로 오류가 감소하고 사무인력의 생산성이 향상된다.
- 시스템을 통한 정보공유: 수작업에서 전자화된 신속, 정확한 정보전달로 업무소요시간이 절약된다.
- 비용절감: 정보공유에 따르는 각종 비용이 절감되면서 이윤이 증대된다. 특히 해외무역업무에서 처리비용이 절감된다.
- 고객서비스 수준향상: 고객의 요구에 효율적으로 대응할 수 있어서 고객서비스 수준이 높아진다.

1.4 부가가치 통신네트워크(VAN, Value Added Network)

1) VAN의 개념

부가가치 통신네트워크(VAN)는 제3의 정보통신사업자를 매개로 하여 기업간 물류정보를 상호 교환하여 새로운 부가가치를 만들어내는 통신네트워크를 의미한다. VAN에서는 단순한 정보교환뿐만 아니라 각종 정보의 축적, 가공 또는 데이터베이스 저장까지도 충분히 수행하는 광범위하고 복합적인 서비스를 제공한다. 정보통신사업자는 회선을 직접 보유하거나 임차 또는 이용하여 다양한 부가가치를 부여한 음성 또는 데이터정보를 포함한 광범위하고 복합적인 서비스를 제공하며, 데이터전송 및 교환, 통신처리, 정보처리 등을 수행한다.

VAN이 물류에 활용되면서 각 물류경로의 강화, 정보전달의 효율화, 고속화, 화물추적 등의 대고객서비스가 향상되었다.

2) VAN의 기능

- 교환기능: VAN은 통상 패킷교환방식(Packet Switching)을 사용한다. 즉 서로 다른 단말기로부터 패킷단위로 처리정보를 묶어 통신의 효율을 향상시키며, 패킷통신의 접속을 담당하는 단말기나 호스트 컴퓨터와 상호통신이 가능하게 해준다.
- 전송기능: VAN은 EDI를 전달하는 가장 효율적인 수단이므로 정보를 여러 시스템으로 전송하는 기능을 가진다.
- 통신처리기능: 데이터통신 중 통신에 장애가 되는 제반문제를 시스템이 자동으로 처리하여 통신이 원만하게 이루어질 수 있도록 해준다.
- 연계기능: VAN의 정보서비스를 이용하는 시스템 간의 정보교환을 위해 프로토콜(Protocol)변환, 메일박스, 미디어변환, 포맷 변환 등 다양한 정보를 연계 처리한다.

VAN과 EDI는 다음의 측면에서 차이가 있다.

표 12-2 VAN과 EDI의 비교

구 분	VAN	EDI
정의	• 회선을 보유하거나 임차하여 다양한 부가가치를 부여한 정보를 제공하는 복합적인 정보서비스	• 기업 간의 업무를 지원하기 위해 정보를 교환할 수 있도록 만든 상호 합의된 정보규격
기능	• 정보교환 및 공유, 통신처리, 전송	• 정보교환 및 교환
물류 적용	• 물류정보공유를 통한 화물추적관리 • 수출입관련 정보공유를 통한 통관 등 물류지원 • 각종 물류부가가치 서비스를 통한 고객서비스 개선	• 기관 및 기업들 간의 물류정보교환 • 운송, 재고, 주문 등의 정보교환
관계	• EDI를 담을 수 있는 용기	• VAN을 이용하는 내용물

3) VAN을 통한 효과

- 정보전달/교환의 효율화: 불특정 다수의 기업간 신속하고 효율적인 정보교환시스템을 구축할 수 있다.

- 대고객서비스 향상 : VAN을 통한 정보공유는 물류관련기업뿐만 아니라 이 업체를 이용하는 일반 소비자들의 물류만족도를 향상시킬 수 있다. 예를 들어 화물추적을 위한 정보를 VAN을 통해 공유함으로써 대고객서비스 수준을 향상시킬 수 있다.
- 시스템개발 비용절감 : 시스템을 만들 수 없는 기업도 VAN을 쉽게 구축할 수 있게 됨으로써 공동이용부문의 시스템개발 비용이 대폭 절감된다.

1.5 위치파악시스템(GPS, Global Positioning System)

1) GPS의 개념

위치파악시스템(GPS)은 화물운송트럭, 선박 등의 위치를 무선교신을 이용하여 전자지도 상에서 실시간으로 파악하여 송수신하며 차량을 신속·정확하고 효율적으로 관리하는 시스템을 말한다. 스마트기기, 모바일 앱, 기타 관련 기술이 발전하고 플랫폼 기반의 온라인 비즈니스가 성장하면서 GPS기술은 물류산업의 가장 기본적이면서 핵심적인 기술로 부상하였다.

이제 GPS 기술을 통해 실시간 위치를 모니터링할 수 있고, 위치와 방향에 대한 상세 정보를 제공할 수 있으며, 다른 어플리케이션과 연동할 경우, 물류운송수단의 경로, 속도, 엔진시동 및 종료 등에 대한 상세정보도 추적할 수 있다.

2) GPS의 장점

- 실시간 추적관리 : 화물의 정확한 위치를 실시간 업데이트하여 긴급한 경로변경이나 작업지시를 할 경우 신속한 대응을 지원하여 업무유연성과 효율성을 높일 수 있다.
- 실시간 커뮤니케이션 : 교통혼잡 시 신속·정확한 교통정보를 제공할 수 있다. GPS기술을 통해 실시간으로 운송차량의 운송경로를 파악할 수 있고 상황에 따라 업무지시가 가능하다.
- 운송환경지원 : GPS기술로 운송차량 및 운전자에 대한 효과적인 관리와 지원이

가능하다. 특히 지속적인 모니터링을 통해 차량주행정보를 주시하고, 운전자에게 사고에 대한 알림을 통해 안전과 보안을 보장할 수 있다.

- 운송차량도난방지 : 차대관리(Fleet Management)는 운송차량에 GPS기술을 적용하여 양방향통신을 통해 차량을 연결하여 차량의 정확한 위치관리와 추적관리를 지원한다. 이러한 차대관리를 통해 운송과정 중 발생할 수 있는 도난사고를 사전에 예방하고, 후속 조치하는데 도움을 준다.
- 운송정보확보 : GPS정보를 물류정보시스템에서 관리함으로써 각종 운송정보분석에 활용할 수 있고, 이를 통해 새로운 서비스를 개발하거나 업무에 활용할 수 있다.
- 물류비용절감 : 효율적인 배차관리, 최적 운송경로지원으로 운송차량의 공차운행 단축 등 운송효율을 높일 수 있으며, 각종 물류비용을 절감할 수 있다. 또한 이는 환경오염방지 및 에너지절감에도 기여한다.
- 고객서비스 개선 : 실시간 화물추적서비스를 통해 고객에게 개략적인 배송일정을 알려주고, 이에 대응할 수 있도록 하는 등 양질의 고객서비스를 제공할 수 있다.

02 물류정보관련 기반 및 네트워크

운송, 국제물류 등 물류활동에 기반이 되는 네트워크는 지능형 교통시스템(ITS, Intelligent Transportation Systems), 주파수공용통신(TRS, Trunked Radio System), 한국무역정보통신(KTNET), 한국물류정보통신(KLNET) 등 다양한 네트워크가 있으며, 이를 통해 많은 화주 및 물류기업이 업무효율을 얻고 있다.

2.1 지능형 교통시스템(ITS, Intelligent Transportation Systems)

1) ITS의 개념

지능형 교통시스템(ITS)은 도로, 차량, 신호시스템 등 기본교통체계의 구성요소에

"차량간 교통정보 실시간 교환"…2027년까지 'C-ITS 인프라' 구축

지능형교통체계 기본계획 확정

완전 자율주행차량 상용화 대비 스마트 CCTV 모니터링도 확대

오는 2027년 완전자율주행 상용화에 대비해 올해부터 전국 주요 도로에 차세대 지능형 교통시스템(C-ITS) 통신 인프라가 순차적으로 구축된다. 또 인공지능(AI)을 활용해 도로의 역주행 등 돌발상황을 감지하는 스마트 CCTV 모니터링 시스템도 주요 구간으로 확대된다.

19일 국토교통부는 김부겸 국무총리 주재로 열린 국무회의에서 이 같은 내용의 '지능형 교통체계 기본계획 2030'(2021~2030년)이 심의를 거쳐 최종 확정됐다고 밝혔다. 지능형 교통체계(ITS)는 자동차·도로와 같은 교통수단·시설에 첨단기술을 적용해 차량의 흐름을 개선하고 교통안전을 증진하는 교통체계를 말한다.

정부는 미래 신교통수단도입에 필요한 인프라구축에 속도를 낼 계획이다. 우선 2027년 완전자율주행(레벨4) 상용화에 대비해 올해부터 고속도로 등 전국 주요 도로에 C-ITS 통신 인프라를 구축하기로 했다. C-ITS는 주행 중인 차량이 다른 차량 또는 시설과 각종 교통정보를 실시간으로 주고받는 기술로, 완전자율주행 상용화의 기반이다. 올해부터 구축하는 통신 인프라는 통신방식으로 이미 실증을 마친 웨이브(WAVE)를 채택했다. 또 다른 통신방식인 롱텀에볼루션 차량통신기술(LTE-V2X)의 경우 내년까지 실증을 진행한 뒤 구축에 착수한다. 정부는 주요 고속도로에서 두 통신방식을 병행해 시범사업을 벌인 뒤 단일표준을 정해 2024년부터 전국단위 구축을 추진한다.

도심형 항공모빌리티(UAM)의 본격활용을 위해서는 탑승시설 구조와 제반설비에 관한 기준을 마련하고 도심 3차원 지도를 구축할 방침이다. 이와 함께 정부는 교통안전사각지대 해소를 위해 첨단기술활용을 확대하기로 했다. AI로 역주행 등 돌발상황을 감지하는 스마트 CCTV 모니터링 시스템을 주요 구간으로 확대하는 한편 결빙 등 실시간 노면상태와 낙석 등 장애물을 감지해 운전자에게 위험정보를 제공하는 도로상태관리시스템을 구축한다.

또 철도건널목 차량흐름과 위험상황을 스스로 판단하는 전자식경보시스템과 인접 도로교통신호와의 연계체계를 갖춘 '스마트 철도건널목'을 오는 2025년까지 교통량이 많은 200개소에 우선 구축할 예정이다.

문화일보, 2021년 10월 19일, 박정민 기자

전자, 제어, 통신 등 첨단기술을 접목시켜 구성요소들이 상호 유기적으로 작동하도록 하는 차세대 교통체계를 의미한다. 즉 도로, 철도, 공항 등의 물류시설과 자동차, 열차 등 운송수단 등 물류구성요소에 교통, 전자, 통신 등 첨단기술을 적용하여 물류시설과 운송수단을 실시간으로 관리 및 제어하고, 교통정보의 실시간 수집 · 활용하는 환경친화적 미래형 교통체계이다. ITS는 우리 주변에서 쉽게 볼 수 있는 서비스를 제공하고 있다. 버스정류장의 버스도착안내시스템, 교통량에 따른 자동신호전환시스템, 실시간 교통정보, 하이패스 등이 대표적인 ITS 서비스이다.

ITS 국가교통정보센터는 ITS 서비스분야를 교통관리, 대중교통, 전자지불, 교통정보 유통, 여행정보제공, 지능형 차량 · 도로, 화물운송 분야로 나누어 개발하였으며, ITS는 현재 자동차 및 도로교통 중심이지만 향후 철도, 해상, 항공분야로 확대되고 있다.

2) ITS의 지원서비스 유형

ITS 서비스는 크게 다음의 서비스로 구성된다.

- 첨단교통관리시스템(ATMS, Advanced Traffic Management System) : 첨단교통관리시스템(ATMS)은 도로상의 차량상태, 속도 등 교통정보를 감지할 수 있는 시스템을 통해 교통상황을 실시간 분석하고, 교통을 제어한다. 기본교통정보제공, 주의운전구간관리, 차량혼잡조치, 교통사고파악, 과적단속 등의 업무자동화를 지원한다. 대표적인 ATMS에는 하이패스 등 요금자동징수시스템과 과속 등을 단속하는 자동단속시스템이 있다. ATMS를 통해 차량흐름을 제어하여 원활한 교통을 지원하고, 신속한 돌발상황 대응과 교통혼잡예방, 대형사고방지 및 2차사고를 예방할 수 있다.
- 첨단운전자정보시스템(ATIS, Advanced Traveler Information System) : 첨단운전자정보시스템(ATIS)은 교통 및 도로상황, 최적 운송경로, 소요시간 등 각종 교통정보를 라디오방송이나 차량 내 단말기를 통해 운전자에게 신속 · 정확하게 제공하여 안전하고 원활한 최적의 교통서비스를 지원한다. 대표적인 시스템으로 운전자정보시스템, 최적경로안내시스템, 여행서비스정보시스템 등이 있다.
- 첨단대중교통시스템(APTS, Advanced Public Transportation System) : 첨단대중교통시스템(APTS)은 대중교통운영체계 정보화를 기반으로 일반대중에게는 대중교통수단의 운행스케줄, 차량위치 등의 정보를, 대중교통운송회사에게는 차량관리,

배차 및 분석을 위한 정보를 제공함으로써 효율적인 대중교통운영업무를 지원한다. 대표적인 시스템으로 대중교통정보시스템, 대중교통관리시스템 등이 있으며, 이를 통해 대중교통서비스의 질적수준과 대중교통 이용률을 향상시킬 수 있다.

- 물류운영시스템(CVO, Commercial Vehicle Operation) : 물류운영시스템(CVO)은 각 운송차량의 위치, 운행상태, 차내상황 등을 관제실에서 실시간으로 파악하여 최적운행을 지시하고 위험물 적재차량관리 등을 통해 안전운송을 지원한다. 대표적인 시스템으로 전자통관시스템, 화물차량관리시스템 등이 있으며, 이러한 서비스를 통해 물류비를 절감하고, 운송물류의 효율성과 안전성을 높일 수 있다.
  - ■ 화물 및 화물차량관리(FFMS, Freight and Fleet Management Systems) : 실시간으로 이동하는 화물위치와 차량위치를 추적관리하도록 지원하는 화물운송서비스이다.
  - ■ 위험물차량관리(HMMS, Hazardous Material Management Systems) : 위험물을 운송 및 보관할 경우, 화주와 운전자에게 위험물의 상태와 위치를 실시간으로 모니터링하는 서비스이다.
- 첨단차량 및 도로시스템(AVHS, Advanced Vehicle and Highway System) : 첨단차량 및 도로시스템(AVHS)은 차량에 교통상황과 장애물을 인식할 수 있는 고성능 센서와 자동제어장치를 부착하여 자율운행을 지원한다. 또한 지능형 통신시설을 도로에 설치함으로써 교통사고를 예방하고 도로소통능력을 증대시킨다. 자율주행차량이 등장하면서 이를 도로에서 어떻게 활용할 것인지에 대해서도 활발히 검토되고 있다.

3) ITS를 통한 효과

ITS를 통해 물류비와 에너지를 절감하고, 교통혼잡과 사고를 예방하는 등의 효과를 가져올 수 있다.

- 교통사고예방 및 교통안전성 향상 : 차량, 운전자와 실시간 소통을 통해 교통사고를 예방하고 안전운행을 유도할 수 있다. 또한 교통사고발생 시에도 신속한 대응을 지원함으로써 인명 및 재산피해를 줄일 수 있다.
- 도로이용 편의성 향상 : 실시간 교통상황제공, 요금자동징수, 실시간 신호조정 등을 통하여 신속한 운송과 교통을 지원한다. 또한 교통혼잡을 완화하고 일반시민

에게 교통편의서비스를 제공한다.

- 교통체계의 효율적 운영 및 관리: 교통체계에 IT기술을 접목함으로써 시설, 정보, 시스템 등의 효율적인 운영과 관리가 용이해졌다.
- 환경보전 및 에너지 절감: 최적의 운송경로정보 및 대기시간 단축으로 환경오염과 에너지낭비를 절감할 수 있다.
- 신속하고 편리한 운송지원: 차량운행지원, 최적경로 및 운송수단에 대한 수요자 맞춤정보, 실시간 교통정보 등을 통해 신속하고 편리한 운송이 가능해진다.

2.2 협력적 지능형 교통시스템 (C-ITS, Cooperative Intelligent Transportation Systems)

1) C-ITS의 개념

협력적 지능형 교통시스템(C-ITS)은 차량이 주행 중 운전자에게 주변교통상황과 전방 급정거, 낙하물 등의 사고위험정보를 실시간으로 제공하는 차세대 협력적 지능형 교통시스템을 의미한다. 기존의 ITS에서 도로위의 차량 및 인프라시설과의 통신과 협력을 강화하였다.

(1) C-ITS의 필요성

- 안전성과 이동성 향상: 차량간(V2V), 차량-인프라간(V2I) 통신기반의 정보공유, 실시간 정보수집 · 제공 · 연계, 위치기반서비스 제공하여 교통사고를 사전에 예방할 수 있다.
  - 차량-인프라간 통신(V2I, Vehicle to Infrastructure): 도로 및 도로 위의 구조물이 차량과 서로 정보를 주고받을 수 있도록 한 통신체계로 실시간 교통상황이나 돌발상황을 차량에 전파하거나 차량상태나 정밀한 위치정보를 인프라에서 수집하도록 하였다.
  - 차량간 통신(V2V, Vehicle to Vehicle): 도로 위의 차량간 정보를 주고받을 수 있도록 한 통신체계로써 차량의 급감속 및 정차, 차량접근 등을 알리고 추돌을

경고함으로써 사전에 사고를 예방할 수 있다.

- 이용자 안전강화: 기존 도로관리 및 인프라 중심의 ITS에서 C-ITS는 인프라의 이용자인 운전자안전에 초점을 두고 있다.

	ITS	C-ITS
핵심영역	도로관리 등 인프라 중심	인프라와의 소통, 운전자의 안전중심
정 보	소통정보, 가공정보	안전정보, 실시간정보
대응방식	즉시 대응한계, 사후관리	사전대응, 사고예방

(2) 자율주행 자동차와 C-ITS 간의 관계

C-ITS는 새롭게 등장하고 있는 자율주행 자동차시대에 적합한 신속하고 안전한 차세대 교통체계를 구현하는 데 기여한다. 따라서 자율주행 자동차와 C-ITS는 긴밀한 관계를 가진다.

- 도로인프라지원: 악천우 시 자율주행 자동차의 차량센서 기능저하를 지원하거나 원거리 및 사각지대 감지한계를 지원하는 기능을 통해 자율주행차량의 한계를 극복할 수 있는 도로인프라를 지원한다.
- C-AV(Connected Autonomous Vehicle) 지원: 자율주행시대를 대비한 C-ITS의 역할이 중요해지고 있으므로 C-ITS는 자율주행 자동차와의 연결을 지원한다.

2) C-ITS의 지원서비스 유형

C-ITS는 다음의 안전서비스를 제공하고 있다.

- 위치기반 데이터수집: C-ITS를 통제하는 C-ITS 센터에서는 운송차량의 위치정보를 수집하고 공유하는 서비스를 제공한다.
- 위치기반 교통정보제공: C-ITS센터에서 운송차량으로 교통정보를 실시간으로 전달하는 서비스를 제공한다.
- 요금징수서비스: 하이패스와 같은 스마트톨링을 통해 정차없이 바로 톨게이트에서의 요금징수를 처리하는 서비스를 제공한다.
- 도로위험구간 정보제공: 도로위의 검지기를 통해 도로의 낙하물을 인지하고 이를 차량으로 긴급전달하여 사고를 사전에 예방하는 서비스를 제공한다.
- 기상정보제공: 검지기를 통해 도로결빙, 강우·폭설 등을 인지하고 이를 차량으

로 긴급전달하여 사고를 사전에 예방하는 서비스를 말한다.

- 도로작업구간 주행지원: 도로공사 등 작업중인 구간정보를 사전에 차량으로 전달하여 공사구간을 우회할 수 있도록 하거나 사고를 사전에 예방하는 등의 서비스를 제공한다.
- 긴급차량접근경고, 차량긴급상황경고: 앰뷸런스 등 긴급차량의 이동 시 차량안전과 긴급상황대처를 위한 정보를 사전에 차량으로 전달하는 서비스를 제공한다.
- 보행자 안전정보제공: 교차로 신호위반 위험경고, 우회전 안전운행지원, 보행자 충돌방지경고, 버스운행관리리, 옐로우버스 운행안내, 스쿨존속도제어 등 주로 보행자 또는 대중교통 이용자를 대상으로 안전운행을 위한 정보서비스를 제공한다.

2.3 주파수 공용통신(TRS, Trunked Radio System)

1) TRS의 개념

주파수 공용통신(TRS)은 기존의 자가 무전기를 발전시킨시스템으로 무선중계국에 할당된 주파수채널을 다수의 가입자들이 공유하면서 운행중 상호연락을 지원하는 무선통신서비스를 말한다. 운수업, 제조판매업, 보험용역업, 서비스업, 선박 등 일대다수의 통신이 필요한 업종에서 주로 사용된다. 일반적으로 차량 등 운송수단에 탑재하여 이동중 상호 정보를 실시간으로 전달할 수 있는 무전기 및 화물추적시스템이 TRS이다.

TRS에서 제공하는 서비스는 다음과 같다.

- 1 : N 그룹통신지원: 사용자들을 그룹화하여 지정된 무선채널을 다수의 가입자가 단말기를 통해 공동으로 이용하게 한다. 일반적인 전화는 주로 1 : 1 통화를 하면서 통신요금이 비싼 편인데, TRS를 통해 상대적으로 많은 사람들이 상대적으로 저렴하게 그룹통화할 수 있다.
- 음성통화 및 데이터 통신지원: 그룹 또는 개별통신, 긴급통신, 데이터전송 등 다양한 음성통화 및 데이터통신을 지원한다.
- 화물추적지원: 위치정보시스템과 연계하여 화물추적을 지원한다.

2) TRS를 통한 효과

- 신속·편리한 소통: 사용자는 무선중계국 내 어느 채널이든 사용이 가능하고, 다른 그룹사용자도 공동으로 중계국을 이용하므로 사용자의 비용부담이 적다. 또한, 동일 채널에서 부가적인 장비없이 음성 및 데이터를 처리할 수 있다. 신속 편리한 소통을 통해 신속한 화물배송, 정확한 배송시간약속 등의 서비스가 가능하다.
- 물류비절감 및 업무처리시간단축: 운송, 보관 등 수시로 소통이 필요한 물류영역에서 물류비용을 절감할 수 있다. 신속 정확한 배차관리, 최적 및 최단거리 운행거리선정, 합리적 배차계획수립 등을 통해 업무처리시간을 단축한다.
- 기술적 우수성: 고속통신에 강하고 광역통신을 제공할 수 있어 경제적이며, 통화할 때만 채널을 점유하므로, 통화품질이 양호하고 잡음과 혼선이 적은 편이다.
- 우수한 통신보안: 통신보안이 탁월하여 일반적으로 별도의 비화기가 필요하지 않으며, 통신보안이 필요한 특수한 물류현장에서 사용할 수 있다.
- 다양한 부가서비스: 운전자에게 교통정보, 기상정보 등 다양한 생활정보를 제공할 수 있다.

2.4 uTradeHub(Ubiquitous Trade Hub)

1) uTradeHub의 개념

uTradeHub는 무역정보통신 인프라를 지원하는 KTNET(한국무역정보통신)을 통해 만들어진 무역업무 단일 창구포털이자 전자무역플랫폼을 말한다. uTradeHub는 무역자동화시스템 및 국내외 네트워크를 구축하여 무역업체가 복잡한 무역업무처리절차를 사무실에서 컴퓨터로 처리할 수 있도록 한 무역자동화시스템을 의미한다. 무역자동화시스템을 구축하여 무역관련 기관과의 연계를 통한 원스탑서비스를 제공하는 인터넷 기반의 개방망(Open Network)을 뜻한다.

2) uTradeHub의 주요 서비스

■ 전자무역허브 및 플랫폼서비스: 시장조사, 신용평가, 시중은행, 금융결제원, 관세청, 선사·항공사 등 마케팅에서부터 결제에 이르는 무역절차별 유관기관을 연계하여 왔으며 이를 기반으로 무역업무전반을 단절없이 처리할 수 있는 전자무역허브서비스를 제공한다.

■ 자동화된 무역관련 서비스지원: 외환서비스, 구매확인서비스, 내국신용장 서비스, 적하보험서비스, 수출보험서비스, FTA 원산지관리서비스, 수입요건확인 전자민원서비스, 수출입 부대비용 전자수납서비스 등 무역, 통관, 물류부문의 관련 업무를 지원한다.

- 외환서비스: 수출신용장 통지, 수입신용장 개설, 수입화물선취보증서 발급, 대금결제, 무서류무역송금(수입송금 및 수출입금) 등 수출입에 필요한 대 은행업무를 지원한다.
- 구매확인서비스: 구매확인서 전자발급, 구매확인 통합정보서비스(조회, 자사정보관리, 유통 등) 서비스를 지원한다.
- 내국신용장 서비스: 물품매도확약서, 내국신용장 개설 및 조건변경, 물품수령증명서, 전자세금계산서, 매입추심의뢰, 매입추심결과 통지, 수출실적증명지원, 근거서류은행제출전자화 등의 서비스를 지원한다.
- 적하보험서비스: 적하보험청약, 적하보험 증권발급통지 등 손해보험사에 부보하는 적하보험업무를 지원한다.
- 수출보험서비스: 수출보험선적통지, 증권발급통지 등 무역보험공사에 부보하는 수출보험업무를 지원한다.
- FTA 원산지관리서비스: 원산지판정, 원산지증명서 발급/유통/보관, 사후검증대비용 자료보관업무 등을 지원한다.
- 수입요건확인 전자민원서비스: 수입승인, 수입추천, 원산지 증명서발급 등을 지원한다.
- 수출입부대비용 전자수납서비스: 수출입업무과정에서 발생한 부대비용의 납부증빙서비스를 제공한다.

■ 실시간 국제화물운송정보공유 : 블록체인기반의 수입화물반출입 및 내륙운송 플랫폼을 통해 무역계약을 체결하면 수입업체, 국제물류주선업체, 운송사 등 모든

관계자가 화물운송정보를 실시간으로 확인할 수 있다.

3) uTradeHub를 통한 효과

- 무역업무 간소화를 통한 활성화 : 전자무역 단일창구 구축으로 무역업체의 업무처리절차를 간소화하여 무역활성화에 기여한다. 무역업체는 인터넷을 통해 한번 접속으로 마케팅, 상역, 외환, 통관, 물류, 결제까지 모든 무역업무프로세스를 신속하고 편리하게 처리할 수 있다. 은행이나 수출입관련 기관을 방문할 필요가 없이 언제 어디서나 복잡한 무역업무를 볼 수 있다.
- 사용자 중심의 통합된 작업환경제공 : 전자무역포탈에서 무역단계별 업무지원시스템을 구축하여 무역업체 사용자 중심의 작업공간을 구현한다. 실시간으로 단계별 진행결과확인 및 추적관리, 관련 문서관리 등을 통합된 작업환경에서 처리할 수 있다.
- 유관기관과 연계된 무역서비스 제공 : 무역업체, 은행, 보험, 협회, 관세사, 세관, 포워더, 선사, 항공사 등 유관기관과 연계된 무역서비스를 제공하여 기관간 협업과 양질의 서비스를 무역업체에 제공한다.
- 관련비용과 인력절감 : 전자문서중복제출 등의 오류를 방지하는 등 전자문서유통체계개선하여 전자무역프로세스를 혁신함으로써 관련비용과 인력을 절감한다.
- 개방성 및 상호 운영성 확보 : XML 문서를 국제전자상거래 표준기반의 표준화된 문서설계규칙에 따라 일관성 있게 개발 및 작성하여 전자문서의 상호 연동성을 제고하였다.

2.5 PLISM

1) PLISM의 개념

PLISM은 한국물류정보통신(KLNET)에서 제공하는 항만물류서비스로 기업과 기업간 B2B 전자민원 싱글윈도우 서비스와 B2B 해운항만통합 정보서비스를 제공하고 있다. 참고로 한국물류정보통신(KLNET)은 1994년 물류정보화를 목적으로 물류관련 기관과 기업들이 설립한 물류IT전문기업으로 EDI서비스, 정보시스템 구축, IT컨설팅과 PLISM, Port－MIS 등 물류정보화에 필요한 다양한 IT솔루션을 제공하고 있다. 육상, 해상, 항공을 통해 처리되는 수출입화물 및 국내화물의 정보흐름을 합리화하고 물류거점인 항만, 공항, 터미널, 창고, 물류단지 등의 유기적인 연계운용하는 종합물류정보망을 말한다.

2) PLISM의 제공서비스

PLISM은 민원인이 항만물류의 모든 업무를 하나의 사이트에서 처리할 수 있도록 지원하는 개념의 시스템으로 B2G 전자민원신고서비스, B2B 컨테이너 화물통합관리서비스를 통합되어 있다.

- B2G 전자민원서비스 : B2G 전자민원 싱글윈도우 서비스는 정부기관과 기업이 각종 수출입인허가업무를 EDI방식의 단일창구를 통해 처리하도록 하는 서비스이다. 즉 수출입화물 관련 인허가업무를 민원인이 각 정부기관에 EDI형태로 신고할 수 있도록 지원하며 화물정보의 취합/분기서비스의 제공으로 업무효율성 극대화의 창구역할을 수행한다. 따라서 기업은 단 한번의 신고로 수출입관련 모든 인허가업무를 원스톱으로 처리할 수 있다.
- B2B 컨테이너 화물통합관리 서비스 : B2B 컨테이너 화물통합관리 서비스는 화주, 해운회사, 포워더 등 수출입물류 공급자 및 수요자간 예약, 운송 등의 업무를 EDI로 교환 및 활용하는 서비스이다. 해운항만물류 공급자 및 수요자간 오더정보를 활용하여 컨테이너 운송을 통제/관리하는 시스템이다. 컨테이너 관리효율성을 증대하여 물류비절감 및 항만경쟁력 강화에 기여하고 있는 선사 및 화주중심의 컨테이너 공급망관리서비스(PORT－SCM)이다.

2.6 기타 물류정보네트워크

화물운송수단에 따라 물류정보네트워크는 대표적으로 다음과 같이 구성되어 있다.

1) 차세대 철도운영정보시스템(XROIS, eXtended Railroad Operating Information System)(육상화물정보네트워크)

육상화물정보망은 철도운송시스템과 화물자동차운송시스템 등으로 나눌 수 있다. 화물자동차운송 시스템에는 한진그룹의 GLOVAN 등 각 물류업체들의 시스템이 있으며, 철도운송시스템은 코레일의 XROIS가 있다.

차세대 철도운영정보시스템(XROIS)은 2011년부터 기존 철도운영정보시스템(KROIS)을 대체하고자 개발된 코레일내부 철도운영시스템이다. 이 시스템은 열차운행관리, 전동열차운행관리, 승무원관리, 화물운송관리, 입환관리, 열차조성관리, 차량검수, 명령지원 등 철도운전취급과 기타 관련된 각종 운영업무를 조회, 수행할 수 있다.

XROIS는 화물위치, 운송예상시간, 선로 및 화물하치장의 여유용량 등의 정보를 실시간으로 화주기업, 운송업체에게 제공하여 유연한 철도운송을 시스템적으로 지원한다. 탄력적인 철도운송을 통해 효율적으로 선로여유 용량을 활용할 수 있어 철도화물운송 활성화에 기여하고 있다.

2) 항만운영정보시스템(PORT-MIS, Port Management Information System)(해상화물정보네트워크)

항만운영정보시스템(PORT－MIS)은 전국의 무역항에 대해 선박입출항신고, 항만 내 시설사용, 관제사항, 화물반출입, 세입징수 등 모든 항만운영업무 및 민원업무를 처리하는 시스템이다.

PORT－MIS는 항만법에 의거 항만관리운영의 효율화를 도모하고 항만의 과학적 관리를 위한 정책결정을 지원하며, 항만이용자에게 편의를 제공하기 위해 설치, 운영하는 시스템이다.

PORT－MIS는 온라인과 모바일을 통해 각종 서비스가 제공되므로 언제, 어디서라도 업무가 가능해졌다.

3) 항공화물운송정보시스템(AIRCIS, AIR Cargo Information System) (항공화물정보시스템)

항공화물운송정보시스템(AIRCIS)은 물류정책기본법 제2조에 근거한 항공분야 국가단위 물류정보망으로 항공사, 포워더, 운송업체 등 항공물류기업의 물류업무지원 및 정보서비스를 제공하고 있다. 국토교통부와 인천국제공항공사, 국적항공사의 협력체계를 바탕으로 인천공항에 취항하는 국내외 항공사의 화물예약 및 추적, 스케줄확인, e-Flight 서비스, 터미널 조업정보 등의 항공물류정보서비스를 제공하고 있다.

항공화물운송정보시스템은 다음의 서비스를 제공한다.

- 화물추적관리 : 화물인수, 터미널입고, 항공기 출·도착 등의 정보를 화주 및 포워더에게 전달하여 화물운송의 가시성을 제공한다.
- 신뢰성 있는 스케줄정보 : 주간스케줄, 실시간 출·도착 정보 등 인천국제공항 관제정보기반 항공기 출·도착 정보를 제공하여 신뢰성 있는 화물운송 및 항공기 운항서비스를 이용하고, 정확한 일정을 관리하도록 한다.
- 터미널 조업정보 : 조업사의 정보시스템과 연계하여 터미널 내 조업정보서비스를 제공한다.
- 사전정산내역 : 운송계약에 대한 실적정보를 통해 추정한 운임정산정보 서비스를 제공한다.
- e-Freight : e-Freight 서비스를 통해 항공물류전자문서 표준화를 지원하므로 IATA 무서류화 프로젝트를 지원한다.
- 화물예약 : 항공사의 화물예약을 단일 창구에서 이용할 수 있으며, 화물예약 및 변경, 예약현황 등 국내외 항공사의 편리한 화물예약정보서비스를 제공한다.
- 화물인도지시서 정보제공 : 조업사별 화물인도지시서 및 화물인수정보 서비스를 제공한다.

항공화물운송정보시스템을 통해 다음의 기대효과를 달성할 수 있다.

- 공통 : 항공사, 포워더, 화주, 조업사 등 물류주체간 정보공유를 통해 물류비용을 절감하고 처리시간을 단축할 수 있다.
- 화주 : 항공화물운송정보수집을 통해 각 공급사슬을 관리하고 화물의 가시성을 확보할 수 있다.

- 항공사 : 항공물류정보를 실시간으로 확보할 수 있고, 포워더와의 커뮤니케이션 채널을 형성할 수 있다.
- 포워더 : 항공화물운송 관련 진행 현황 및 추적정보를 확보하고, 화주기업에게 제공할 다양한 물류정보와 포워더의 대외경쟁력을 확보할 수 있다.

토의문제

1. 물류현장에서 RFID를 광범위하게 사용하기 위해서 해결해야 할 과제에 대해 생각해 봅시다.
2. ITS, C-ITS 등의 새로운 기술이 확산되기 위해 사전에 해결해야 할 이슈에 대해 생각해 봅시다.
3. ITS, C-ITS 등의 새로운 기술로 변화될 미래에 대해 생각해 봅시다.

제12장 물류관리사 기출문제

01 **바코드에 관한 설명으로 옳지 않은 것은?** (19회, 2015년)

① 인쇄된 바코드는 정보의 변경이나 추가가 안되는 단점이 있다.
② 바코드는 제작이 용이하고 비용이 저렴하다.
③ EAN－13(표준형A)은 다품목을 취급하는 업체를 위한 코드로 우리나라의 국가식별코드는 880이다.
④ ISBN은 물류단위(logistics unit) 중 주로 박스에 사용되는 국제표준물류 바코드로 생산공장, 물류센터 등에서 입·출하시 판독되는 표준바코드이다.
⑤ 일차원 바코드는 서로 굵기가 다른 흑색의 바와 공간으로 상품의 정보를 표시하고 광학적으로 판독할 수 있도록 부호화한 것이다.

02 **물류정보시스템에서 활용하는 기술에 관한 설명으로 옳지 않은 것은?** (18회, 2014년)

① EDI(Electronic Data Interchange)는 전자문서교환방식이다.
② GPS(Global Positioning System)는 화물 또는 차량의 자동식별과 위치추적을 위해 사용하는 방식이다.
③ 우리나라의 바코드(Bar Code)표준은 KAN－14이다.
④ 단축형 KAN－8은 국가코드 3자리, 업체코드 3자리, 상품코드 1자리이다.
⑤ POS(Point of Sales)는 단품별 판매정보를 자동으로 수집한다.

03 **일본의 덴소웨이브사에서 개발한 2차원(매트릭스)형태의 코드로, 많은 정보를 저장할 수 있으며, 일반 바코드보다 인식속도와 인식률, 복원력이 뛰어나다. 기업의 중요한 홍보 및 마케팅수단으로 활용되면서 온·오프라인에 걸쳐 폭넓게 활용되고 있는 코드는?** (15회, 2011년)

① UPC Code　② EAN Code　③ KAN Code
④ RFID Code　⑤ QR Code

04 **다음에서 설명하고 있는 내용과 가장 관계가 깊은 것은?** (15회, 2011년)

> 무전기가 진화한 기술로서 휴대폰처럼 멀리 떨어진 사람과도 통화할 수 있으면서, 무전기처럼 여러 사람에게 동시에 같은 음성을 전달할 수 있다며 화몰트럭 기사에게는 필수적인 도구다. 화물운송이 필요한 화주(貨主)가 화물정보센터에 일을 의뢰하면, 센터는 해당 지역에 공차(空車) 상태로 잇는 복수의 트럭기사에게 일감정보를 알려준다.

① ISDN(Integrated Service Digital Network)
② ITS(Intelligent Transport System)
③ LBS(Location Based Service)
④ TRS(Trunked Radio System)
⑤ GIS－T(Geographical Information System for Transportation)

05 **국제물류에서 활용되고 있는 RFID(Radio Frequency Identification)에 관한 설명으로 옳지 않은 것은?** (16회, 2012년)

① RFID는 EOS(Electronic Ordering System)에서 현재 가장 보편적으로 이용되고 있다.
② RFID는 기존의 무선인식시스템보다 많은 양의 데이터저장이 가능하다.
③ RFID기술은 전파를 매개로 하는 초소형칩과 안테나를 사물에 태그형태로 부착한다.
④ RFID의 도입을 통해 화물의 위치를 추적할 수 있다.
⑤ RFID는 유통업체 및 제조업체의 재고파악능력을 향상시킨다.

06 **GPS(Global Positioning System)에 관한 설명 중 옳지 않은 것은?** (16회, 2012년)

① 인공위성과 통신망을 이용한 위치측정시스템을 의미한다.
② 미국정부가 군사용으로 개발한 항법지원시스템이다.
③ 물류정보시스템에 응용함으로써 화물추적서비스 제공이 용이해 진다.
④ 운행하는 운송수단의 관리와 통제에 용이하게 활용될 수 있다.
⑤ GPS 수신기의 부착없이 모든 수송수단의 위치를 파악할 수 있다.

07 **다음은 무엇에 관한 설명인가?** (20회, 2016년)

> • 1996년부터 운영되어 온 철도운영정보시스템으로 2011년 말 차세대 철도운영정보시스템으로 발전되었다.
> • KL－Net과 연계되어 EDI로 운영되고 철도공사, 화주, 운송업체, 터미널 등이 서비스대상이 된다.

> • 차량연차운용시스템, 화물운송시스템, 고객지원시스템, 운송정보시스템 등의 하부시스템으로 구성된다.

① CIM ② CORTIS ③ KROIS
④ CAMIS ⑤ Port－MIS

08 첨단화물운송시스템(CVO : Commercial Vehicle Operation)의 하부시스템에 해당하는 것을 모두 고른 것은? (20회, 2016년)

> ㄱ. 첨단차량 및 도로시스템(AVHS : Advanced Vehicle & Highway System)
> ㄴ. 화물 및 화물차량관리(FFMS : Freight and Fleet Management System)
> ㄷ. 첨단교통정보시스템(ATIS : Advanced Traveler Information System)
> ㄹ. 위험물차량관리(HMMS : Hazardous Material Monitoring System)
> ㅁ. 첨단교통관리시스템(ATMS : Advanced Traffic Management System)

① ㄱ, ㄴ ② ㄱ, ㄹ ③ ㄴ, ㄷ
④ ㄴ, ㄹ ⑤ ㄹ, ㅁ

09 RFID(Radio Frequency Identification) 시스템에 관한 설명으로 옳지 않은 것은? (18회, 2014년)

① 원거리인식 및 여러 개의 정보를 동시에 판독하거나 수정할 수 있다.
② 장애물 투과기능도 지니고 있기 때문에 교통분야에 적용도 가능하며 반영구적인 사용이 가능하다.
③ 태그에 대용량의 데이터를 반복적으로 저장할 수 있으며 데이터 인식속도도 타 매체에 비해 빠르다.
④ 바코드시스템과 마찬가지로 접촉하지 않으면 인식이 불가능하다.
⑤ 기존 바코드에 기록할 수 있는 가격, 제조일 등 정보외에 다양한 정보를 인식할 수 있다.

10 RFID(Radio Frequency Identification)에 관한 설명으로 옳지 않은 것은? (17회, 2013년)

① 판독기를 이용하여 태그(Tag)에 기록된 정보를 판독하는 무선주파수 인식기술이다.
② 바코드와는 달리 제품의 원산지 및 중간이동과정 등 다량의 데이터를 저장할 수 있다.
③ RFID시스템은 리더기, 태그 등의 요소로 구성된다.
④ RFID는 주파수대역에 따라 다양한 분야에 응용될 수 있다.
⑤ 능동형(Active) 태그는 배터리없이 근거리통신에 사용한다.

11 **바코드에 관한 설명으로 옳은 것은?** (23회, 2019년)

① POS 시스템의 효과적인 이용을 위한 중요한 구성요소이다.
② 13자리 바코드의 처음 세 자리는 물류식별 코드를 의미한다.
③ 정보의 변경과 추가가 가능하다.
④ 응용범위가 다양하고 신속한 데이터수집이 가능하나 도입비용이 많이 든다.
⑤ 읽기와 쓰기가 가능하다.

12 **RFID의 주파수 대역별 특징에 관한 설명으로 옳지 않은 것은?** (23회, 2019년)

① 고주파 수일수록 중장거리용으로 사용된다.
② 고주파 수일수록 RFID태그를 소형으로 만들 수 있다.
③ 저주파 수일수록 시스템구축비용이 저렴하다.
④ 저주파 수일수록 장애물의 영향을 덜 받는다.
⑤ 저주파 수일수록 인식속도가 빠르다.

13 **다음 설명에 해당하는 정보기술은?** (24회, 2020년)

표준화된 기업과 기업 간의 거래서식이나 기업과 행정부서 간의 공증서식 등을 서로 합의된 의사전달양식에 의거하여 컴퓨터 간에 교환하는 전자문서교환방식

① EDI ② POS ③ SIS
④ EOS ⑤ RFID

14 **EAN 13형 바코드에 포함되지 않는 코드는?** (24회, 2020년)

① 국가식별 코드 ② 제조업체 코드 ③ 공급업체 코드
④ 상품품목 코드 ⑤ 체크디지트

15 **QR코드에 관한 설명으로 옳지 않은 것은?** (24회, 2020년)

① 코드모양이 정사각형이다.
② 1차원 바코드에 비하여 오류복원 기능이 낮아 데이터복원이 어렵다.
③ 1차원 바코드에 비하여 많은 양의 정보를 수용할 수 있다.
④ 흑백격자 무늬패턴으로 정보를 나타내는 2차원 형태의 바코드이다.
⑤ 1994년 일본의 덴소웨이브 사(社)가 개발하였다.

16 **물류정보기술에 관한 설명으로 옳은 것은?** (24회, 2020년)

① RFID(Radio Frequency Identification)는 태그 데이터의 변경 및 추가는 불가능하나, 능동형 및 수동형 여부에 따라 메모리의 양을 다르게 정의할 수 있다.
② USN(Ubiquitous Sensor Network)는 센서네트워크를 이용하여 유비쿼터스 환경을 구현하는 기술이며, 사물에 QR코드를 부착하여 정보를 인식하고 관리하는 정보기술을 말한다.
③ CALS의 개념은 Commerce At Light Speed로부터 Computer Aided Logistics Support로 발전되었다.
④ ASP(Application Service Provider)란 응용소프트웨어 공급서비스를 뜻하며 사용자 입장에서는 시스템의 자체개발에 비하여 초기투자비용이 더 많이 발생하는 단점이 있다.
⑤ IoT(Internet of Things)란 사람, 사물, 공간, 데이터 등이 인터넷으로 서로 연결되어 정보가 생성 · 수집 · 활용되게 하는 사물인터넷 기술이다.

17 **물류정보망에 관한 설명으로 옳은 것은?** (24회, 2020년)

① CVO는 Carrier Vehicle Operations의 약어로서, 화물차량에 부착된 단말기를 이용하여 실시간으로 차량 및 화물을 추적 · 관리하는 방식이다.
② KL－NET는 무역정보망으로서, 무역정보화를 통한 국가경쟁력 강화를 목적으로 개발되었다.
③ KT－NET는 물류정보망으로서 물류업무의 온라인화를 위해 개발된 정보망이다.
④ PORT－MIS는 항만운영관리 시스템으로서 한국물류협회가 개발 및 운영하는 시스템이다.
⑤ VAN은 Value Added Network의 약어로서, 제3자(데이터 통신업자)를 매개로 하여 기업 간 자료를 교환하는 부가가치통신망이다.

18 **다음의 (　　　)에 들어갈 용어는?** (25회, 2021년)

> 국제표준 바코드는 개별품목에 고유한 식별코드를 부착해 정보를 공유하는 국제표준체계이다. 현재 세계적으로 사용되는 GS1 표준코드는 미국에서 제정한 코드 (ㄱ)와(과) 유럽에서 제정한 코드 (ㄴ) 등을 표준화한 것이다.

① ㄱ : UPC, ㄴ : EAN
② ㄱ : UPC, ㄴ : GTIN
③ ㄱ : EAN, ㄴ : UPC
④ ㄱ : EAN, ㄴ : GTIN
⑤ ㄱ : GTIN, ㄴ : EAN

19 VAN(Value Added Network)에 관한 설명으로 옳은 것은? (25회, 2021년)

① 한정된 지역의 분산된 장치들을 연결하여 정보를 공유하거나 교환하는 것이다.

② 컴퓨터 성능의 발달로 정보수집능력이 우수한 대기업에 정보가 집중되므로 중소기업의 활용 가능성은 낮아지고 있다.

③ 1990년대 미국의 AT&T가 전화회선을 임대하여 특정인에게 통신서비스를 제공한 것이 효시이다.

④ 부가가치를 부여한 음성 또는 데이터를 정보로 제공하는 광범위하고 복합적인 서비스의 집합이다.

⑤ VAN 서비스는 컴퓨터 성능향상으로 인해 이용이 감소되고 있다.

정답

01 ④ 02 ③ 03 ⑤ 04 ④ 05 ① 06 ⑤ 07 ③ 08 ④ 09 ④ 10 ⑤ 11 ① 12 ⑤ 13 ① 14 ③ 15 ② 16 ⑤ 17 ⑤ 18 ① 19 ④

CHAPTER

13

디지털시대의 물류관리

1. 스마트물류(Smart Logistics)
2. 친환경물류
3. 안전 및 보안물류

해외의 주요 스마트항 개발 사례

해외 주요 컨테이너터미널의 선택은 … '인공지능과 친환경'

2015년 네덜란드 로테르담항, 2016년 미국 롱비치항에 이어 중국은 2017년 5월 아시아 최초로 칭다오항에 완전 무인자동화 컨테이너 터미널(Fully Automated Container Terminal)을 개장했다. 세계 1위 항만인 상하이항도 '양산항 4단계 개발'을 통해이 대열에 합류할 예정이며, 세계 최대의 환적 항만인 싱가포르항은 5개로 분산되어 있는 컨테이너 터미널을 투아스(Tuas) 지역으로 일원화하는 '투아스(TUAS) 신항 개발'을 추진 중이다. 해외 주요 항만들은 스마트항만 실현을 위해 종합 로드맵을 수립하고 각 부문별로 세부 프로젝트를 선정하여 추진하고 있다. 주요 항만들의 스마트 작업을 살펴본다.

자동화의 원조-로테르담항 : 산 · 학 · 연 공동으로 5개 로드맵 + 45개 프로젝트 추진

컨테이너 터미널의 자동화역사를 말할 때 가장 먼저 거론해야 할 곳이 네덜란드다. 1993년 세계 최초 무인자동화 터미널인 ECT(Europe Container Terminal)를 성공적으로 선보인데 이어 2015년에는 안벽크레인까지 무인화하여 가장 최첨단이라는 평가를 받았던 APM 터미널과 RWG(Rotterdam World Gateway)를 동시 오픈한 곳이 바로 네덜란드다. 로테르담항은 스마트항만구축을 위해 △물류 △에너지 · 산업 △항만인프라 △항만도시 △항만전략 등 5개 부문의 로드맵을 수립하고 총 45개의 개별 프로젝트를 추진하고 있다. 'SMARTPORT'라는 조직에서 프로젝트 투자, 수행, 관리, 홍보 등을 수행하고 있다. 눈에 띄는 부분은 연구개발(R&D)과 혁신을 스마트항만의 핵심가치로 인식하여 대학과 기업과의 협업을 강조하고 있다는 점이다. 개별 프로젝트도 산 · 학 · 연이 공동으로 수행하는 경우가 대부분이다. 2016년에 Delft(대학), Delft(市), TNO(社) 등이 공동으로 설립한 기술솔루션 제공기업인 YES!Delft와 공동으로 'Port Innovation Lab'을 설립하여 기술개발을 하고 있으며, 해양스타트업인 PortXL도 설립해 항만산업계의 부가가치 창출을 위한 각종 아이디어를 제공하고 있다.

IBM과 손잡고 세계최초의 인공지능 항만개발 중

로테르담항은 올해 초 글로벌 IT 기업인 IBM과 손을 잡고 IoT, AI, 클라우드 같은 새로운 기술을 활용해 전체 운영환경을 디지털화하는 계획(digitalization initiative)을 발표했다. 이 사업은 총 42㎞에 달하는 로테르담항 전체를 하나의 시스템으로 연결하는 것이다. 로테르담항 전 구간에 걸쳐 육지와 해상에 센서가 설치될 예정이며 이를 통해 얻어지는 다양한 정보(예 : 조수의 흐름, 수온, 풍속 및 풍향, 수위, 정박지 가용성 및 가시성 등)는 중앙정보시스템으로 수집된다. 이렇게 수집된 정보는 IBM의 클라우드 기반 IoT기술에 의해 분석된다. 이를 통해 로테르담항은 선박 대기시간 감소, 화물처리시간 최소화, 터미널 야드활용 최적화 등의 효과를 얻게 된다. 로테르담항을 이용하는 선박의 선사는 시간당 약 8만 달러를 절약할 수 있을 것으로 예상된다. 로테르담 항만 당국 최고재무책임자(CFO) 폴 스미츠(Paul Smits)는 "(이 시스템을 통해)항만운영시스템 및 장비, 선박 운항 정보 및 환경, 화물정보 등을 실시간으로 모든 이해관계자가 공유할 수 있다. 항만서비스 개선뿐만 아니라 완전자율운영(인공지능)이 가능한 기술적

로테르담함 'SMARTPORT' 로드맵 구성 체계

영역	목표	주요 프로그램	프로젝트 사례
Smart Logistics	• 공급망의 신뢰성과 효율성 제공(컨테이너시장에 초점	① 디지털 물류 ② 자동화 물류	• ETA predictor • Truck Platooning
Energy & Industry	• 석유화학 클러스터의 지속 가능하고 최적화된 운영	① 항만구역 풍력발전 확산 ② 산업영역의 전기에너지 사용 전환	• Deep Decarbonisation Pathways • DDP : Power－2Gas－2－Refineries
Port Infrastructure	• 안전증대, 환경영향을 최소화하는 항만개발과 활용	① 해저면 항해를 통한 준설 최소화 ② 운송수단 최적운영 ③ 선석 내 센서를 통한 데이터 수집	• Navigation through fluid mud • External effects on the port
World Port City	• 항만 이해당사자에 적절한 정보 제공, 지자체 정책방향 수립에 기여	① 혁신 ② 비즈니스 환경 ③ 미래 기술 등	• World Port City Index • Benchmark innovative ecosystems
Port strategy	• 로테르담항의 지속적 발전을 위한 전략 개발	① 현황 분석 ② 새로운 트렌드 및 연구개발 분야 발굴	• Port Innovation Barometer 2016

자료 : SMARTPORT 홈페이지(http://smart-port.nl/en).

기반을 마련 할 수 있게 됐다. 더불어 이 시스템이 구축되면 로테르담 항은 세계 최초의 인공지능 항만으로 거듭날 것이다"라고 말했다. IBM 측은 "본 프로젝트를 통해 로테르담항은 항만의 단순자동화를 넘어 인공지능의 혁신적인 응용 프로그램이 적용된 세계 최초의 항만이 될 것이다"라고 밝혔다.

유럽 제2의 항구-함부르크항만

'친환경' '경제성장' 2가지 목표위해 물류와 에너지부문에 집중

독일 북부 엘베강 하구에 위치한 함부르크항만은 '유럽 제2의 항구'로 유럽전체 수출물량의 20%를 처리하고 있다. 함부르크항은 'smartPORT' 프로그램을 만들고 이를 통해 스마트항만으로 거듭나고 있다. 함부르크항만공사(HPA) 주도로 개발된 이 프로그램은 △물류부문(smartPORT logistics) 12개 프로젝트, △에너지부문(smartPORT energy) 15개 프로젝트가 수행되었거나 수행 중에 있다. 함부르크항의 'smartPORT' 프로그램에서는 친환경과 경제성장 목표를 동시에 달성하고자 하는 전략목표가 느껴진다. 물류부문은 공급망 최적화와 및 운송 네트워크의 효율성 제고가 목표다. 이를 위해 항만 내 교통흐름의 효율성 향상, 효율적 복합운송 연계, 화물운송의 최적화 실현 등을 위한 프로젝트를 진행하고 있다. 대표적인 사례로는 모바일을 이용한 수리지점확인, 항만 인근도로 실시간 정보분석 및 최적 경로정보제공, 화물위치정보 공유 플랫폼 등이 있다. 에너지부문의 목표는 에너지 소비량감축과 오염물질 배출량 최소화를 추구한다. 이를 위해 신재생에너지 활용촉진, 오염물질배출 최소화, 친환경·혁신적인 운송수단 활용 방안 등과 관련된 프로젝트를 추진하고 있다. 함부르크항은 SmartPORT 프로젝트를 통해 이전 항만수준

에서는 볼 수 없었던 효과를 얻고 있다. 선박, 트럭, 크레인, 교통흐름, 인력 등 항만 관련 모든 자원들이 실시간으로 연계되어 있는 시스템덕분에 항만운영비의 75%를 절감시켰으며, 항만정체는 15%나 감소시켰다. 함부르크항만은 냉동컨테이너의 모니터링을 완전자동화하는 CATS Reefer System을 2017년 4월 도입해 매 15분마다 자동으로 냉동컨테이너의 온도 및 습도 등을 관리하고 있다. 이는 항만운영시스템(TOS)과 자동으로 연계된다.

사물인터넷으로 물류통합 작업 진행 중

함부르크항의 사례에서 주목할 부분은 민관협조체제(Public–Private–Partnership)다. 항만의 주체인 시 정부와 200여 개의 회사들이 상호 협력하는 독특한 체제를 갖추고 있는데 이 때문에 함부르크항은 항만의 관리 면에서 세계의 모범이 되고 있다. 함부르크항만과 2014년 4월 양해각서(MOU)를 체결한 글로벌 IT 기업인 시스코는 2009년부터 함부르크 항만청과 수상, 도로, 철로교통 시스템을 통합하고 환경 · 물류 · 주차 · 행정 등의 분야에 사물인터넷 기술을 접목하는 작업을 진행해왔다. 또한 함부르크의 '최첨단 도시운영 플랫폼'을 만드는 AGT인터내셔널은 동영상 · 음향분석 기술, SNS연결, 자동차번호판 · 안면인식, 스마트폰 앱 등 최신 IT를 동원해 도시를 탈바꿈중이다. 이외에도 도이치텔레콤 · SAP 등 독일의 통신 · 소프트웨어 기업도 여기에 참여하고 있다. 함부르트항의 스마트화 작업뒤에는 이런 파트너십의 힘이 뒷받침하고 있는 것이다.

사물인터넷으로 물류통합 작업진행 중

함부르크항의 사례에서 주목할 부분은 민관협조체제(Public–Private–Partnership)다. 항만의 주체인 시 정부와 200여 개의 회사들이 상호 협력하는 독특한 체제를 갖추고 있는데 이 때문에 함부르크항은 항만의 관리면에서 세계의 모범이 되고 있다. 함부르크항만과 2014년 4월 양해각서(MOU)를 체결한 글로벌 IT 기업인 시스코는 2009년부

함부르크항의 'SmartPORT' 구성 체계 및 목표

구분	smartPORT energy	smartPORT logistics
목표	에너지 소비량 감축 및 환경 영향 최소화	공급망 최적화 및 운송 네트워크 효율성 향상
주요 내용	① 재생에너지 활용 촉진 ② 에너지 소비량 감축으로 오염물질 배출 최소화 ③ 친환경 · 혁신적인 운송수단 활용	① 항내 교통흐름의 효율성 향상 ② 효율적 복합운송 연계 ③ 최적의 화물운송 실현
프로젝트 사례	• Wind farm sites : sustability & expansion (7개의 추가 풍력발전 터빈 설치) • Cross–company use of waste heat (항만 내 기업간 폐열에너지 교환 및 자체 전력 생산 후 사용) • Alternative power for heavy–duty traffic (LNG 등 다양한 에너지원을 화용한 트럭 개발 및 운행 검토)	• Smart Maintenance(모바일을 이용한 수리지점 확인) • Port Road Management Center (항만 인근 도로 실시간 환경 분석 및 최적 루트 정보 제공) • intelligent Application of Tomorrow (화물 위치, 정보 등 상호 공유 플랫폼)

자료 : Port of Hamburg, 2016(한국해양수산개발원 재정리).

터 함부르크 항만청과 수상, 도로, 철로교통 시스템을 통합하고 환경·물류·주차·행정 등의 분야에 사물인터넷 기술을 접목하는 작업을 진행해왔다. 또한 함부르크의 '최첨단 도시 운영 플랫폼'을 만드는 AGT인터내셔널은 동영상·음향분석 기술, SNS연결, 자동차번호판·안면인식, 스마트폰 앱 등 최신 IT를 동원해 도시를 탈바꿈중이다. 이외에도 도이치텔레콤·SAP 등 독일의 통신·소프트웨어 기업도 여기에 참여하고 있다. 함부르트항의 스마트화 작업뒤에는 이런 파트너십의 힘이 뒷받침하고 있는 것이다.

미래 항만기술의 집합체-싱가포르 TUAS 항만

2040년 완공목표로 스마트 메가포트 프로젝트 진행

TUAS 항만은 싱가포르가 미래를 걸고 진행 중인 스마트 메가포트 프로젝트다. 지난 2016년 4월 컨테이너 터미널 1단계 공사를 착공했으며 2020년대 초 1단계가 완료될 예정이다. 모두 4단계에 거쳐 30년간 진행되는 이 공사가 2040년 완공되면 연간 최대 6,500만 TEU의 컨테이너를 처리할 수 있다. 이는 2016년 싱가포르항에서 처리한 물량의 두 배 이상에 해당하는 것이다. 싱가포르는 2027년부터 모든 항만활동을 TUAS로 이전할 계획이다. TUAS는 65개 선석이 모두 완전무인자동화로 건설된다. 초대형선은 20척 접안할 수 있는 규모다. 때문에 TUAS가 완공되면 세계경제에 커다란 변화를 가져올 것으로 예상된다. TUAS는 터미널 물류시스템의 로보틱기술 이외에도 그린기술, 드론기술, 선박추적 및 정시 입항기술 등 스마트기술을 동시 실현하는 걸 목표로 개발 중이다. 이 때문에 전문가들도 TUAS 항만을 통해 미래의 항만을 목격하게 될 것으로 기대하고 있을 정도다. 해상에서 대기하는 선박에는 다목적 플랫폼이 제공되는데 이를 통해 대기시간 동안 수속, 벙커링 등의 작업이 가능하다. 또한 드론을 이용해 육상에서 해상으로 물건을 배달하는 것은 물론 선체의 손상여부도 점검할 수 있다. 각종 크레인과 반출차량은 모두 자동화되어 전기로 작동된다. 현재 싱가포르 해협을 진입할 땐 선장이 VHF를 통해 구두로 항만국에 이 사실을 보고하면, 도선사가 자리를 배정해 준다. 미래에는 정시도착시스템을 이용해 호출선박의 지연 및 대기시간을 줄여 최적의 항만 서비스를 제공받을 수 있다. 입항을 위한 제출 서류도 현재는 검문소, 이민국, 환경청 및 대리점에 각각 이메일, 팩스, 텔렉스 등으로 제출했지만, 미래에는 단일 정부포털을 이용해 디지털화 및 통합이 이뤄질 예정이다.

MPA, AI기반의 해운·항만운영개선 시스템 'SAFER' 개발 중

싱가포르 컨테이너 터미널 운영자인 PSA는 미래의 첨단항만을 위해 'CP4.0TM'(Container Port 4.0TM)을 준비 중에 있다. 이는 스마트기술의 적절한 배치를 통해 해운 및 물류기업, 항만의 고객 등 이해 관계자에게 지속적인 가치를 제공하는 것이다. 또한 PSA는 컨테이너화물 운송의 효율성을 높이기 위해 빅데이터와 인공지능(AI)을 사용하는 샌프란시스코 기반의 물류업체인 Clear Metal에 투자하는 등 자체 글로벌 터미널운영체제(GTOS : Global Terminal operating System)를 지속적으로 향상시키기 위해 노력하고 있다. 싱가포르 해운항만청(MPA)과 IBM이 공동으로 개발 중인 'The Safer System'(SAFER)도 주목해야 한다. 이것은 AI기반의 해운·항만운영 개선시스템으로 지난해 3개월 간 시험운영을 끝마치고 올해 1월에는 나머지 모듈 시험까지 끝마친 상태다. '해상 이벤트 인식을 위한 센스기반 분석(Sensemaking Analytics For maritime Event Recognition)'의 약어인 SAFER는 증가하는 선박통행량을 관리할 목적으로 새로운 분석기반기술을 접목시킨 시스템이다. 이 SAFER 프로젝트는 이전에는 인적관찰, 보고, 초단파(VHF) 통신, 데이터입력에 의존했던 주요 작업의 정확성을 증가시키고 자동화하는 새로운 기능을 제공한다. SAFER는 TUAS항에 적용되어 운영될 계획이다.

물류신문, 2018년 07월 18일, 손정우 기자

01 스마트물류(Smart Logistics)

1.1 스마트물류의 개요

1) 스마트물류의 개념

4차산업 혁명의 등장은 물류의 패러다임에 큰 영향을 주었고, 디지털시대의 물류관리를 의미하는 스마트물류(Smart Logistics)라는 새로운 개념을 만들어 냈다. 스마트물류라고 하는 물류영역의 디지털 트랜스포메이션은 COVID-19을 통해 더욱 가속화되고 있다.

스마트물류는 전체 공급사슬과정에서 첨단지식기술 및 지능화된 소프트웨어를 적용해 물류시스템을 효율화, 최적화한 것으로 포장, 운송, 보관, 상하역정보, 보안 등의 물류활동간 연계를 지원하는 혁신시스템을 의미한다. 즉 스마트물류는 물류효율화를 위해 구매, 생산에서 최종 고객에 이르기까지의 공급사슬 전 과정을 4차산업 기술로 시스템화하고 이를 통해 새로운 가치를 창출하기 위한 물류시스템 체계를 말한다. 많은 기업들은 스마트물류를 적용함으로써 물류활동의 효율성, 유연성, 지속가능성을 향상시킬 수 있다.

2) 스마트물류의 특징

- 초연결성(Hyper-connected) : 스마트물류는 사물인터넷 등의 4차산업 혁명기술을 통해 정보수집 및 분석함으로써 정보로 연결된 공급사슬을 구성한다. 초연결된 물류체계구축으로 타 산업과의 융합이 시장에서 쉽게 수용되고 고부가가치를 창출할 수 있는 산업생태계를 이룰수 있다.
- 초지능화(Hyper-intelligent) : 초연결된 네트워크로 생성된 정보를 AI, 빅데이터 분석을 통해 새로운 최적화된 지능형 물류서비스를 제공할 수 있다.
- 공유경제(Sharing Economy) : 공유플랫폼 기반의 표준화된 물류체계를 구축하여 공급사슬 전반에 정보공유가 가능한 체계를 구축할 수 있다.

3) 스마트물류의 주요 영역

스마트물류는 물류환경을 통합 관리하는 공급사슬관리 영역, 실질적인 물류활동을 지원하며 물류활동의 현대화를 이끄는 물류추적 및 관리영역, 에너지사용절감과 이산화탄소 배출량을 저감하는 목적의 운송네트워크 설계영역 등으로 구분된다.

- 공급사슬관리 영역 : ERP, SCM 등의 시스템에 창고관리시스템(WMS), 운송관리시스템(TMS) 등의 물류관련 정보화시스템을 구축 및 통합함으로써 공급사슬 전반에 걸친 운영효율을 극대화한다.
- 물류추적 및 관리영역 : 블록체인 등을 이용하여 운송과정을 모니터링하며, 글로벌 공급사슬전체와 반품 등의 회수물류과정까지를 효과적으로 처리할 수 있도록 추적 및 관리한다.
- 운송네트워크설계 최적화영역 : AI, 빅데이터 등의 기술을 이용하여 최적화된 운송네트워크를 설계하여 이산화탄소 배출량을 저감시키고, 차량의 저연료운행 모니터링관리와 운송경로 최적화 시뮬레이션 등을 구현할 수 있다.

1.2 스마트물류를 위한 융 · 복합기반기술

1) 인공지능(AI, Artificial Intelligence)

(1) 인공지능의 개념

인공지능(AI)은 각종 학습, 지각, 자연어 이해 등의 인간능력을 IT기술을 활용하여 인공적으로 구현한 기술을 의미한다. 인공지능은 논리적인 문제해결뿐만 아니라 자연어처리, 시각적 및 인지적 인식 등 다양한 분야에서의 의사결정을 지원하는 용도로 활용되고 있다. 인공지능 중 인간의 학습능력을 인공적으로 구현한 머신러닝(Machine Learning)을 통해 과거의 많은 데이터를 분석 및 학습한 후 미래예측 및 자율성능개선을 할 수 있다.

(2) 인공지능의 물류산업 적용

- 수요예측 고도화 : 빅데이터 분석기술과 접목하여 인공지능을 물류수요예측에 사

HBR "제조 · 물류 현장에서 디지털화와 로봇 활용 가속화"

HBR(Harvard Business Review)은 코로나19로 인해 글로벌 공급사슬에서 △국내 · 역내로의 회귀, △디지털화와 로봇활용 가속화, △이커머스 성장에 따른 물류효율화, △환경 · 지속가능성 의식고조라는 4가지 변화가 발생할 것으로 전망했다.

이 정도의 변화는 기업의 사업 지속성을 좌우하는 것이기 때문에 경영전략의 재검토가 필요하다.

그동안 국내 · 역내로의 회귀(Reshoring) 현상은 대규모 자연재해가 발생하거나 지정학적 리스크가 높아지는 등 공급사슬의 취약성이 표면화되면 나타나는 게 일반적이었다. 이번 코로나19 위기 역시 같은 경우로 봐야한다는 게 HBR의 진단이다.

코로나19의 장기화로 콜드체인 공급사슬의 국내 · 역내 회귀가 현실화된다면 제조거점과 공급업체, 물류기업 선택에도 변화가 예상된다.

코로나19로 제조 · 물류현장에서 디지털화와 로봇활용이 가속화될 것이란 전망은 HBR뿐만 아니라 여러 곳에서 나오고 있다. 원격 근무나 자동화 등 업무환경이 변화하는 것에서부터 빅데이터를 활용한 제조판매 프로세스의 디지털화, IoT를 활용한 생산성 개선, VR과 AR을 활용한 생산지도 등에 대한 투자가 속도를 낼 것으로 전망된다. 코로나19의 확산은 소비행동의 변화를 가져오고, 그 변화는 이커머스(EC) 성장에 직접 영향을 미쳐 이전 일상으로의 회귀는 어려울 것이라는 게 대체적인 전망이다. HBR은 전자상거래 업체와 오프라인 소매업자들이 코로나19 위기를 계기로 라스트마일 배송의 효율성 제고 등 물류효율화 작업에 박차를 가할 것으로 예상했다. 코로나19가 가져오는 긍정적 변화도 있다. 글로벌 각국 · 지역에서의 인력활동이 억제되면서 온실가스저감 등 환경에 대한 의식이 높아질 것이란 전망이 그것이다. HBR은 이러한 공급사슬변화가 업계별 플랫폼화 등 구조적 변화를 가져올 것으로 전망한다. 구체적으로는 디지털화와 로봇활용으로 물류를 비롯한 노동집약적 산업의 표준화를 촉진하고, 배송서비스의 로봇화와 자율주행 차량의 도입확산 등이 예상된다. HBR은 향후 기업은 이러한 구조적 변화를 감안한 공급사슬을 구축하는 전략을 수립해야 한다고 충고한다.

코로나 위기가 가져올 공급사슬의 4가지 변화

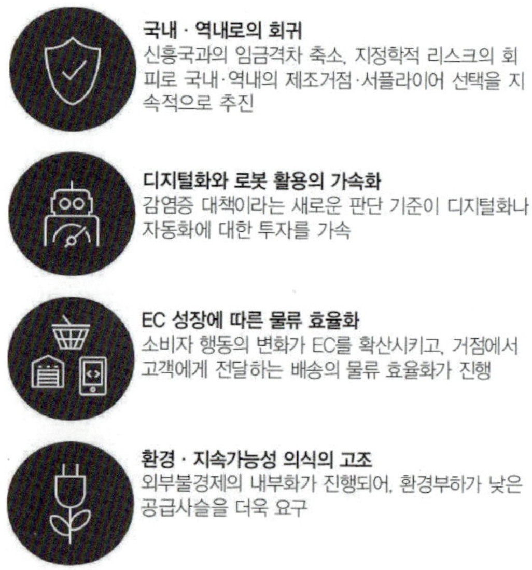

출처 : HBR, 공급망(supply-chain)의 구조 변화를 가져오는 네 가지 변화(일본판, 2020. 6. 11.)

물류신문, 2021년 02월 18일

용함으로써 고도화된 공급사슬계획 및 운영을 지원한다. 이러한 기술은 시설투자 및 운영을 위한 물동량예측 등 고도화된 수요예측에도 활용될 수 있다.

- 물류현장업무지원: 택배기사 배송업무의 음성인식지원, 노동집약적인 물류업무 대체, 현장작업서류의 비정형데이터를 정형화하는 등을 인공지능기술로 지원할 수 있다.
- 물류시설의 예방유지보수: 물류시설 및 장비 등의 결함을 인공지능으로 예측함으로써 최적의 시점에 물류시설을 예측정비하고 이를 통해 공급사슬 상의 위험을 회피할 수 있다.
- 물류자동화의 효율성 제고: 영상인식기술을 통한 화물검수 자동화 등으로 노동집약적인 물류업무를 자동화할 수 있다.

2) 빅데이터(Big Data)

(1) 빅데이터의 개념

빅데이터는 디지털기기를 통해 급속도로 증가하고 있는 방대한 정형, 비정형데이터를 의미한다.

IoT의 확산, 온라인거래의 확산, 소셜미디어 데이터의 증가 등에 따라 각종 데이터는 폭발적으로 증가하고 있으므로 공급사슬관리시스템이 생성하는 방대한 데이터를 효과적으로 수집·저장·처리·분석·시각화하는 기술에 대한 수요는 크게 증가하고 있다.

(2) 빅데이터의 물류산업적용

물류산업에서는 엄청난 양의 이동정보 및 재고정보가 매일 매시간 발생하고 있으며, 거래가 활발해지면서 향후 더욱 많은 데이터가 발생할 것이다.

- 물류인프라 계획: 빅데이터 분석을 통한 물량계획 및 수요예측으로 물류센터확장 및 운송차량계획 등 물류인프라를 효과적으로 계획하고 운영할 수 있다.
- 최적의 수·배송계획: 실시간 교통상황, 수요상황, 재고추이, 지리적 위치, 날씨, 거리 등의 다양한 정보를 빅데이터분석후 최적의 수·배송계획을 지원함으로써 각종 물류비를 절감할 수 있다.
- 주문리드타임단축: 고객별 구매예상품목과 수량을 예측한 후 사전에 재고확보 및

배송준비를 하여 리드타임을 단축하고, 고객수요에 즉각 대응할 수 있다. 아마존에서는 고객, 거래, 위시리스트, 웹로그정보 등을 빅데이터 분석하여 구매예상고객의 인근물류창고로 미리 배송하는 예측배송(Anticipatory shipping)을 수행하고 있다.

- 새로운 물류가치창출 : 물류활동 중 확보한 인구통계학적, 지리적 데이터를 활용하여 새로운 물류서비스를 개발할 수 있다.

3) 클라우드 컴퓨팅(Cloud Computing)

(1) 클라우드의 개념

클라우드 컴퓨팅은 스토리지, 데이터베이스, 소프트웨어 등의 IT 자원을 직접 소유하지 않고 필요한 부분만 임대하는 방식을 의미한다. 클라우드 서비스는 서버 등 IT 인프라를 임대하는 IaaS(Infrastructure as a Service), 개발환경을 임대하는 PaaS(Platform as a Service), 소프트웨어를 임대하는 SaaS(Software as a Service) 등으로 구분된다. 기업의 IT 자원운영전략과 내부자원에 따라 클라우드 서비스를 전략적으로 사용할 수 있다. 또한 데이터의 폭발적인 증가에 따른 IT 지원을 원활하게 비용 효율적으로 하기 위해서는 클라우드 컴퓨팅이 필요하다.

(2) 클라우드의 물류산업 적용

- 편리한 IT시스템 운영 : 삼성 SDS의 Cello, SK C&C의 Kerol 등 4자 물류기업들은 SaaS 방식으로 물류정보시스템 서비스를 제공하고 있으며, 많은 수요기업들은 편리한 방식으로 이용할 수 있다.
- 적은 IT 초기투자비용부담 : 기업에 최적화된 물류정보시스템을 구축하기 부담스러운 스타트업이나 중소기업의 경우, 클라우드방식을 적용함으로써 적은 IT 초기투자비용으로 안정적인 시스템을 이용할 수 있다.
- 선택적인 서비스이용 : 물류서비스 수요기업은 별도 설비투자없이 저렴한 비용으로 필요한 물류서비스만 이용할 수 있다.
- 물류정보시스템 비용절감 : 수요기업들이 필요한 IT 서비스만 선택적으로 이용할 수 있으므로 물류정보시스템의 운영비용을 절감할 수 있다.

4) 블록체인(Block chain)

(1) 블록체인의 개념

블록체인은 거래정보를 기록한 장부를 네트워크에 분산저장하여 네트워크에 참여하는 모든 참가자가 공동으로 기록 및 관리하는 분산원장관리기술을 의미한다. 참가자들은 각자 거래정보가 기록된 전체장부를 보관하고 변경 시 동시에 장부를 업데이트하므로 조작을 방지할 수 있게 되어 거래의 보안성과 투명성을 향상시킬 수 있다.

(2) 블록체인의 물류산업 적용

- 복잡한 물류계약과정의 간편화: 무역거래에서 발생하는 각종 서류작업을 블록체인기술을 통해 간소화할 수 있으며, 이와 관련된 신뢰성 문제 또한 해결할 수 있다.
- 물류정보 가시성 향상: 컨테이너 추적, 돼지고기이력추적 등 화물추적을 블록체인 기술로 모니터링 및 이력관리할 수 있으므로 화물정보의 가시성을 향상시킬 수 있다. 블록체인은 특히 위험화물 및 의약품 등의 고부가가치 화물관리에 효과적으로 적용할 수 있다.
- 중앙집중식 물류플랫폼 대체: 분산된 장부를 상호 관리함으로써 기존의 중앙집중식 물류플랫폼을 분산화된 방식으로 전환할 수 있다.

5) 증강현실(AR, Augmented Reality)

(1) 증강현실의 개념

증강현실(AR)은 현실영상을 바탕으로 가상의 사물을 겹쳐서 보여주고, 이와 상호작용할 수 있도록 하는, 현실의 감각을 증강시키는 첨단기술을 말한다. 구글 글래스 등 AR장비와 연결하여 의료, 공간 시뮬레이션, 물류창고 등 다양한 분야에서 접목해서 사용할 수 있다.

(2) 증강현실의 물류산업 적용

- 물류창고작업지원: 기존 RF기반의 HHT(Hand-Held Terminal)을 구글 글래스 등 AR기술을 적용한 비전피킹(Pick-by-vision)으로 적용하여 피킹효율을 증대

시킬 수 있다.

- 작업자 정보제공 : 물류현장 작업자들에게 다양한 정보를 안내하여 물품포장, 적재, 배송 시 작업순서 및 주의사항 등을 안내함으로써 업무정확도와 신속성을 개선할 수 있다.

6) 사물인터넷(IoT, Internet of Things)

(1) 사물인터넷의 개념

사물인터넷(IoT)은 4차산업혁명의 핵심기술로써 인터넷으로 사물의 연결을 통해 사물을 지능화 및 자동화하여 정보가 생성·수집·공유·활용되도록 하는 네트워크 기술을 의미한다. 사물인터넷은 고부가가치 서비스창출을 목적으로 하며, 물류창고, 스마트공장 등의 현장에서 광범위하게 적용되고 있다.

(2) 사물인터넷의 물류산업 적용 영역

- 창고관리영역 : 재고관리 지능화, 창고관련 장비운영 효율화, 예측기반의 장비유지보수, 물류시설의 안전 및 에너지관리 등의 업무에 IoT기술을 적용할 수 있다.
- 화물운송영역 : 운송 중 화물모니터링, 운송수단운영 효율화, 예측기반의 운송수단 유지보수, 운전자 안전관리, 공급사슬위험관리 등의 업무에 IoT 기술을 적용할 수 있다.
- 라스트마일 배송측면 : 배송경로 최적화, 예측배송계획, 고객수요 맞춤형 배송, 배송상태추적 등의 업무에 IoT기술을 적용할 수 있다.

(3) 사물인터넷의 물류산업 적용

- 정확한 화물위치정보관리 : 파렛트, 컨테이너 등에 태그 또는 GPS센서를 부착하고 각종 센서를 통해 정확한 화물의 위치와 방향에 대해 확인할 수 있다.
- 실시간 화물모니터링 : 스마트센서를 통해 화물도난을 예방하고 운송 시에는 도착예정정보 등 다양한 형태로 응용해서 정보를 관리할 수 있다. 습도, 조명, 온도, 충격 등 운송 또는 보관 중의 화물상태에 대한 다양한 정보를 실시간으로 모니터링 및 통제할 수 있다.
- 고객서비스 수준개선 : 공급사슬의 실시간 정보를 기반으로 부가가치 서비스를 제

공함으로써 고객서비스 수준을 높일 수 있다.

7) 로봇자동화

(1) 로봇자동화의 개념

로봇은 제어시스템과 다른 정보기술을 활용하여 자동으로 업무를 처리하거나 작동하는 기계를 의미한다. 물류현장에서는 로봇팔이나 다리 등을 사람에게 장착해 근력을 높여주는 웨어러블 로봇(Wearable Robot)을 통해 사람의 개입과 노동력을 최소화할 수 있다.

(2) 로봇의 물류산업 적용

- 작업자 노동안전성 보장 : 노동강도가 높고 노동집약적인 창고 등의 물류현장에서 작업자의 안전을 위해 로봇은 필요하다.
- 자동창고시스템 적용 : 자동창고에서 이송로봇을 통해 입·출고작업을 지원할 수 있다. 화물의 적재, 피킹, 포장 전 과정을 자동화하여 창고작업을 효율적으로 지원할 수 있다.
- 피킹작업 효율화 : 아마존의 키바(Kiva) 등 소형이송 로봇을 활용하여 피킹함으로써 피킹시간을 단축하고 창고공간활용을 개선하였다. 월마트에서는 알파봇(Alphabot)이라는 로봇을 피킹에 활용하여 증가하는 온라인 주문량에 대응할 수 있도록 하였다.

8) 자율주행 자동차기술

(1) 자율주행 자동차기술의 개념

자율주행 자동차기술은 목적지까지 자율주행차량이 스스로 최적의 주행경로를 선택하여 자율적으로 주행하는 기술이다. 일반도로에서의 자율주행 자동차운행은 여러 법적인 제약이 많지만 특정 구역만 움직이는 물류현장에서는 상대적으로 적용이 용이하다. 즉 물류창고, 항만야드 등의 일부지역을 중심으로 자율주행 트레일러, 단거리용 라스트마일 운송용트럭이 시험적으로 사용되고 있다.

(2) 자율주행 자동차기술의 물류산업 적용

- 창고내 하역: 창고 내 피킹을 위해 자율주행 피킹차량 또는 기기를 사용할 수 있다.
- 옥외물류시설 내 하역: 작업장의 혼잡을 줄이면서 작업자의 안전을 확보하기 위해 사용할 수 있다.
- 간선화물운송: 장거리 간선운송 시 졸음운전 등 운전자의 부주의에 따른 교통사고를 예방할 수 있다.
- 라스트마일 화물운송: 대도시 지역위주로 단거리용 무인택배로봇을 통해 Door-to-Door 화물운송을 적용할 수 있다.

9) 드론(Drone)

(1) 드론의 개념

드론은 무인으로 원격조종으로 운행되는 무인항공기를 의미한다. 드론의 경우, 개발기술발전에 따라 정부의 화물운송활용에 대한 기준, 법규, 규격 등의 상용화를 위한 체계가 필요하다. 물류측면에서는 아직 소형화물을 시험목적으로 운송할 때 사용하고 있으나 접근성 측면에서 기대효과를 가져올 수 있다.

일반 배송차량으로는 접근이 어려운 지역으로 드론배송함으로써 물류비를 절감하고 고객서비스를 향상시킬 수 있다. 즉 도서산간지역, 복잡한 도심지역내 등에서 드론배송함으로써 물류배송 효율을 향상시키고 물류비를 절감할 수 있다.

02 친환경물류

2.1 친환경물류의 개요

1) 친환경물류의 개념

최근 기업의 ESG(Environment, Social, Governance) 경영이 새로운 트렌드로 등장

지속가능 물류 꿈꾸는 한진..."친환경 택배·ESG 강화"

택배는 우리 일상에 없어서는 안 될 수단이 됐다. 하지만 일각에서는 우리를 편리하게 만들어주고 있는 택배서비스가 폐기물문제와 대기오염을 야기하는 산업이라는 시선도 있다. 이러한 따가운 눈초리를 줄이기 위해 ㈜한진은 다양한 협업을 통해 보다 친환경적인 택배환경을 만들기 위해 노력하고 있다. 한진은 택배차량의 친환경화를 도모하고 있으며, 자원순환을 위해 친환경 업사이클링 플랫폼을 구축하고 있다. 그리고 이러한 움직임에는 한진과 뜻을 함께 하고 있는 기업들의 협력이 존재하고 있다.

테라사이클과 함께 자원순환 플랫폼 구축

지난 6월 한진은 CSV(Creating Shared Value : 공유가치창출) 활동의 일환으로 글로벌 재활용 컨설팅 전문기업 테라사이클과 친환경 업사이클링(Upcycling) 플랫폼 'PLANET'을 론칭했다. 우리가 살고 있는 '지구(Planet)'의 업사이클링을 위한 '계획(Plan－it)'이라는 의미를 담은 'PLANET'은 물류 역량과 업사이클링 노하우를 보유한 ㈜한진과 테라사이클이 '국내 환경오염 개선'과 '자원순환 문화 활성화'에 기여하기 위해 함께 구축한 온라인 서비스 플랫폼이다. 사용자들이 PLANET을 통해 일회용품 수거를 신청하면, 한진택배가 이를 수거해 자원으로 다시 순환하는 서비스를 제공하는 플랫폼이다.

양사는 PLANET 구축을 위해 지난해 11월 '친환경 업사이클링 협력사업 추진을 위한 업무협약'을 체결해 국내 최초로 도어 투 도어(Door－to－Door) 자원순환 서비스 플랫폼 구축을 약속한 바 있다. 이날 협약을 시작으로 양사는 코카콜라, 요기요, 하이트진로 등 다수의 기업들의 사용 완료된 제품을 수거해 굿즈 등으로 재자원화하는 업사이클링 서비스를 수행해 왔다.

수행 기간 동안 한진은 일회용품을 수거하고 배송하는 업무와 함께 친환경 택배박스 '날개박스' 제작업체 에코라이프패키징㈜과 협업해 일회용품의 보관 및 수거가 가능한 제로－웨이스트 박스를 제작했으며, 테라사이클은 제로－웨이스트 박스를 통해 회수된 일회용품을 재자원화 하기 위한 자원순환 공정을 담당해 플랫폼의 기반을 다져왔다.

양사는 'PLANET'을 통해 일반 소비자 및 기업 대상을 대상으로 가정이나 회사에서 발생하는 일회용품을 '제로－웨이스트 박스(Zero Waste Box)'를 통해 수거해 텀블러, 에코백 등의 친환경 제품으로 재자원화해 판매하고 있다. 또한 기업들은 플랫폼을 통해 다양한 친환경 캠페인을 진행할 수 있고, 일반 소비자는 기업들이 진행하는 다양한 캠페인을 자유롭게 신청할 수 있다. 향후 캠페인을 진행한 기업들의 온실가스 기여도, 일반 소비자의 포인트 활용에 대한 협업 모델을 지속 발굴할 계획이다.

한진 관계자는 "친환경 업사이클링 플랫폼을 통해 많은 사람들이 친환경 활동에 관심을 가지고, 일반 소비자나 기업 등 누구나 쉽고 편리하게 친환경 활동에 동참하는 문화가 형성되길 기대한다"고 말했다.

한편, (주)한진은 ESG 경영 강화와 택배 차량의 친환경화를 위해 노력하고 있다. 먼저 ESG경영 강화를 위해 한진은 지난해부터 경찰청, 우정사업본부, 제일기획과 함께 택배상자에 장기 실종아동의 사진과 정보가 인쇄된 호프테이프를 부착하는 'Hope Tape 캠페인'을 펼치고 있다. 택배를 이용하는 고객이 실종아동에 대한 관심을 가지고 실좋아동 찾기에 동참할 수 있도록 하는 사회공헌 프로그램인 이 캠페인은 지금도 계속되고 있다. 또한 1인 창업자와 스타트업 등 하루 10건 내외로 택배를 발송하는 소상공인을 지원하기 위한 '원클릭 택배 서비스'로 동반성장을 도모하고 있다.

친환경 택배 위한 콜라보 … SK루브리컨츠와 협업

한진은 택배차량의 친환경화도 도모하고 있다. 한진과 SK루브리컨츠는 지난 3월 30일 친환경 윤활유 사용을 확산해 화물 차량에서 발생하는 이산화탄소 배출량을 감축하자는 내용의 업무 협약을 체결했다.

이번 협약은 한진의 녹색물류, SK루브리컨츠의 친환경 윤활유라는 각각의 ESG 추진 방향에 따라 이종 산업간 ESG 경영의 구체적 실행이라는 공동의 목적에 따라 이뤄졌다. 이번 협약을 통해 양사는 한진에서 운영중인 물류 차량에 친환경 윤활유를 사용해 ▲물류·수송 차량의 이산화탄소 감축 ▲에너지 절약 ▲유해물질 저감 ▲자원 순환성 향상 등을 위한 협력 사업을 실행할 예정이다.

SK루브리컨츠의 대형 차량용 초 저점도 친환경 윤활유는 기존 제품보다 연비를 향상 시키고, 가스 배출을 줄여주는 윤활유다. SK루브리컨츠의 발표에 따르면 택배 차량 1대 기준으로 연간 약 3.7톤의 이산화탄소 배출을 줄이는 효과를 낼 수 있다.

이에 SK루브리컨츠는 한진에 친환경 윤활유 제품과 교체비용을 지원하고, 한진은 택배 차량을 활용해 주행기록 등을 제공해 친환경 윤활유를 사용한 화물차량의 연비와 이산화탄소 배출 결과를 분석할 예정이다. 양사는 향후 개선효과를 분석해 친환경 윤활유 도입을 확대할 계획이다.

업무협약 당시 노삼석 한진 대표이사는 "환경 규제 강화에 따른 국내 산업환경 변화에 대응하기 위해 SK루브리컨츠와 녹색물류를 추진하고 화물운송 종사자의 유류비 부담을 덜어 줄 수 있을 것으로 기대하고 있다"고 말했으며, SK루브리컨츠 차규탁 사장은 "양사간 협업이 탄소 감축을 통해 사회에 기여하는 모범 사례로 자리 잡아 성공모델이 되기를 희망하며, 향후 협업 확대를 통해 ESG를 기반으로 성장하는 것에 기여할 예정"이라고 말했다.

취재 결과 실제 한진은 친환경 윤활유의 매연저감효과, 연비개선 효과를 측정하기 위해 SK루브리컨츠가 지원한 친환경 윤활유를 모두 활용해 친환경 윤활유를 사용한 차량과 일반 윤활유를 사용한 차량의 주행기록을 제공하는 단계를 거치고 있는 것으로 조사됐다. 한진 관계자는 "업무협약 당시에 목표한 대로 향후 성과를 검증 통해 택배 화물 차량에 친환경 윤활유 도입 확대여부를 결정할 것"이라고 말했다.

이외에도 한진은 택배 차량의 친환경 전기차 전환을 위해 제주도에서 전기/하이브리드 택배 차량 시범운행을 시행하고 있다. 한진은 제주도에 전기차와 하이브리드 차량 1대씩을 배치해 성과를 체크하고 있다. 한진 관계자는 "이번 시범사업을 통해 택배차량의 전기차 도입 여부를 분석하고 고도화할 예정"이라며 "올해 하반기를 목표로 택배 차량의 전기차 도입과 택배 터미널 내 전기차 충전 인프라 구축을 검토하고 있는 상황"이라고 밝혔다.

그린포스트코리아, 2021년 07월 01일, 임호동 기자

하면서 환경에 대한 관심이 더욱더 증대되고 있다.

녹색성장은 저탄소화 및 녹색산업화에 기반을 두고 경제성장력을 배가시키는 신성장정책으로 환경과 성장이 조화를 이루어 지속가능한 성장을 하겠다는 개념이다. 국가 차원에서 녹색성장을 위한 사회적 구조를 바꾸고자 많은 노력을 하고 있으며, 저탄소 녹색성장기본법 등을 통해 녹색경영이 기업의 생존을 위한 필수적인 요소로 등장하였다. 따라서 이제 사회와 기업이 지속적인 발전을 위해서는 전통적인 경제성장, 환경보전이 균형을 이루고, 경제성, 사회성, 환경성을 동시에 실현하는 것이 매우 중요해 졌다.

친환경물류는 물류과정에서 발생하는 환경오염을 줄이기 위해 소요자원과 에너지를 줄이고 자원의 순환성을 향상시키는 기술을 물류에 적용하는 활동을 의미한다. 즉 에너지 효율향상을 위해 기존 물류환경에서 요구되는 자원소요를 낮추고, 재활용도를 높여 낭비되는 자원을 최소화하는데 목적을 둔다.

또한, 친환경물류는 원재료 구매에서부터 최종 고객에 이르기까지의 공급사슬 전체 과정과 사용후 재활용, 폐기에 이르는 역물류 전체과정에서 발생하는 환경유해요소를 원천적으로 제거하거나 최소화하기 위한 관리기술을 의미한다.

2) 친환경물류를 위한 방안

친환경물류는 전체 공급사슬에 다양한 형태로 적용될 수 있다. 공동수·배송 등의 일반적인 물류혁신기법을 통해서도 환경오염, 에너지절감 등의 효과를 가져올 수 있다.

(1) 친환경물류인프라 구축

- 친환경물류인증제도 활용: 기업들은 ISO 14001 환경경영을 기본방침으로 하고 이 기준을 달성하고 인증받기 위해 노력하고 있다. 친환경 물류인증제도를 통해 국내·외 인증기준에 대해 정의하고 이를 지키도록 함으로써 기업들이 국내·외 사회적 신뢰를 확보하고 환경친화적인 기업으로서의 이미지를 제고할 수 있도록 해야 한다.
- 물류공동화 환경구축: 친환경물류활동을 공급사슬 참여기업들이 공동으로 참여하고 물류공동화를 추진함으로써 공급사슬 각 단계에서의 친환경인프라를 구축하도록 해야 한다.
- 친환경물류측정 및 평가체계구축: 지속가능한 물류를 위해 환경위험을 정의하고

계량화하여 물류시스템, 프로세스, 관리요소 등을 종합적으로 측정하고 평가하는 물류환경관리시스템을 구축해야 한다.

- 친환경 물류시설·기기관리: 재활용비율을 높이고 불필요하게 낭비되는 자원을 최소화하기 위해 물류업무에서 사용되는 물류시설의 에너지를 효율적으로 관리해야 한다.
- 친환경 물류관리 문화정착: 친환경관련정책 및 법·제도에 대해 대비하고, 교육 등 변화관리를 통해 임직원 의식을 제고 및 소통하고 인센티브 또는 페널티 등 성과관리에 반영하는 문화를 정착시키는 것도 필요하다.

(2) 친환경운송

- 친환경물류 네트워크 구축: 운송거리를 단축하여 운송거리에 따른 배기가스발생을 최소화하는 창고 등의 입지를 선정하고, 수요처를 감안한 거점 및 레이아웃을 계획하는 방식을 의미한다.
- 에너지 저감을 위한 운송계획수립: 운송효율뿐만 아니라 교통혼잡, 공차운송 등을 회피하는 운송계획을 수립함으로써 물류비용뿐만 아니라 에너지사용도 절감할 수 있다. 또한 환경오염을 최소화하기 위한 물류시뮬레이션, 최단경로 및 최단거리 도출 등을 통해 공급사슬을 최적화하는 계획도 필요하다.
- 친환경운송수단활용: 내연기관 위주의 운송수단에서 전기나 수소 등 친환경에너지를 사용하는 차량을 운행함으로써 온실가스배출과 환경오염을 방지할 수 있다.
- 운송적재율 개선: 회차시의 공차비율, 컨테이너 2단적재, FCL 화물화 등을 통해 운송적재율을 개선하여 온실가스 배출량감축과 운송효율향상을 동시에 달성할 수 있다.
- 친환경물류단위: 물류효율과 친환경운송을 고려하여 구매·생산의 거래단위, 운송단위 등을 정의하고, 이에 따른 운송빈도를 조정한다. 특히 운송거리를 감안하여 지역구매 등 근거리물류를 강화하면 더욱 효과를 높일 수 있다.

(3) 친환경보관·하역

- 보관효율성 증대: 보관효율을 고려한 제품포장을 설계하고 정확한 수요예측에 기반하여 재고를 운영해야 한다. 특히 창고에서의 효율적인 동선관리, 상·하역관리를 통해 최소의 자원으로 운영하여 에너지를 절약할 수 있다.

- 효율적인 재고관리 : 안전재고수준 적정화 등을 통해 창고 내의 장기재고를 감축하여 재고관리에 소요되는 설비운영 에너지를 절약할 수 있다. 창고에서의 재고위치를 최적화함으로써 에너지소비를 절감할 수 있다.
- 친환경하역기기 : 에너지 절감형조명, 자연채광, 친환경에너지 사용, 냉동 및 냉장효율화 등을 통해 에너지사용과 환경오염을 최소화할 수 있다.

(4) 친환경포장

- 자원순환형 포장소재개발 : 환경부하를 저감하고 자원재활용이 용이한 포장소재 개발이 필요하다. 바이오소재를 개발하여 에너지절약형, 친환경포장재로 사용함으로써 저공해 및 친환경에 기여할 수 있다.
- 포장재 경량화 : 포장형태를 간소화하거나 포장자재의 부피와 재질을 줄임으로써 포장재의 사용량을 절감하는 방식을 의미한다. 또한 영업 · 마케팅 측면에서 포장을 최소화하고 포장재를 감축하는 방안에 대해서도 준비해야 한다.
- 포장재 재사용 : 재사용(Reuse), 재활용(Recycle), 회수(Returnable) 가능한 포장자재를 사용하는 방식을 의미한다. 회수물류를 활성화하여 파렛트 등의 포장용기를 재사용해야 한다. 또한 제품개발 단계에서부터 환경을 고려한 포장재를 개발하는 방안도 필요하다.

(5) 생산자 책임재활용(EPR, Extended Producer Responsibility)

생산자 책임재활용(EPR)은 효율적인 자원이용과 폐기물발생을 줄이고 재활용을 촉진하는 등 자원을 순환적으로 이용하도록 하여 환경보전에 기여하는 방안이다. 공급사슬 관점에서는 생산업체 또는 공급업체와의 책임과 역할에 대해 정의하고 협력을 강화하여 친환경목표를 함께 달성할 수 있다.

- 생산업체와의 친환경목표설정 : 생산업체 및 수입업체에게 폐기물 발생실적을 근거로 재활용가능 폐기물의 의무목표량을 부과하고, 미달성시 재활용비용에 추가 과금하여 제재한다.
- 생산업체의 친환경포장독려 : 생산업체가 지켜야 할 포장재질, 포장방법에 관한 기준을 정의하여 합성수지 재질의 포장재사용을 줄이고, 기타 포장폐기물의 발생을 줄일 수 있다.

03 안전 및 보안물류

3.1 안전물류의 개요

1) 안전물류의 개념

공급사슬 전체단계에서 작업자와 주변환경의 보호 및 물류상의 보안성 증대가 중요한 과제로 등장하였다. 안전물류는 제품의 유통물류환경에서 발생할 수 있는 안전과 보안관련 유해요소를 최소화하거나 문제발생시 리스크를 관리하고 물류작업자 및 서비스 사용자의 안전을 도모할 수 있는 활동을 의미한다.

2) 안전물류 분야별 활동범위

안전물류는 다음의 기술 및 활동을 포함한다.

- 시설안전관리 : 물류시설에서 발생할 수 있는 붕괴, 넘어짐, 걸림 등의 물리적으로 발생될 수 있는 사고를 예방하기 위해 고정된 설비 또는 시설에 대한 강도, 성능 개선을 위한 활동을 말한다.
- 환경안전관리 : 인화성가스, 가연성물질 등의 환경으로부터의 안전관리활동을 말한다.
- 작업안전관리 : 현장작업자의 반복적인 근무자세에 따른 근골격계질환 및 작업장 운반수단과의 추돌방지에 의한 작업안전관리활동을 말한다.
- 운송안전관리 : 운송과정에서 발생하는 각종 화물로 인한 안전사고로부터 안전을 관리하는 활동을 말한다.
  - 운송물류환경측정 및 관리 : 물류환경에서 발생할 수 있는 상품파손 및 품질저하를 방지하기 위해 운송물류환경정보를 시각화하여 일반상품 및 위험물의 운송안전과 운송환경재난에 대처한다.
  - 운송화물안전관리 : 운송중 상품파손 및 품질저하를 방지하기 위해 운송화물정보를 시각화하는 등 운송화물안전에 대처한다.

- 운송포장 안전관리 : 운송중의 품질변화로부터 보호하여 안전하게 소비자에게 전달하기 위한 포장디자인, 유통서비스 및 관련활동을 말한다.

■ 물류이력추적관리 : 안전관리를 위해 화물의 이력을 추적하여 위변조방지 및 위해 가능성이 높은 신선육제품 등의 물류이력을 관리한다.

■ 위험물 물류안전관리 : 위험물의 물류이동에 대한 모니터링, 사고대응을 위한 관리활동을 말한다.

■ 재난대응물류 : 지진, 태풍, 홍수 등의 자연재해와 각종 시설물의 붕괴, 방화 등의 인재에 따른 피해를 최소화하기 위해 재난대응 물자공급계획을 수립하고, 재난발생시 효율적인 물류관리와 공급을 최적화하는 활동을 말한다.

3.2 물류보안의 개요

1) 물류보안의 개념

물류보안은 물류시설에 대한 의도적인 범죄행위를 사전에 방지하는 일체의 활동을 의미한다.

최근 국제기구 및 각 국가들은 물류보안에 관한 법률과 기준을 수립하고 물류산업에 물류의 안전을 보장하는데 많은 노력을 하고 있다. 2001년 9·11테러를 계기로 미국을 선두로 하여 국제기구에서도 국가 간 물류활동에서의 보안규칙이 논의, 제정 및 시행되고 있다. 전세계적으로 시행중인 물류보안제도는 글로벌 공급사슬 전체를 대상으로 적용범위를 가지고 있으며, 국제기구에서 제시하고 있는 기준(ISO 28000)은 품질경영시스템(ISO 9001)을 토대로 확산되고 있다. 국제물류활동에 참여하는 기업 및 기관은 국제표준기구(ISO), 국제해사기구(IMO), 세계 관세기구(WCO) 등 국제기구의 기준과 요구사항을 준수해야 하고 물류보안관련 공인인증을 획득해야 한다.

물류보안은 적용대상의 범위 및 사후복구조치의 포함여부에 따라 다음과 같이 정의된다.

- 광의의 개념 : 물류보안을 국가적 차원으로 확대한 개념이다. 국가물류체계 내부 및 외부요인 전체에 대해 의도적인 불법행위를 사전에 방지하거나 범죄발생 시 신속하게 복구하여 안전한 국가물류체계를 구축하는 일련의 활동을 의미한다.

- 협의의 개념 : 물류보안을 물류인프라 또는 개별 물류시설 차원에서 정의한 개념이다. 공항, 항만, 물류단지 등 물류시설에 폭발물 등을 반입하는 범죄행위와 물류시설·장비·정보·조직·인력 및 화물 등에 위해를 가할 목적으로 행해지는 의도적인 불법행위를 사전에 방지하거나 범죄발생 시 신속하게 복구하여 안전한 물류체계를 운영하도록 하는 일련의 활동을 의미한다.

물류정책기본법에서는 믈류보안이 협의의 개념으로 정의되고 있다. 즉 국가 물류체계 내부 및 외부요인 전체보다는 개별물류시설에 대한 의도적인 불법행위의 사전방지에 초점을 두고 있다.

2) 물류보안의 유형

- 물리적 보안(Physical Security) : 물류시설의 내·외부와 시설 주변지역을 통제·감시하기 위한 물리적 시설과 관련된 활동을 의미한다.
- 접근통제(Access Control) : 물류시설, 운송수단, 보관·하역시설 등에 대해 사전에 인가되지 않은 접근을 물리적으로 금지하는 것을 의미한다.
- 공급사슬 운송보안(Conveyance Security) : 인가되지 않은 사람 또는 화물이 공급사슬에 최초로 진입하는 것을 방지하고 공급사슬을 보호하는 활동을 의미한다.
- 인적보안(Personal Security) : 임직원 또는 취업예정자에 대해 관련 법률이 허용하는 범위 안에서 해당 인원을 조사하는 활동을 의미한다.
- 보안교육 및 훈련을 통한 인식전환(Education and Training Awareness) : 물류보안 관련 직원을 대상으로 보안교육과 훈련을 실행하고 물류보안관련 긴급상황발생 시 후속대응 조치에 대해 교육하는 활동을 의미한다.
- 화물취급절차보안(Procedural Security) : 공급사슬 내부에서 화물위치를 명확하게 기록 및 관리되도록 하는 절차를 확립하는 것을 의미한다.
- 문서처리 및 정보보안(Documentation Processing and Information Security) : 물류활동에서의 모든 문서 및 정보처리에 관한 보안활동이 이루어져야 하며, 해킹되거나 데이터손실이 발생하지 않도록 보호되어야 한다.
- 거래상대자 보안(Trading Partner Security) : 공급사슬의 참여주체와 공급사슬 전후방으로 연결된 거래파트너 간에 긴밀한 보안협력이 이루어져야 한다. 상호 원

활한 의사소통과 물류보안 개선은 거래상대자 보안에서 중요하다.

3) 글로벌 주요 물류보안제도

(1) 컨테이너 보안협정제도(CSI, Container Security Initiative)

컨테이너 보안협정제도(CSI)는 2002년 3월부터 실시된 컨테이너 검색강화제도로써 미국행 해상 컨테이너에 테러목적으로 의심되는 위험물이 반입되는 것을 수출국 선적항에서 차단하는 제도를 말한다.

항만보안법(SAFE Port Act)이 제정되어 법적근거가 마련되었으며, 미국 관세국경보호국(CBP, Customs & Border Protection)이 주요 선적지 항만에 파견되어 미국으로 수출되는 컨테이너들을 미리 검사한다.

> 항만보안법[SAFE(Security and Accountability For Every) Port Act]은 2006년 10월 제정된 종합물류보안법으로 CSI, SFI 및 C−TPAT의 법적인 근거를 부여하고 있다. 이 법은 미국 관세국경보호국(CBP)이 미국 외부의 주요 항만에 세관원을 파견하여 수출국 세관과 함께 위험도가 높은 컨테이너를 사전검사하여 미국수출을 원천차단한다.

컨테이너 보안협정제도(CSI) 보완 조치로 2002년에는 Manifest 사전신고제가 도입되었는데 외국선적지 항만에 파견된 미국 세관원에게 검사대상 화물정보를 제공하도록 하는 제도이다.

- 24시간 규칙(24−Hour Manifest Rule) : 컨테이너 보안협정제도(CSI)의 사전검사에 따라 선적지에서 선박과 화물에 대한 적하화물정보를 선적 24시간 전에 미국 세관으로 의무적으로 전송하도록 하는 규칙을 말한다.
- 10+2 규칙 : 24시간 규칙에 따라 사전전송된 적하화물목록정보만으로 충분한 보안확보가 어렵다고 판단되는 경우, 수입업자추가 10항목과 선사추가 2항목으로 구성된 정보요소전송을 요구하는 규칙이다.

(2) 보안화물 이니셔티브(SFI, Secure Freight Initiative)

보안화물 이니셔티브(SFI)는 전세계 주요 국가의 선적항에서 미국행 컨테이너가 선적전에 비접촉형 이미지 기기와 방사성물질 검지장치를 통해 스캐닝검사를 할 수 있도록 스캐닝시스템을 수출항만에 배치하는 규정을 말한다. 2007년부터 실시되었으나 항만물류의 정체를 초래하고 다른 보안규제와 중복되는 등의 문제가 있다.

(3) WCO SAFE Framework(Security and Facilitation in a Global Environment Framework of Standards to Secure and Facilitate Global Trade)

세계관세기구(WCO)에서 제정한 국제무역안전과 원활화를 위한 WCO SAFE Frame-work이며, 글로벌 공급사슬의 물류보안을 위해 위험물의 검색을 강화하기 위한 프레임웍이다.

2005년 6월 EU의 AEO(Authorized Economic Operator) Guideline을 수용하여 채택되었으며, 각국 세관에게 위험도가 높은 화물의 일관된 검색 및 관리방법을 정의하고, 검사수행 의무를 규정하였다.

WCO의 SAFE Framework는 사실상 글로벌규범으로 각국의 세관간, 세관과 기업간의 협력체제를 강화하고 컨테이너 보안협정제도를 전세계적으로 확산시키고 있다. 하지만 화물검색 강화에 따라 국제물류가 지체되는 현상도 발생하고 있다.

(4) 대테러 민관파트너십(C-TPAT, Customs-Trade Partnership Against Terrorism)

C-TPAT는 2011년 9·11 사태 이후 등장한 미국의 대표적인 물류보안제도로 미국관세국경보호국(CBP, Customs & Border Protection)이 주도하는 민간기업과의 반테러 민관 파트너십을 말한다. 미국행 화물을 수출하는 해외에 위치한 수출제조업자, 미국수입업자, 선사, 항공사, 항만운영업자, 통관업자, 운송주선업자 모두 대상이 되며, 공급사슬전반에 걸친 물류보안을 강조하는 제도이다.

대상 사업자는 미국 관세국경보호국(CBP)이 정한 시설, 인력, 운송보안, 화물추적 등의 물류보안기준을 이행해야 하는데, 이 기준은 가입자레벨에 따라 대우가 다르다.

(5) 보안관련 종합인증우수기업제도(AEO, Authorized Economic Operator)

보안관련 종합인증 우수기업제도는 화물의 보안관리 및 법령준수체제를 갖추는 등 일정 기준을 갖춘 기업이 화물관리 및 세관절차를 자율적으로 잘 지키면 세관이 무역관련 사업자에게 세관절차를 간소화하여 신속한 통관을 지원하는 제도이다.

• 세계관세기구(WCO)의 AEO Guideline(WCO Framework of Standards to Secure and Facilitate Global Trade) : 세계관세기구(WCO)의 AEO 가이드라인으로 이를 토대로 각국 세관은 인증우수기업제도를 정립하였다. 이 가이드라인은 각국 세관이 민간기관들과 파트너십을 구축하여 높은 보안수준의 기업의 통관절차를 간소화하는 혜택부여를 골자로 하고 있다. 또한 수출입 화물정보를 국제통일방식으로 사전에 전자적인 방법으로 신고 · 접수하고, 수입국요청 시, 화물을 미리 수출국항만에서 검색할 수 있게 하였으며, 기타 원활한 무역과 물류보안을 강화하는 다양한 제도를 제시하고 있다.

- 우리나라의 AEO 제도 : 2007년 관세법(제255조의 2) 개정 후 2009년 제정한 기준인 종합인증우수업체 제도로써 세관과 자발적으로 참여한 무역업계의 협력모델을 통해 관세행정의 효율화와 선진화를 달성하기 위한 제도이다. 우수기업인증 시에는 AEO MRA 체결국 수입통관시 AEO 상호인정(MRA, Mutual Recognition Agree-ment) 혜택을 부여한다. 즉, 화물검사비율축소, 관세납부편의제공, 신고절차 간소화, 심사면제 등의 통관 상 혜택, 기타 사업상 다양한 혜택을 제공하고 있다.

(6) 국제선박 및 항만시설 보안규칙(ISPS, International Code for the Security of Ships and of Port Facility Code)

국제선박 및 항만시설 보안규칙(ISPS Code)은 해상화물 운송선박 및 항만시설에 대한 해상테러 가능성을 대비하기 위해 국제해사기구(IMO)가 제정한 규칙이다. 이 규칙에서는 항만당국 및 항만시설 소유자가 국제항해선박이 이용하는 항만시설의 경비 및 보안을 확보하고, 보안시설 및 장비설치를 의무화하도록 하였다.

또한 각국 정부는 이 보안규칙을 통해 보안등급설정, 보안관계자 선정 및 관련 선박제공, 항만내의 선박 또는 입항선박에 대한 통제, 항만시설보안평가, 보안계획서 승인 및 선박보안심사의 책임을 지게 되었다.

(7) 국제표준화기구(ISO)에 의한 국제물류보안 표준화제도(ISO 28000)

ISO 28000은 물류보안경영의 표준 및 인증제도로 공급사슬 내의 제조업체, 운송업체 등 모든 기업이 적용대상이 된다. 이들 기업은 보안관리시스템 구축 및 인증을 받음으로써 일정 수준의 보안자격 및 관리능력을 보유하고 있음을 세관당국을 통해 인정받을 수 있다.

이러한 국제표준은 기업들이 공인된 제3의 인증기관으로부터 인증을 받아 일정한 보안자격을 취득할 수 있도록 함으로써 공급사슬 전체의 보안위협을 줄이는 데에 기여한다.

(8) 항공화물 상용화주(Known Consignor) 제도

국제민간항공기구(ICAO, International Civil Aviation Organization)가 항공화물에 대한 보안을 강화하기 위해 규정한 제도이다. ICAO는 항공화물보안기준을 제정하고 항공화물에 관한 보안대책, 항공화물의 공항 내 이동 시 보안통제 운영절차, 항공화물 및 특송품에 대해 항공기탑재 전 보안통제를 강화하기 위해 이 규정을 수립하였다.

우리나라는 2002년 항공안전 및 보안에 관한 법률을 제정하고, 2004년 항공화물보안기준을 도입하여 항공화물에 대한 보안검색을 항공운송사업자가 책임지도록 규정하였다.

토의문제

1. 융 · 복합 기반기술을 통해 변화될 물류현장의 미래에 대해 생각해 봅시다.
2. 친환경물류를 위해 적용할 수 있는 방안에 대해 생각해 봅시다.
3. 물류안전을 위해 적용할 수 있는 방안에 대해 생각해 봅시다.
4. 물류보안을 위해 적용할 수 있는 방안에 대해 생각해 봅시다.

제13장 물류관리사 기출문제

01 다음에서 설명하고 있는 향후 활용이 예상되는 차세대 물류기술은? (18회, 2014년)

> 인간과 사물, 서비스의 세 가지로 분산된 환경요소에 대해 인간의 명시적 개입없이 상호 협력적으로 센싱(sensing), 네트워킹, 정보처리 등 지능적 단계를 형성하는 사물공간 연결망이다.

① IoT(Internet of Things) ② Ubiquitous ③ Process Mining
④ Big Data ⑤ Cloud Computing

02 세계적으로 환경문제가 중시됨에 따라 물류활동에서 발생하는 환경피해를 최소화하려는 그린물류(Green Logistics)의 중요성이 점차 증대되고 있다. 다음 중 이와 거리가 가장 먼 것은? (19회, 2015년)

① Clean Development Mechanism ② Modal Shift
③ Emission Trading System ④ Onshore Power Supply
⑤ Risk Pooling

03 물류보안에 관한 설명으로 옳지 않은 것은? (19회, 2015년)

① 24-hour rule은 컨테이너 선박이 미국에 입항하기 24시간 전에 수출업자가 컨테이너 화물에 대한 세부정보를 미국관세청(세관)에 제출하도록 규정한 내용이다.
② Trade Act of 2002 Final Rule에 따르면 해상뿐만 아니라 항공, 철도, 트럭 등의 수송수단을 통해 미국으로 수입되는 화물에 대한 정보를 미국관세청(세관)에 제출하도록 규정하고 있다.
③ C-TPAT는 테러방지를 목적으로 하는 미국관세청(세관)과 기업의 파트너십 프로그램이다.
④ 10+2 rule에 따르면 운송인은 미국으로 향하는 선박에 적재된 컨테이너에 관한 내용과 선박적부계획을 제출하여야 한다.
⑤ Container Security Initiative는 테러위험이 있는 컨테이너 화물이 미국으로 선적되기 전에 외국항에서 검사하고 확인할 수 있도록 하는 것이다.

04 컨테이너의 보안기술에 관한 설명으로 옳은 것은? (18회, 2014년)

① 차량이나 선박추적에 활용되는 물류정보기술이 컨테이너 추적에는 적용불가능하다.
② 복층으로 적재된 컨테이너 내부의 화물정보를 모니터링하는 목적으로 사용되며, 인공위성을 이용한 방법이 보편화되어 있다.
③ RFID기술은 나무, 직물, 플라스틱 등을 투과하지 못하므로 컨테이너 보안에 적용할 수 없다.
④ 전자봉인(e-seal)은 컨테이너의 개봉흔적이나 내부침입의 여부를 전자적으로 감지하는 읽기 및 쓰기겸용장치이며, 재활용이 가능하다.
⑤ CSD(Container Security Device)는 컨테이너 내부침입 유무와 화물파손 여부, 이동상황 등을 실시간으로 파악하는 물류보안시스템이다.

05 친환경녹색물류에 관한 설명으로 옳지 않은 것은? (18회, 2014년)

① 녹색물류활동을 통한 비용절감이 가능하며, 기업의 사회적 이미지가 제고된다.
② 조달・생산 → 판매 → 반품・회수・폐기(reverse)상의 과정에서 발생하는 환경오염을 감소시키기 위한 제반물류활동을 의미한다.
③ 우리나라에서는 폐기물을 다량발생시키고 있는 생산자에게 폐기물을 감량 및 회수하고, 재활용할 의무를 부여하는 생산자책임 재활용제도를 운영하고 있다.
④ 기업에서는 비용과 서비스에 상관없이 환경을 고려한 물류시스템을 도입해야 한다.
⑤ 물류활동을 통하여 발생되는 제품 및 포장재의 감량과 폐기물의 발생을 최소화하는 방법 등을 말한다.

06 물류보안관련 제도에 관한 설명으로 옳지 않은 것은? (17회, 2013년)

① CSI(Container Security Initiative) : 외국항만에 미국세관원을 파견하여 미국으로 수출할 컨테이너 화물에 대한 위험도를 사전에 평가하는 컨테이너 보안협정
② C-TPAT : 미국세관(국경안전청)이 도입한 반테러민관 파트너십 제도
③ ISO 14001 : 여러 국가의 물류보안제도를 수용・준수하는 보안경영시스템이 갖추어 있음을 인증하는 제도
④ ISPS Code : 각국 정부와 항만관리당국, 선사들이 갖춰야 할 보안관련 조건들을 명시하고, 보안사고예방에 대한 가이드라인 제시
⑤ ISF(Importer Security Filing) : 선적지에서 출항 24시간 전, 미국세관에 온라인으로 신고를 하도록 한 제도

07 녹색물류와 관련된 설명으로 옳지 않은 것은? (17회, 2013년)

① 온실가스 배출량을 감소시키는 방안이다.
② QR, ECR과 같은 혁신기법은 환경문제의 주요 해결방안이 된다.
③ 지구온난화 등 환경문제가 세계적으로 대두되면서 물류분야도 대처방안수립의 중요성이 높아지고 있다.
④ 포장상자, 배출가스 등 환경에 미치는 영향을 최소화시키는 방안이다.
⑤ 환경보전을 위한 포장에는 감량화(Reduce), 재사용(Reuse), 재활용(Recycle)이 중요시 되고 있다.

08 다음 설명에 해당하는 물류보안 제도는? (25회, 2021년)

- 2002년 미국세관이 도입한 민관협력 프로그램이다.
- 수입업자와 선사, 운송회사, 관세사 등 공급사슬의 당사자들이 적용대상이다.
- 미국세관이 제시하는 보안기준충족 시 통관절차 간소화 등의 혜택이 주어진다.

① C-TPAT(Customs-Trade Partnership Against Terrorism)
② ISO 28000(International Standard Organization 28000)
③ ISPS code(International Ship and Port Facility Security code)
④ CSI(Container Security Initiative)
⑤ SPA(Safe Port Act)

09 물류보안에 대한 아래의 제도를 시행한 국가와 제도의 명칭이 올바르게 연결된 것은? (16회, 2012년)

세관 · 국경보호청(CBP : Customs and Border Protection)이 도입한 반테러 민 · 관 파트너십 제도로서, 이 나라의 수입업자, 선사, 항공사, 터미널운영사, 포워더, 통관중개인 등을 적용대상으로 하는 제도이다.

① 일본, CSI(Container Security Initiative)
② 영국, AEO(Authorized Economic Operator)
③ 한국, CIP(Container Inspection Program)
④ EU, ISPS code(International Ship and Port Security code)
⑤ 미국, C-TPAT(Customs-Trade Partnership Against Terrorism)

10 온실가스의 저감정책을 위한 물류관리활동과 관련이 없는 것은? (16회, 2012년)

① 영업용차량의 비영업용차량으로 전환
② 물류공동화 확대
③ 물류거점의 집약화를 통한 대형화
④ 배출권 거래제도도입
⑤ 특별대책지역의 통행접근금지

11 녹색물류(Green Logistics)에 관한 설명으로 옳지 않은 것은? (16회, 2012년)

① 미국은 교토의정서에 따른 의무감축국으로서 EU보다 더 적극적으로 탄소배출량을 줄이고 있다.
② 일본은 '종합물류시책대강'을 수립하고, 물류활동에서 발생하는 탄소량을 줄이기 위해 노력하고 있다.
③ 우리나라는 교토의정서를 비준하였으며, 탄소배출량을 줄이기 위하여 물류정책기본법에 녹색물류인증제도도입을 규정하고 있다.
④ '배출권거래제도(Emission Trading System)'는 교토의정서의 온실가스감축의무 이행에 신축성을 부여하기 위해 도입된 제도이다.
⑤ 녹색물류는 운송, 보관, 포장, 하역, 회수 등 전 부문에 있어서 물류활동을 친환경적으로 개선하는 것이다.

12 AEO(Authorized Economic Operator)에 관한 설명으로 옳은 것은? (19회, 2015년)

① AEO는 미국 국방부가 관리 · 운영하는 제도이다.
② AEO는 미국 국방부가 기업에 강제적으로 요구하는 제도이다.
③ AEO로 인증받을 수 있는 범위는 보안 및 안전에 국한된다.
④ AEO 인증을 받은 기업은 상호 인증협정(MRA)을 맺은 국가에 수출할 때 인증을 받지 않은 기업에 비해 신속한 통관절차를 받을 수 있다.
⑤ 아직까지 AEO 인증제도가 국내에 도입되지 않아 인증을 받은 국내기업이 없는 실정이다.

13 각종 국제환경협약에 관한 내용으로 옳지 않은 것은? (19회, 2015년)

① 몬트리올 의정서에서는 CFC(염화불화탄소) 등 오존층 파괴물질의 생산 및 사용을 규제하고 있다.
② EuP(Energy－using Product)에서는 납, 크롬, 카드뮴, 수은 등 6개 물질에 대한 사용규제조

항을 담고 있다.
③ WEEE에서는 생산자의 전기 · 전자제품폐기에 관한 처리지침을 담고 있다.
④ 교토의정서는 에너지사용과 관련된 협약으로 지구온난화 물질에 대한 규제를 담고 있다.
⑤ 바젤협약에서는 유해폐기물의 국가 간 이동을 금지하고 있다.

14 다음 설명에 해당하는 기술은? (23회, 2019년)

- 분산원장 또는 공공거래장부라고도 불리며, 다수의 상대방과 거래를 할 때 데이터를 중앙서버가 아닌 사용자들의 개인 디지털장비에 분산 · 저장하여 공동으로 관리하는 분산형 정보기술이다.
- 이 기술을 물류산업에 적용 시, 화주들이 자신의 화물을 추적, 관리상황을 실시간으로 점검하며 운송 중 관리부실로 발생할 수 있는 과실에 대한 실시간 파악과 대처를 지원할 수 있다.
- 최근 항만운송, 항공운송, 관세청수출통관 등의 분야에서 활용이 추진되고 있다.

① 빅데이터 ② 사물인터넷 ③ 인공지능
④ 블록체인 ⑤ 클라우드 서비스

15 녹색물류실행과 관련된 내용으로 옳은 것을 모두 고른 것은? (23회, 2019년)

ㄱ. 포장의 개선 ㄴ. 수 · 배송의 개선 ㄷ. 하역의 개선
ㄹ. 보관의 개선 ㅁ. 물류공동화 운영 ㅂ. 물류표준화 추진

① ㅁ ② ㅁ, ㅂ ③ ㄱ, ㄴ, ㄷ, ㄹ
④ ㄱ, ㄴ, ㄷ, ㄹ, ㅁ ⑤ ㄱ, ㄴ, ㄷ, ㄹ, ㅁ, ㅂ

16 다음 설명에 해당하는 물류보안제도는? (24회, 2020년)

- 세관에서 물류기업이 일정 수준 이상의 기준을 충족하면 통관절차 등을 간소화 시켜주는 제도이다.
- 세계관세기구(WCO)는 무역의 안전 및 원활화를 조화시키는 표준협력제도로서 도입하였다.
- 상호인정협약(Mutual Recognition Arrangement)을 통해 자국뿐만 아니라 상대방 국가에서도 통관상의 혜택을 받을 수 있다.

① AEO(Authorized Economic Operator)
② CSI(Container Security Initiative)
③ C-TPAT(Customs Trade Partnership Against Terrorism)

④ ISF(Importer Security Filing)
⑤ ISPS(International Ship and Port Facility Security) Code

17 녹색물류추진방향으로 옳지 않은 것은? (24회, 2020년)

① 공동 수・배송추진
② 소량 다빈도 수송추진
③ 모달 쉬프트(modal shift)추진
④ 회수물류 활성화
⑤ 저공해 운송수단도입

18 블록체인(Block Chain)에 관한 설명으로 옳지 않은 것은? (24회, 2020년)

① 분산원장 또는 공공거래장부라고 불리며, 암호화폐로 거래할 때 발생할 수 있는 해킹을 막는 기술에서 출발했다.
② 다수의 상대방과 거래를 할 때 데이터를 개인사용자들의 디지털장비에 저장하여 공동으로 관리하는 분산형 정보기술이다.
③ 비트코인은 블록체인기술을 이용한 전자화폐이다.
④ 퍼블릭 블록체인(Public Block Chain)과 프라이빗 블록체인(Private Block Chain)은 누구나 접근이 가능하다.
⑤ 컨소시엄 블록체인(Consortium Block Chain)은 허가받은 사용자만 접근이 가능하다.

19 기후변화와 환경오염에 대응하는 녹색물류체계와 관련있는 제도에 해당하지 않는 것은? (25회, 2021년)

① 저탄소녹색성장기본법
② 온실가스・에너지 목표관리제
③ 탄소배출권 거래제도
④ 생산자책임 재활용제도
⑤ 제조물책임법(PL)

정답

01 ① 02 ⑤ 03 ① 04 ⑤ 05 ④ 06 ③ 07 ② 08 ① 09 ⑤ 10 ① 11 ① 12 ④ 13 ② 14 ④ 15 ⑤ 16 ① 17 ② 18 ④ 19 ①

국문색인

ㄱ

가용성 점검 364
가중치 이동평균법 37
가치사슬 37
간선운송 71
개품운송계약 99, 100
갠트리크레인 110, 143
건현 103
건화물 컨테이너 157
격벽 106
결속 139
겸용선 101
경제적 생산량 모형 196
경제적 주문량 모형 194
경하중량 톤수 104
계약운임제 114
계절재고 192
공급사슬계획 시스템 357
공급사슬실행 시스템 358
공동계산협정 114
공동관리재고 262
공동운항 114
공동집배송 단지 181
공장인도조건 228
관세지급 인도조건 229
구동컨베이어식 DPS 147
구매물류 9
구상무역 213
국가물류기본계획 17
국제물류보안 표준화제도 431
국제민간항공기구 127, 432
국제복합화물운송체계 220
국제선박 및 항만시설 보안규칙 431
국제소화물일관운송 127
국제연합무역개발회의 115
국제운송주선인협회연맹 128
국제특송서비스 123
국제항공운송협회 128
국제해사기구 114
국제해사법회 115
국제해운연맹 116
국제해운회의소 116
그리드형조직 38
기둥파렛트 154

ㄴ

내륙컨테이너 기지 184
냉장 · 냉동 컨테이너 157
네트워크 조직 40
노선운송 71
늑골 105

ㄷ

다이버터 바 스윙 148
다이버터 푸셔 148
다층형 바코드 379
단순이동평균법 36
대응구매 213
대차식 DPS 147

대테러 민관파트너십 430
더블트레일러 69
더블스택트레인 85
데릭 143
델파이기법 36
도착지 양하 인도조건 229
돌리 145
드라이브 스루 랙 146
드라이브 인 랙 146
디포 181

ㄹ

라스트 마일 딜리버리 77
라인과 스탭형조직 38
랙 188
로이드 선급협회 116
로팩스 102
롤러벨트 컨베이어 149
롤파렛트 154
리치 스태커 142

ㅁ

마샬링 야드 109, 183
만재흘수선 103
매트릭스형 바코드 380
멀티 릴레이분배 149
멀티다품종분배 149
모빌랙 146
목적지 인도조건 229
목적지 표시 152
무게중심법 177
무구동 컨베이어식 DPS 148
무선박운송인형 복합운송인 223
무선주파수 식별체계 382
무역조건의 해석에 관한 국제규칙 226
무인반송차 188
물류 6, 14
물류공동화 293
물류관리 11
물류단지 180
물류보안 427
물류비 320
물류예산관리 337
물류운영시스템 390
물류전략 28
물류정책기본법 14
물류채산성 분석 339
물류터미널 180
물류표준화 282
물류활동기준 경영관리 336
물류활동기준 원가계산 334
물물교환 213

ㅂ

바지 102
바코드 376
박스 슬라이딩 랙 147
반품물류 10
발라스트 105
방청포장 151
배수톤수 105
백오더율 202
버킷 컨베이어 144
별송품서비스 127
보 105
보겔의 추정법 65
보관 10

보관단위 188
보세건설장 186
보세공장 186
보세구역 185
보세전시장 186
보세창고 186
보세판매장 186
보안관련 종합인증우수기업제도 430
보안화물 이니셔티브 429
복합운송 58
복합운송증권 221
본선인도조건 228
부가가치통신네트워크 384
부정기선 운송 99
부화인 152
북서코너법 65
분류 139
분류기 148
브라운 & 깁슨법 178
블록체인 417
블록트레인 83
빅데이터 415

ㅅ

사내물류 9
사물인터넷 418
사업부형조직 38
사이드포크 지게차 142
사이드오픈 컨테이너 158
사일로 파렛트 155
4자 물류 303
3자 물류 300
상·하차 139
상업서류 송달업 74
상자번호 152
상차 176
생산물류 9
생산자 책임재활용 425
서류상환방식 215
선급제도 111
선미 105
선복용선계약 100
선수 105
선창 106
선체 105
선측인도조건 228
선하증권 234
세관검사장 185
세미 트레일러 69
셀 188
셔틀트레인 84
소스마킹 381
손익분기도표법 177
수배송관리의 원칙 61
수선간장 103
순톤수 104
스마트물류 412
스왑바디차 70
스케레탈식 69
스키드 파렛트 155
스태커 크레인 143, 188
스톡포인트 181
스트래들 리치 142
스트래들 캐리어 110
슬라이딩 슈 149
슬랫 컨베이어 144
승낙 217
시장조사법 36
시트파렛트 154

신속대응 256
신용장 214, 230
싱글 웨곤 트레인 84

ㅇ

아시아・태평양경제사회이사회 116
안전물류 426
안전재고 192
암랙 146
암롤트럭 71
앵커 106
야드 트랙터 110
야드샤시 110
언로더 143
업무프로세스 재설계 307
에이프런 109
역물류 9, 10
연간총재고비용 201
영업용운송 72
영업창고 173
오픈톱 컨테이너 157
오픈톱카 85
Y-셔틀트레인 84
완충재 139
완충포장 151
외상송금결제방식 215
외판 105
요소분석법 177
용골 105
용선계약 99
용선운송계약 100
우현 105
운반 139
운송 10, 56
운송경로 56
운송관리시스템 359, 362
운송비 지급인도조건 229
운송비 최소화법 178
운송비・보험료 지급인도조건 229
운송 분기점 56
운송수단 56
운송인 인도조건 228
운송증빙 76
운임・보험료포함 인도조건 229
운임이연 환급제 114
운임포함 인도조건 228
운임협정 113
원산지표시 152
위치파악시스템 386
위험물차량관리 390
윙바디 트럭 70
유닛로드시스템 286
유동랙 146
유추법 36
유통가공 11
육상운송 57
6시그마 308
이글루 120
이동평균법 36
인공지능 413
인과형예측법 37
인수인도조건 214
인홈배송 77
일관파렛트화 289
일대용선계약 100
일반용도 컨테이너 157
임대료 곡선법 178
입고 175

ㅈ

자가운송 72
자가창고 172
자동발주 시스템 262
자동보관 · 인출시스템 189
자동화 창고 171, 187
자재명세서 139
자주 크레인 143
재고 189
재고관리 192
재고유지비용 201
재고회전율 202
재화용적톤수 104
재화중량톤수 104
저가전략 29
적재 139
적층랙 146
적치 175
전사적 품질관리 305
전용선 101
전용특장차 69
전자문서교환 383
전장 103
전폭 104
정기선 운송 98
정기용선계약 100
정물류 9
정보 11
제2치적제도 112
제품환매 213
종합보세구역 186
좌현 105
주기재고 192
주문결제방식 215
주문비용 201
주파수 공용통신 393
주화인 152
준비비 201
중립감시기구 114
증강현실 417
지게차 142
지급인도조건 214
지능형 교통시스템 387
지브 크레인 143
지선운송 71
지속적 상품보충 260
지수평활법 37
지연전략 253
지정보세구역 185
지정장치장 185
직능형조직 38
진동 컨베이어 144
집배송센터 181
집배운송 72
집중화 전략 29
집합포장 151
집화운송 72

ㅊ

차대관리 387
차량간 통신 391
차량－인프라간 통신 391
차별화 전략 29
차세대 철도운영정보시스템 398
창고관리시스템 359
채찍효과 253
천장 크레인 143

철도운송 80
첨단교통관리시스템 389
첨단대중교통시스템 389
첨단운전자정보시스템 389
첨단차량 및 도로시스템 390
청약 217
체인 컨베이어 144
총비용 41
총비용비교법 177
총톤수 104
최대수송량계획법 64
최소비용 · 최대수송량계획법 64
최소비용법 65
출고 176
친환경물류 420
7R 원칙 30

ㅋ

카운터 밸런스 지게차 142
카테고리 259
카테고리관리 259
캥거루방식 88
커플링 앤 쉐어링 트레인 84
컨버터블 적재함 트럭 70
컨베이어 144
컨테이너 보안협정제도 429
컨테이너 야드 109. 183
컨테이너 크레인 143
컨테이너 터미널 182
컨테이너 핸들러 142
컨테이너카 85
케이블 크레인 143
크레인 143
크로스 벨트 트랜스퍼 149
크로스도킹 268
클라우드 컴퓨팅 416

ㅌ

택배서비스 73
택배운송장 76
탱크 컨테이너 158
탱크파렛트 155
탱크화차 85
터그카 145
톤/킬로법 177
통풍 컨테이너 157
투입 139
트랜스테이너 110
트랜스포터 145
트레버서 188
트레이 틸트 149
트레일러 68
트롤리 컨베이어 144
특허보세구역 186

ㅍ

파렛트 랙 145
파렛트 153
파렛트풀시스템 291
파이프라인 재고 192
판매물류 9
팝업 롤러 트랜스퍼 컨베이어 149
팝업체인 148
팝업휠 148
편의치적제도 111
폐기물류 10
포장 11

폴 트레일러 69
품절비용 202
품질표시 152
프레이트 라이너 88
프로그램 조직 40
프로젝트 조직 40
플랙시 밴방식 88
플랫랙 컨테이너 157
플랫카 85
피기백방식 88
피킹 139, 175

ㅎ

하역 11, 138
하이 리프트 로더 145
하이스택 랙 146
합리화 특장차 70
항공운송 57, 118
항공운송사업자 122
항공화물 상용화주 432
항공화물운송 대리점 122
항공화물운송 주선업자 123
항공화물운송장 121
항공화물운송정보시스템 399
항만보안법 429
항만운영정보시스템 398
항만터미널 182
항해용선계약 100
항해협정 114
해상운송 57, 97
해운동맹 113
행거 랙 147
행잉 가먼트 컨테이너 158
현물상환방식 215
현호 105
협력적 지능형 교통시스템 391
협업계획예측 및 보충 263
형폭 104
호퍼화차 85
화물 및 화물차량관리 390
화물자동차 운송 66
화물창구 106
화인 152
확률적 재고모형 197
확률적 정기주문법 198
확률적 정량주문법 198
확정적 재고모형 194
확정적 정기주문모형 197
회귀분석 37
회수 139
회수물류 10
회전랙 146
효율적 소비자 대응 258
효율적 의료소비자 대응 265
흘수 103

영문색인

A

ABC 분석법 200
ABC(Activity Based Costing) 334
ABM(Activity Based Management) 336
Acceptance 217
AEO(Authorized Economic Operator) 430
AFRAMAX 103
AGV(Automatic Guided Vehicle) 188
AI(Artificial Intelligence) 143
Air Cargo Agent 122
Air Carrier 122
Air Freight Forwarder 123
AIRCIS(AIR Cargo Information System) 399
Anchor 106
Apron 109
APTS(Advanced Public Transportation System) 389
AR(Augmented Reality) 417
AR/RS(Automated Storage and Retrieval System) 189
Arm Rack 146
Arm Roll Truck 71
ATIS(Advanced Traveler Information System) 389
ATMS(Advanced Traffic Management System) 389
ATP(Available To Promise) 364
AVHS(Advanced Vehicle and Highway System) 390
AWB(Airwaybill) 121

B

B/L(Bill of Landing) 234
Back Order 202
Ballast 105
Bar code 376
Barge 102
Barter Trade 213
Beam 105
Big Data 415
Birdy back 58
Block chain 417
Block Train 83
BOM, Bill of material 139
Bow 105
Box Sliding Rack 147
BPR(Business Process Reengineering) 307
Brown & Gibson 178
Bucket Conveyor 144
Bulkhead 106
Bullwhip effect 253
Buy Back 213

C

Cable crane 143
CAD(Cash Against Documents) 215
CAO(Computer Assisted Ordering) 262
Cargo Capacity Tonnage 104
Cargo hold 106
Carousel Rack 146
Case No. 152
Category 259
Category Management 259
C-AV(Connected Autonomous Vehicle) 392

CD(Cross Docking) 268
Ceiling crane 143
Cell 188
CFR(Cost and Freight) 228
CFS(Container Freight Station) 110, 183
Chain Conveyor 144
Charter Party 100
CIF(Cost, Insurance and Freight) 229
CIP(Carriage and Insurance Paid to) 229
C-ITS(Cooperative Intelligent Transportation Systems) 391
Cloud Computing 416
CMI(Committee Maritime International) 115, 262
COD(Cash on Delivery) 75, 215
Codeone Code 379
COFC(Container On Flat Car) 88
Compensation Trade 213
Container Car 85
Container crane 143
Container Handler 142
contract of affreightment in a general ship 99, 100
Contract of Charter Party 99
Convertible 70
Conveyor 144
Counter Balance 142
Counter Mark 152
Counter Purchase 213
Country of Origin Mark 152
Coupling & Sharing Train 84
CPFR(Collaborative Planning Forecasting and Replenishment) 263
CPT(Carriage Paid to) 229
Crane 143
Cross Belt Transfer 149
CRP(Continuous Replenishment Programs) 260
CSI(Container Security Initiative) 429
C-TPAT(Customs-Trade Partnership Against Terrorism) 430
CVO(Commercial Vehicle Operation) 390
CWO(Cash with Order) 215
CY(Container Yard) 109. 183
Cycle stock 192

D

D/A(Documents against Acceptance) 214
D/P(Documents against Payment) 214
DAP(Delivered at Place) 229
DAS(Digital Assorting System) 149
DDP(Delivered Duty Paid) 229
Deferred Rebate System 114
Dekitting 139
Depot 181
Derrick 143
Destination Mark 152
Differentiation strategy 29
Diverter Bar Swing 148
Diverter Pusher 148
DMADV 방법론 310
DMAIC 방법론 309
Dolly 145
Double 69
DPS(Digital Picking System) 147
DPU(Delivered at Place Unloaded) 229
Draft 103
Drive In Rack 146
Drive Through Rack 146
Dry Bulk Container 157
Dry Container 157
DST(Double Stack Train) 85

DT(Displacement Tonnage) 105
Dual or Contract Rate System 114
Dunnage 139
DWT(Dead Weight Tonnage) 104

E

EAN/UPC 378
ECR(Efficient Consumer Response) 258
EDI(Electronic Data Interchange) 383
EHCR(Efficient Healthcare Consumer Response) 265
EOQ(Economic Order Quantity) 194
EPQ(Economic Production Quantity) 196
EPR(Extended Producer Responsibility) 425
ESCAP(United Nations Economic and Social Commission for Asia and Pacific) 116
Exponential Smoothing 37
Extreme Breadth 104
EXW(EX Works) 228

F

FAS(Free Alongside Ship) 228
FCA(Free Carrier) 228
Feeboard 103
FFMS(Freight and Fleet Management Systems) 390
FIATA(International Federation of Freight Forwarder Association) 128
Fishy back 58
Flat Car 85
Flat Rack Container 157
Fleet Management 387
Flexi−van 88
Flow Rack 146
FOB(Free on Board) 228
FOC(Flag of Convenience) 111
Focus strategy 29
Fork Lift 142
Frame 105
Freight Liner 88

G

Gantry Crane 110, 143
GIAI(Global Individual Asset Identifier) 378
GLN(Global Location Number) 378
Goods Issue 176
Goods Receipt 175
GPS(Global Positioning System) 386
GRAI(Global Returnable Asset Identifier) 378
GS1 DataBar 379
GS1 DataMatrix 379
GS1(Global Standard 1) 377
GS1−128 378
GSRN(Global Service Relation Number) 378
GT(Gross Tonnage) 104
GTIN(Global Trade Item Number) 378

H

Hanger Container 158
Hanger Rack 147
Hatch way 106
High Lift Loader 145
High−Stack Rack 146
HMMS(Hazardous Material Management Systems) 390
Holding Cost 201
Hopper 85
Hub & Spokes System 79

Hull 105

I

IATA(International Air Transport Association) 128
ICAO(International Civil Aviation Organization) 127, 432
ICD(Inland Container Depot) 184
ICS(International Chamber of Shipping) 116
Igloo 120
IMO(International Maritime Organization) 114
INCOTERMS 226
International Courier Service 123
Inventory management 192
Inventory Turnover 202
Inventory, Stock 189
IoT(Internet of Things) 418
ISF(International Shipping Federation) 116
Island 148
ISO 28000 431
ISPS(International Code for the Security of Ships and of Port Facility Code) 431
ITF－14 379
ITS(Intelligent Transportation Systems) 387

J

Jib crane 143
JIT II 268
JIT(Just in Time) 267
Joint Service 114

K

Kangaroo 88
Keel 105
Kitting 139
Known Consignor 432

L

L/C(Letter of Credit) 214, 230
LASH(Lighter Aboard Ship)선 102
Lashing 139
Last mile delivery 77
LBP(Length Between Perpendicular) 103
Least－Cost Method 65
Liner 98
LOA(Length Over All) 103
Load Line 103
Loading & Unloading 139
Loading 176
LO－LO방식(Lift on/Lift off) 101
Low－cost strategy 29
LWT(Light Ship Weight Tonnage) 104

M

Main Mark 152
Marshalling Yard 109, 183
Matrix Bar Code 380
Maxicode Code 380
Maximum Flow Method 64
Mezzanine Rack 146
Mobile crane 143
Mobile Rack 146
Mode 56
Moulded Breadth 104
Moving Average 36
MTD(Multimodal Transport Document) 221

NB(Neutral Body) 114
Network 40
Node 56
North－West Corner Method 65
NT(Net Tonnage) 104
NVOCC(Non－vessel operating common carrier) 223

O

Offer 217
Open Account 215
Open Top Car 85
Open Top Container 157

P

Pallet Rack 145
Pallet 153
Panamax(Panama Canal Maximum) 102
PDF－417 380
Physical Distribution 6, 14
Picking 139, 175
Piggy Back 58, 88
Pipeline stock 192
PLISM 396
POD(Proof of Delivery) 76, 176
Point To Point System 79
Pole 69
Pooling Agreement 114
Popup Device chain 148
Popup Device wheel 148
Popup Roller Transfer 149
Port 105
PORT－MIS 398
Post Pallet 154
Postponement Strategy 253
PPS(Pallet Pool System) 291
Procurement Cost 201
Program 40
Project 40
Putaway 175

Q

QR(Quick Response) 256, 380
Quality Mark 152

R

Rack 188
Rate Agreement 113
Reach Stacker 142
Relay 방식 147
RFID(Radio Frequency Identification) 382
Roll Pallet 154
Roller belt 149
Ro－PAX 102
RO－RO방식(Roll on/Roll off) 101
Route 56

S

Safety stock 192
Sailing Agreement 144
SCE(Supply Chain Execution) 358
SCOR(Supply Chain Operations Reference) 254
SCP(Supply Chain Planning) 357
Seasonal stock 192
Second Registry 112
Security and Accountability For Every 429

Semi 69
Set-up Cost 201
SFI(Secure Freight Initiative) 429
Sheer 105
Sheet Pallet 154
Ship's Classification 111
Shipping Conference 113
Shipping Mark 152
Shuttle Train 84
Side Fork 142
Side Open Container 158
Silo Pallet 155
Single-Wagon Train, Liner train 84
Skeletal 69
Skid Pallet 155
Slat Conveyor 144
Sliding Shoe 149
Small Package Service 127
Smart Logistics 412
Sorter 148
Source marking 381
SSCC(Serial Shipping Container Code) 378
Stacked Bar Code 379
Stacker crane 143, 188
Starboard 105
Stern 105
Stock Point 181
Stock-out Cost 202
Straddle Carrier 110
Straddle reach 142
Strake 105
Suezmax(Suez Canal Maximum) 102
Swap Body 70
SWOT 분석 38

T

Tank Container 158
Tank Pallet 155
Tanker 85
TCO(Total cost of Ownership) 41
Thermal Container 157
Time Charter Party 100
TMS(Transportation Management System) 359, 362
TOFC(Trailer On Flat Car) 88
TQM, Total Quality Management 305
Tramper 99
Transporter 145
Transtainer, Transfer Crane 110
Traverser 188
Tray Tilt 149
Trolley Conveyor 144
TRS, Trunked Radio System 393
Tug Car 145
Two-Bin 199

U

ULS(Unit Load System) 286
UNCTAD 115
Unit 188
Unloader 143
uTradeHub(Ubiquitous Trade Hub) 394

V

V2I, Vehicle to Infrastructure 391
V2V, Vehicle to Vehicle 391
Value Chain 37

VAM(vogel's approximation method) 65
VAN(Value Added Network) 384
Ventilated Container 157
Vibrating Conveyor 144
VLBC(Very Large Bulk Carrier) 102
Voyage Charter Party 100

W

Warehouse Management System 359
WCO SAFE Framework 430
Weighted Moving Average 37
Wing body 70

X

XROIS 398

Y

Yard Chassis 110
Yard Tractor 110

3PL(3rd Party Logistics) 300
4PL(4th Party Logistics) 303
6 Sigma 308

저자소개

■ **박현성**

한양대학교 경영학과 학사, 박사

전 동양미래대학교 경영학부 조교수
전 SAP Korea 유통소비재산업컨설턴트
전 LG유통 인터넷사업부(e-Business)
현 한성대학교 지식서비스&컨설팅대학원 조교수

[주요 저서]
물류관리의 이해(2018, 도서출판 북넷)
소매유통의 이해(2016, 도서출판 범한)

[주요 프로젝트]
삼성전자, 삼성물산 패션부문, 삼성물산 리조트부문, 신세계까사미아, 이랜드, 포스코 인터내셔널,
한솔섬유, LF, 성주그룹 등 국내외 유수기업의 물류/SCM영역의 프로세스혁신 및 시스템구축 프로젝트에 참여

4차산업 혁명시대의 물류관리론

2022년 2월 20일 1판 1쇄 인쇄
2022년 2월 25일 1판 1쇄 발행

저 자 박현성
발행인 류재식 · 박용범
발행처 도서출판 북넷
서울시 용산구 효창원로 70길46(대신빌딩 2층)
등 록 2010년 6월 7일(제2010－000069호)
전 화 (02)395－2341
팩 스 (02)395－2303

정가 32,000원

ISBN 979－11－86947－61－6 e-mail : book2341@naver.com